Das Heidentum in Der Römischen Kirche: Bilder Aus Dem Religiösen Und Sittlichen Leben Süditaliens, Volume 1

Theodor Trede

Inhaltsangabe.

Erstes Kapitel.

Tempel und Kirchen.

In schweigender Öde, von Sümpfen und Fieberluft umgeben, ragt in der Pästum-Ebene der berühmte Poseidon-Tempel, unter allen noch vorhandenen hellenischen Tempeln der am besten erhaltene. „Ein Märchen aus alten Zeiten“ — so stand er jüngst vor uns, als wir ihn im Licht der Abendsonne schauten. „Die Sonne herrscht“ — so sagt man im heutigen Griechenland von der sich senkenden Königin des Tages, eine volkstümliche Redeweise, welche nur derjenige versteht, dessen Auge die abendlichen Farbenwunder des Südens schaute, die, vom Thron jener Königin wie Zauberwirkung ausgehend, Meer und Land, Berg und Thal, Himmel und Erde mit einer Farbenpracht umkleiden, welche kein Maler wiederzugeben imstande ist. — Dort das schimmernde Meer, die purpurn wogende, heilige Salzflut des Homer, dort stolze, von zartem Violet umhauchte Berge, dazwischen die lautlose, einst durch ihre Rosengärten weltbekannte Ebene, in der Ebene jener Tempel, verklärt durch rötlichen Farbenduft, über uns der Himmel, tiefblau wie damals, als blühendes Leben diese seit Jahrhunderten erstorbenen Fluren erfüllte, heiter wie vor zweitausendvierhundert Jahren, als hellenischer Glaube jenen Tempel errichtete, — so sahen wir dies majestätische Bauwerk und verließen dann diesen Erdenwinkel mit tiefen, unauslöschlichen Eindrücken.

Der Poseidon-Tempel zu Pästum ist ein überlebender, beredter Zeuge welthistorischer Kampfestage, wie die Welt sie nie zuvor, nie nachher gesehen, wir meinen die mit Konstantin beginnenden zwei Jahrhunderte des Kampfes, in welchem, so sagt man, das Heidentum dem siegreichen Christentum erlag. Zweihundert Jahre also! Eine lange Zeit, so lang, daß wir unmöglich annehmen können, das Christentum habe im Heidentum von vornherein einen schwachen, halbtoten Gegner vor sich gehabt. Dieser Gegner mußte eine große Lebenskraft besitzen, wenn er erst nach zweihundert Jahren von einer Kirche als besiegt erklärt wurde, welche den mächtigsten Bundesgenossen, die Staatsgewalt, zur Seite hatte.

Man spricht von einem zweihundertjährigen Kampfe zwischen Christentum und Heidentum. Ist diese Bezeichnung richtig? War also dieser Kampf ein reiner Geisterkampf und bestand der Sieg darin, daß der christliche Geist den heidnischen Geist überwand? Ward also ein innerer Sieg errungen, der dann zur Folge hatte, daß die äußeren Lebenszeichen des Heidentums, z. B. die Tempel, verschwanden? Man spricht von einem „Falle", einem „Untergang" des hellenisch-römischen Heidentums. Ist damit gesagt, daß jene zweihundert Jahre die religiös-sittliche Geistesrichtung des Heidentums zu Fall brachten, sodaß die Menschheit sich zuerst innerlich und infolge dessen äußerlich umwandelte? —

Die vorstehenden Blätter möchten einen Beitrag zu der für das Verständnis der religiös-sittlichen Gegenwart der römischen Kirche so wichtigen Beantwortung jener Fragen liefern. Im Tempel zu Pästum tritt uns ein toter Rest des Heidentums entgegen, vorstehende Blätter wenden sich dem Menschenleben zu, um die lebendigen Reste aufzuweisen.

Mit Konstantin, dem ersten sogenannten „christlichen" Kaiser, wandte sich die Staatsgewalt gegen das Heidentum. Hatten die römisch-heidnischen Kaiser das Christentum auf die Weise zu vernichten getrachtet, daß sie die Christen selbst vernichteten, so waren die römisch-christlichen Kaiser für ihren Zweck auf eine andere Methode angewiesen. Um das Heidentum aus der Welt zu schaffen, wandten sie sich gegen den heidnischen Kultus, dessen

Leistungen nach römischer Anschauung dem gesamten Menschenleben die Gunst göttlicher Schutzmächte erhielt. Die Staatsgewalt suchte durch Gewaltakte denselben zu beseitigen, um auf diese Weise dem Heidentum die Mittel der Selbstbethätigung, also die Lebensbedingung zu entziehen. Selbstverständlich konnten solche Gewaltakte die religiöse Geistesrichtung des Heidentums nicht aus der Welt schaffen, und wenn zu einer keineswegs vollständigen äußerlichen Christianisierung (siehe Kap. III) zweihundert Jahre verwendet wurden, so sehen wir schon hieraus, wie wenig die Gewaltakte der Staatsmacht vermochten.

Maßregeln gegen den römisch-heidnischen Kultus mußten in erster Linie die Tempel treffen. Die Schließung, Entleerung oder Vernichtung der Tempel, sowie ihre Verwendung für Kirchenbau und andere Zwecke begann unter Konstantin und seinen Söhnen, nahm aber erst zu Ende des konstantinischen (vierten) Jahrhunderts unter Kaiser Theodosius größere Dimensionen an. Ihn begrüßte die Kirche als einen zweiten Joas, von dem das Alte Testament erzählt: „Da ging alles Volk in das Haus Baals und brachen es ab, und seine Altäre und Bilder zerbrachen sie." — Damals begann die Kirche die Scharen ihrer Mönche für die Tempelzerstörung aufzubieten und fanden sich unter den Bischöfen nicht wenige, welche den Geist, die Kraft und den Beruf eines Elias zu besitzen glaubten. Ein solcher war z. B. jener Theophilos, Bischof von Alexandria, der den weltberühmten Serapis-Tempel daselbst von Grund aus zerstörte und das „unnahbare", geheimnisvolle Wunderbild des großen Serapis vernichtete. Jubel erfüllte die Kirche, denn sie meinte, der Fall dieses Tempels sei ein glorreicher Sieg des Christentums. Für den verlorenen Serapis bot die Kirche einen Ersatz in dem „König" Christus, und was man früher von Serapis erhofft und erlangt hatte, erwarteten die durch solche Ereignisse belehrten Heiden von Christus, der den früher im Serapis-Tempel befindlichen Nilmesser unter seinen Schutz nahm. So verfügte die Kirche. Zur Ehre Christi und zur Förderung ihres Seelenheiles haben fanatische und fanatisierte Mönchshaufen damals förmliche Kreuzzüge gegen die Tempel unternommen und z. B. in Kanopos (Ägypten) alle Tempel der Erde gleich gemacht, aber auch Ersatz geschaffen, indem sie für den Bau christlicher Heiligtümer und Reliquien der Heiligen in denselben sorgten, welche letzteren an Stelle der vertriebenen Götter traten, in denen die gesamte damalige Kirche wirkliche Machtwesen, Dämonen genannt, erblickte, die nach damaliger Anschauung dem bannenden Zauberwort der Kirche sich beugten (siehe Kap. III). Von Gladiatoren, Soldaten und Mönchen begleitet, stellte der reisige Bischof Marcellus solchen Kreuzzug in Syrien an, und in Gallien vermochte Bischof Martin, aus heidnischem Soldatenlager zum kirchlichen Würdenträger emporgehoben, die Kampfeslust nicht zu verleugnen, welche sich ebenfalls gegen Tempel und „Dämonen" wandte. Kein Wunder, daß die fränkischen Herrscher jenen kriegerischen Bischof zu ihrem Patronus wählten und die Bischofsmütze des Sankti Martini als schützendes, siegverbürgendes Palladium auf ihren Kreuzzügen mitnahmen. Die Geistlichen, welche dies Palladium unterwegs und daheim hüteten, hatten von genannter Cappa (Hut, Mütze) den Namen Cappelani und der Behälter, welcher jenes Palladium barg, hieß Cappella (Hutschachtel). Jene „Cappa" leistete den christlichen Frankenfürsten also dieselben Dienste, wie dem Aeneas das Palladium, welches er von Troja aus mit sich führte (Virgil, Aeneis I, 378) oder wie jenes berühmte Ancile (Schild), welches im heidnischen Rom als eine direkte Himmelsgabe betrachtet wurde, oder auch wie jenes berühmte Marienbild in Konstantinopel, welches im Anfang des fünften Jahrhunderts von Pulcheria, Schwester des Kaisers Theodosius II., dem öffentlichen Kultus gewidmet und in Notzeiten als Schutzmittel an der Stelle der Mauer befestigt wurde, welche feindlichen Angriffen am meisten ausgesetzt war. Genau dieselbe Hoffnung setzte Konstantin auf das Kreuzzeichen, coeleste signum Dei, als er mit demselben die heidnischen, göttlich verehrten Heereszeichen ersetzte.

Während man im Orient unter den Tempeln ziemlich gründlich aufräumte, zeigte sich im Abendland, speziell in Italien, ein ganz anderes Verhalten. Von vandalischen Scenen, von reisigen Bischöfen und Kreuzzügen gegen die Tempel Italiens erfahren wir nichts. Das Mönchtum zog dort erst später ein und dieses Fehlen fanatischer Mönchshaufen bewahrte die Tempel vor jenem Schicksal, welches ihnen im Orient bereitet ward. In Italien wurden die Tempel nur zum geringen Teil im Lauf der mit Konstantin beginnenden zweihundert Jahre gewaltsam zerstört, sie wurden vielmehr entleert, geschlossen, ihrer Einkünfte, also auch ihrer Pflege beraubt, manche stürzten, nachdem man ihnen die Säulen für christliche Zwecke genommen, manche wurden in Kirchen verwandelt, viele überdauerten jene zweihundert Jahre, um späterhin eines der genannten Schicksale zu erleben, oder auch der Zerstörung durch Erdbeben zu erliegen. Manche Tempel, am meisten auf Sicilien, haben bis auf den heutigen Tag der Zeit Trotz geboten. Weit größer freilich ist die Zahl der uns erhaltenen Theater, eine Thatsache, die leicht erklärt wird. Als nämlich in Italien die Tempel schon verödet dastanden, florierte das heidnische Theaterwesen noch lange, auch Thierhetzen und Gladiatorenkämpfe, die z. B. in Rom erst zu Anfang des fünften Jahrhunderts aufhörten *). — Fast spurlos sind die Tempel in Neapel (aber erst nach und nach in späteren Jahrhunderten) verschwunden, ebenso in Tarent (Taranto) und Palermo. Was ein Erdbeben vermag, zeigen die Tempelruinen von Girgenti und Selinunt auf Sicilien, ebenso hat ein furchtbares Erdbeben in Kalabrien vor reichlich hundert Jahren manche Tempelreste daselbst zerstört. Merkwürdig ist, daß sich noch an zwei Stellen die griechische Bezeichnung für Tempel, das Wort Naos erhalten hat. Capo di Naò nennt noch heute das kalabrische Volk jenes Vorgebirge am tarentinischen Meerbusen, wo heute eine einzige Säule die Stelle des verschwundenen Tempels der Hera bezeichnet. Beim heutigen Monteleone erinnert ebenso dasselbe Wort an eine Tempelstätte.

Jenes in Italien in ausgedehnter Weise vor fünfzehnhundert Jahren stattgefundene Stehenlassen der Tempel beweist einerseits, daß die „christlichen“ Kaiser nicht alles ausführten und nicht alles ausführen konnten, was sie dekretierten, anderseits, daß die Bevölkerung christlichen Fanatismus nicht kannte. — Es wäre doch

*) Das Schauspiel der Thierhetzen war noch im sechsten Jahrhundert gestattet vom christlichen Kaiser Justinian. An solchen Schauspielen nahmen sogar Geistliche teil!

immerhin ein leichtes gewesen, im Laufe von etwa 50 Jahren alle Tempel Italiens zu vertilgen, aber was man in kurzer Frist hätte thun können, haben zweihundert Jahre nicht vollbracht. Als die Normannen im elften Jahrhundert Sicilien besetzten, fanden sie dort zahlreiche mohammedanische Heiligtümer vor, errichtet von den arabischen Eroberern. In Palermo waren mehrere hundert arabische Tempel und Bethäuser. Im Nu sind dieselben auf Befehl der Normannenfürsten vernichtet, ebenso in Bari und anderswo; Keine Spur ist von solchen Bauwerken erhalten.

Weil namentlich im südlichen Italien Tempelruinen zu den gewöhnlichen Dingen gehörten, ist es in späteren Jahrhunderten geschehen, daß die Bevölkerung in vielen Fällen auch Ruinen profaner Bauwerke für Tempelreste hielt. Manch liebes Mal weilte der Verfasser am öden, ruinenvollen Gestade von Bajae, von Horaz als der lieblichste Erdwinkel gepriesen, und hörte dort immer wieder, wie man die Bäderruinen allen möglichen römischen Göttern als Tempel vindiziert. Am Posilipufer bei Neapel steht einsam die Ruine einer römischen Badevilla, in Volksmunde heutzutage als „Geisterschloß" bezeichnet. Der uralte, auch von den Christen Jahrhunderte hindurch festgehaltene Dämonenglaube klingt in dieser Bezeichnung nach, und wie sehr der Glaube an das geheimnisvolle Zauberwesen der heidnischen Römerwelt nachwirkte, beweisen andere Ruinen am Posilip, wo man noch heute wüstes Mauerwerk als die „Schule des Virgil" bezeichnet, d. h. als den Ort, wo der als Zauberer gedachte Virgil magische Künste lehrte. Im heutigen Sulmona, dem Geburtsorte des Ovid, redet das Volkslied bis heute von dem letzteren als einem Zauberer.

Zur Beurteilung von Vergangenheit und Gegenwart ist es wichtig, den Zusammenhang zu kennen, in welchem die ältesten Kirchen Süditaliens mit den heidnischen Tempeln stehen.

Fast alle ältesten Kirchenbauten sind so entstanden, daß man allerlei Tempelmaterial, namentlich Tempelsäulen, benutzte, oder so, daß man die Kirche auf derselben Basis baute, welche einst einen Tempel trug, oder auf die Weise, daß man den Tempel in eine christliche Kirche verwandelte. Heidnisches Material also diente, um einen christlichen Neubau zu schaffen. Diese Art der Kirchen=

bauten mag uns als Gleichnis dienen, um den geistigen Neubau der Kirche jener Jahrhunderte zu charakterisieren. Die Kirche baute damals einen Geistesneubau, aber aus heidnischem Material! —

In St. Clemente, am Wege von Neapel nach Salerno, liegt eine der unbekanntesten und zugleich merkwürdigsten Kirchen der Christenheit, darum so bemerkenswert, weil sie fast unverändert auf unsere Zeit gekommen ist, obgleich sie zweifellos dem fünften Jahrhundert angehört. Es ist eine Taufkirche, also rund, versehen mit verschiedenartigen antiken Säulen. Säulen aus dem einstigen Apollo=Tempel zeigt die Kirche der St. Restituta in Neapel, Säulen aus dem Poseidon=Tempel sieht man an den Pfeilern der jetzigen Kathedrale daselbst. Antike Säulen hat die uralte Kirche St. Costanzo auf Capri, welche unten in der Meeresnähe diejenige Stelle bezeichnet, wo das antike Städtlein Capri stand, welches später von den Sarazenen zerstört wurde. Dies sind nur wenige Beispiele aus der ältesten Zeit süditalischer Kirchenbauten. Als die Longobarden später sich hier niederließen und in Salerno, Capua und Benevent Fürstensitze besaßen, benutzten auch sie bei ihren Kirchenbauten antikes Säulenmaterial. Etwa fünfhundert Jahre vergingen, ehe der vorhandene Säulenvorrat erschöpft ward. Zuletzt bildete Pästum eine ergiebige Quelle. Von dort holte der Normannenherzog Robert Guiscard antike Säulen für seinen Dombau in Salerno, an welchem er sich, wie noch heute zu lesen, als Dux, Rex und Imperator bezeichnete. Das Atrium dieses Domes zeigt noch jetzt jenen Säulenraub des stolzen Normannen. Aus Pästum holten sich ebenfalls die reichen Kaufleute des einst so mächtigen Amalfi Säulenvorrat für ihren Dombau. Hellenischen Ursprungs sind zwanzig herrliche Granitsäulen, den Ruinen des uralten Locri entnommen, welche die Kathedrale in Gerace schmücken. Der einst in Melito (Kalabrien) residierende Normannenherzog Roger holte sich Säulen aus den Ruinen von Hipponion beim heutigen Monteleone.

Es ist bemerkenswert, daß die Aufstellung solcher Säulen in den Kirchen, namentlich in der ältesten Zeit, in einer sehr ungeordneten Weise geschah. Man nahm, was man fand — und sieht man daher noch heute oft sehr verschiedene Säulen zusammengestellt.

Ganz ebenso machte es die Kirche jener Jahrhunderte bei ihrem Geistesbau.

Wie man Säulenmaterial zusammenraffte, so auch andere heidnische Dinge, welche sich in den Kirchen zu verschiedenen Zwecken verwenden ließen. Im Dom Neapels sehen wir eine prächtige, aus irgend einem Tempel entraffte Basaltschale mit schönen Reliefs des Bacchuskultus. Sie dient als Taufbecken! — Im Dom zu Terracina zeigt sich eine antike Granitwanne, im Dom zu Amalfi eine antike Vase, im Dom zu Syrakus ein sehr heidnisch-profanes Mischgefäß. Es ist bekannt, daß in manchen Kirchen Roms marmorne Bischofstühle sind, welche einst in den öffentlichen Bädern des Diokletian in den Badestuben standen. Überhaupt gab Rom im Zusammenraffen von heidnischem Material für kirchliche Zwecke ein allseitig nachgeahmtes Beispiel. Mit diesem Satz meinen wir nicht nur heidnische Badestühle u. s. w., wir denken hier auch an das Material für den Geistesbau der Kirche.

Einen seltsamen Schmuck bilden in älteren Kirchen Süditaliens zahlreiche antike Sarkophage mit ihren heidnischen Reliefs. Man findet sie z. B. in Salerno, Capua, Amalfi, Cava (Kloster St. Trinità), Palermo, auch in Neapel, sowie in Girgenti. Es ist ein auffallender Anblick, wenn das Auge in einer christlichen Kirche durch hellenisch-römische mythologische Legenden überrascht wird und dort tanzende Bacchanten findet, wo man sie nicht suchen sollte. Berühmt ist das Sarkophagrelief in Girgenti, eine Darstellung der Hippolyt-Legende. Wenn wir später den Geistesbau der Kirche näher ins Auge fassen, werden uns mythologische Dinge anderer Art noch mehr in Verwunderung setzen, als jene an den genannten Sarkophagen.

Von dem Hauptschmuck der Tempel, den Götterstatuen, ist wenig erhalten, denn während man in Italien auf mühsame, gewaltthätige Tempelzerstörung kaum einen Schweißtropfen verwendete, hat man in jenen zwei Kampfjahrhunderten die Götterbilder meist zerstört, und was man in den Museen, z. B. in Neapel findet, ist nur ein Fragment. Waren doch z. B. in genannter Stadt Götterbilder so zahlreich, daß man sprichwörtlich sagte:

„Man kann in Neapel eher einem Gott als einem Menschen begegnen.“ Nur eine einzige unter den überlebenden Götterstatuen ist in Süditalien dem Schicksal der Museums-Kerkerhaft entgangen. Es ist dies eine verstümmelte Ariadne, welche sich an einem Brunnen in der Nähe von Monteleone befindet, wo sie bis heute unter dem Namen Santa Venere ebenso verehrt wird, wie man z. B. den Poseidon im Tempel zu Pästum verehrte, wobei man Gottheit und Statue identifizierte. Die „heilige Venus“ wird bis heute von Frauen bei besonderem Anlaß angerufen! Der dortige Hafen heißt nach ihr: Porto santa Venere.

In die Tempel, deren Götterbilder verschwanden, zog, wenn sie in Kirchen verwandelt wurden, oder wenn man auf ihrer Basis neue Kirchen baute, das alte Heidentum unter christlichem Stempel wieder ein. Der heidnische Rhetor Libanius, welcher in jener Periode des Kampfes dem römischen Kaiser eine Schutzschrift für die bedrohten Tempel überreichte, hatte recht: „Man kann den Göttern die Tempel, aber nicht die Herzen verschließen.“ Einige Beispiele werden dies erläutern.

Die älteste Kirche, welche innerhalb des Mauerbezirks Neapels im sechsten Jahrhundert erbaut wurde (vorher standen einige Kirchen außerhalb der Mauern), erhub sich auf den Trümmern eines Tempels der Artemis und ward der Madonna geweiht. Letztere vertrat die Stelle der ersteren und übernahm alle seitherigen Leistungen derselben. Im uralten, aus Ziegeln erbauten Glockenturm dieser Kirche sieht man noch heute allerlei Fragmente jenes Tempels. Bis auf den heutigen Tag erflehen in jener Kirche die Frauen von der Madonna dasselbe, was einst von der Artemis (Diana) an derselben Stelle erfleht wurde. Am Posilip bei Neapel steht einsam am Ufer eine Kirche der Madonna auf derselben Stelle, wo einst Seefahrern ein Tempel der Venus Eupleua winkte, d. h. derjenigen Gottheit, welche Häfen und Seefahrt schützte. Bis zur Stunde fungiert in den Augen der Fischer die Madonna genau so wie einst Frau Venus, und ihrem Altar werden Gaben gebracht wie früher, vor ihrem Bilde Gelübde gelöst, wie einst vor dem der Venus Eupleua. In Neapel stand ein Tempel des Antinous, des bekannten Lieblings des Kaisers Hadrian, welcher diesen unter die Götter versetzte, nachdem derselbe für ihn in den Tod gegangen war. Auf der Stelle dieses Tempels erhebt sich seit uralten Zeiten die Kirche St. Johannes des Täufers, der ja auch um seines Herrn willen den Tod erduldet. Johannes der Täufer verdrängte also in der einfachsten und natürlichsten Weise den Antinous und übernahm in den Augen der sogenannten Christen dieselbe Würde, welche Antinous gehabt hatte. In Terracina steht die Kirche S. Cesareo auf einem Augustus=Tempel, in Messina verdrängte auf dieselbe Weise S. Gregorius den Jupiter, in Girgenti mußte auf dieselbe Weise Zeus vor S. Gerlando fliehen, und als der heilige Benedikt im sechsten Jahrhundert nach Monte Cassino kam, jagte S. Martino, dieser kriegerische Santo, den Apollo von dannen, der bekanntlich einst mit seinem Pfeil die Pythonschlange durchbohrt hatte. Im heutigen Pozzuoli steht die Kathedrale des heiligen Proculus an der höchsten Stelle der Stadt auf der Basis eines prächtigen Augustustempels, den der Apostel Paulus bei seiner Landung daselbst gesehen hat. Wer die herrliche Bergstraße gen Sorrento entlang wandert und zu Meta in der gottgesegneten, von duftigen Orangenwäldern bedeckten Ebene anlangt, findet in Meta eine berühmte Kirche der Madonna, welche dieselben Heilwunder gewährt, die man einst an derselben Stelle in einem Tempel der Minerva medica erflehte. Seit dem fünften Jahrhundert befindet sich auf dem majestätischen Vorgebirge des Monte Gargáno in Apulien in einer Höhle das uralte Heiligtum des St. Michael, welcher dort im fünften Jahrhundert die Orakeldämonen des Kalchas vertrieb. Wir werden in einem späteren Kapitel diesen Wallfahrtsort näher kennen lernen. Bei Marsala (Sicilien) ward über der Höhle und der Wunderquelle einer Sibille eine Kirche St. Giovanni gebaut, wo letzterer immer noch Orakel erteilt, also die Sibille verdrängt hat. Auf der Höhe des Monte Vergine bei Neapel stand ein Heiligtum der Magna Mater (Kybele), und als der heilige Guiglielmo als Einsiedler dort seine Hütten baute, fand er die Reste jenes Heiligtums vor, welches bis in die späteste Kaiserzeit ein Wallfahrtsort der Heiden gewesen. Auf den Resten erhob sich dann eine Madonnenkirche, bald mit einem berühmten Wunderbild (imago prodigiosa) begabt, und wiederum thront dort eine „magna mater“, deren Ansehen bis heute ein so groszes ist, dasz dieser Wallfahrtsort um die Pfingstzeit alljährlich über 50 000 Pilger anzieht. Im sechsten Jahrhundert fragte ein Heide den Mönch Isidorus, welcher Unterschied sei zwischen der magna mater Kybele und der Madonna? Eines der besten Beispiele bietet uns La Madonna del Capo (Vorgebirge). Auf dem hochragenden Licinischen Vorgebirge bei Kroton am Tarentinischen Meerbusen stand der Tempel der Hera Lucina, religiöser Mittelpunkt aller hellenischen Kolonieen jener Küste, ein festlicher Wallfahrtsort, zu dem alljährlich eine farbenvolle Prozession ebenso wallfahrte, wie in Athen zum Parthenon. Achtundvierzig Säulen bildeten den Marmormantel dieses Heiligtums, welches von dem Rauschen eines Tannenhains umgeben war und groszartige Schätze barg, die selbst ein Hannibal, den Zorn der Gottheit fürchtend, nicht antastete. Als dies Heiligtum unter römische Herrschaft kam, behielt es sein Ansehen und es geschah nur die Änderung, dasz man den Namen der Gottheit in Juno Lucina verwandelte. Da zog das Christentum in jene Gegend ein und im fünften Jahrhundert machte der Bischof von Kroton aus jenem Tempel eine Kirche. Wiederum ging eine geringe Änderung vor, denn die Gottheit, deren Bild man dort schaute, hiesz nun Maria, entsprach aber in ihrer Würde und ihrem Einflusz der Juno. Nach wie vor zogen Prozessionen hinauf, nach wie vor wurden im Tempel Gelübde gelöst, nach wie vor wandten sich Frauen in den wichtigsten Angelegenheiten des Lebens an die Maria-Juno-Hera. Pythagoras, der in Kroton seine Hauptwirksamkeit entfaltete, veranlaszte die Frauen daselbst, ihren Schmuck vor der Statue der Hera niederzulegen. Später haben dies viele christliche Jungfrauen gethan, bevor sie die „Welt“ verlieszen und ins Kloster gingen. Jener Madonna-Tempel ward einsam gelassen, als die Sarazenen die Küsten verwüsteten, das heilige Bild kam nach Kroton, aber der Tempel selbst blieb noch lange Zeit völlig erhalten. Schlieszlich ward er vernichtet durch einen Bischof von Kroton, der aus dem Material sich einen Palast baute. Dieser Mann hiesz Lucifero und lebte um das Jahr 1520. — Heute gilt von jenem Tempel:

„Nur eine hohe Säule
Zeugt von verschwund'ner Pracht!"

Endlich ein Beispiel aus Sicilien. Auf dem Berge Eryx im Norden der Insel, von der Sonne umglänzt, oder von Nebelwolken umflort, schaute weit über die heilige Salzflut das im ganzen Altertum bei Griechen und Römern berühmte Tempelheiligtum der Aphrodite. Der Tempel ist verschwunden, aber auf derselben Höhe, Monte St. Giugliano genannt, wird jetzt die hold lächelnde, liebreiche Madonna verehrt. Heilige Tauben besaß dort die Aphrodite, und bis zur Stunde umflattern Tauben den Berg und die heilige Stätte, denn kein Bannspruch eines Priesters hat seither diesen Rest des Heidentums fortzuschaffen vermocht. Seltsames Wahrzeichen. — (Siehe Kap. III u. IV.)

Auch in dieser „Umtaufe" der alten Götter gab die ewige Roma, diese mit Ende des vierten und Anfang des fünften Jahrhunderts äußerlich christianisierte Bischofstadt, der Kirche ein Beispiel. Dort waren die heidnischen Mütter u. a. gewohnt gewesen, mit ihren erkrankten Säuglingen zum Heiligtum des Romulus zu gehen und von diesem, der an jener Stelle von der Wölfin gesäugt war, Hilfe zu erbitten. Die „Kirche" wollte nicht, daß die christianisierten Mütter etwas entbehren sollten, errichtete also ein christliches Heiligtum daselbst und setzte den St. Theodorus hinein, an den sich die Mütter ebenso wandten, wie einst an Romulus. Diese Umwandlung geschah im vierten Jahrhundert und die erwähnte Kirche, ein Rundbau aus Ziegeln, teilweise aus antikem Material, steht noch jetzt. Zwei Jahrhunderte später krönte die ewige Roma die Arbeit des „Umtaufens" dadurch, daß man das Pantheon, den allen Gottheiten geweihten Tempel, in eine allen Märtyrern geweihte Kirche verwandelte, nachdem man Wagenladungen von heiligen Knochen hineingebracht hatte.

Über das Namenchristentum der äußerlich bekehrten, mit dem Strom schwimmenden Massen hat schon im vierten Jahrhundert mancher tiefer schauende Mann geklagt. Es waren Predigerstimmen in der Wüste. Trauerton liegt in dem Urteil Augustins über seine Zeit: „Selten wird Jesus um seiner selbst willen gesucht.“ Es ist ein schmerzliches Wort, wenn Chrysostomos die Kirche seiner Zeit mit einer Frau vergleicht, die von ihrem Reichtum nur noch die leeren Kisten behalten hat. Während solche hochstehende Geister sich keineswegs vollständig dem Bann des Heidentums zu entziehen vermochten, schwammen andere mit diesem die Kirche überschwemmenden Strom, ohne sich bewußt zu werden, daß sie vom Heidentum beherrscht seien. Wir meinen alle diejenigen Kirchenmänner der zweihundert Kampfesjahre, welche die Heiligen und Märtyrer genau auf denselben Posten stellten, welchen nach Lehre der Stoiker und Neuplatoniker die Heroen, Dämonen und Genien innehatten. Ohne Schwierigkeit fanden die äußerlich christianisierten Heidenmassen dasjenige in der Kirche wieder, was sie aufgegeben hatten. Die Spartaner hatten ihren Lykurg vergöttlicht, die Hellenen den Herkules u. a. Heroen, die Römer ihre Kaiser (auch den Konstantin), Hadrian seinen Antinous. Dasselbe that die „Kirche“ mit ihren Märtyrerheroen (siehe Kap. III). Die Kirche sagte: die Juno Lucina ist eine falsche Gottheit, die Maria ist die wahre, wirkliche Vermittlerin zwischen den Menschen und dem Allerhöchsten. Das war die „lenitas“, die milde Praxis der Kirche, welche die Heiden oft massenhaft zu Christen machte, dabei aber dem Christentum einen heidnischen Zuschnitt gab und somit einen Geistesbau aufführte, welcher den Kirchenbauten jener Jahrhunderte des Kampfes entsprach. Bei dem einen wie bei den andern ward heidnisches Material benutzt. Die durch heidnische Kultushandlungen bewirkte Schutzmacht heidnischer Götterwesen wich christlichen Kultushandlungen, welche die Schutzmacht christlicher Gottwesen verbürgte. Die Sache blieb, der Name ward geändert.

Zum besseren Verständnis des Obigen dürfen wir nicht vergessen, wie tief im Herzen eines hellenisch-römischen Heiden das Bedürfnis gewurzelt war, mit Glauben und Hoffen solche Gottwesen niederer Stufe zu umfassen, welche als vermittelnde Gottheiten dem Menschen näher standen, ferner, welche Stärkung der so gerichtete hellenisch-römische religiöse Glaube im zweiten Jahrhundert durch philosophische Lehren erfahren hatte. Dann kommt hier die bekannte Thatsache inbetracht, daß während der ersten christlichen Jahrhunderte und schon früher aus dem Orient stets neue Gottheiten und neue Kulte eingeführt und bereitwillig aufgenommen wurden. Die hellenisch-römische Heidenwelt war es also gewohnt, von neuen, mächtigen, helfenden und sühnenden Gottheiten zu hören, und gern wandte das suchende Menschenherz sich namentlich solchen Kulten und Göttern zu, bei welchen Sühnung zu hoffen war. Warum sollte man es nicht mit dem Christentum versuchen, welches über den sogen. christlichen Kaisern als glänzender Glücksstern leuchtete, welches dem suchenden Menschenherzen die wahrhaftigen, helfenden, sühnenden Götterwesen versprach, durch einen glänzenden Kultus den Glanz des heidnischen Kultus ersetzte und von den Mächtigen der Zeit jede denkbare Hilfe, Gunst und Förderung erfuhr? Bildeten doch in der Kirche und ihrer Gemeinschaft auch die Wohlthätigkeitsanstalten aller Art für die Angehörigen der ärmeren Klassen einen besonderen Anziehungspunkt. Über die mangelhafte Vorbereitung der Katechumenen klagte schon das Konzil zu Nicäa 325. Endlich ist hier auf die Thatsache zu verweisen, daß es der hellenisch-römischen Heidenwelt niemals Schwierigkeiten bereitete, fremde Götterwesen entweder umzubilden oder in denselben die heidnischen Gottheiten wiederzufinden. Wenn z. B. der Kultus des persischen Lichtgottes Mitras eingeführt wurde, dessen Spuren wir in einer Höhle auf Capri noch heute sehen können, so fand der religiöse Römer in Mitras seine heidnische Gottheit Sol (Sonne) wieder. Die phönizische Astarte ward von den Hellenen umgebildet zur Aphrodite, diese ward den Römern zur Venus, in den germanischen Göttern vermochte Tacitus seine heimischen Götter wiederzuerkennen. Wir sehen den Grund, weshalb es den äußerlich christianisierten Heiden leicht wurde, in dem christlichen Olymp mit seinen Heiligen und seiner Maria sich zu orientieren, zumal da die Auffassung vom *Wesen der Religion* sich nicht veränderte. Letztere war nach wie vor *Kultus*, d. h. ein Inbegriff von an sich zauberhaft wirksamen Handlungen, das Christentum ward als das neue *Gesetz* betrachtet, und der christianisierte Heide vertauschte nur ein Gesetz mit dem andern.

Wie aus den verödeten Tempeln die heidnischen Gottwesen,

christlich umgetauft, in die Kirchen zogen, so folgte ihnen der hellenisch-römische Kultus nach. Der Aufbau des christlichen Kultus während jener zweihundert Kampfesjahre entspricht dem durch heidnisches Material bewerkstelligten Kirchenbau.

Wir finden in den Kirchen den Zauber des Weihwassers, wir schauen heute die Wolken des Weihrauchs, die Blumen auf den Altären, die Lichter vor den Bildern, die Gelübdegaben oder Vota, Reliquien aller Art, Bilder und Statuen, letztere im Neapolitanischen in solcher lawinenartig wachsenden Menge, daß die heutigen Kirchen jenes S. 9 erwähnte Sprichwort wieder zur Wahrheit machen: „In Neapel kann man eher einem Gott als einem Menschen begegnen.“ — Alles dieses sind hellenisch-römische Kultusstücke, während jener zweihundert Jahre eines sogenannten „Kampfes“ in die Kirchen eingeführt.

Am Eingang der heidnischen Tempel fand sich Weihwasser zur Besprengung, Zauberworte gaben dem heiligen Wasser, wie heute, Kraft, der Weihwedel war den Heiden bestens bekannt, Menschen und Sachen mit Weihwasser zu besprengen war allgemeine heidnische Sitte. Während im zweiten Jahrhundert Justinus Martyr das Weihwasser als Teufelserfindung verdammte, dachte man Ende des vierten Jahrhunderts anders. Der gelehrte Hieronymus erzählt im christlich-heidnischen Wunderglauben seiner Zeit, daß Rennpferde eines Christen, mit Weihwasser besprengt, über die Rosse eines Heiden siegten. „So ward der heidnische Gott durch Christum überwunden!“ (Hieron. op. 4, p. 80.) Daß die christliche Taufe schon in den Augen des Kaisers Konstantin und seiner Zeitgenossen die Stelle heidnischer Sühnehandlungen einnahm, ebenso in den Augen des Kaisers Theodosius, erhellt aus der Verschiebung der Taufe bis an das Ende des Lebens *).

Weihrauchwolken und Lichterglanz waren Hauptsachen in den heidnischen Tempeln. Nach Paphos enteilt Aphrodite und schaut fröhlich die Stätte, wo der Tempel ihr ragt und mit sabischem Weihrauch hundert Altäre aufglühen und frische Bekränzungen atmen. (Virgil, Aeneis I, 415.) — Jeremias (47, 17) tadelte

*) Zauberhaft wirkende Sühnehandlungen waren im Heidentum zahlreich.

heutige Neapel kennt, könnte meinen, Aeschylos sei unser Zeitgenosse und habe mit obigem die jetzige Auffassung der Weihgeschenke geschildert. — Von den „Donaria“ (Gelübdegaben), die oft in Bildern gnadenvoller Ereignisse bestanden, sagt der römische Dichter Tibull (Eleg. I, 3): „O Göttin, daß du zu helfen vermagst, zeigt der Gemälde Zahl, die deinen Tempel verziert.“ — Hat Tibull die jetzigen süditalischen Kirchen gesehen? Der römische Satiriker Juvenal (Zeitgenosse Hadrians) sagt, daß die Göttin Isis den Malern von Gelübdebildern Brot schaffe. Hat der Dichter vielleicht die Madonna in Neapel gemeint?

Reliquien besaßen auch die Heiden, nur etwas weniger als die Christen. Die Gebeine des Theseus waren in Athen, wohin man sie feierlich brachte und sie als Unterpfänder betrachtete. Das Haus des Romulus, die von Saturnus ausgespieenen Steine, ein Span vom Schiff Argo u. s. w. waren hochheilige Reliquien.

Nach Plutarch wollte der heidnische König Numa in den Tempeln keine Götterbilder sehen, später aber nahm der Bilderdienst in den Tempeln große Dimensionen an und zog aus den Tempeln in die Kirchen ein. Kaiser Theodosius verbot den heidnischen Bilderdienst, letzterer ward „umgetauft“ und geht heute, wie ein späterer Artikel zeigen wird, über die Leistungen des Heidentums weit hinaus, wird auch durch Ablaß protegiert.

Die Bilder werden, wie im antiken Leben, mit den darzustellenden Santi identifiziert, und die Zahl dieser wächst in unglaublicher Weise. Als die Araber die Stadt Selinunt auf Sicilien besetzten, fanden sie so viele Heiligenstatuen, daß sie diese Stadt Rahl el Asnam, Dorf der Idole, nannten. Mit dem Bilderdienst aber hängt das Prozessionswesen zusammen, welches heute den entsprechenden Leistungen des hellenisch-römischen Kultus so ähnlich sieht, wie ein Zwillingsbruder dem andern, ebenso ähnlich, wie die christlichen Wunderlegenden den heidnischen. Die Legenden der Heiden zogen die römische Toga aus, umkleideten sich mit christlicher Soutane und wurden dadurch kirchenfähig! — Endlich nahm die Kirche die mit dem Tempeldienst verbundenen Feste unter ihren Mantel, hoffte, daß ein in den Mittelpunkt der vom Volk so sehr geliebten Feste gestellter Sanctus die letzteren heiligend umgestalten werde, täuschte sich aber, oder richtiger: verlor das Gefühl für den Unterschied von Heiden- und Christenfesten. Wir werden später Zeugen christlicher Feste sein, welche uns als Bild heidnischer Orgien dienen müssen. Im antiken Leben waren die Priester Festordner. Diese Funktion haben die christlichen Priester Süditaliens noch heute und verstehen dies Geschäft ebenso vortrefflich als jene.

Von Sieg und Triumph redete die Kirche, als sie die Tempel verödet, die Götter verbannt und sich selbst auf dem Thron erblickte, dem Joseph vergleichbar, der aus Ketten und Kerker zu königlichem Glanz gelangt war. Der Sieg der Kirche war ihre Niederlage und letztere vollendete sich, als auch das Opfer wieder in die Kirchen einzog. Das Opfer war das Zentrum des hellenisch-römischen Kultus und ward von den christlichen Kaisern zweihundert Jahre hindurch immer aufs neue, zuletzt bei Todesstrafe, verboten. Mit dem Meßopfer zog jener antike Kultusmittelpunkt aus den alten Tempeln in die neuen Kirchen und mit ihm der Stand opfernder Priester, auf welche die Funktion, Würde und der Reichtum der entlassenen heidnischen Priester übergingen. Der nach Weise des heidnischen Isis-Kultus mit der Tonsur versehene christliche Priester, neben ihm, wie auf einem pompejanischen Wandbilde sichtbar, der Opferdiener, der christliche Priester das

Meßopfer darbringend für Lebende und Tote, das war die vollendete Niederlage der vom Siege träumenden Kirche.

Die hellenisch-römischen Tempel dienten nicht allein dem Kultus, viele hatten auch Nebenzwecke. Als man nun in den Kirchen für die verödeten Tempel einen Ersatz bot, mußte dieser ein vollständiger sein; denn namentlich im Süden ist die Macht der Gewohnheit eine große. Daß das Asylrecht der Tempel auf die Kirchen überging, ist bekannt. Tempel waren auch Bewahrungsorte für öffentliche und private Schätze, fast alle Tempel hatten eine eigene Schatzkammer. Millionenwerte bargen z. B. die oben genannten Tempel der Hera Lucina, der Aphrodite Erycina und viele andere. Der Tempel auf der Insel Delos barg bekanntlich den Staatsschatz Athens. In den Tempeln deponierten Private oft große Summen, und die Tempelverwalter, d. h. die Priester, fungierten nicht selten als Banquiers, welche finanzielle Operationen mit solchem Kapital ausführten. — Jahrhunderte hindurch waren z. B. in Neapel viele mit prächtigen Kirchen versehene Klöster und mehrere reich fundierte Wohlthätigkeitsanstalten die einzigen öffentlichen Banken, die sich aber nicht nur auf Geldoperationen, sondern auch auf das Fallieren verstanden. Die fromme Bank, welche mit dem Findelhause verbunden war und Millionen von Privaten im Depot hatte, endete im vorigen Jahrhundert mit einem Krach. Wer ein Schatzhaus sehen will, lasse sich die Schatzkapelle des St. Gennaro am Dome Neapels zeigen, wo sich Millionenwerte in kostbaren Steinen finden. Die Kirche St. Maria nuova in Neapel besaß einst so viele einem wunderthätigen Bilde geschenkte Gaben, daß eine vollständige Reparatur der Kirche durch Verkauf jener Gaben bestritten werden konnte. Der Erlös war 120000 Lire. — Die Tempel aber bargen auch öffentliche und private Dokumente, Urkunden aller Art, bisweilen sogar Bürgerregister und fungierten also die Priester als Archivare. — Auch hier schuf die Kirche Ersatz, nämlich durch die Klöster. Hatte man einst für Tempel meistens die weitschauenden Aussichtspunkte erwählt, so folgten die Klöster solchem Beispiel, und diese heiligen Stätten wurden der Bergeort aller wichtigen öffentlichen und privaten Dokumente ihres Bezirkes. Wir finden diese Schätze z. B. im Kloster Monte

Cassino, im Kloster Trinità della Cava. Eines der historisch wichtigsten Archive auf Erden ist das Staatsarchiv in Neapel, jetzt in den Räumen des Klosters St. Severino. Der größere Teil seiner Schätze besteht aus Urkunden, die in Klöstern deponiert waren. Jedes Kloster war in den Augen seiner Umgebung ein Delphi.

Viele Tempel dienten auch als Ruhmeshallen. Im Parthenon zu Athen stifteten die Söhne des Themistokles eine Statue ihres Vaters, die Statuen der Attischen Heroen standen in Delphi, zahlreiche Tempelhöfe waren erfüllt mit Statuen von Siegern, in den zu Ehren der Kaiser errichteten Tempeln sah man deren Statuen, selbst Kleopatra erblickte man in einem römischen Tempel. Die Macht der antiken Gewohnheit läßt bis heute ebenso zahlreiche Kirchen als Ruhmeshallen dienen. Die Kirche St. Domenico in Neapel mit ihren wertvollen und wertlosen Monumenten ist die Ruhmeshalle der neapolitanischen Aristokratie, St. Domenico in Palermo dient ähnlichen Zwecken. — Eine nationale Ruhmeshalle ist St. Croce in Florenz, die päpstliche Ruhmeshalle die St. Peterskirche in Rom. „Und Marmorbilder stehn und sehn mich an."

Zur Erklärung ward oben die Macht der Gewohnheit im südlichen Menschenleben geltend gemacht. Verfasser, welcher ohne Unterbrechung schon über zehn Jahre in jener Umgebung lebt, muß die von ihm beobachtete Gewohnheitsmacht als eine staunenswerte bezeichnen, wenn er alle jene kleinen und großen Dinge an seinem Auge vorüberziehen läßt, welche aus dem antiken Leben sich erhalten haben und in Sitte und Brauch zum Volksleben gehören, wobei das letztere sich über die Herkunft solcher Elemente nicht die mindeste Rechenschaft giebt. Wir können an dieser Stelle nur wenige Beispiele anführen und wollen nur auf einige solche Dinge verweisen, welche zeigen, wie das antike Leben sogar in Kleinigkeiten sich bis auf diese Stunde erhalten hat. Die Esel, welche Gemüse zur Stadt bringen, sind beladen mit dem aus der Römerzeit stammenden Bissaccium (Doppelsack), der zweiräderige römische Reisewagen, das Cisium, lebt fort in dem populären Corricolo, welches wir zu hunderten an denselben Halteplätzen erblicken, wo die antiken Thore Neapels waren und wo solche Wagen seit Jahrtausenden ihren Halteplatz hatten. Antike Statuen von Rossen zeigen den Mähnebüschel zwischen den Ohren zierlich aufgebunden, eine Sitte, welche noch heute in Campanien tausendfältig zu beobachten ist. Man sehe die in Pompeji gefundenen Flaschen und Krüge für Wein und Öl, die Form der Brote, man achte auf die Spiele der Großen und Kleinen, man sehe bei den populären Tänzen die Schellentrommel (Tympanon), man betrachte die südlichen Betten mit ihrer argen Höhe und den zwei kleinen noch ärgeren Nackenkissen, überall begegnet uns in solchen Kleinigkeiten das antike römische Leben. Es giebt aber im Volksleben Kleinigkeiten, welche älter sind und das spezifisch hellenische Leben zeigen. Die Menge der Geldwechsler unter freiem Himmel, die Garküchen auf der Straße, die Kessel mit gekochten Erbsen daselbst, die Thürklopfer in den älteren Stadtteilen, die Vorliebe für Zwiebeln, die Masse der Haarkünstler, die Sitten, daß Männer Einkäufe fürs Hauswesen besorgen, lauter Dinge des neapolitanischen täglichen Lebens, gehören dem hellenischen Leben an. Haben sich doch in Neapel sogar jene von Aristophanes erwähnten Gedärmeverkäufer erhalten, die in Athen auf der Straße genau ebenso ihre unerfreuliche Ware ausboten, wie heute im einst hellenischen Neapel. — Gruben zur Aufbewahrung des Öls, wie heute z. B. in Apulien, kannten schon die Hellenen, die heutigen Hirten im Silawald mit ihrer Schalmei erinnern an die Hirten des Theokrit, und wie in Hellenenstädten einst Rhapsoden die Homerischen Heldengeschichten öffentlich vortrugen, so hat Neapel immer noch seine Cantastorie d. h. Geschichtenerzähler, die einer horchenden Menge von den Helden des Tasso und Ariost erzählen. Im Volkstheater leben gewisse Charakterfiguren des antiken Theaters weiter und ländliche Weinschenken sind am Thürrande ebenso bemalt, wie man dies an einer Lokalität Pompejis noch heute sieht!

Erhellt schon aus diesen wenigen Beispielen eine auffallende Macht der konservierenden Gewohnheit in Hinsicht unbedeutender Dinge, so ist dieselbe Macht um so mehr in Anschlag zu bringen, wenn es sich um das höchste, wichtigste Gebiet des antiken Lebens, die Religion handelt. Gerade auf diesem Gebiet ließ die Macht der Gewohnheit das Alte und Herkömmliche festhalten.

Werfen wir zum Schluß noch einmal einen Blick auf Tempel und Kirchen. Die Zahl der letzten ist im Südlande groß, aber auch die Zahl der Tempel hat stets dem Bedürfnis genügt. Wer die Geschichte der zwei Jahrhunderte vor Konstantin kennt, weiß, wie sehr sich hellenisch-römische Frömmigkeit durch Tempelbauten und fromme Schenkungen aller Art bethätigte, wobei Gelübde, Träume, Götterworte, sowie die Hoffnung auf Gnadenerwerb und Verdienst gewöhnliche Motive bildeten. Dieselben Motive finden wir in zahllosen Fällen bei Kirchenbauten wieder. Gelübde der Stadt und Gelübde von Fürsten haben z. B. in Neapel die bekanntesten Kirchen geschaffen, und wohl jede der Kirchen des Südlandes ist in irgendeiner Hinsicht ein Beweis jener in die christliche Kirche übergegangenen heidnischen Lohnsucht der antiken Werkgerechtigkeit. Die berühmte Schatzkapelle des heiligen Januarius in Neapel ist infolge eines Gelübdes der Stadt, in schwerer Pestzeit geleistet, entstanden. Man war dem genannten Santo durch jene Leistung gefällig und erwartete von demselben eine entsprechende Gegenleistung. Setzen wir für St. Gennaro eine antike Gottheit, so haben wir das antike Religionsleben.

Finden wir also die antiken heidnischen Motive beim Bau und bei der Ausstattung von Kirchen wieder, so ist freilich eine Kirche von einem Tempel sehr verschieden. Stellen wir eine der jetzigen Kirchen mit dem Tempel von Paestum zusammen. Der heidnische Tempel lag inmitten eines heiligen Bezirks, fern vom Lärm des profanen Lebens, oft umrauscht von heiligen Hainen, und die feierliche Stille ließ die Nähe der Gottheit spüren. Die südlichen Kirchen dagegen liegen mitten im Getümmel des Straßenlebens, eingeschlossen von Profangebäuden, oft umtost von wüstem Lärm, als sollte den Andächtigen der letzte Rest einer Erhebung, eines Gefühles der Gottesnähe genommen werden. Der Tempel von Paestum zeigt eine ungesuchte, schlichte, majestätische Würde und feierlichen Ernst. Die Kirchen Süditaliens? Die älteren sind durchweg modernisiert, d. h. mit dem leeren Schmuck geistloser Dekoration versehen, die späteren durchweg dieser Richtung entsprechend. Der Tempel zu Paestum besaß ein einziges Götterbild, dem die Cella zugewiesen war, sowie nur einen Altar, nämlich vor dem Tempel, und die Blicke der am Altare Versammelten richteten sich von da auf den feierlich stillen Innenraum des Tempels. — Die Kirchen Süditaliens sind fast ausnahmelos angefüllt mit Glastempelchen, in denen buntbekleidete oder mit Halsbändern und Spitzenschnupftüchern versehene Madonnen stehen, Gebilde des Handwerks, die man in einem heidnischen Tempel nimmermehr geduldet hätte. Die Kirchen zeigen inwendig die Unruhe der vielen Seitenaltäre und bieten noch andere Dinge, von denen die Tempel nichts wußten. An den Festtagen der Schutzheiligen und Madonnen nämlich möchte man die Kirchen für fürstliche Salons erklären, bei derselben Gelegenheit sind sie Konzertsäle, Opernhäuser, wo man Opernarien und heitere Tanzweisen vernimmt. In der Fastenzeit werden sie akademische Hörsäle, in denen die meist als berühmte, „ausgezeichnete Redner“ angekündigten Fastenprediger ihre Vorträge mit „Signori“, meine Herren, beginnen. Bisweilen denkt man auch an ein Schauspielhaus, denn Beifallklatschen ist nicht ausgeschlossen. — Vor fünfzehnhundert Jahren zog das Prunk-Rednertum in die Kirchen ein, welches sich vorher auf dem Forum und in den Hörsälen der Rhetoren breit gemacht hatte. In den süditalischen Kirchen ist es noch immer, und bei gewissen Gelegenheiten muß ein Heiliger oder eine Madonna sich nicht eine, sondern sieben Prunkreden (Panegyricus) gefallen lassen. Ein Hellenentempel ist nie durch Opernarien und Prunkreden beunruhigt worden. Endlich sind die Kirchen Kaufhäuser, die wie letztere ihr Aushängeschild haben, welches man bei einigen beständig, bei anderen zeitweilig erblickt: Immerwährender, vollständiger, täglicher Ablaß für Lebende und Tote. Solches Aushängeschild kannten die hellenischen und römischen Tempel nicht.

Die letzte bedeutendste in Süditalien (und Italien überhaupt) entstandene Kirche ist die Kirche St. Francesco di Paolo in Neapel, von König Ferdinand vor reichlich siebzig Jahren infolge eines erfolgreichen Gelübdes erbaut. Sie ist eine in jeder Hinsicht genaue Nachahmung eines heidnischen Tempels, nämlich des Pantheons zu Rom. Mit diesem Baustil ist die Kirche also wieder beim Heidentum angelangt.

Zweites Kapitel.

L'Eterno Padre.

Deutsche Kinder lernen das deutsche Lied: „Wo wohnt der liebe Gott?" Den innigen Klang, die wohlthuende Wärme der Bezeichnung: der „liebe" Gott fühlt man am besten dann, wenn man in einem Lande lebt, welches jene Bezeichnung nicht kennt, wo die im übrigen so reiche Sprache unfähig ist, ein Wort zu bieten, welches jene deutsche Innigkeit und Wärme spüren ließe. Der Italiener sagt niemals: Il caro Dio, der einzige Ausdruck, welcher unserem deutschen: „Der liebe Gott" parallel steht, ist der in unserer Überschrift angegebene: L'Eterno Padre.

Die Feder zögert, wenn sie Dinge niederschreiben soll, von denen der Schreibende weiß, daß sie dem Leser unglaublich klingen werden. Unglaublich klingt es, wenn wir berichten, daß der „ewige Vater" nur in einem beschränkten Kreise Süditaliens bekannt ist, daß derselbe nur von einer unbedeutenden Zahl im Stadtgebiet Neapels verehrt wird, daß man im Gebiete Süditaliens nur an einer einzigen Stelle der Verehrung desselben begegnet, nämlich in einer einzigen unter den hunderten von Kirchen genannter Stadt. Wir werden dies erläutern.

An den Thüren einiger Kirchen liest man alljährlich um die Pfingstzeit unter anderen Nachrichten auch eine solche, welche sich auf die Überschrift bezieht. Sie lautete im vorigen Jahre buchstäblich also: „Damit in den Herzen der Katholiken die Ver=

ehrung gegen das wunderthätige Bild des Eterno Padre immer mehr zunehme, wird am Sonntag nach Pfingsten das Fest der heiligen Dreieinigkeit gefeiert werden. Zur Vorbereitung sind drei Tage bestimmt. Am Festtage findet in der Kirche St. Chiara ein Hochamt statt mit ausgewählter Musik, dann Vesper, endlich Segen durch das sanctissimum. Drei ausgezeichnete Redner werden die Kanzel besteigen. Wir ermahnen die Gläubigen zur Teilnahme an den heiligen Funktionen, damit sie die mit denselben verbundenen Ablässe gewinnen."

Weil dem Leser diese Kirchenanzeige rätselhaft klingen dürfte, bemerken wir dieses: In der Kirche St. Chiara (Klara) zu Neapel befindet sich ein uraltes Gnadenbild, welches die göttliche Dreieinigkeit darstellt. Nach katholischer Kirchenlehre ist selbstverständlich zwischen der göttlichen Dreieinigkeit und dem dreieinigen Gott kein Unterschied, die katholische Kirche bekennt sich zu dem dreieinigen Gott und will, daß der katholische Christ diesen anbete und ihn, den einen lebendigen Gott, der sich dreifach offenbart hat, als solchen gläubig anerkenne. — Diese auf dem Papier stehende römisch-katholische Kirchenlehre ist nun durchaus von der Volksreligion verschieden. Letztere wendet sich einem Bilde der Dreieinigkeit zu, denkt sich dabei dunkel und verworren irgendein erhabenes, überirdisches, göttliches Wesen, stellt dasselbe in die Reihe der übrigen, durch Bilder oder Statuen dargestellten helfenden und schützenden „Heiligen", wirft sich vor dem Bilde der heiligen Dreieinigkeit nieder, verwechselt das Bild mit dem, was es darstellt, ohne sich darüber Rechenschaft zu geben und kümmert sich dabei weder um die Kirchenlehre von der Dreieinigkeit, noch um die Kirchensatzungen, welche sich der Verehrung der Bilder als solcher widersetzen. In oben angeführter Weise wird nun gesagt: „Damit die Verehrung gegen das wunderthätige Bild des Eterno Padre zunehme." Es wird also keineswegs zur Verehrung des „Eterno Padre" oder des dreieinigen Gottes aufgefordert, sondern zur Verehrung seines Bildes, also zum Bilderdienst. Die Kirche also, welche jene Anzeige erläßt, verleugnet damit ihre Lehre und ermuntert zu einem ihrer Lehre widersprechenden Bilderdienst, indem sie sagt, jenes Bild wirke Wunder, indem sie also den

Bilderverehrern die den letzteren willkommene Aussicht eröffnet, daß die vor jenem Bilde ausgesprochenen Gebete Erhörung finden werden. — Es handelt sich also nicht um eine Anbetung Gottes im Geiste und in der Wahrheit, sondern um einen von der Kirche nicht nur geduldeten, sondern lehrwidrig geförderten Bilderkultus, von dem die in schwerer Unwissenheit befangene „Kirche“ nicht weiß, daß er zu einer bestimmten Zeit aus dem Heidentum in die Kirche eingedrungen ist. Augustin klagt über die Bilderanbeter, picturarum adoratores. Gegen den Bilderkultus der Heiden haben in der Kampfeszeit christliche Kaiser drakonische Gesetze erlassen, dieser Kultus aber wollte am Leben bleiben um jeden Preis und erreichte dies durch das einfache Mittel, daß er ein christliches Gewand anzog! Ein Anathema des Tridentinums bedroht diejenigen, welche glauben, daß den Bildern eine göttliche Kraft einwohnt. Dies Anathema trifft die Kirche selbst, da sie jenes genannte Bild des Eterno Padre für wunderthätig erklärt (tausend andere Bilder ebenso) und zur Verehrung des Bildes auffordert.

Der Kultus des Eterno Padre hat in Neapel einen durchaus lokalen Charakter, findet sich, wie bemerkt, so weit unsere Kunde reicht, nur hier, steht also auf einer Linie mit jener unabsehbaren Reihe anderer Lokalkulte, die über den Süden und das ganze Land verbreitet sind, entsprechend dem antiken Leben, welches gleichfalls über eine unabsehbare Zahl von Lokalkulten verfügte. Dabei ist die Bezeichnung „Eterno Padre“ eine vom Volksmund geschaffene, von der Kirche dann in üblicher Accommodation acceptierte.

Welche Bedeutung ein bestimmter Kultus in den Augen der Kirche hat, sieht man sofort aus der Art und Ausdehnung der betreffenden Ankündigung, wobei wir bemerken, daß solche Festanzeigen sich nicht nur an den Kirchenthüren, sondern auch an Straßenecken finden. Um die Pfingstzeit häufen sich solche Plakate, und so finden wir denn die zu Anfang erwähnte Ankündigung zwischen vielen anderen. Eine riesenhafte Anzeige, dreimal größer, als die vom Padre Eterno, bringt zur öffentlichen Kunde, daß demnächst mit Genehmigung des Pontifex maximus, Leos XIII., die Krönung des wunderthätigen Bildes der Madonna della Pazienza stattfinden soll. — Wir lesen, daß dies Bild bereits die erforderlichen Würdegrade erlangt hat, daß es zuerst für insignis erklärt und darauf für die visita circolare mensuale (Umlauf in den Häusern der Parochie) bestimmt wurde. Genannte Anzeige verkündet das Lob der Madonna, und wir erfahren, daß sie bereits den Virgil, später auch Dante *) inspirierte, überhaupt allezeit die Castellana (Wächterin) Italiens war. — Neben jener Annonce meldet ein ebenso großes Plakat, daß demnächst das Fest des heiligen Ciro, des Patrons von Portici, stattfinden soll, und erfahren wir, was dabei Auge und Ohr entzücken wird. Die Tischlerzunft wird unentgeltlich Triumphbogen herstellen, mehrere Musikbanden werden die glanzvolle Prozession begleiten, auch die Stadtobrigkeit wird an derselben teilnehmen, die Kirche wird bei Tage durch die Pracht der Ausschmückung, bei Nacht durch Illumination glänzen, allerlei Spiele werden zur Festfreude beitragen, und wird man nicht nur Ablaß, sondern auch eine goldene Uhr gewinnen, ersteren durch päpstlichen Erlaß, letztere durch Verlosung. Die Stadt wird laut Plakat auf die Illumination große Summen verwenden, wie es sich für St. Ciro ziemt, den Medico (also ein christlicher Äskulap), Eremita und Martire. — Dicht daran ladet uns eine noch größere Anzeige nach Orto d'Atella, einer Stadt Campaniens, die auf dem Boden des antiken Atella zu liegen behauptet, der Wiege jener römischen Volkspossen, welche als ludi Atellani bezeichnet wurden. In Orto d'Atella wird St. Salvatore als Patronus verehrt. Letzterer hat bis jetzt nur den zweiten Grad der Apotheose erreicht, er ist noch immer nur ein Beato, noch nicht Santo, man hat die Kosten der Kanonisation noch nicht vollständig aufgebracht. Die Annonce sagt: Die Verehrung der Santi und Beati ist der angenehmste Beweis einer Devozione und Fede, welche wir dem Supremo Monarco dei cieli darbringen. (Warum sagt die Ankündigung nicht: Jupiter optimus maximus?)

---

*) Da hat also die Madonna dem Dante auch den 19. Gesang seiner Hölle eingegeben, wo der große Dichter allbekannte wuchtige Worte gegen das Papsttum schleudert und sagt: „Zum Gotte machtet ihr euch Gold und Silber. Was fehlt euch weiter denn zu Götzendienern, als daß er einen, hundert ihr anbetet. Ach, Konstantin, wie großen Übels Mutter war nicht dein Übertritt, nein, deine Schenkung, die gern annahm der erste reiche Vater."

Die Männer von Orto d'Atella werden, wie das Plakat sagt, dem St. Salvatore einen Triumph bereiten, indem sie seine wunderthätige Statue in Prozession tragen, Beleuchtung, Feuerwerk, Musik werden ausgezeichnet sein, auch eine Verlosung, der Papst hat die Ablaßschätze der Kirche den Festteilnehmern geöffnet und wer diese gewinnt, kann sie den Seelen im Fegfeuer zuwenden. (Gut schreiben lassen?) Die Ankündigung schließt: Eilt herbei, ihr Gläubigen, um den wirksamen Schutz des großen Wunderthäters St. Salvatore zu gewinnen!

Solchen Anzeigen (Avviso sacro) gegenüber verschwindet gänzlich diejenige, welche von der Anbetung des Padre Eterno handelt, für letzteren kein Feuerwerk, keine Illumination, keine Verlosung, kein Pferderennen, wenig Ablaß, vielmehr beschränken sich die Festleistungen auf die Kirche von St. Chiara, wo sich das wunderthätige Bild des Padre Eterno befindet.

Nachts um zwölf Uhr ward in diesem Jahre, wie alljährlich, das Fest des letzteren vom stattlichen Glockenturm der angesehenen Kirche der heiligen Klara eingeläutet und schon in der Nacht strömte die Menge herbei.

Zu Anfang des vierzehnten Jahrhunderts mit Andeutung des gotischen Stiles erbaut, war diese Kirche einst ein würdiges Gotteshaus und berühmt durch ihre von der Hand des Meisters Giotto gemalten biblischen Bilder. Über dieselbe aber kam der Vandalismus des vorigen Jahrhunderts, der nichts anderes sehen wollte, als imponierende Pracht, je leerer und gedankenloser, desto besser, und so ward der einschiffige Raum dieser Kirche in einer Weise entstellt, daß wir in derselben das abschreckendste Beispiel jener Leere und Hohlheit des Perückenstils erblicken, worin überhaupt im Süden der denkbar höchste Grad erreicht ist. Die „Kirche“, selbst hohl und leer, wollte es so. Jene Bilder Giotto's, auch Christi Leben darstellend, mit „Lieb' und Glauben“ gemalt, wurden in die Acht erklärt und verschwanden unter der Kalktünche. Die Parole der Kirche war: Dekoration! Prachtscenen sollte man schauen, also hinweg mit den Christusbildern. Was soll ich machen mit Christus? Pilatus fragte so und wußte keine Antwort, die „Kirche“ auch nicht, darum bemalte sie die Decke jener Kirche mit

Glanzbildern, z. B. die Vertreibung der Saracenen durch St. Chiara (welche also die Rolle einer kriegerischen Athene=Minerva übernahm, auch den Dioskuren Castor und Pollux ins Handwerk griff), David vor der Bundeslade, Salomos Tempelweihe. Dekoration! Also Vergoldungen, sinnlose Ornamente, Genien und solche Dinge mehr füllten die Kirche.

Aus der Schule des Meisters Giotto stammt eine in St. Chiara befindliche Darstellung der heiligen Dreieinigkeit, welche sich über dem Altar dicht am Eingange befindet. Dies ist das Bild, welches von der „Kirche“ und vom Volksmund als Padre Eterno oder: L'Eterno Padre bezeichnet wird. Am Trinitatisfest wird der Altarraum mit einem Baldachin dekoriert, die übrigen Kirchenräume erhalten keinen Schmuck, und zeigt die Kirche damit allem Volk, daß das Fest des ewigen Vaters in ihren Augen untergeordnete Bedeutung hat. Bei großen Heiligenfesten verausgabt man für Dekoration oft viele Tausende.

Das genannte Bild der heiligen Dreifaltigkeit stellt den Gekreuzigten dar, hinter demselben eine mit wallendem Gewand versehene bärtige Mannesfigur, deren Hände das Kreuz stützen, oben die Taube. Das Angesicht jenes Mannes überragt das Kreuz und hat als Nimbus ein Dreieck. Das Bild ist mit so vielen silbernen Votivgegenständen (menschliche Glieder darstellend) bedeckt, daß der Gekreuzigte fast verhüllt wird, und man nur das Wohlwollen offenbarende Angesicht der Mannesfigur erblickt. Dies ist das Angesicht des Padre Eterno, zu dem seine Verehrer emporschauen, und dies Bild gilt als wunderthätig, besitzt also Wunderkräfte. Genau dieselbe Vorstellung hatte das hellenisch=römische Heidentum von seinen in den Tempeln befindlichen Götterbildern. Hiervon in diesem Kapitel nur ein Beispiel: Als der aus dem ersten Kapitel uns bekannte Bischof Theophilos mit Erlaubnis des Kaisers Theodosius in Alexandria einen Tempel des Bacchus in eine Kirche verwandelte und dabei unter Spott und Hohn Götterbilder vernichtete, kam es zu einem Aufruhr, sowie zu blutigen Straßenkämpfen zwischen Heiden und Christen. Bei dieser Gelegenheit trat unter den wild erregten Massen der Heiden ein gewisser Philosoph Olympius auf und suchte dieselben in Hinsicht jener zerstörten Götterbilder zu beruhigen, indem er sagte, daß die jenen Götterbildern innewohnende Kraft zu den Göttern in den Himmel gegangen sei. Vergleichen wir nun die heidnische Anschauung mit jener sogenannten christlichen, welche wir beim Bilde des Padre Eterno bemerken, so vermögen wir einen Unterschied nicht zu entdecken. Denken wir uns den Fall, daß in Neapel, oder in einer andern Stadt Süditaliens ein Elias einige der zahllosen, wunderthätigen Bilder zerschmetterte, so könnte ein christlicher Bischof dem trostlosen Volke denselben Trost spenden, welchen jener Heide Olympius dem heidnischen Volk von Alexandria spendete.

Vor dem Bilde des Padre Eterno sehen wir knieende Männer und Frauen, verschiedenen Ständen angehörig, sie beten leise und laut, sie blicken empor zu dem freundlich und wohlwollend auf die Beter niederschauenden Angesicht des Padre Eterno, dessen Auge ihnen Gewährung lächelt. — Bei diesem Anblick gehen unsere Gedanken in eine ferne Vergangenheit zurück. Im weihevollen Tempel zu Olympia befand sich das von Phidias geschaffene berühmte Bild des Zeus, des Vaters der Menschen und Götter. Welchen Ausdruck der große Meister dem Angesicht seiner höchsten Gottheit verliehen hatte, sehen wir heute noch beim Anblick der weltbekannten Zeusbüste im Vatikanischen Museum. Majestätische Ruhe und Kraft, wohlwollende Milde spricht aus diesen Zügen, mag auch dies Marmorgebilde nicht völlig den Typus des Phidias zum Ausdruck bringen. Aus dem Altertum ist uns die Volksrede überliefert, daß der Anblick des Zeus in Olympia das von Sorge gequälte Menschenherz von aller Sorgenqual befreit und mit heiterer Ruhe erfüllt habe. Das war die Wunderkraft jenes erhabenen Bildes, und ein Bild dieser Art bot das hellenische **Heidentum** zur herzerhebenden Andacht, erhob sich also damit weit über den vulgären Bilderdienst. — Was thut dagegen die **Kirche** mit dem Bilde des Padre Eterno? — Im Heidentum ein majestätischer Tempel, — im römischen Christentum die vorhin charakterisierte Kirche St. Chiara, von aller religiösen Würde verlassen. Im Heidentum eine durch tiefreligiöse Phantasie geschaffene, vollendet schöne Darstellung des Vaters der Menschen und Götter; im Christentum ein gewöhnliches Bild aus der

Periode der Kindheit eines werdenden künstlerischen Schaffens, ein Bild, welches (man weiß nicht warum) Wunder wirkt, d. h. den Andächtigen diejenige „grazia“ verleiht, welche sie erflehen.

Welches Religionsleben steht höher, das hellenisch-olympische oder das römisch-katholische?

Wir reden von dem Polytheismus des hellenisch-römischen Religionslebens, vergessen aber dabei gewöhnlich den kraftvollen Monotheismus, den die polytheistische Religion niemals beseitigt hat. Hoch im Äther, vom Gipfel des Himmels schaut Jupiter auf Meere und Länder, auf Gestade und Völker und sorgt für die Angelegenheiten der Menschen (Äneis I, 224), und als den Allvater ihn anerkennend spricht zu ihm Venus: „Der du, was Sterbliche schaffen und Götter, lenkest mit ewiger Macht“ (Äneis I, 229). Also in dieser einen Hand laufen, nach heidnischer Anschauung, die Fäden der lenkenden Vorsehung zusammen. Drei allbekannte, auf zahllosen antiken Steinen befindliche Buchstaben bestätigen dies: D. O. M. Deus, Optimus Maximus. Bei Virgil spricht sich auch darin der monotheistische Gedanke aus, daß Jupiter (Än. I, 262) auf die dunklen Gänge des Schicksals, arcana fatorum, hinweist, also auf eine Gottesmacht, die über der olympischen Götterwelt stehend gedacht wurde. Freilich scheint bisweilen der Polytheismus den Monotheismus zu verdrängen. In der Tragödie des Äschylos: „Agamemnon“ erfahren wir, daß die Fürstin Klytemnestra sich mit Spenden den Bildern der Lokalgötter naht, und lesen wir: „Welche Kunde entflammte dir im Herzen solch Vertrauen, daß es den Göttern allen dieser Stadt des Weihrauchs duftige Gaben hier entzündet? Schon von Geschenken glänzen die Altäre.“ In der Tragödie: „Das Totenopfer“ lesen wir von den im hellenischen (ebenso wie im römischen) Leben so hoch verehrten Hausgöttern: „Die ihr des Hauses güterreichen Schoß bewachet, hört uns, sorgende Gewalten.“ In der Tragödie: „Die Sieben gegen Theben“ ruft eine Thebanerin: „O Vater Zeus und all' ihr schützenden Gewalten über Kadmos, hoher Stadt.“ Eine fast unzählbare Menge von erhaltenen Inschriften beweist, daß der antike Mensch in seinen Gebeten verschiedene Gottheiten, namentlich Lokalgötter anrief, wobei der verschiedene Wirkungskreis der göttlichen Schutzmächte maßgebend war, und z. B. Kranke sich vorzugsweise an Äskulap wandten. Das römische Leben hatte eine Menge Schutzgewalten auch für einen sehr beschränkten Kreis, sogar für kurze Lebensmomente, versäumte aber die Anrufung solcher schützenden Gewalten niederen Grades nicht. Mochte aber noch so sehr der Polytheismus sich vordrängen, Thatsache ist doch, daß der antike Mensch seine Gebete vorzugsweise an den Vater der Menschen und Götter, Zeus-Jupiter, richtete. Seiner Allwaltung wurden große und kleine, öffentliche und private Angelegenheiten anheimgestellt, und wenn in der Tragödie des Äschylos: „Die Sieben gegen Theben" angsterfüllte Weiber bald zu diesem, bald zu jenem Götterbilde flehen, wenn sie dann sich an alle Schutzgötter wenden, so wenden sie sich schließlich an den einen und rufen: „O, wehr ihn ab, den Fall der hohen Feste, Zeus, Vater, wehr ihn, Retter, wehr ihn ab."

Der Kultus des Padre Eterno, den wir kennen gelernt haben, beweist, daß wenigstens im südlichen Italien dieser kräftige monotheistische Zug des antiken Religionslebens vor der größeren Kraft des Polytheismus heutzutage gewichen ist. Die Anbetung des Dreieinigen geschieht so, daß, wie wir sehen, der Padre Eterno nicht etwa als höchster Lenker, sondern als eine Schutzmacht niederen Grades betrachtet wird. — Die heutigen Christen Süditaliens huldigen durchweg dem ausgeprägtesten Polytheismus. Man wandere von Kirche zu Kirche, um zahllose gedruckte Gebete als kleine Tafeln befestigt zu sehen und sich zu überzeugen, daß sie ausnahmelos zu göttlichen Gewalten niederen Grades, Heiligen und Madonnen, nie an Gott gerichtet sind. — Der allmächtige Gott ist dem römischen Christen des Südens ferner, als Zeus-Jupiter, der Vater der Menschen und Götter, dem hellenisch-römischen Heiden war. Der römisch-katholische Christ des Südens, im täglichen Leben an das heilloseste Protektionswesen gewöhnt, kennt im Religionsleben fast nur solche göttliche Gewalten, welche seine Angelegenheiten beim unbekannten Gott vermitteln. Man sehe am Fest des St. Gennaro die Riesenprozession mit 41 (schreibe einundvierzig) Büsten und Statuen der Heiligen und höre, wie das Volk beim Vorbeitragen derselben sich mit Flehen und

Beten an diese oder jene Büste wendet, genau so, wie bei jener Prozession im heidnischen Rom, wenn die große Götterprozession die Zirkusspiele eröffnete. Der heutige Bilderdienst des Südens fördert diesen in der Kirche ungehindert auftretenden Polytheismus. Jedes wunderthätige Madonnenbild ist eine schützende Macht für sich, eine Madonna ist daher wirksamer, gesuchter als die andere.

Am Feste der heiligen Dreieinigkeit, also des Padre Eterno, hörten wir in der genannten Kirche St. Chiara eine Prunkrede, welche die kirchlich-orthodoxe Lehre in einer Weise traktierte, daß unter den wenigen Hörern einige schliefen, andere sich entfernten. Wir haben in Erfahrung gebracht, daß der „Padre Eterno“ in Neapel vorzugsweise von denen angerufen wird, welche „Kopfarbeit“ zu verrichten haben. So erklärt es sich, daß viele junge Mädchen, die ein benachbartes Lehrerinnenseminar besuchen, sich an jenes Gnadenbild wenden. Wie kam man dazu, letzterem jenes Wirkungsgebiet anzuweisen? — Bei der Katechismusunterweisung in der Diöcese Neapel wird ein Büchlein gebraucht, welches als Dottrina cristiana bezeichnet wird und mit dem Dogma von der heiligen Trinität beginnt. Wozu dem Volke dieser Abschnitt mit seinen Definitionen dienen soll, vermag keiner zu sagen, aber man lernt ihn in der Jugend auswendig und bemüht sich (vielleicht) ihn zu verstehen. Zugleich aber wird dem Volke von der Kirche gesagt: die heilige Trinität und der Padre Eterno sind eins und dasselbe, und das christliche Volk, der Kopfarbeit bei der Dottrina cristiana eingedenk, weist seit undenklichen Zeiten dem Padre Eterno, d. h. dem genannten Bilde, das erwähnte Wirkungsgebiet zu.

Zu den Athenern sprach Paulus: „Ich bin hindurchgegangen und habe gesehen eure Gottesdienste und fand einen Altar, darauf war geschrieben: ‚Dem unbekannten Gott‘“ (Apg. 17, 23).

Drittes Kapitel.

Fünfzehnhundert Jahre.

Am nördlichen Rande der an Städten, Weinreben und Heiligtümern so reichen campanischen Ebene, Terra di lavoro (Arbeitsland) genannt, liegt das uralte Nola. Niemand weiß, von wem und wann diese Stadt erbaut ward, niemand kennt den Urheber der Christengemeinde daselbst. Hier, wie überall in Süditalien, hat sich die Christianisierung lautlos vollzogen. Zuerst kleine, bescheidene Anfänge, Gemeinden der Stillen im Lande, wie z. B. in Puteoli, heute Pozzuoli (Apg. 28, 13), dann in nachkonstantinischer Zeit als Bahnbrecher die Märtyrergräber und Klöster, bis endlich in der Periode der bekannten Kirchensynoden jene Christengemeinden öffentlich genannt werden, indem man die Namen der betreffenden Bischöfe in den Konzilsakten aufführt. Die zahlreichen Tempel Nolas sind spurlos verschwunden, ihr Material hat dem Bau von Kirchen und Privatgebäuden gedient und in die neuen Kirchen zog das alte Heidentum ein. Ein Tempel des Apollo ward zu einer Kirche, in der man Christus verehrte und auf letzteren gewisse Prädikate und Funktionen des ersteren übertrug. Ein Tempel der Viktoria ward zur Kirche der heiligen Viktoria, einer Märtyrerin, und das Heiligtum des Jupiter optimus maximus wich im vierten Jahrhundert der Basilika des damals als Wunderthäter weit und breit berühmten St. Felix, den Nola seit dem vierten Jahrhundert als ersten (aber nicht einzigen) Santo-Heros, also Stadtpatron, verehrt. Wir haben hier ein Beispiel von der sorgfältigen Über=

legung (um nicht zu sagen schlauen Berechnung), mit der jene Tempelverwandlung ins Werk gesetzt wurde. In Acerra sowie anderen uralten Städten Campaniens verfuhr man ebenso.

Würde jemand unternehmen, in Hinsicht Campaniens eine Kirchengeschichte der letzten ca. 1500 Jahre (also von 400 bis 1889) zu schreiben, so hätte er nichts weiter zu thun, als die Entstehung neuer Kirchen und Klöster, sowie die nie unterbrochene Einführung von Heiligen zu registrieren, denn in Hinsicht der Geschichte des inneren Lebens wäre nur ein einziges Kapitel möglich und dieses könnte nur den kurzen Satz enthalten: Vom Jahre 400 bis 1889, also in anderthalb Jahrtausenden, hat sich nichts verändert. Unser vorstehendes Kapitel bildet einen Kommentar zu diesem Satz, und bitten wir den Leser, uns nach Cimetile, einer nahe bei Nola gelegenen Ortschaft, zu folgen. Es handelt sich um eine Stätte, welche vor ca. fünfzehnhundert Jahren in der abendländischen Christenheit bekannt und berühmt war.

Wer die Wunder der Fruchtbarkeit eines gottgesegneten Landes schauen möchte, muß die Landschaft Campanien, auch Campania felix genannt, im Sommer durchwandern, in jenen Monaten, welche von den Hellenen als die „sicheren" bezeichnet wurden. Campanien erscheint dem Wanderer dann überall wie ein mit Guirlanden gezierter Festplatz. Wie zu Virgils Zeiten „vermählt" sich dort heute die Weinrebe mit der Ulme oder Pappel, und ihre Guirlanden schlingen sich, oft fünf übereinander, vom Traubensegen belastet, von Baum zu Baum. Auf derselben Flur aber, also unter diesen Reben, sieht man die üppige Fülle von Hanf und Gerste, und hoch über die Reihen der Ulmen und Pappeln hinaus ragen stolze, schlanke Pinien. Das ist das Land, wo Sommer und Winter der Arm des „duldsamen" Landmanns niemals ruht und wo die weißen Stiere heute genau dasselbe Joch bei der Arbeit tragen wie zur Römerzeit, wie dies im Relief auf einem antiken Sarkophag im Lateran-Museum zu Rom dargestellt ist.

Cimetile ist ein weltverlorenes, unbekanntes Städtchen, wo das Erscheinen eines Fremden Aufsehen erregt. (Verfasser redet aus Erfahrung.) Dort finden sich weltverlorene, unbekannte, christliche Bauwerke, welche zu den ältesten der Christenheit gehören.

Das süditalische Volk, die Gebildeten im großen ganzen mitgerechnet, zeigt eine dem Fremdling unfaßbare Gleichgültigkeit gegen Altertümer, und an dieser Eigentümlichkeit partizipiert in beklagenswerter Weise die „Kirche". Ein einzigartiges Zeugnis von den übrigens im Dunkel liegenden Anfängen der Christengemeinde Neapels sind die Katakomben daselbst, für die Kirche aber ist dies hochwichtige Ursprungsdokument, der Geburtsschein, kaum vorhanden, und befinden sich die Katakomben mit ihrem beredten Bilderschmuck in einem elenden, gänzlich verwahrlosten Zustande. Schämt sich die Kirche ihrer Herkunft? Schämt sich die „Kirche", welche heute über marmorne Bischofsstühle verfügt, jener Zeit, als der Bischof von Neapel auf jenem einfachen, aus Tuff geformten Bischofsstuhle saß, den man am Eingang jener Katakomben in der sogenannten Basilika des heiligen Januarius, einem kirchlichen Höhlenraum, noch heutzutage erblickt? —

Im jammervollsten, mehr als vernachlässigten Zustande befinden sich in Cimetile jene altchristlichen, ruinenhaften Bauwerke, welche die Einwohner daselbst als le antichità bezeichnen. Der beste Beweis für das hohe Alter jener Kirchenbauten ist, daß sich ringsherum der Boden so erhöht hat, daß die sogenannte Basilika mit ihren Wölbungen zu einem düsteren, feuchten Kellerraum geworden, dessen Inneres man mit Fackeln beleuchten muß.

Von einer modernen Kirche aus führte uns der Kustode in diesen feuchten, kalten, wüsten Raum und zeigte uns an, es sei dies die vom heiligen Paulinus erbaute Basilika des St. Felice. Dieser wüste Kirchenraum, dessen keineswegs hohen Gewölbe von einigen antiken Säulen getragen werden, hinterläßt dem Beschauer den Eindruck einer Rumpelkammer, denn allerlei antike Fragmente hat man dort hineinspediert, auch einen antiken Sarkophag. Von den feuchten Wänden hat sich die Kalkschicht an vielen Stellen abgelöst, so daß nur ein Teil der im steifen byzantinischen Stil gemalten Heiligenbilder sich erhalten hat. Seltsam ist das ausdruckslos glotzende Angesicht einer Santa, die als Maria Magdalena bezeichnet wird und deren besondere Würde vielleicht durch ihren höchst sonderbar gemalten Kopfputz zum Ausdruck gebracht werden soll. Am Hauptaltar liest man die Inschrift: **Ara veri-**

tatis, und daneben ist das bekannte uralte Monogramm Christi angebracht, welches Verfasser in keiner anderen Kirche Süditaliens bemerkt hat. In einer Nische ist ein schlichter Marmorsarkophag mit der aus schlecht geformten Buchstaben gebildeten lateinischen Inschrift: Dep. (Depositio) Paulini junioris. Dicht dabei ist ein anderer Sarkophag, auf dessen Seite man liest: Dep. sanc. (sancti) Felicis. Hat man diesen feuchtkalten Raum verlassen, so gelangt man zu einem ähnlichen, welcher als Basilica dei Martiri bezeichnet wird und wo der Volksglaube in einem tiefen Brunnen das dort angeblich befindliche Märtyrerblut alljährlich einmal aufwallen läßt. Dicht daran stößt ein drittes, völlig zur Ruine gewordenes Bauwerk, welches als Heiligtum des St. Johannes bezeichnet wird. Das Dach ist längst eingestürzt, doch weilt das Auge mit Wohlgefallen auf den Resten eines Wandbildes, welches den segnenden Christus mit dem Absehen darstellt, im Beschauer den Eindruck imponierender Würde zu erwecken. Der Kustode stellt an uns die starke Zumutung, einen in genannten Ruinen befindlichen Hohlraum als diejenige Form zu erkennen, welche dem St. Paulinus für den Guß der ersten Glocken diente, zu deren Erfinder ihn die Legende macht. Noch immer ragt neben den genannten Ruinen der gut erhaltene Glockenturm, von dem die Einwohner jenes Städtchens behaupten, er sei der älteste in der Christenheit und von ihm aus habe die älteste Glocke mit „eherner Zunge" geredet.

Der Name Cimetile wird allgemein von dem hellenischen Wort Coemeterion (Ruhestätte), dem altchristlichen Namen der Friedhöfe, hergeleitet, und läßt sich nicht bezweifeln, daß hier der Friedhof der Nolanischen Christen war und hier St. Felix bestattet wurde, den nicht der Papst, sondern das „christliche" Volk von Nola den Bewohnern des christlichen Olymp zugesellte. Das von einer Basilika überbaute Grab des St. Felix entsprach dem Theseus-Heiligtum in Athen, wo die dankbaren Athener die von Skyros feierlich eingebrachten Gebeine jenes Schutzheros bargen, der solche Ehre durch sein mächtiges Walten lohnte und als Schutzheros sich z. B. in der Schlacht bei Marathon helfend sehen ließ. Zu hohem Ruf durch viele Wunder gelangt, ward das St. Felix-Grab zu einem

Magnet, durch den ein Mann angezogen wurde, den wir jetzt zur Kenntnis der Vergangenheit und zum Verständnis der Gegenwart ins Auge fassen. Wir meinen den Bischof **Paulinus von Nola**, der ein Menschenalter hindurch bis an seinen anno 431 erfolgten Tod am Grabesheiligtum des St. Felix bei Nola weilte.

Einer uralten römisch-heidnischen Patrizierfamilie entstammend, verwandt mit den noch lange an den väterlichen Göttern festhaltenden Aristokratenfamilien Roms, durch Reichtum und Geistesbildung ausgezeichnet, Inhaber hoher Staatswürden, trat Paulinus, wie er sagt, nach gründlicher Prüfung, zum Christentum über. In ihm begegnet uns eine hervorragende kirchliche Persönlichkeit, deren Thun und Treiben, Denken und Fühlen uns ein Spiegelbild des religiösen Lebens, wie es um das Jahr 400 sich befestigt hatte, bietet. Wir finden Paulinus im lebhaftesten Verkehr mit den übrigen maßgebenden Kirchenmännern jener Zeit, mit Augustinus, Ambrosius, Hieronymus, und lernen ihn teils aus dem bezüglichen, uns erhaltenen Briefwechsel, teils aus seinen anderen Schriften kennen, die uns größtenteils verblieben sind. Die für unseren Zweck wichtigste Schrift ist eine Sammlung von Gedichten, genannt Natales (Geburtstagslieder). Es sind Loblieder auf St. Felix, und alljährlich legte Paulinus ein solches am Geburtstage (d. h. am Todestage) seines Märtyrerheroen wie einen Lorbeerkranz auf das Grab desselben. Diese begeisterten, nicht selten an Virgil und seine Dichtungen erinnernden, im klassischen Latein abgefaßten Loblieder beweisen, daß die christliche Umstempelung gewisser zentraler heidnischer Religionsanschauungen mit dem Ende des vierten Jahrhunderts, also schon fünfzig Jahre nach der konstantinischen Zeit, zur Vollständigkeit gediehen und in Fleisch und Blut der Kirche übergegangen war. —

Der heilige Felix, dessen Geleit Paulinus in Spanien anrief, hatte seinem „Devoto" eine glückliche Fahrt nach Italien verschafft (Natal. I). Paulinus gelangte zum ersehnten Ziel seiner Reise und schuf sich am berühmten Grabe dieses seines Patronus ein neues Heim und einen neuen Wirkungskreis, acceptirte auch die Wahl zum Bischof, eine Würde, die er nicht etwa dem römischen Bischof, sondern den Nolanischen Christen zu danken hatte.

Schon längere Zeit war das Grab des heiligen Felix ein Wallfahrtsort gewesen; durch Paulinus aber, sowie durch stets erneute Wunder des heiligen Felix erlangte Nola einen solchen Ruf, daß es mit Rom konkurrierte. Die stets wachsende Menge der Wallfahrer veranlaßte den Paulinus, wie er in seinen Gedichten sagt, mehrere neue Kirchengebäude zum Ruhm des heiligen Felix aufzuführen. Auch wurden Herbergen für Pilger und Kranke errichtet, so daß die gesamte Anlage einen großartigen Anblick gewährte. Der Aufschwung des St. Felix=Kultus begeisterte unseren Paulinus stets zu neuen schwungvollen Liedern. Wie einst Apollo den Dichtern des Gesanges Gabe, den süßen Mund der Lieder, schenkte, so begeistert unseren Paulinus (wie er sagt) Christus. Wie alljährlich der Frühling den Vögeln die Lieder eingiebt, so muß er, von Christus=Apollo begeistert, singen und sagen, und dabei bietet ihm Leben und Wunder seines Santo=Heros einen unerschöpflichen Stoff (dives causa loquendi).

Das Christentum hatte den Olymp entvölkert, Paulinus aber fand einen vollen Ersatz in dem neuen christlichen Olymp, den ihm die damalige Kirche bot. St. Felix befindet sich, wie Paulinus sagt), zwischen den himmlischen Proceres (Vornehmen); als der Bewohner des Himmelolymps ist er zu himmlischer Ehre gelangt (Honor aethereus). Christus ist dem Sänger die Spitze jener Proceres, er ist ihm Deus (Gott), und bei dieser Gottheit steht Felix in hoher und einflußreicher Gunst (sanctus Felix potentis gratiae apud Christum). Wer also bei dem „Gott“ Christus etwas erreichen will, der muß sich an den Vermittler, St. Felix, wenden. Der Kultus dieses Patronus ist bei Paulinus, wie jene Lieder beweisen, Hauptsache und Mittelpunkt des religiösen Lebens. Die Gebeine des Heiligen gelten ihm nach antiker Anschauung als Unterpfänder, pignora, seiner schützenden Macht; der Geist dieses Santos=Heros ist da, wo die Gebeine sind. Im sechzehnten Gedichte zählt unser Sänger die christlichen Feste auf, aber höher als alle steht ihm das Jahresfest seines Patronus. Bei diesem bricht er begeistert in die Worte aus: „Sei mir gegrüßt, du holder Tag, sei mir gegrüßt, meine Sonne!“ Diesen Festtag feiert nach des Dichters Anschauung die ganze Natur mit. In einem anderen Liede hält er eine Umschau und sagt: „In den leeren Tempeln erbeben die erbärmlichen Götterbilder, getroffen von heiligen Worten, und aus diesen wüsten Gebäuden entfliehen zitternd die Dämonen.“ Wir sehen, wie ihm die heidnischen Götter nach wie vor wirkliche Wesen blieben. Sein Blick schweift dann über das gesamte Gebiet der christlichen Kirche. Überall sieht er über den weiten Erdkreis zerstreute Gräber der Santi-Heroen, und diese Gräber sind ihm gleich Samenkörnern, welche die Heiligen ausstreuen, Lichtstätten, welche Lichtstrahlen in die Finsternis der Heiden hineinwerfen.

Wir sehen hieraus, in welcher hauptsächlichen Weise die damalige Kirche die Missionsarbeit betrieb. Die Gräber der Heiligen waren der Magnet, welcher die Massen der Heiden anzog, welche im christlich gestempelten Heidentum einen Ersatz für das aufgegebene Heidentum fanden. Schon am Ende des **zweiten** Jahrhunderts waren in der Stadt Rom fünfundzwanzig Titelkirchen lauter Heiligen geweiht.

Unser Sänger nennt uns als die drei ersten Stätten der Christenheit Rom, Konstantinopel und — — Nola. Rom steht voran, weil Inhaberin zweier Apostelgräber, Roma Petro Pauloque potens. Ihm nach steht Konstantinopel, welches mit Rom wetteifert, denn Konstantin hat, wie Paulinus sagt, diese Stadt durch Reliquien der Heiligen fest gegründet (munivit) und Wert darauf gelegt, Apostel-Reliquien zu haben. Dann kommt Nola, welches nach dem Bilde Roms hervorragt, assurgit imagine Romae, Nola, hochgepriesen wegen des Ruhmes seines Schützers, inclita coelesti fama patroni.

Zweierlei ist hier bemerkenswert. Zuerst der Wetteifer zwischen den Heiligtümern, wobei das heroische Ansehen der betreffenden Märtyrer, sowie die Wundermenge des betreffenden Patronus ins Gefecht geführt wird. Dieser Wettstreit war im hellenisch-römischen Leben das allergewöhnlichste Ding und ging als heidnisches Erbe auf die Kirche über, welche dasselbe bis auf den heutigen Tag bewahrt hat. Im antiken Leben bestand starke Konkurrenz namentlich zwischen den zahllosen Heiligtümern des Äskulap, des großen Heilgottes. Heilwunder sind es, die man heutzutage in erster Linie von den Santi erwartet und erfleht. Die Konkurrenz ist in dieser Hinsicht z. B. in Campanien eine großartige. Neue Heiligtümer vom Stil der antiken Äskulap-Tempel verdrängen die älteren, aber dann und wann taucht ein älteres wieder auf, und dabei giebt es altbewährte, die jeder Konkurrenz Trotz bieten. Spätere Kapitel werden uns zu solchen führen. Eine besondere und durchaus moderne Art des Wetteifers und Brotneides bieten solche Heiligtümer Campaniens, welche den Hilfesuchenden eine mühsame und kostspielige Pilgerfahrt ersparen. In Neapel hat ein erfindungsreicher Bischof die berühmte Madonnenhöhle von Lourdes in genauer Nachahmung hergestellt und durch päpstlichen Segen auch eine heilende Wunderquelle dort geschaffen. In Aversa befindet sich eine genaue Nachahmung des bekannten, von Engeln nach Loreto getragenen Madonnenhauses. Solche Konkurrenz-Anstalten, mit Allerhöchster Genehmigung fundiert, thun dieselben Dienste wie die Original-Heiligtümer. Die Kirche übertrifft, wie wir sehen, das Heidentum an Erfindungsgabe. In Ephesus kaufte man zwar (Apg. 19) kleine Nachahmungen des bekannten Tempels, aber nirgends in der Welt bestand ein Konkurrenz-Tempel jener Diana medica. Wer ihre Hilfe suchte, mußte nach Ephesus reisen.

Ein zweiter bemerkenswerter Punkt ist der, daß unser Sänger zu Anfang des fünften Jahrhunderts mit den Apostelgräbern zu Rom keineswegs den Gedanken des Papsttums verbindet. Er sieht in den beiden Aposteln, wie überall, Schutzheroen, Patroni, welche allerdings, weil Apostel, eine hervorragende Stellung einnehmen. Paulinus pflegte, wie wir aus seinen Gedichten sehen, zum Feste jener großen Heroen nach Rom zu reisen. Damit wollte er nur jenen zwei Heiligen seine Ehrfurcht bezeugen und dort Gelübde lösen. Sein Besuch in Rom galt keineswegs einem Papst, denn ein solcher existierte damals in Rom nicht. Mit keiner einzigen Silbe erwähnt Paulinus, daß er einen Besuch „ad limina“ (Thürschwellen) d. h. bei einem sogenannten Nachfolger Petri, gemacht habe. Einen Papst als seinen höchsten Vorgesetzten kannte Paulinus nicht. Es gab in Rom damals nur Bischöfe und erst später ward Ruhm und Stellung derselben durch die Petrus-Sage ebenso gefördert wie der Kaiserruhm durch die Legende von Äneas.

Was Äneas im Heidentum gewesen, ward Petrus im Christentum. Des Äneas mühseliges Werk war des römischen Volkes Errichtung (Virgil Äneis I, 33). Nach dem Willen des Vaters der Menschen und Götter sollte von Äneas die Gewalt der Römer herrühren, „denn Gewalt soll weder ein Ziel mir engen noch Zeitraum“ (Virgil Äneis I, 278); Gebieter der Welt in umwallender Toga sollen von Äneas abstammen (I, 282). Was die Kaiser von letzterem Heroen sagten, dasselbe sagte später der vom Papstmantel umwallte kirchengebietende römische Pontifex maximus von Petrus, indem er den Gedanken des Cäsarentums auf die Kirche übertrug. Paulinus von Nola hat einen „Papst“ nicht gekannt, ebenso wenig sein Zeitgenosse und Freund, der Mailänder Bischof Ambrosius. Die heidnische Partei des Senats in Rom hatte an den in Mailand anwesenden Kaiser eine Deputation gesandt, um ihn zu bitten, daß in der Senatskurie die Statue der Viktoria, das heidnische Wahrzeichen römischer Religion und Herrschaft, wiederum aufgestellt werde. Um diese Absicht zu vereiteln, verfaßten die christlichen Senatoren eine entgegengesetzte Bittschrift und diese beförderte der römische Bischof Damasus an seinen Kollegen in Mailand, Bischof Ambrosius, der denn auch dafür sorgte, daß die heidnischen Senatoren beim Kaiser nichts ausrichteten. Hierüber schreibt Ambrosius in einem seiner Briefe (Sammlung der Briefe I, 17), daß Damasus, Priester der römischen Gemeinde, sacerdos ecclesiae Romanae, ihm jene Bittschrift habe zugehen lassen. Darf der heutige Bischof von Mailand den jetzigen Papst als sacerdos ecclesiae Romanae bezeichnen? Wir sehen, wie die hervorragendsten Männer an der Grenze des vierten und fünften Jahrhunderts über den „Papst“ dachten. Sie dachten gar nicht an ihn, weil für sie ein solcher nicht existierte. —

Indem wir zu den Liedern des Paulinus zurückkehren, haben wir ferner zu beachten, was er von seinem Schutzheros erzählt. Es sind dies vorzugsweise die von demselben bei Lebzeiten und an seinem Grabe vollbrachten Wunder. Eine wunderbare Befreiung desselben aus dem Kerker ist eine getreue Wiederholung des Berichts der Apostelgeschichte über Petrus. Hauptsächlich sind es Heilungen Dämonischer, welche St. Felix lebend vollbrachte. Unter den nach seinem Tode, also nach erfolgter Apotheose, vollbrachten Wundern nimmt die ebenso lebhaft als gläubig geschilderte Geschichte eines campanischen Bäuerleins viele Verse in Anspruch (Lied VI). Dem Bäuerlein waren seine Ochsen gestohlen und im Vertrauen auf den gütigen Schutzheiligen St. Felix begiebt er sich ins Heiligtum desselben, wo er flehentlich und die Schwelle küssend seine Bitte vorträgt: „Redde boves!“ In der folgenden Nacht hört er vor seiner Thür ein Gebrüll und sieht erstaunt die verschwundenen Tiere, die er im Triumph vor das Heiligtum seines gütigen Heiligen führt, damit es allen kund werde, was derselbe auszurichten vermöge. Der Dichter schließt seine Erzählung: „So wird Christus verherrlicht in dem stummen Vieh.“ Muto celebratur gloria Christi in pecore.

Wie kommt Paulinus, ein hochgebildeter Mann, zu diesem naiven Wunderglauben? Wer nämlich diese und zahlreiche andere Stellen seiner Gedichte liest, zweifelt durchaus nicht daran, daß Paulinus wirklich von der Naivetät solchen Glaubens erfüllt war. Charakteristisch ist z. B. auch sein Bericht über Auslöschen einer Feuersbrunst, wobei es genügte, dem drohenden Element das Kreuz entgegenzuhalten.

Paulinus brachte Wunderglauben und Wundersucht aus dem Heidentum mit und mag uns als Repräsentant der Unzähligen gelten, welche mit derselben religiösen Richtung in die Thore der Kirche eingingen, wo sie die aufgegebene Zauberwelt des Heidentums mit einer als christlich bezeichneten Zauberwelt vertauschten, welche letztere sich von der ersteren nur durch den Namen unterschied. Vom zweiten Jahrhundert an erfuhr der heidnische positive Glaube eine Stärkung, und wer sich einigermaßen mit der griechischen und römischen Litteratur jenes Jahrhunderts beschäftigt, gewinnt die Überzeugung, daß auch die gebildete Welt an jenem Glauben an eine durch die niedere und höhere Götterwelt gewirkte Vorsehung festhielt und als Akte solcher Vorsehung Wunder aller Art annahm, als Heilungen, Rettungen, Offenbarungen u. s. w., kurz alles dasjenige, was die heutige christlich-heidnische römische Welt als Le grazie (Gnadengaben) bezeichnet. Zahllose Gedächtnissteine mit Inschriften, welche die römisch-heidnische Welt uns hinterließ, stellen sich jener Litteratur zur Seite und lassen uns klare Blicke thun in eine von Religion tief durchdrungene Menschenwelt, welche Wunder, Zeichen, Mirakel von der Götterwelt erwartete und die erlangten Gnadenwunder in Inschriften bezeugte. Die dem Heidentum einwohnende Wundersucht ging mit ihrer wuchtigen Kraft, wie z. B. Paulinus beweist, in die Kirche über, und wer diesen echten Grundzug heidnischen Religionslebens mit Augen sehen will, sieht denselben heutzutage in seiner vollen Naivetät und Öffentlichkeit in Süditalien, wo die Kirche nichts thut, ihn zu dämpfen, wohl aber alles, ihn zu fördern und zu festigen, wo der gesamte Zauber des heidnischen Wunderwesens unter dem Mantel der Kirche geborgen sitzt, wie die Küchlein unter den Flügeln der Henne.

Nur in einer Hinsicht unterscheidet sich die Zeit des Paulinus von der heutigen. Letzterer kannte keine Wunderbilder und keine Bilderwunder, die heute zahllos sind. Paulinus erzählt in seinen Gedichten, er habe die Basilika des St. Felix mit biblischen Bildern schmücken lassen und nennt dies eine Neuerung (mos novus). Er hat es nicht erlebt, daß bald schon die christianisierten Heiden sich der Bilder wie eines willkommenen Raubes bemächtigen und der dem Heidentum eigene Bilderdienst in die Kirche einzog. — Er hat es nicht erlebt, daß Jahrhunderte später Statuen den Bildern zuhilfe kamen, und er würde, falls er den heutigen Bilderdienst Süditaliens sähe, ausrufen: „Die Kirche ist zum Heidentum zurückgekehrt!“

Anschaulich und lebendig schildert Paulinus in seinen Gedichten die Feste seines Patronus. Feste sind nach seiner Anschauung die praemia der Heiligen. Wer in Campanien die heutigen Hauptfeste der dortigen Christenheit, nämlich die Heiligenfeste, aus eigener Anschauung kennen gelernt hat und dann die erwähnte Festschilderung des Paulinus liest, könnte auf den Gedanken kommen, daß Paulinus ein jetzt lebender Dichter sei und die religiösen Feste der Gegenwart beschriebe. Dichte Haufen strömen (so schreibt er) von allen Seiten zusammen, zum Grabe des St. Felix eilen sie aus Apulien, Latium, Campanien, Samnium, haufenweise kommen sie vom reichen Capua, vom schönen Neapel (pulchra Neapolis),

Frömmigkeit überwindet die Schwierigkeiten der langen Pilgerfahrt, pietas vincit iter durum.

So wird das Grab des helfenden Patronus von frohfeiernden, lärmenden Menschenhaufen (tumultus gaudentes) umgeben, welche kommen, um am Grabe des Santo=Heros genau ebenso Gelübde zu lösen (vota solvere), wie dies die hellenisch=römische Heidenwelt in ihren Heiligtümern that. Paulinus beschreibt, wie dann die Altäre mit Kerzen, die Thüren der Kirche mit Guirlanden und Vorhängen geziert werden, wie man Blumen streut, auch die Illumination mit Fackeln und Laternen nicht fehlt, und wie alle bei solcher Festlust in der Nähe des Heiligen von tiefer Rührung ergriffen werden. (Prosiliunt lacrimae.) Dies ist, wie gesagt, die Beschreibung eines Heiligenfestes vor fünfzehnhundert Jahren. Wollten wir dasselbe zur Beschreibung heutiger Heiligenfeste Süditaliens benutzen, so hätten wir nur einen geringen Zusatz zu machen, nämlich: Raketen, Bomben, Pulverdampf und Ablaß. Hätte Paulinus das Pulver gekannt, so würde er dasselbe zur Verherrlichung seiner Heiligen benutzt haben. — Um heutzutage Festteilnehmer zu locken, benutzt man die bei solchem Anlaß angebotenen, in großen Plakaten angepriesenen Ablässe. Die Zeit des Paulinus kannte solche Lockvögel nicht.

Als Paulinus die oben angeführten Lieder dichtete, war die Christenheit Nolas eine Diasporagemeinde unter den Heiden. Das Christentum zeigte sich zuerst in den Städten und war die ländliche Umgebung Nolas heidnisch. Was that nun Paulinus, um zu missionieren? Wir erfahren davon nichts, obgleich der Genannte so ausführlich sein Thun und Wirken beschreibt. Überhaupt ist es für jene Periode der Kirche charakteristisch, daß sich Spuren einer im apostolischen Sinne des Wortes getriebenen Mission so äußerst selten finden. Paulinus überließ, wie andere seinesgleichen, die Mission seinem hochverehrten Patronus und dessen Mirakeln. Sahen die Heiden ein, daß St. Felix ein mächtiger Sanctus=Heros sei, so wurden sie natürlich seine Verehrer und ließen sich nach Hersagen des Credo, und nachdem sie der „Pompa diaboli“ entsagt hatten, durch die Taufe in die christliche Kirche aufnehmen. Gedenken wir an obenerwähnte Geschichte vom

Bäuerlein mit seinen Rindern. Als der Bauer die wiedererlangten Tiere im Triumph daherführte, ward er sicherlich zum Missionar, indem sich viele überzeugen ließen, daß St. Felix bei dem „Gott" Christus großen Einfluß habe. — Ein Freund des Paulinus, der Rhetor Eudelichius in Rom, schrieb damals ein Gedicht, worin uns die Methode der Bekehrung des Landvolks dargestellt wird. — Ein Hirte überzeugt den andern von der Wahrheit der christlichen Religion dadurch, daß er ihm seine mit dem Kreuz gezeichneten und so vor der Pest geschützten Schafe zeigt. Auf der Stelle bekehrt sich der heidnische Hirt zum „Gott" Christus. Paulinus erzählt in seinen Liedern, daß die Verehrer des heiligen Felix es für eine Sache der Religion (religiosum) angesehen hätten, am Grabe dieses Heiligen sich nach heidnischer Weise beim Schmause und Trank der Völlerei zu ergeben. Nun erwartet jeder, daß Paulinus dies abscheuliche Stück Heidentum strenge untersagt. Mit nichten. Um diese (heidnisch gebliebenen) Christen auf andere Gedanken zu bringen, läßt er, wie oben gesagt, die Wände der Basilika mit Bildern bemalen, hoffend, daß deren Betrachtung jene „Christen" von der Völlerei abbringen werden. Wir haben hier ein Beispiel von der in der Kirche damals herrschenden milden Praxis gegen heidnische Festbräuche. In der Stadt Rom wurde noch Ende des fünften Jahrhunderts das heidnisch-rohe Fest der Lupercalien gefeiert! An nichts hing das heidnische Volk so sehr, als an seinen heiteren religiösen Festen, welche die Kirche nicht über Nacht entfernen konnte und deren Entfernung sie deshalb nicht für nötig hielt, weil dieselben sich mit den Heiligenfesten verbinden ließen. Die Kirche nahm also die heidnischen Religionsfeste mit ihrem Tempelschmuck, ihrer Illumination, ihren Menschenmassen, ihrer Heiterkeit unter ihren Mantel und hegte die Hoffnung, mit der Zeit die Roheiten solcher Feste zu beseitigen. Paulinus hat durch seine biblischen Bilder nichts erreicht, die Roheit der Völlerei ist geblieben bis auf den heutigen Tag. Verfasser war Zeuge einer Festnacht in Nola und möchte nie in seinem Leben jene Orgien wiedersehen, die dort seine Augen schauten. Es waren die Orgien zu Ehren des Paulinus, den die heutigen Christen in Nola als großen Santo-Heros verehren. Wir werden in einem späteren Kapitel die heiligen Orgien des Paulinus-Festes und anderer Feste schildern.

Wenn nun die Kirche ihre Missionsaufgabe im großen Ganzen damals so auffaßte, wie wir bei Paulinus gesehen, so wird eine an sich schwer begreifliche Thatsache uns jetzt verständlich. Hundert Jahre nämlich nach Paulinus finden wir an mehreren Stellen Süditaliens offenkundig bestehendes Heidentum. Dies fand St. Benedict vor, als er sich Montecassino zum Klostersitz erwählte. Es ist eine bekannte Thatsache, daß er das dortige Heidentum dadurch vernichten zu können meinte, daß er aus einem dortigen Tempel den „Dämon" Apollo durch Weihwasser vertrieb und durch St. Martin ersetzte. Der bogenspannende Apollo wich also dem mächtigen St. Martin, der ebenfalls das Bogenspannen geübt und als reisiger Bischof den Dämonen ebenso zugesetzt hatte, wie Apollo dem Python. Minder bekannt sind die durch Briefe des Papstes Gregor des Großen bewiesenen Thatsachen. Dieser ebenso thätige als abergläubische Bischof von Rom schreibt im achten seiner uns erhaltenen Briefe an den seiner Jurisdiktion unterstellten Bischof von Terracina (Campanien), daß es in dieser Diöcese Leute gäbe, welche Bäume verehrten und andere dem Christentum widerstreitende Dinge betrieben. Solche Dinge also waren seither unter den Augen christlicher Bischöfe geschehen! Ähnliche Dinge berichtet der vierte Brief in Hinsicht Sardiniens, wo damals, wie wir erstaunt lesen, der größere Teil der Landbevölkerung zu den Heiden zählte. Ferner sehen wir aus einem Brief Gregors an den Bischof von Tyndaris (Sicilien), daß sich dort (also sicherlich auch anderswo) noch viele Heiden befänden! — Solchen heidnischen Nachzüglern gegenüber trat Gregor als ein zweiter Rehabeam auf. Rutenhiebe den Sklaven, Kerker den Freien, schwere Steuern den Bauern, so betrieb jener römische Bischof die Heidenbekehrung. — Um dieselbe Zeit machte Kaiser Justinian alle zögernden Heiden rechtlos und wundern wir uns nicht, daß unter solchen Umständen ein gewisser Bischof Johannes behauptete, er habe in Kleinasien 70000 Personen bekehrt. —

Solche heidnische Nachzügler hatten sich bis dahin nicht überzeugt, daß die christlichen Sancti bessere Helfer seien als die alten

Heidengötter. Bischof Gregor, ein ebenso feuriger, als gläubiger Verehrer christlicher Sancti-Götter, brachte diese Heiden auf andere Gedanken und vermehrte durch seine Rehabeams-Methode die Zahl derer, welche Christen wurden, ohne dabei aufzuhören, Heiden zu sein. Ebenso Justinian, der Kaiser. Während Synoden des vierten Jahrhunderts sich vielfach mit dem Heidentum beschäftigen, ward man später in dieser Hinsicht lahm und beschäftigte sich mit orthodoxer Lehre und mit den Ketzern!

Von besonderer Bedeutung sind uns die Lieder des Bischofs St. Paulinus endlich dadurch, daß in ihnen keine Andeutung des Madonnenkultus vorkommt. Daraus folgt die zweifellose Thatsache, daß ein solcher Kultus in der Christenheit damals unbekannt war. Er nennt uns verschiedene andere Sancti, die er nebenbei auch verehrt, hätte er den Madonnenkultus gehabt, so konnte er dies unmöglich verschweigen. Von ferne und nah besuchten seinen St. Felix-Wallfahrtsort viele hohe Gäste, sogar aus dem fernen Dacien kam ein Bischof, sogar aus Jerusalem brachte man ihm eine kostbare Reliquie, aber von der Maria hat ihm niemand gesagt. Er baute mehrere Heiligtümer, von einer Marienkirche ist keine Rede. — Auch die Katakomben Neapels kennen keine Spur eines Marienkultus. Trotzdem behauptet die Kirche Neapels, daß der erste Bischof dieser Diöcese, der in Kap. IV genannte Asprenas, den Madonnenkultus einführte, und daß von ihm ein in der Restituta-Kirche befindliches Mosaikbild der Maria herrühre, welches das erste Kultusbild in Neapel gewesen, und mit ihm jener Kultus seinen Anfang genommen. Man nennt dies aus dem zwölften Jahrhundert (!) stammende Mosaikbild La Madonna del Principio (Anfang).

Es darf nicht unerwähnt bleiben, daß Paulinus in seinen Festliedern nichts von einer Messe erwähnt. — Hätte er das Meßopfer gekannt, so müßte es sich in seinem Festprogramm finden.

Zum Schluß zurück nach Cimetile. Entstammen jene zu Anfang genannten Altertümer der Zeit des Paulinus? — Obgleich sichere Beweise fehlen, so liegt doch die Möglichkeit vor, daß ein Teil jener Reste zu den Bauten des Paulinus gehört. Schon bald nach seinem Tode wurde er von seinen dankbaren Diöcesanen vergöttlicht, ebenso, wie der römische Senat die Kaiser apotheosierte, und heutzutage ist er der Hauptheilige in Nola. Der begeisterte Sänger des St. Felix hat diesen und seinen Kultus in den Hintergrund gedrängt, weil er selbst einen Kultus erlangte. Nola aber ist heute, wie vor eintausendfünfhundert Jahren, ein berühmter Wallfahrtsort. Die biblischen Bilder, welche der Lobredner des St. Felix malen ließ, sind verschwunden, der Kultus des „Divus“ Paulinus ist geblieben.

Viertes Kapitel.

St. Petrus.

Urbs fidelissima, die gläubigste, getreueste, also im eminenten Sinne des Wortes katholische Stadt, — so lautet seit uralten Zeiten der Ehren- und Ruhmestitel Neapels. Päpste, Könige und Fürsten haben dieser Stadt wiederholt dies Prädikat beigelegt, und wenn in unseren Tagen der Kardinal-Erzbischof daselbst größere oder kleinere für seine Diöcesanen (etwa 600000 Seelen) bestimmte Erlasse an die Thüren der ihm unterstellten fast 400 Kirchen und Kapellen heftet, so liebt er es, an diesen Ehrentitel und an die stets bewiesene katholische Gesinnung seiner Herde zu erinnern und derselben bei großen Madonnenfesten zu sagen, daß die „Himmelskönigin" mit Vorliebe und besonderem Wohlgefallen auf diese Stadt und ihre Umgebung blicke. Wenn wir also, um das Wesen, das äußere und innere Leben der römisch-katholischen Kirche kennen zu lernen, uns vorzugsweise in der uralten, fast dreitausend Jahre alten Sirenenstadt, sowie in dem von dieser früheren Hauptstadt beherrschten Gebiet Süditaliens umsehen, so ist dies von unserer Seite keine Willkür, geschieht vielmehr nach Rat und Anweisung der katholischen Kirche, welche in ihren normgebenden Stimmen das genannte Gebiet als durch und durch katholisch bezeichnet. Hierzu kommt der für unsere Beobachtung sehr wichtige Umstand, daß sich im genannten Süden das religiöse Leben, durch keine Schranke eingeengt, in völliger Freiheit äußert, sich also keineswegs in das Halbdunkel der Kirchen zurückzieht. Das religiöse Leben ist im Süden ein Stück des Volkslebens, wobei wir mit „Volk“ alle Stände umfassen. Wie das südliche Volksleben überhaupt den Zwang haßt, die freie Äußerung und Entfaltung, die volle Öffentlichkeit liebt, so wäre es hier unmöglich, die Religion aus der Öffentlichkeit zu verbannen und in die heilige Nacht der Kirchen zu weisen. — Mag in Neapel und seinem Gebiet der öffentliche Verkehr z. B. durch pomphafte Prozessionen noch so sehr gehemmt werden, mag das nächtliche Donnern platzender Bomben bei gewissen Heiligenfesten ganze Stadtquartiere des Schlafes berauben, mag bei gewissen Gelegenheiten das antike Heidentum mit seinen Festorgien weite Strecken, Plätze, Straßen in oder bei Neapel erfüllen, mögen Scharen von berittenen und unberittenen Polizisten nötig sein, um bei solchen Gelegenheiten die Ordnung aufrecht zu halten, — das Volksleben will und hat Freiheit, auch in Hinsicht seiner Religion, und letztere will, wie im antiken Leben, glanzvollen, öffentlichen Prunk, enthusiasmierte Volksmassen, Jubelgeschrei, donnernden Lärm, Lust, Freude, üppigen Schmaus, die Fülle des Weins, Tanz und Spiel unter freiem Himmel, alles zu Ehren der Santi, die man ebenso ehrt und feiert, wie einst die antike Welt ihre helfenden, schützenden, geleitenden Heroen und Götter. Anders ist es jetzt in Rom. Seit der Papst als Gefangener im Vatikan wohnt, hat sich die „Religion“ in die Kirchen zurückgezogen, ein Zustand, welcher vom Papst und der Kirche als durchaus abnorm bezeichnet wird. Wer also das normale Leben der katholischen Kirche kennen lernen will, darf nicht zur Stadt des Papstes, nicht zum Grabe des Petrus gehen, denn dasjenige, was er dort sehen und hören würde, stände im Widerspruch mit der normalen Lebensgestalt der „Kirche“.

Hier erhebt sich die sehr natürliche Frage: Warum verlegt der Papst seine Residenz nicht nach Neapel, in die urbs fidelissima? Hier fände er etwas, was Rom nicht besitzt. Die Stadt des Papstes hat bekanntlich das Grab des Apostelfürsten, seine Ketten, sowie seinen Stuhl, Neapel dagegen besitzt den Altar Petri, welchen derselbe errichtete, als er auf seinem Wege nach Rom in der Sirenenstadt landete, wo er die Ufer so schön und die Menschen so gelehrig fand. Die Tradition stellt die Behauptung auf, daß der genannte Altar dem Apostelfürsten diente, um an der Sirenenküste die erste Messe zu celebrieren. Ist somit Neapel eine Stadt des Petrus und die Gemeinde daselbst von ihm gegründet, so dürfte um so mehr diese Stadt sich zur Residenz des Nachfolgers Petri eignen. Wenn trotzdem der letztere seinen Wohnsitz daselbst nicht aufschlägt, so dürfte der Leser aus der nachfolgenden Darstellung den Grund erkennen.

Wir befinden uns auf dem freien Platz vor der St. Peterskirche iu Neapel, um dort das auf den 29. Juni fallende Fest S. Pietro e S. Paolo zu beobachten, bekanntlich eines der größten Feste der römischen Kirche, welche mit demselben weniger den Ruhm der Apostel, desto mehr aber den Ruhm des Papsttums feiert. Die Landesregierung hat viele der früheren Feste aus dem Kalender gestrichen, dabei aber das genannte in öffentlicher Geltung belassen und als „festa governativa“ bezeichnet. Wenn es nun wahr wäre, daß der Papst und das Papsttum im Bewußtsein des italienischen Volks eine Zentralstellung einnimmt, so müßte dies Petrus-Fest überall etwas von jenem großartigen Charakter tragen, den dasselbe seinerzeit in Rom offenbarte. Wäre wirklich päpstlich und katholisch im Bewußtsein Italiens dasselbe, so müßte unbedingt in Neapel, der urbs fidelissima, jenes Bewußtsein sich am hohen Kirchenfest des 29. Juni öffentlich aussprechen, dann müßte die allergläubigste Stadt durch die Art ihrer Festfeier erklären, daß sie in St. Pietro den Fels verherrlicht, auf dem das Papsttum zu stehen behauptet. — Was aber geschieht?

Genannte Kirche, St. Pietro ad aram (Altar) genannt, ist in Neapel die einzige dieses Namens und bemerkenswert nur durch den bereits erwähnten Altar Petri, der sich im Atrium der Kirche befindet, wo er in Marmor eingeschlossen und von einem Tempelchen überwölbt ist, an welchem sich das Papstwappen befindet.

Das hellenisch-römische Altertum hatte die ehrgeizige Neigung, die Gründung alter Städte berühmten Heroen zuzuschreiben, vor allen Dingen den trojanischen. Auf dem Gebiete Süditaliens, welches wegen seiner zahlreichen hellenischen Kolonialstädte bekanntlich als „Großgriechenland“ bezeichnet wurde, bildeten sich in dieser

Hinsicht zahlreiche Legenden und ließ diese antike Tradition fast alle trojanischen Helden nach Vollendung ihrer Heldenthaten sich in Süditalien gleichsam ein Rendez-vous geben. Metapontion rühmte sich, eine Gründung des greisen Nestor zu sein, Philoctet sollte Petelia und Cremisa erbaut haben, Aeneas die Stadt Egesta (Sicilien), von Odysseus leitete man den Ursprung eines Athene-Tempels her, der einst die Spitze des Sorrentiner Vorgebirges bei Neapel schmückte, während sich Mylai (Sicilien) rühmte, daß Orestes dort einen Artemis-Tempel erstehen ließ. Auch Herkules, dieser hellenische Nationalheros, dessen Spuren die kolonisierenden Hellenen an allen Mittelmeerküsten zu finden meinten, war als Städtegründer (z. B. Kroton in Süditalien) bekannt. Solche Gründer hatten natürlich in ihren betreffenden Städten göttliche Ehren, Altäre und Tempel. Unter allen Heroen aber hatte Diomedes den höchsten Ruhm, denn als Städtegründer leistete er nach der Tradition am meisten. Benevent, Arpi, Sipontum, Canusium u. a. Städte rühmten sich, von ihm erbaut zu sein. — Jene ehrgeizige Neigung ging vom Heidentum auf die zur Herrschaft gelangte christliche Kirche über, und infolge dessen war man im sechsten, siebenten, achten Jahrhundert bestrebt, die Gründung alter Gemeinden christlichen „Heroen" zuzuschreiben, also Männern der Apostelzeit. Es entstand also eine der heidnischen Tradition entsprechende christliche, legendenhafte Überlieferung und jede der ältesten Christengemeinden Süditaliens warb um den Ruhm, von einem Apostelheroen gegründet zu sein. Was Diomedes im heidnischen Altertum war, dasselbe ward St. Petrus in der christlichen Legendentradition, Petrus ward der christliche Diomedes. Nachdem die Legendentradition in Rom den Apostelheroen Petrus als dortigen Gründer aufgestellt und im allgemeinen Bewußtsein genügend befestigt hatte, ließ dieser römische Ruhm andere alte Gemeinden nicht schlafen, sie suchten vielmehr von jener Tradition zu profitieren, welche den Apostelheroen St. Petrus von Antiochia nach Rom reisen ließ, um sich daselbst als „ersten Papst" zu installieren. In erster Linie profitierte Neapel. Dort landete er im Jahre 42, baute den bereits erwähnten Altar, las an demselben die Messe (!) und bekehrte viele zum Christentum. — Die Art und Weise, wie St. Pietro die Einwohner bekehrte, entspricht nun freilich nicht seinem Auftreten in Jerusalem am Geburtstag der christlichen Kirche (Apg. 2). Petrus nämlich macht in Neapel den Asprenas gesund, worauf dieser sofort Christ wird, weil er in Christus eine helfende Schutzmacht erkannt hat. Ebenso wird eine Jungfrau namens Candida bekehrt, nachdem sie dem Apostel erklärt hat, sie werde Christin werden, wenn er sie von ihren Kopfschmerzen erlösen könne. St. Pietro heilt sie, und sie läßt sich sofort taufen. Hier haben wir eine Bekehrungsart vor uns, wie sie tausendfältig in der Zeit nach Konstantin von der Kirche geübt wurde (siehe Kap. III), eine Methode, welche den heidnischen Massen den Übertritt erleichterte und jene Millionen von Namenchristen schuf, welche allerdings dem Zauberwesen des heidnischen Kultus, der „Pompa Diaboli“ entsagten, dafür aber in der christlichen Kirche einen anderen, ebenfalls zauberhaft wirkenden Kultus und andere helfende Gottheiten eintauschten, wobei diese äußerlich bekehrten Heiden ihre mitgebrachten Vorstellungen auf die Heiligen, die Märtyrer, sowie auf die „Gottesmutter“ der christlichen Kirche übertrugen. Da nun St. Petrus in Neapel, wo er mit Simsonkraft den Dioskurentempel umstürzte, einige Zeit verweilte, so konnte er natürlich auch der Umgegend seine Dienste leihen. Die Tradition macht ihn zum Gemeindegründer in Resina, Sorrento und Capua. In Capua weihte er den ersten Bischof St. Priscus, der noch jetzt als Schutzheiliger dieser Stadt betrachtet wird. Aber auch Sicilien hat von der Reise des Apostelheroen Petrus profitiert. Petrus nämlich sandte dorthin zwei seiner Schüler, Martianus und Pankratius, welche in der Nähe des heutigen Taormina an derselben Stelle landeten, wo einst die ersten hellenischen Kolonisten das Ufer dieser Insel betraten und dem leitenden Apollo einen Altar bauten. Das Heiligtum des Apollo ward später durch eine Statue des St. Pankratius verdrängt, die äußerlich christianisierte Bevölkerung setzte Pankratius für den Apollo, änderte die Namen und ließ im übrigen die Sache beim alten. Auch mit einem berühmten Santo-Heros Siciliens bringt die Tradition den Apostelheros in Beziehung. Wie einst Herkules Schutzherr der Heilquellen war, so ist es auf Sicilien jetzt St. Calógero, der schützend die berühmten Quellen und Dampfbäder des Monte St. Calógero (bei Sciacca) überwaltet. Genannter Santo empfing von St. Pietro den Auftrag, aus den Dampfhöhlen jenes Berges die (heidnischen) Dämonen zu vertreiben, also dasselbe zu thun, was Papst Bonifazius IV. im Jahre 609 in Hinsicht des römischen Pantheons verordnete. Auch manche alte Gemeinde Calabriens, lauter Küstenstädte, z. B. Monteleone, rühmen sich der Gründung durch St. Pietro. — Nachdem dieser seine legendenhaften Gründungen vollendet hatte, setzte er, wie die Tradition sagt, seine Reise zu Schiff fort und landete in der Nähe von Pisa, wo sich an der von Livorno nach Pisa führenden Straße die vielleicht schon im elften Jahrhundert erbaute Kirche St. Pietro in grado befindet, deren antike Säulen durch Seeraub treibende Pisaner von irgendeinem herrenlosen Tempel dorthin gebracht worden sind.

Wir haben diese aus echt antik-heidnischer Tendenz geborene Tradition deshalb hier ausführlich erwähnt, weil sie bis jetzt weiteren Kreisen unbekannt geblieben ist und weil sie sich vortrefflich eignet, die Legende vom römischen Apostelheros Petrus ins rechte Licht zu stellen. Wir berichteten diese Tradition genau so, wie wir sie mit eigenen Ohren wiederholt von Kanzeln Neapels vernommen, wie sie in zahlreichen kirchlich approbierten Büchern verzeichnet steht, und wie sie durch die kirchliche Liturgie als historische Wahrheit gestempelt ist. Die Liturgie der Kirche ist ein Zauberstab, der viel Blech in Gold verwandelt!

Außer seinem Altar hinterließ St. Petrus, der Gründerheros, den Neapolitanern auch seinen Stab, der alle Jahre am Fest des St. Asprenas den Andächtigen gezeigt und von diesen geküßt wird, worauf sich dieselben in die am Dom befindliche Kapelle des St. Asprenas, des ersten von Petrus geweihten Bischofs, begeben, wo sie den Kopf durch ein Loch in den mit dem Sarg des Santo besetzten Raum stecken, um auf diese Weise von Kopfweh befreit oder davor beschützt zu werden. Am Sarkophag des Heiligen lesen wir: Corpus Divi Apreni, primi episcopi Neapolis. (Bekanntlich war Divus das Prädikat der vergöttlichten und vom römischen Senat unter die Götter versetzten Kaiser.) Im ältesten

Teile Neapels hat jener Santo eine Kapelle, unter welcher sich die angebliche Wohnung desselben befindet, die mit verblichenen Fresken des zehnten Jahrhunderts verziert ist. Nachdem St. Asprenas als ein rein volkstümlicher, nie vom Papst kanonisierter Heiliger ab immemorabili (seit unvordenklichen Zeiten) seine Verehrer gehabt, ward diesem Santo-Heros im Jahre 1879 durch den jetzigen Erzbischof ein pomphafter Kultus zuteil und dauerte sein Fest das erste Mal eine volle Woche, wobei demselben täglich ein Panegyrikus gehalten, viel Pulver verschossen und das Orchester des St. Carlo-Operntheaters verwendet wurde. Verfasser hörte eine dieser Lobreden und citiert einen für den Heiligenkultus des Südens charakteristischen Passus derselben. Text der Predigt (richtiger das Motto derselben) war entnommen aus Tob. 12: „Wir sind mit allen Gütern überhäuft, wie können wir solch' große Wohlthat vergelten?" Redner schilderte auf der Kanzel des von Karl von Anjou erbauten Domes den Aufenthalt Petri in Neapel, wo damals nach antiker Aussage so viele schützende Gottheiten waren, daß man eher einem Gott, als einem Menschen begegnete. Ferner vernamen die Hörer eine Schilderung des unsittlichen römischen Lebens im benachbarten Bajae, diesem einstigen „Monte Carlo" Neapels, sowie der Segnungen, welche St. Pietro und St. Asprenas in religiöser und sittlicher Beziehung gebracht. „Mitbürger, Neapolitaner", fuhr der begeisterte Redner fort, „wenn einst die Römer ihrem Romulus oder die Hellenen ihren Heroen göttliche Ehre zuerkannten, so thaten sie dies, weil jene die Gründer materieller Wohlfahrt waren. Von unserem Asprenas haben wir mehr erhalten, geistige und geistliche Wohlfahrt, la sede cattolica, welche von Petrus an bis auf unsere Tage gerade hier in Neapel, trotz der Versuche der Häretiker, uns intakt verblieben ist. Aber St. Asprenas hat auch unsere materielle Wohlfahrt begründet. Neapolitaner! Ohne St. Asprenas existierte heute kein Neapel. Gedenkt an den 18. August des Jahres 79!" — Nun schilderte unser Redner meisterhaft den damaligen Untergang Pompejis und fuhr fort: „Wie kam es, daß in jenen Schreckenstagen Neapel gerettet blieb? Schon wälzte sich eine schwarze Rauchsäule vom Vesuv auf unsere Stadt und ihre gepriesenen Ufer, schon zuckten

Blitze über all' das blühende Leben unserer Gauen, schon ward es dunkel, finster, grausig finster, als sei die letzte Nacht für uns gekommen. Wer half in dieser schrecklichen Not? Neapel hatte nur einen Helfer, seinen Asprenas. Wenige Tage vor dem Untergang Pompejis war er zum Himmel eingegangen, dort war er unser einziger Beschützer, der einzige, der für uns eintreten konnte. Unser Beschützer und Stadtpatronus St. Januarius war damals noch nicht im Himmel, denn er starb als Märtyrer erst anno 235, Asprenas also hat damals Neapel gerettet, ohne ihn wäre Neapel, was Pompeji ist, eine begrabene Stadt!" Lautlos folgte die im Dom versammelte Volksmenge dem Redner und atmete auf, als er diesen klassischen Passus beendete. Der Redner fuhr fort: „Ihr seht, Signori, daß wir unseren Asprenas ebenso als Gründer betrachten können, wie Rom seinen Romulus. Aber ich habe noch mehr Beweise, daß wir in Asprenas unseren Wohlthäter besitzen. Wer hat uns die Madonna gebracht? Kein anderer als Asprenas! Ihr wißt, daß er das Oratorium der St. Candida erbaute, wo wir noch heute das von St. Lukas angefertigte Bild der Gottes-Mutter verehren. Das ist der Quell, aus dem die Jahrhunderte Begeisterung getrunken. Die Madonna war der Schutz unserer Stadt in allen Nöten, Pest, Cholera, Erdbeben, Krieg, Überschwemmung, Sturm und Gewitter. Die Madonna war es, welche mit ihrem heiligenden Geiste unsere ruhmvollen Bischöfe und Äbte erfüllte, sowie viele Päpste, welche von hier aus den Stuhl Petri bestiegen. Unter allen Verehrern der Madonna aber leuchtet einer im Weltruhm, Alfonso Liguori, den man den ersten Priester der Welt nennt! — Dies verdanken wir dir, heiliger Asprenas. Wie können wir dir's vergelten?" — Hier wandte sich der Redner gegen die Kapelle des Heiligen, das Volk fiel auf die Kniee. „Dir, großer Schutzherr, weihen wir unsere Devotion, dir strahlt unser Festglanz, dir jubeln unsere Lieder. Halte über uns deine schützende Hand, wie seit 1800 Jahren, erhalte uns intakt unsere Religion, damit wir einst mit dir im Paradiese deine ewige Glorie teilen mögen!"

Denken wir uns die Lobrede eines heidnischen Panegyrikers auf Romulus oder Aeneas, so müßte dieselbe dem Sinn nach mit der erwähnten Rede eines christlichen Orators übereinstimmen.

Bekanntlich hatte auch das heidnische Rom aus seiner sagenhaften Gründungszeit allerlei Reliquien. Bei der christlichen Reliquie des Petrusstabes in Neapel denken wir an den einst im heidnischen Rom gezeigten Augurstab des Romulus, beim Hause des Asprenas erinnern wir uns, daß in Rom einst eine Hütte des Romulus gezeigt wurde.

Auf dem Platz vor der Peterskirche Neapels sehen und hören wir ein munteres Treiben, welches sich bis in das Atrium der Kirche hinein erstreckt. Da haben Händler mit bunten, billigen Heiligenbildern ihre Tische, da bieten uns alte Weiber Amulette aus vollen Körben, da haben zahlreiche Kuchenbäcker Zelte aufgeschlagen, da fehlen auch nicht die Kastanienröster, sowie die Händler mit Spassatempo. Dies Wort heißt in schlichter Übersetzung: Zeitvertreib und bezeichnet allerlei kleine Dinge zum Knabbern, als Kerne von Pinien, Gurken, Nüsse u. s. w.; lauter eßbare Sachen, die der Neapolitaner beim stundenlangen Sitzen in der Kirche in den Mund zu stecken liebt. Alles schreit durcheinander, am lautesten aber die Bettler, die zum Zeichen ihrer Frömmigkeit sich mit Kreuzen oder Rosenkränzen versehen haben.

An der Vorderseite der Kirche erblickt man ein alljährlich wieder benutztes großes Wachsleinwandbild, welches die erste Messe St. Petri in Neapel darstellt. Der mit den päpstlichen Gewändern und der päpstlichen Tiara bekleidete Apostel, zwischen Asprenas und Candida knieend, erhebt die Monstranz, und damit man in Hinsicht des Schauplatzes nicht im Zweifel sei, sehen wir als Hintergrund auf dem Bilde den rauchenden Vesuv. Rote Vorhänge zieren die Thür und zeigen, daß man ein Fest feiert. Das antike heidnische Leben pflegte ebenfalls Tempelthüren bei Festen zu verzieren und benutzte bildliche Darstellungen bei Triumphzügen, dachte aber nicht daran, die Front eines Tempels durch schlechtgemalte Wachsleinwandbilder zu verunzieren. Letztere sind Reklamebilder, Aushängeschilder bei allen Heiligenfesten und solcher Brauch ist dem weltlichen Leben entlehnt. Alle Volkstheater haben solche wachsleinene Aushängeschilde, auf denen man die wichtigsten Scenen des auf den Bühnen zu schauenden Dramas vorher erblickt, und gewisse Kirchen zeigen bei wichtigen Gelegenheiten über der Thür Annoncentafeln mit der Inschrift: Immerwährender täglicher Ablaß für Lebende und Tote. Dabei kann man oft genug vor der Thür den Mesner erblicken, der ein Glöcklein bearbeitet, als handle es sich um eine Schaubude. Aushängeschilde überall. Vor den ländlichen Weinschenken steht ein stattlicher Lorbeerzweig, vor den zahllosen Lottobuden zeigen sich buntgemalte, oft riesengroße Zahlen, die als glückliche empfohlen werden, die Wände neben den Thüren ländlicher Speisewirtschaften ziehen den Blick durch bunte Freskobilder eines Dutzendmalers auf sich, — warum sollten die Kirchen nicht auch dies Lockmittel benutzen?

Jenes Bild über der St. Petersſ-Kirchenthür ist natürlich im Auftrag der Kirchenleitung angefertigt. Letztere sollte und müßte wissen, daß das Kommen Petri nach Neapel ins Gebiet der Sage gehört, sie weiß, sie muß wissen, daß weder St. Petrus noch die apostolische Zeit die „Messe" kannte, aber sie weiß auch, was sie der gleichgültigen, unwissenden Menge (d. h. hoch und niedrig) bieten kann. Sie bietet ihr Sage als historische Wahrheit. Wer aber kümmert sich um dergleichen? Neapel besitzt zwar eine Universität, aber wo fände sich ein solcher, welcher der Kirchenbehörde öffentlich sagte, was sie mit einem solchen Bilde thut und was sie selbst ist? Auch die Tagespresse kümmert sich um solche allgewöhnliche Dinge nicht. Welcher Gebildete zeigt Interesse für Kirchengeschichte, welche Schule macht ihre Schüler mit den Elementen der Kirchengeschichte bekannt? In den Priesterseminarien lernt der wohlgedrillte künftige Priester: Traditio est, ne quaeras amplius. (Es ist die Tradition, forsche nicht weiter.) Nach solchem Grundsatz nimmt er z. B. das fliegende Haus der Madonna von Loreto ebenso als historisch, wie z. B. die Hellenen die zwölf Arbeiten des Herkules oder die dem antiken Leben bekannte Reliquie von dem Lehm, aus dem Prometheus die Menschen bildete.

Jenes erwähnte wachsleinene Aushängebild entspricht vollständig jenen anderen unzähligen, die bei anderen festlichen Heiligentagen benutzt werden und welche dem gaffenden Schauer die krassesten Mirakellegenden vor Augen stellen. Jene von der Liturgie der Kirche als historisch gestempelt Reise des Petrus von Antiochien nach Rom mit all' seinen Thaten unterwegs hat keinen größeren historischen Wert, als die Irrfahrten eines Odysseus, eines Äneas, oder als die Gründerreisen eines Diomedes. Ist der Apostel Petrus überhaupt jemals in Rom gewesen? Für diesen Aufenthalt sind bis jetzt niemals ausreichende Beweise beigebracht und werden solche niemals beigebracht werden können. — Die Äneas-Sage ward vom Kaisertum als ein Fels betrachtet, der Glaube an Roms Größe beruhte darauf. — Die Petrus-Sage wird vom Papsttum in demselben Sinn als Fels angesehen. Die Sache ist dieselbe, Namen sind geändert.

Es ist erklärlich, daß zwischen Neapel mit seinem sagenhaften Altar Petri und Rom mit seinem sagenhaften Petrus-Grab eine Rivalitat entstand. Wir finden genau dieselbe Rivalität zwischen Heiligtümern im heidnischen römisch-hellenischen Leben. In der That erlangte die Peterskirche Neapels ein Privilegium, welches sie der Peterskirche Roms nahe brachte. Wir sehen im Atrium der neapolitanischen Peterskirche eine vermauerte Thür und dabei eine lange Inschrift. Jene Thür ist die für immer geschlossene Porta santa, welche einst dieselbe Bedeutung hatte, wie die gleichnamige Thür der römischen St. Peterskirche. Hatte man in Rom seit 1300 ein Ablaßjubiläum gefeiert, wobei bekanntlich der Papst die Porta santa öffnete, so geschah ein Jahr später dasselbe mit denselben Zeremonieen in Neapel, letzteres besaß ein Privilegium, welches der Stellung Roms schaden mußte, und aus diesem Grunde verfügte Klemens VIII. die Aufhebung desselben. Dies meldet erwähnte Inschrift.

Die St. Peterskirche in Rom hat eine uralte, eherne, sitzende St. Petrus-Statue*), gleichsam die versteinerte Legende, welche den Gläubigen alljährlich insofern ein kindliches Vergnügen bereitet, als man jenem ehernen Apostelheroen eine Papstmütze aufsetzt und ihn mit Papstgewändern schmückt. Bekanntlich ist das Bekleiden der Kultusstatuen schon im Heidentum üblich gewesen, und weiß

---

*) Vgl. die Schrift des Verfassers: „Leo XIII. und sein Jubiläum". Neues und Altes aus dem Vatikan. Leipzig 1888.

jeder des Altertums Kundige, daß die Hellenen ihrer verehrten Gottheit Athene, d. h. ihrer Kultusstatue, alljährlich ein neues Gewand, den prächtig gestickten Peplos, brachten. Auch die Peterskirche Neapels hat eine Petrusstatue, welche aus Holz angefertigt, bunt bemalt ist und den Apostelheroen mit der päpstlichen dreifachen Krone sowie mit den Schlüsseln in der Hand darstellt. Diese Statue ist eine Karikatur und zeigt die Hände als mit roten Handschuhen bekleidet. So oft Verfasser diese Kirche besuchte, hat derselbe stets bemerkt, daß die Anwesenden diesen bunt bemalten „großen Papst“ mit dem größten Respekt betrachten, viele vor demselben knieen und sich der Beachtung des Inhabers der Schlüssel empfehlen. Chrysostomos sagt: „Die Hellenen sind immer Kinder.“

Am hohen Petrus-Feste erblicken wir jene bunte Statue nicht im Schiff, sondern links vor dem Altar auf einem hohen, prächtig dekorierten Gerüst unter einem Baldachin, wie bei allen Santiheroen an ihren Festtagen geschieht. Es folgt das Hochamt, bestehend in einer von Opernmusik begleiteten Messe. Das heidnische Altertum hatte auch Musik im Kultus und kannte keinen Unterschied zwischen weltlicher und geistlicher Musik. So ist es in der christlichen Zeit im Süden geblieben. So oft wir Zeugen dieses Festes waren, sahen wir in der genannten Kirche nie mehr als einige hundert Personen, und bemerken noch, daß die Peterskirche Neapels zu den obskuren Nebenkirchen der Stadt gehört.

Das Hochamt ist zu Ende, die Anwesendeu entfernen sich und reichen im Atrium dem St. Peter eine Gabe dar. Dort steht nämlich ein Kapuziner vor einem mit schlechten Petrusbildern bedeckten Tisch und ruft: „Meine Herren, Almosen für St. Peter!“ — Auf den Tisch legt man Kupfermünzen.

In der urbs fidelissima wird, wie die jährliche Feier des Peter-Paul-Festes zeigt, der erste Papst als ein Santoheros dritten Grades behandelt und die Zahl seiner Devoti ist eine verzweifelt kleine. Dieser Thatsache entspricht die geringe Teilnahme, welche die urbs fidelissima dem Jubiläum des Papstes zugewendet hat. Unter den wenigen Pilgern aus Neapel, welche übrigens auf der Eisenbahn nur den halben Preis zahlten und sich in Rom einige Tage hindurch bestens ergötzten, waren auch einige Fischer aus dem Fischerquartier St. Lucia Neapels, die zur Feier des Tages aber nicht mit Muschelhut und Pilgerstab, sondern mit dem üblichen Karnevalskostüm, dem Gewande Masaniellos ähnlich, versehen waren. Sie brachten dem Nachfolger des Fischers Petrus einige Körbe mit Fischen. Die vatikanische Hofzeitung hat sich aus guten Gründen gehütet, die kleine Zahl von Pilgern zu nennen, welche die volkreichste Stadt Italiens zum Jubiläum des Nachfolgers Petri entsandte. St. Petrus und dessen Nachfolger mit seinen Prätensionen steht in Süditalien tief im Hintergrunde des religiösen Bewußtseins, päpstlich und katholisch sind dort keineswegs dasselbe. Denken wir uns, daß kein Papst mehr existierte, so würde das religiöse Leben genau so fortgehen wie jetzt; Priester, Kultus, Lokalheilige, Bilder, Bilderdienst, heitere Feste, kurz alle Äußerungen des mit christlichem Stempel versehenen hellenisch-römischen Religionslebens würden sein und bleiben auch ohne Papst. — Man sehe bei großen Lokalfesten das schäumende Gewoge der Menschenwellen; man sehe die Menschenmassen, welche bei solchen Gelegenheiten oft viele Meilen weit zusammenströmen; man sehe die Festzurüstung, die Festgenüsse, den Glauben, die Andacht, den Aberglauben und die Festgaben bei solchen Gelegenheiten, um sich zu überzeugen, daß St. Petrus mit der Devotion seiner Devoti wie ein leichtes Wellengekräusel inmitten brandender Wellen verschwindet.

Wer solche Dinge mit eigenen Augen schaute, weiß den Grund, weshalb der Papst es verschmäht, neben dem Altar St. Petri in Neapel seine Residenz zu errichten.

Vielleicht denkt er auch an zwei andere Thatsachen. Jahrhunderte hindurch sandte Neapel ein mit Dukaten beladenes weißes Roß nach Rom, wo dasselbe in feierlichem, glänzenden Zuge, von weltlichen und geistlichen Reitern begleitet, in die dortige St. Peterskirche geführt wurde, wo der Papst dasselbe als Tribut in Empfang nahm. Mitte vorigen Jahrhunderts ward diese Abgabenleistung eingestellt und keine Drohung des Nachfolgers Petri war imstande, diese Weigerung zu besiegen. Dies ist die eine Thatsache. Die andere ist ein seltsames Drama, welches im finsteren Königsschloß, im heutigen sogenannten Castello nuovo, zu Neapel spielte. Im

Sommer des Jahres 1294 nahte sich der genannten Königsburg ein seltsamer Zug. Auf einem Esel saß ein gebrechlicher Greis, der achtzigjährige Mönch-Einsiedler Peter, der auf dem Monte Morrone in den Abruzzen sechzig Jahre hindurch als Einsiedler den Himmel zu verdienen getrachtet hatte und dabei in den Geruch der Heiligkeit gelangt war. „Peter vom Morroneberg“ saß auf jenem Reittier als Papst, denn als solchen hatte man ihn erwählt, wobei man sich der Hoffnung hingab, daß er durchaus unschädlich und völlig lenksam sein werde. Karl II., König von Neapel, veranlaßte, daß jener greise Papst, der sich Cölestin V. nannte, mit seiner Kurie nach Neapel übersiedelte, wo er „vieles that aus der Fülle seiner Macht, noch mehr aber in der Fülle seiner Einfalt“ (de plenitudine simplicitatis). Als er in die Königsburg Neapels einzog, führte ein König jenes Reittier am Zaum und ein glänzender Zug folgte ihm. In den öden Prunkgemächern des Castello nuovo ward der Papst von Heimweh nach seinen Bergen und seiner verlassenen Klause ergriffen und der Kardinal Cajetano bestärkte den Greis in solchen Gedanken, wobei er seine offene Überredung durch geheimnisvolle Stimmen des Nachts unterstützte. Am 13. Dezember 1294 legte der greise Papst freiwillig und feierlich seine Würde nieder, welche auf den schlauen Cajetano überging, der als Bonifazius VIII. dem Genannten folgte und als dankbarer Nachfolger seinen greisen Vorgänger in einem finsteren Gemach des Felsenschlosses Fumone bei Anagni gefangen hielt, wo der Unglückliche 1296 starb. Daß sein Grab ein Wallfahrtsort und er selbst ein Santo wurde, hat ihm nicht genützt und niemand geschadet. —

Nur einmal hat ein Nachfolger Petri in Neapel residiert, nämlich der genannte Cölestin V., nur einmal hat ein Papst seine Krone freiwillig niedergelegt, und dies geschah zu Neapel, als Cölestin V. die Einsiedelei der cathedra Petri vorzog.

Fünftes Kapitel.

Camorra.

Nero, der Kaiser des römischen Reichs, Schauspieler, Muttermörder, trat im Theater zu Neapel öffentlich vor einem massenhaft versammelten Publikum als Sänger auf und erntete reichen Beifall. Wenn man eine Thatsache nennen sollte, welche die im antiken Leben vorhandene sittliche Stumpfheit und Verkommenheit der Massen vor Augen stellt, so müßte es die erwähnte sein. Von jenem Theater bewahrt das heutige Neapel einen Teil der Mauer, ein finsteres, unzerstörbar erscheinendes Stück Altertum.

Ist von der sittlichen Stumpfheit des antiken Lebens nichts nachgeblieben? Hat die Kirche das sittliche Bewußtsein gehoben und das Gewissen geschärft?

Mit dem früheren Königreich Neapel hatte das junge Italien als trauriges Erbe eine Hydra mit zwei Köpfen überkommen, von denen der eine Il Brigantaggio, das Räubertum, der andere Camorra heißt.

Für das letzte Wort besitzt die deutsche Sprache, keine direkte Übersetzung. Gegen beide Köpfe hat Frau Italia Hiebe geführt und darf der Brigantaggio auf dem südlichen Festlande als erloschen betrachtet werden, nachdem derselbe vom antiken Leben an durch alle christlichen Jahrhunderte hindurch, bis fast in unsere Tage hinein bestand und sich sogar, wie ein späterer Artikel zeigen wird, in den Dienst der Kirche stellte! — Der zweite Kopf dagegen sitzt fest, wie immer. Zwar haben scharfe Hiebe ihn betroffen, er hat geblutet, aber so recht germanisch-gründliche Hiebe waren es nicht, keineswegs solche, von denen es im Liede heißt: „Sag an, mein Ritter wert, wer hat dich solche Streich' gelehrt?“ So hebt denn jene Hydra immer aufs neue ihr Haupt, ein Banditentum im geheimen, spezifisch neapolitanisch, welches seine mit Blut befleckten Hände nach Schlangenart in langen Windungen durch Stadt und Land streckt, eine Eidgenossenschaft für Erpressung, Gaunerei und Mord, eine Verbrüderung der Niederträchtigkeit.

Was thut einem solchen tiefen sittlichen Schaden gegenüber die „Kirche“? Warum ward sie nicht an dieser Hydra zum Herkules? Von Konstantins Zeiten an bis auf unsere Tage rühmt sie sich ihrer Siege und stellt ihren Triumph in glanzvollen kirchlichen Schaustellungen und Schauspielen dar, sie imponiert durch Pomp, Massen und Jubel und hat im verflossenen Jahre ein Triumphgeschrei angestimmt, welches bei Anlaß des päpstlichen Jubiläums urbi et orbi *) einen angeblichen Weltsieg meldete. Die Kirche thut und vermag wider die tiefen Schäden des südlichen Volkslebens nichts. Sie selbst ist kurzsichtig und vermag nicht, die Schäden zu erkennen, ihre Waffe ist stumpf, sie hat mit derselben dem im Süden überkommenen hellenisch-römischen sittlichen Leben kaum die Haut geritzt, sie schmeichelt den Volksmassen, indem sie die Gestade der Sirenen für den Lieblingssitz der Madonna, der regina coelestis, erklärt und dabei bleibt das sittliche Leben wie es war. „Das ganze Haupt ist krank, das ganze Herz ist matt“ Jes. 1, 5. „Euer Rauchwerk ist mir ein Greuel, die Neumonde und Sabbathe, da ihr Versammlung haltet, kann ich nicht ertragen, meine Seele ist feind euren Neumonden und Festtagen, ich bin es müde zu leiden“ (V. 14). Als das Salz der Erde bezeichnete Christus seine Kirche, fügte aber hinzu: „Wenn das Salz dumm wird, womit soll man salzen?“ (Matth. 5, 13.) Auch der Brigant, auch der Camorrista verehrt die Madonna, auch sie sprechen vor ihren Bildern Gelübde aus und benutzen ihr

*) Der Stadt Rom und dem Erdkreise.

Amulett als Schutzmittel. „Mamma del Carmine!“ so lautet der Ruf aus dem Munde der Verworfensten, wenn sie in Gefahr sich um Hilfe an die Madonna jenes Namens wenden, deren wunderthätiges Bild in der Kirche St. Maria del Carmine (Carmel) seit Jahrhunderten Flehende zu seinen Füßen sieht. Auch im heidnischen Rom gab es eine von Räubern angerufene Gottheit, Laverna genannt.

Wer sich im Neapolitanischen nach dem Wesen der Camorra erkundigt, macht die Erfahrung, daß er eine Anzahl von Einzelnheiten erfährt, daß ihr Begriff bald weit, bald eng gefaßt wird, daß der eine bei seinem Urteil über dieselbe lacht, der andere flucht. Man könnte sie mit jenem Meeresungeheuer Proteus vergleichen, von dem Homer erzählt, daß es sich unter den Händen des Menschen in allerlei Schreckgestalten verwandelte. Eine mit dem Namen Camorra bezeichnete Brüderschaft von Gaunern und Mördern hat sich seit mehr als ungefähr einem Jahrhundert im Neapolitanischen in ihrem unheilvollen Einfluß gezeigt. Zu gewissen Zeiten, nämlich unter den Bourbonen, hat man dies Unkraut nicht vertilgen wollen, hat sogar die Camorra für gewisse Handlangerdienste von hoher Seite honoriert, jetzt scheint man diese Otternbrut nicht vertilgen zu können. In Neapel, einer Stadt von über einer halben Million Einwohner, läßt sich ein großer Teil der Bevölkerung von einer weitverzweigten Bande terrorisieren, einer Bande, deren Organisation allgemein bekannt ist, deren Satzungen, Thun und Treiben durch zahlreiche Prozesse, durch eine unabsehbare Reihe von Verbrechen aller Art, durch zahlreiche Besprechungen und Nachrichten der Tagesblätter längst klargelegt sind. Auf dem Markt, im Handel und Wandel, in den Spielhöllen, in den Lasterhöhlen, auf der Straße, in den Gefängnissen, überall, wo die Möglichkeit einer Erpressung sich bietet, ist die Camorra und übt ihr unsauberes Handwerk. Man duldet diese Brut von Blutsaugern, es fehlt der Bevölkerung die Männlichkeit, die furchtlose Energie, sie zahlt den Tribut, welchen jene Erpressungsbande auflegt, denn man fürchtet sich. Als vor zehn Jahren ein Camorristen-Monstre-Prozeß in Neapel anhängig gemacht wurde, ward derselbe anderswo, nämlich in Viterbo, verhandelt, weil man fürchtete, daß ein aus Neapolitanern gebildetes Geschworenengericht ein Nichtschuldig aussprechen werde. Wiederholt hat man aus demselben Grunde auch in Palermo nicht gewagt, schwere Verbrechen, bei denen es sich gleichfalls um geheime Verbindungen handelte, vor einem heimischen Geschworenengerichte abzuurteilen und verlegte solche Prozesse deshalb auf das Festland. Erst vor einigen Jahren wagte man bei ähnlicher Gelegenheit in Palermo zu bleiben.

Auf dem höchsten Lebensgebiet, dem der Religion, ist der Katholik Süditaliens jeder Selbständigkeit bar, jeder Selbstverantwortlichkeit, jedem Forschen, jeder Beurteilung überhoben, dabei aber befindet er sich stets in Unsicherheit, denn er weiß nicht, ob die ihn überwaltenden unsichtbaren Mächte ihm noch morgen geneigt sind, wie sie es heute nach seiner Meinung waren, er weiß nicht, ob von ihm vielleicht dies und jenes unterlassen wurde, was diese überirdischen Mächte, Santi genannt, hätte günstig stimmen können. Es fehlt das ruhige, feste, friedliche Gottvertrauen, daher die Schwäche und Unselbständigkeit auch auf anderen Lebensgebieten.

Die Abkunft des Wortes Camorra dürfte schwer festzustellen sein, es gleicht einem auf der Straße gefundenen Zigeunerkind, dessen Eltern beim Zivilstandsregister nicht angemeldet wurden. In einem italienischen Lexikon sucht man jenes Wort vergebens. Da ist man denn auf ein spanisches Wort verfallen, welches wieder von einem arabischen Worte herstammen könnte. Allerdings haben die Araber lange in Spanien geherrscht, und daß die Spanier von ihnen manche Wörter lernten, ist sicher. Nun bedeutet das arabische Wort Camar soviel als Spiel, und zwar ein im Koran verbotenes. Es soll nun in Spanien vor Jahrhunderten eine Verbrüderung solcher Personen gewesen sein, welche aus dem Spielglück, oder auch aus dem falschen Spiel anderer einen Profit zogen. Ferner ist nachweislich in der spanischen Stadt Sevilla vor Jahrhunderten eine Verbrechergesellschaft gewesen, die durch Erpressungen aller Art sich und ihre Genossen ernährte. Dies und anderes faßt man ins Auge, um es wahrscheinlich zu machen, daß damals, als Neapel unter spanische Herrschaft kam, dies Verbrecherwesen hier ebenso eingeführt sei, wie die spanischen schwarzen

Schleier, die man noch heute bei vielen Frauen erblickt. Gönnen wir der hiesigen Bevölkerung den Trost, daß es sich um eine eingeführte Ware handelt. Der Trost ist ebenso schlecht, als wollten die Indianer sich dabei beruhigen, daß das Feuerwasser ihnen von außen gekommen. Nach meiner einseitigen Meinung braucht man bei der Herleitung des Wortes weder an Arabien noch an Spanien zu denken. Die hiesige Sprache hat ein nur dem niederen Verkehr angehörendes Wort Camorro, d. h. ein mit physischen und moralischen Mängeln behafteter Mensch. Von jenem Wort wäre Camorra die weibliche Form, bei der man nur das Substantiv società (Gesellschaft) zu ergänzen braucht, um einen vortrefflichen Sinn zu haben. Da hätten wir eine Bezeichnung, die irgendwie im Volke entstand, mehr eine Art Schimpfwort, und doch kein hartes; die richtigen, überaus zahlreichen neapolitanischen Schimpfwörter lauten unsagbar anders. Es ist auch möglich, daß jener Name als ein Scherzname in der Camorristengesellschaft selbst entstanden ist, welche übrigens ihren Verein für höchst ehrenhaft hält, weil sie eben in Schandthaten ihren Ruhm sucht.

Vor reichlich fünfzig Jahren begann die Camorra sich als eine öffentliche Macht geltend zu machen, zur Zeit der Bourbonen also, unter deren drei letzten das hiesige Volk in den tiefsten Verfall geriet. Am meisten mag dies gelten von der Regierung Ferdinands II., 1830—1859. Galeeren, Torturen, Bastonnaden erstickten jede leise freiheitliche Regung, jeder geistige Fortschritt wurde als gefährlich betrachtet, Schulen, Zeitungen, Bücher als ein Verderb, das Königreich war wie von einer Art chinesischer Mauer umgeben. Das Volk, wie eine Schar willenloser Schafe, befand sich in einem freilich prachtvollen Stall eingesperrt, der Thron des Tyrannen ward von jenen Regimentern der Schweizer geschützt, welche sich für Geld der Tyrannei verkauft hatten. Die Geistlichkeit war mit dem König und der Regierung desselben verbrüdert, die Landesbewohner wurden mürbe und schwach.

Kein Wunder, daß in solchen sumpfartigen Zuständen auch die Sumpfpflanzen sich zeigten. Die allgemeine Entnervung und

Schwäche ward von denen benutzt, welche es verstanden, ihren Vorteil daraus zu ziehen. Es war eine Gesellschaft der Erpressungen, welche in der Zeit allgemeiner Furcht und Schwäche die Stärke repräsentierte und das Recht des Stärkeren geltend machte. Eine Energie, sich durch kräftige Vereinigung gegen die Verbrüderung der Schlechten zu wehren, war nicht zu finden, ein Volk, das an Tyrannei gewöhnt war, mochte denken, daß es auf ein wenig mehr Tyrannisierung nicht ankomme. Dem Volke blieb Lebensgenuß, der heiterste Himmel, billige und gute Maccaroni. Nur in solchen Zeiten, nur unter solchen Verhältnissen, nur unter dem hiesigen Volke konnte die sogenannte Camorra auftreten, sich ausbreiten und immer mehr befestigen. In Amerika hätte man ein Lynchgericht gehalten und die gesamte Gaunerbande gehängt.

König Ferdinand II., der dreißig Jahre lang regierte, dachte an nichts anderes, als an die seinem Thron etwa drohenden Gefahren und scheute kein Mittel, ihn zu stützen. — Sollte er mit der Camorra feindlich anbinden, um diese Blutsauger von seinen Unterthanen zu entfernen? Das war seinem Thron gefährlich, die Camorristen hätte er sich zu Feinden gemacht, und diese konnten die Masse des niederen Volkes, aus dem sie meist hervorgingen, gegen ihn aufwiegeln. Er ließ also die Camorra ruhig gewähren, ja mehr als das, er dachte: „Kann man nicht aus Nesseln Hanf machen, und saugt nicht die Biene auch aus Giftpflanzen den Honig?" Er benutzte also die Camorra und überließ dieser die bürgerliche Polizei, während seine übrigen Polizisten sich mit aller Kraft der politischen Spionage hingaben. Die genannte Camorra hatte überall ihre geheimen Verbindungen; war irgendein Verbrechen begangen, so wußte die Camorra bald den Thäter zu finden und ließ sich ihre Mühe bezahlen. Natürlich blühte jetzt der Weizen der Camorristen, denn diese selbst konnten nun ungestraft stehlen und erpressen, ohne dabei Furcht vor Entdeckung zu hegen. Die kurze Revolution von 1848 wurde vom König schnell unterdrückt. Die nun im stillen und vereinzelt, trotz Galeeren und Gefängnis fortarbeitenden Männer der Revolution erkannten, daß es unmöglich sei, die versumpften, ganz allein dem

Genuß lebenden Volksmassen aus dem tödlichen Schlaf zu wecken und wandten sich an diejenigen, in welchen noch Energie vorhanden war, nämlich an die Genossen der Camorra! Die letztere, schon damals aufs beste organisiert, nach der Zahl der Stadtquartiere in zwölf Abteilungen geteilt, sollte, so hofften die Freiheitsmänner, das von ihnen beherrschte Volk zum Aufruhr bringen. Als die Häuptlinge der Camorra mit den Revolutionären kein Übereinkommen treffen konnten, zogen sie doch ihren Vorteil und erpreßten von denselben Geld unter der Drohung, sie andernfalls anzuzeigen. Als die Polizei des Königs von jenen Unterhandlungen Witterung bekam, verbannte sie mißtrauisch eine Menge der Camorristen, aber ebenso viele blieben zurück, die nun aus Rache gegen den König agitierten. So spielte die Camorra zeitweise eine politische Rolle, aber mit Garibaldis unblutigem Einzuge in Neapel zogen die Herren dieser Brüderschaft das Schafskleid aus und erschienen wieder im Gaunerkleid, indem sie sich auf den Schmuggel legten oder auf Erpressungen, letzteres bei den Anhängern der Bourbonen, welchen sie durch Einschüchterungen große Summen abzunehmen verstanden.

Massenhaft wurden die Camorristen nun verhaftet, verbannt, aber nichts half, und von der Italia una an sind sie bis heute geblieben: die Feinde der öffentlichen Ordnung, die Brüderschaft der Gaunerei. Im Jahre 1862 hatte man in wenigen Tagen dreihundert Camorristen bei einer allgemeinen Jagd auf dieselben gefangen und eingesperrt. Was geschieht? Am Tage darauf erscheinen die Weiber der Eingesperrten auf den gewohnten Plätzen, wo vordem ihre Männer den Tribut der Erpressungen eingesammelt, also z. B. auf den Märkten, wo die Camorra sich von den Händlern ihren Tribut zahlen ließ. Man zahlte nun ebenso an diese Weiber wie vordem an die Männer, natürlich aus Furcht, daß letztere bald wieder frei werden und dann an den Nichtzahlenden Rache üben würden. Der Dichter sagt: „O weh' dem Volk, das um Tyrannen seufzt, die aus dem eigenen Blut es feig erzeugt.“ Dies Wort könnte man hier anwenden, wenn das Volk überhaupt nur seufzen wollte, wenn es zu einem kräftigen Seufzer sich bringen ließe! Doch verlangen wir weniger, wenn man nur das Wort Camorra auszusprechen sich scheute oder dasselbe allgemein mit Abscheu ausspräche. Aber auch dies ist nicht der Fall. Das Treiben der Camorra begegnet im allgemeinen einem stumpfen Urteil. Das Wesen der genannten findet sich verkörpert in allen jenen von der Kirche gesegneten und unterstützten Tyrannen, welche den süditalischen Thron innehatten und auf den Thron nur deshalb ein Recht besaßen, weil sie das Recht des Stärkeren geltend machten. Obenan steht das Bündnis, welches die Politik der „Kirche“ durch Gregor VII. mit den Raubscharen der Normannen schloß, indem er ihren Länderraub segnete, um sich Bundesgenossen gegen Heinrich IV. zu schaffen. Die Kirche hat das Volk daran gewöhnt, Gewaltrecht an höchster Stelle als zu Recht bestehend anzuerkennen und in seine Moral aufzunehmen.

Auf der Kirche aber lastet noch ein anderes Verschulden, weil sie nämlich dem Volksleben die laxeste Moral durch die sogenannte dottrina cristiana einimpft. Manch' liebes Mal hat der Verfasser dem kirchlichen Jugendunterricht beigewohnt und bei dem Anlaß den benutzten Katechismus eingehend kennen gelernt. Da wird S. 35 gelehrt: Wenn ich eine einfache Lüge sage, so sündige ich venialmente, d. h. verzeihlich; wenn ich aber mit meiner Lüge dem Nächsten einen schweren Schaden (danno grave) zufüge, begehe ich eine Todsünde. Frage: Welches sind die Wirkungen des peccato veniale? Antwort: Sie raubt uns nicht die Freundschaft und Gnade Gottes, aber sie erkältet die Liebe und führt uns unmerklich zur Todsünde. Frage: Kann eine Sünde erschwert werden? Antwort: Ja; denn es läßt sich nicht leugnen, daß der, welcher einen Dukaten stiehlt, eine Todsünde begeht; aber eine viel schwerere Sünde begeht derjenige, welcher hundert Dukaten stiehlt (S. 54). Frage: Müssen wir die peccati veniali in der Beichte bekennen? Antwort: Wir sind nicht verpflichtet, sie zu bekennen (S. 54), weil sie uns die Freundschaft Gottes nicht rauben. —

So stumpft die Kirche mit ihrer dottrina cristiana (!) die Gewissen ab und bildet, wenn wir auf ihre Sühnungs- und Gutmachungslehren sehen, schlaue Köpfe, welche das Abfinden, das Sich-mit-Gott-und-dem-Gewissen-arrangieren, das kluge Beilegen, den Vertrag mit dem Gewissen, das Entschuldigen bei jeder Gelegenheit praktisch zu üben verstehen.

Durch jene heillose Lehre von der einfachen Lüge (bugia semplice), mit der es nichts auf sich hat, sehen wir das südliche Volksleben vergiftet, so daß die „fede Napoletana“ nicht höher steht als jene fides Graeca, welche im antiken Leben sprichwörtlich war. Die Folge ist der Mangel gegenseitigen Vertrauens. Man traut wohl den Fremden, aber nicht den eigenen Landsleuten, und dieser schwere Volksschaden macht sich sogar oft in Verbindungen geltend, die an sich zu den engsten gehören; er hindert aber auch die Volkswohlfahrt und Landesblüte, weil er der Association im Wege steht. Fremdlinge arbeiten mit vereinten Kräften auf Gebieten, wo das Volk des Landes aus obigem Grunde die Arbeit unterlassen muß. „Er macht Camorra“, so sagt man im allgemeinsten Sinne des Wortes und faßt damit Betrügerei, Erpressung, Überlistung ins Auge, und was man einander als selbstverständlich zutraut, zeigt die Thatsache, daß man einen Kaufmann, der falliert hat, der vielleicht einige Male fallierte, nach dem Falliment für kreditfähiger anzusehen pflegt als vorher, weil man annimmt, daß er so schlau gewesen, das Nötige rechtzeitig auf die Seite zu bringen. Jene heillose Lehre von den Kleinigkeiten im Unrecht stumpft das sittliche Gefühl ab gegen den Unterschied zwischen Recht und Unrecht, Gut und Böse, Ehrlich und Unehrlich. Vieles von dem, was die christliche Moral verurteilt, hält man für die Maßregel berechtigter Schlauheit. Zwei deutsche Sprichwörter lassen sich in die Sprache des Landes nicht übersetzen: „Ein Mann ein Wort“ sowie „Ehrlich währt am längsten.“ Die Landessprache, wir meinen den südlichen Volksdialekt, hat zwei Wörter, welche das stumpfe sittliche Urteil beurkunden. Das eine ist buscare, erhaschen, erschnappen. Es bezeichnet das allgemeine Trachten, auf Neben- und Schleichwegen zu einem Profit und Gewinn zu gelangen. Wir sagen von einem Diener: Er verdient so und so viel. Der deutsche Tagelöhner sagt: Ich verdiene diesen Lohn. Diesen Ausdruck „verdienen“ im angegebenen Sinne hat die südliche Sprache nicht, denn meritare heißt: sich ein Verdienst erwerben. Verfasser hörte oft aus dem Munde von

Arbeitern: Ich „buskiere“ mir so und so viel. Da wird also ein Wort gebraucht, welches ehrlichen und unehrlichen Erwerb zugleich umfaßt. Das zweite Wort heißt Imbroglio. Einen „Imbroglio machen“ scheint das unschuldigste Ding von der Welt zu sein, denn jenes Wort bedeutet Verwirrung; in Wirklichkeit aber meint man damit die schlimmsten Dinge: Betrug, Bestechung, Fälschung, Hintergehung u. dergl. So wird durch die Sprache die vorhandene sittliche Abstumpfung, der Mangel an sittlichem Urteil bezeugt. Mit dem Mantel eines stumpfen öffentlichen Urteils umhüllt, sehen wir einen dem Volksleben das Mark aussaugenden Vampyr: es ist der Wucher, der vom antiken Leben an bis zur Stunde in allen Klassen der Gesellschaft, in allen Provinzen Süditaliens seine heillosen Werke ausübt. Wucherei treiben ist ein Geschäft wie andere, so urteilt man im Süden, und die Zahl der Wucherer zählt z. B. in der Stadt Neapel nicht nach Hunderten, sondern nach Tausenden! Einen Vampyr haben wir die Usura genannt, wir könnten sie auch eine Riesenspinne nennen, die mit ihrem Netz ein ganzes schönes Land umschlingt. Wenn der Leser fragt: Wer treibt Wucher? so müßte die Frage richtiger so heißen: Wer treibt nicht Wucher? — Diese Geier finden sich oben und unten, sogar unter Dienstboten und Handlangern. Hat so einer etwa 100 Lire im Lotto gewonnen, so beginnt er zu wuchern. Ein ehrlicher Wucherer ist der, welcher sich mit 20 Prozent begnügt, ein halbehrlicher der, welcher 50 Prozent nimmt, ein unehrlicher, welcher nimmt, was er bekommen kann. So das öffentliche Urteil. Private Pfandleihinstitute, ferner viele sogenannte agenti d'affari gehören zu jenen Vampyren. Die Gesellschaft stößt solche nicht etwa aus, vielmehr giebt sie ihnen alle Ehre und Ansehen. — Wie die „Kirche“ das öffentliche sittliche Urteil abstumpft, davon ein eklatantes Beispiel. Ostern 1886 hatte ein Soldat in einer Kaserne Neapels in wenigen Minuten mehrere seiner Kameraden ermordet und war vom Kriegsgericht zum Tode verurteilt. Da sandte der jetzige, von Leo XIII. zum Kardinal erhobene Erzbischof von Neapel ein Telegramm an den König und bat um Begnadigung jenes Mörders, wobei er als Grund des erbetenen Straferlasses geltend machte, daß auch Christus seinen Feinden vergeben habe. Da zeigte sich das öffentliche Urteil so oberflächlich und durch die jeder Logik ermangelnde Begründung des Erzbischofs so schwach und lax, daß man jenen Mörder allgemein bedauerte, den Erzbischof aber bewunderte. Trotz jenes Bedauerns und dieser Bewunderung ward die Strafe vollzogen. —

Wir haben den Boden beschrieben und kehren jetzt zur Pflanze zurück, welche auf demselben ihr Gedeihen hat.

Die Camorra ist eine Verbrechergesellschaft, eingeteilt in zwölf Sektionen (Paranza), jede der letzteren unter einem Dirigenten (Masto), und alle unter einem gemeinsamen Häuptling vereinigt. Die Organisation, das Aufrücken von einer Stufe zur anderen, die strengen Gesetze des Gehorsams erinnern in mancher Hinsicht an den Jesuitenorden, dessen Nachäffung jene Gesellschaft zu sein scheint. In anderer Hinsicht könnte man an das Rittertum denken, denn auch die Camorra hat ihre Ritter und Knappen. Den letzteren entspricht die nur durch kühne Verbrechen zu erlangende Würde des Giovane onorato (des Ehrenburschen), den ersteren die höhere Würde des vollberechtigten Camorrista. Die Aufnahme in den Bund geschieht immer noch in feierlicher Weise, und Duelle zur Erledigung von „Ehrensachen“ sind in der Camorra ebenso gewöhnlich wie unter Studenten in Deutschland. Das Studentenleben Neapels, der einzigen Universität des süditalischen Festlandes, kennt diesen Rest mittelalterlicher Ritterbarbarei nicht; in der Camorra dagegen wird er hoch in Ehren gehalten, genau so wie von gewissen deutschen Studentenverbindungen. Fast jede Woche melden Tagesblätter Neapels: Dichiaramento (Erklärung, Herausforderung) und erzählen unter dieser Bezeichnung ein Camorristenduell. Einen wichtigen Platz nimmt in dieser Gesellschaft ein sogenannter Basista ein, dessen Aufgabe es ist, den Plan (Basis) für verbrecherische Operationen zu entwerfen. Der höchste Capo hat das Anrecht auf Pension, wozu die gemeinsame Kasse Mittel bietet. Die Camorristen haben die Gaunersprache zu einer möglichst vollkommenen Ausbildung gebracht, so daß sich ein vollständiges Wörterbuch derselben herstellen ließe. Dovere (Pflicht) bezeichnet ein Duell mit Dolchen, ohne welches ein Mitglied niederen Grades niemals zum Ehrenknappen aufrücken kann; eine „Seele im Fegfeuer“ be-

zeichnet einen Camorristen im Gefängnis, ein bravo Giovane ist ein Verbrecher, der sich durch feines Benehmen auszeichnet; Gatto (Katze) meint einen Angehörigen der Polizei. Ein Angehöriger niedrigen Grades richtet an das Glied eines höheren Grades die Anrede: Caro Zio (Onkel); umgekehrt sagt man: Caro Nipote (Neffe); die einander Gleichstehenden haben die Anrede: Caro Fratello (Bruder). Zahlreiche Rekruten gewinnt die Camorra aus der Menge jener elternlosen und herrenlosen, vagabondierenden Knaben, deren Zahl in der Stadt Neapel ebenso groß als unbekannt ist. In jeder Hinsicht verwahrlost, allerlei kleinen ehrlichen und unehrlichen, sauberen und unsauberen Geschäften ergeben, hausen diese unglücklichen Kinder auf Straßen und Plätzen Neapels und führen ein Leben, welches dem der Hunde in Konstantinopel entspricht. Was thut die Kirche für diese Elenden? Nichts! In Neapel hat die Kirche keinen Wichern hervorgebracht. Die Kirche duldet jene öffentliche Schmach und Schande des Volkslebens und das öffentliche Urteil ist so stumpf, daß man einen solchen armen, verwahrlosten Knaben mit einem Scherzwort bezeichnet. Man nennt ihn Guaglione, d. h. eine große Wachtel. Auch das päpstliche Rom hat die Menge verwahrloster Kinder geduldet, und kein einziger Papst, kein Kardinal ist jemals zu einem Wichern geworden. Glänzende Schauspiele haben die Päpste als Nachfolger und Nachahmer der römischen Kaiser dem Volk gegeben, das jammervolle Schauspiel verwahrloster Kinder haben sie nicht gehindert. Erst in neuester Zeit hat sich nicht etwa der Papst Leo XIII., sondern der Ministerpräsident Crispi solcher Kinder Roms angenommen, und scheint man jetzt ernstlich auf gründliche Maßregeln in der Hauptstadt bedacht zu sein.

Unsere Mitteilungen über die Camorra entstammen größtenteils dem Material, welches während der letzten zehn Jahre durch öffentliche Prozesse bekannt wurde. So ist es auch ans Licht gekommen, daß in jener Gesellschaft den werdenden Verbrechern gründlicher Unterricht erteilt wird und daß die Camorra vollkommen ausgebildete Satzungen besitzt. Ihr ältestes Gesetzbuch stammt aus der Zeit der Revolution des bekannten Masaniello, und schon damals bestand eine Bande, welche den Verkäufern aller Art einen

Tribut abpreßte. Ein Mönch, Namens Saccordo, verfaßte jenes Gesetzbuch, welches noch heute von dem Oberhaupt, dem sogenannten Testa d'Oro (Goldhaupt) verwahrt wird. Nach jenem Gesetzbuch bestehen in der Camorra mehrere Gerichtshöfe und ein Hauptgericht, welches die „große Mutter" genannt wird. Von solchem Tribunal werden auch Todesurteile gefällt und hat jeder Camorrist unbedingt zu gehorchen, wenn ihm die Ausführung eines solchen Urteils übertragen wird. Ein Mitglied, welches Verrat übte, wird mit dem Tode bestraft, und dies Fehmgericht weiß ihn zu finden, hat aber auch schon manchen Angehörigen der Polizei erdolcht.

Vor zwei Jahren ward auf der Insel Ischia eine Camorristenbande entdeckt. Dort nämlich, wie auf mehreren anderen Inseln, leben circa zweihundert zeitweilig entlassene Verbrecher, welche am Tage arbeiten dürfen, wo und wie sie Arbeit finden, nachts aber im dortigen Castello, dem einstigen Besitz der Vittoria Colonna, interniert werden. Unter diesen Verbrechern bildete sich unter einem Capo eine „Camorra", welche von den übrigen Genossen bei jedem Anlaß Tribut erpreßte. Für jede Mahlzeit, für jeden Erwerb, für jeden Spielgewinn, für jeden Diebstahl mußten jene dem Zahlmeister der Camorra Tribut entrichten und der Häuptling (er hieß Giov. Buonomo) wucherte mit dem Tribut, indem er an ärmere Genossen Geld lieh und von je drei Lire einen (monatlichen!) Zins von einer Lira nahm. Diese Bande hielt geregelte Sitzungen, wobei jedes Mitglied dem Capo respektvoll die Hand küßte. — Ungefähr um dieselbe Zeit standen in Girgenti einhundertundfünfzig Angeklagte, Angehörige der sogen. Fratellanza, vor dem Schwurgericht, vieler blutiger Frevel angeklagt und überwiesen. Da kam die unheimliche Organisation dieses Bundes zum Vorschein, auch der Treueid der Genossen, welche bei diesem Akt ein Madonnenbild benutzten, das jeder „Bruder" mit seinem Blute netzte, worauf ein heiteres Mahl folgte, bei welchem der Aufgenommene diesen Trinkspruch vernehmen ließ: „Dieser Wein ist süß, aber viel süßer ist Menschenblut". Ein Glied jenes Bundes, namens Martello, hatte seinen Neffen nur deshalb ermordet, weil er dadurch einen höheren Würdegrad erreichte!

In ganz Sicilien verzweigt ist die Maffia, eine Verbindung,

welche der neapolitanischen Camorra entspricht und Menschen aller Stände vereinigt, um mit verabscheuungswürdigen Mitteln einander bei Raub, Bestechung, bei Erpressungen, bei der Rache zu helfen.

Vor uns liegt eine aufbewahrte neapolitanische Zeitung vom 1. Februar 1883 und lesen wir in derselben das Programm der drei Schwurgerichtshöfe, d. h. die zur Verhandlung kommenden Verbrechen. — Andere Schwurgerichtsperioden wiederholen sich im Jahreslauf.

1) Circolo ordinario vom 2.—22. Februar 1883: Mord, Mord, Mord, Mord, Mord, Raub, Mord, Raub, Mord.

2) Circolo straodinario, 9.—22. Februar (also außerordentliche Schwurgerichtssitzungen), Raub, Totschlag, Diebstahl, Mord, Mordanschlag, Mord, Mord, Mord, Totschlag, Mord.

3) Circolo straordinario (also die zweite außerordentliche Schwurgerichtsperiode) 10.—24. Februar 1883: Raub, Raub, Diebstahl, Raub, Diebstahl, Rebellion, Verwundung, Diebstahl. Die Provinz Neapel steht nach amtlicher Statistik in Hinsicht von Verbrechen in erster Reihe, wird aber übertroffen von der Provinz Rom, wo einst der Papst regierte.

Was sagt dazu die Kirche? Wir lesen eine Festankündigung des Erzbischofs: „Neapolitaner! Von jeher hat die Madonna auf die Frömmigkeit eurer Stadt mit dem Auge der Mutterliebe geschaut.“ — Wir wiederholen hier die zu Anfang unseres Kapitels gestellte Frage.

Alljährlich kommen tausende von Touristen zum Gestade der Sirenen. Sie sehen die Wunder der Natur, sie ergötzen sich an den Originalitäten des Menschenlebens und kein Fremder hat von der Camorra etwas zu leiden, kein Fremder wird etwas merken von jenen Vampyren, die unser Kapitel beschrieb.

Sechstes Kapitel.

Auch ein Heiliger.

Virgil, Sänger der Äneis, ein Freund des Augustus, betrachtete Neapel als seine zweite Heimat, und als er auf einer Reise starb, ward er daselbst seinem Wunsche gemäß von seinem kaiserlichen Freunde bestattet. Es ist bekannt, daß man dort noch heute die „Tomba di Vergilio" zeigt, für deren Echtheit sich ebenso wenig Beweise beibringen lassen, als für die Echtheit des Grabes Samuels, welches die Kirche Anfang des fünften Jahrhunderts entdeckte, worauf der kostbare Schatz angeblicher Samuel-Gebeine nach Konstantinopel gebracht und dort vom Kaiser in glanzvoller Prozession eingeholt wurde.

Virgil, der berühmte Sänger des Heidentums und seiner Heroen, war im christlichen Neapel etwa tausend Jahre hindurch genau dasselbe, was heutzutage der heilige Januarius daselbst ist, d. h.: er nahm in den Augen der Bewohner dieselbe Stellung ein, welche die christlichen Schutzheiligen einnehmen. Ihm war der Schutz (tutela) der Stadt anvertraut, seine Gebeine galten als Unterpfand seiner schützenden Gegenwart, und außerdem besaß man ein von ihm hinterlassenes Palladium, welches wir bald näher kennen lernen werden. Virgil hatte, als er in Neapel lebte, sich als Wohlthäter der Stadt gezeigt und über tausend Jahre hindurch fügte sich, wie bei den christlichen Heiligen, eine Legende an die andere, welche alle verkündeten, wie er seine „übernatürlichen"

Kräfte im Dienst der Stadt verwendet habe. Er war also in der Anschauung des christlichen Volkes ein Wunderthäter, wie die christlichen Heiligen. In solcher Stellung war Virgil im ganzen Mittelalter allgemein bekannt und sein Ruhm drang sogar über die Alpen bis nach Deutschland. Wir erfahren von dem wunderthätigen Virgil in den Liedern berühmter deutscher Sänger des Mittelalters z. B. im Parzival des Wolfram v. Eschenbach, der ausdrücklich erwähnt, daß „Neapels Virgilius viel Wunders hat erkoren“. Ebenso erwähnt ihn der Dichter des Lohengrin und andere. Ausführlich handeln von diesem großen Wunderthäter einige Chroniken deutscher schriftgelehrter Mönche, sowie eines der deutschen Volksbücher, welche bekanntlich im deutschen Vaterlande im sechzehnten Jahrhundert viel gelesen wurden. Als der Hohenstaufe Kaiser Heinrich VI. seinem Kanzler Konrad den Befehl gegeben hatte, die Mauern Neapels zu zerstören, berichtete dieser ausführlich über den Glauben der Neapolitaner an ihren Wunderthäter Virgilius. Dieser seltsame Heilige Neapels hatte — so erzählte jener Kanzler — das Bild der Stadt in eine Glasflasche eingeschlossen und diese Flasche war das Palladium Neapels, denn so lange diese unversehrt blieb, konnte niemand der Stadt einen Schaden zufügen. Der kluge deutsche Kanzler raubte natürlich dies wichtige Palladium, und weil die Flasche ein wenig verletzt wurde, ward es dem tapferen Deutschen möglich, die Mauern der Stadt niederzulegen.

Also das Palladium einer Wunderflasche! Heutzutage besitzt Neapel als sein Palladium wiederum eine Wunderflasche, genau genommen zwei, nämlich diejenigen, in welchen das Wunderblut des heiligen Januarius verwahrt wird. Die Flasche des Virgilius und des St. Januarius stehen an Wert einander gleich, sie wirken dasselbe, und werden wir später (Kap. IX) sehen, daß die Blutfläschchen des christlichen Heiligen nicht weniger Wunder gethan haben als jenes von Virgil geschenkte Palladium. Auch das heidnische Rom besaß ein solches Schutzmittel, nämlich den vom Himmel gefallenen Schild des Mars, der jährlich einmal von den Priestern des Gottes in feierlicher Tanzprozession in Rom umhergetragen wurde. Die Stadt Argos in Griechenland besaß als einen Wunderschützer den Schild des Diomedes, anderswo finden wir als Palladien uralte, häßliche, aus Holz geschnitzte Götterbilder. Das vorsichtige Rom besaß außer jenem heiligen Schild ein zweites Palladium, das Bild der Pallas Athene, welches Aeneas aus Troja mitgebracht hatte und welches im Tempel der Vesta ebenso heilig verwahrt wurde, wie die wunderbaren Blutfläschchen im marmorprächtigen Tesoro des St. Gennaro zu Neapel.

Das hellenische Altertum legte den größten Wert auf die Gräber und Gebeine seiner Heroen, ein antiker Reliquiendienst, welcher durch das Orakel zu Delphi gefördert wurde. Von letzterem nämlich erhielten die Athener den Auftrag, die Gebeine des Heroen Theseus nach Athen zu bringen. Darauf ward natürlich das Gebein desselben von den heidnischen Athenern ebenso wunderbar entdeckt, wie später von den Christen z. B. das Gebein des heiligen Samuel, oder des St. Matthäus, oder des St. Andreas, Entdeckungen, denen man damals ungefähr denselben Wert beilegte, wie später der Entdeckung Amerikas. Wie das Orakel zu Delphi den Anstoß gab zu solchen Auffindungen in der heidnischen Welt, so gab der Bischof Ambrosius in Mailand dieselbe Anregung in der Christenheit, als er auf wunderbare Weise die Gebeine des heiligen Gervasius und Protasius entdeckte, worüber sich die Christenheit mit Augustinus an der Spitze hocherfreut zeigte. Auch Neapel besaß einen solchen Schatz, nämlich die Gebeine des Virgil, welche als Unterpfand seines schützenden Waltens betrachtet wurden. Zu den Zeiten des Königs Roger von Sicilien, also im zwölften Jahrhundert, wollte man sie entführen, das Volk aber widersetzte sich und brachte sie in das Kastell dell' Ovo, dessen finstere Mauern noch heute in der Ufernähe Neapels aus der Meerflut hervorschauen. Dort konnte man die Urne des großen „Taumaturga“ (Wunderthäters) durch ein eisernes Gitter schauen, ganz ebenso, wie man noch heutzutage die Särge der Santi durch Gitterwerk unter Altären erblickt, welche ebenso über ihnen errichtet sind, wie die heidnische Welt über den heiligen Reliquien ihrer Heroen Altäre und Tempel errichtete. So betrachtete also Neapel die heiligen Gebeine seines großen Wunderthäters Virgilius als sacra pignora (heil. Unterpfänder), ebenso wie heute die angeblichen Gebeine des St. Januarius (Gennaro) von der Kirche als sacra pignora betrachtet und bezeichnet werden. Die „Acta sanctorum“ nennen z. B. die durch den angeblichen Traum einer Nonne aufgefundenen Reliquien des Mathäus einen himmlischen Schatz. Als sie gefunden waren, beglückwünschte Gregor VII. im Jahre 1080 den Erzbischof in Salerno und nannte dieselben einen „großen Schatz, der dem ganzen Erdkreis nützen wird“. Denn mit diesen Gebeinen ward der Stadt Salerno von Gott ein „ausgezeichneter Patronus“ geschenkt. (Acta sanct. VI, 211.) — Virgil, der große Taumaturga, hatte bei seinen Lebzeiten der Stadt große Wohlthaten durch seine Wunderkräfte erwiesen. Jene obengenannten deutschen Chroniken und Volksbücher berichten den Legendenschwall, der sich im Laufe eines Jahrtausends in Neapel gebildet hatte und das Staunen der guten Deutschen erregte, welche die Wundermär von dem großen Heidenheiligen lasen und vielleicht verwundert fragten, wie es denn komme, daß der große Heide ebenso große und noch größere Wunder verrichtet habe, wie die christlichen Heiligen? Virgil nämlich schuf in einer Nacht die bekannte grotta di Posilipo, er entdeckte die noch heute berühmten Mineralwasser bei Pozzuoli, that also dasselbe, was man früher dem Herkules zu danken glaubte, und was später der große St. Calógero in Sicilien ausrichtete. Virgil stellte am Monte Vergine das Erzbild eines Mannes auf, welcher die schädlichen Südwinde abwehrte. Ein solcher Windherr und Windmacher war auf Sicilien der Philosoph und Wunderthäter Empedokles. Die heutige Kirche betrachtet im Süden vielfach St. Markus als den Herrn von Wind und Wetter, also als den Nachfolger des homerischen Äolus, nur mit dem Unterschiede, daß der letztere mit seiner zahlreichen Familie auf seiner einsamen Insel sich einem beständigen homerischen Schmause hingab, eine Lebensweise, welche die Kirche dem St. Marco nicht beilegt. Virgil stellte dem Vesuv gegenüber die eherne Statue eines Mannes auf, welcher mit einem Geschoß auf den Feuerspeier zielte und dadurch jede Gefahr von Neapel fernhielt. Heutzutage sehen wir auf der Magdalenenbrücke zu Neapel die Statue des St. Gennaro, welcher seine Hand theatralisch abwehrend dem Vesuv entgegenstreckt. Ein neuer Beweis, daß dieser Santo der Christen an die Stelle des Virgil getreten ist. —

Virgil schuf ferner große Höhlen, in denen die Neapolitaner das Fleisch geschlachteter Tiere in frischem Zustande erhielten. Für diese Wohlthat können die Genannten jenem Taumaturga bis auf den heutigen Tag dankbar sein. St. Gennaro hat zwar oft durch das Palladium seiner Blutfläschchen Asche und Rauch des Vesuvs abgewehrt, aber jene berühmten in der grotta di Posilipo befindlichen Fleischkammern, wo alle Metzger der Stadt das nicht verkaufte Fleisch in heißer Zeit völlig frisch erhalten, sind das Werk eines Heiden-Santo. Der heutige Monte Vergine, wohin wir später pilgern werden*), hieß zur Römerzeit Mons Virgilianus, denn dort hatte Virgil einen Garten, worin Zauberkräuter wuchsen, welche die Krankheiten der Schafe heilten. In diesem Fach leistet St. Gennaro nichts. Die Kirche verlangt von keinem ihrer Santi Vielseitigkeit, teilt vielmehr, wie im antiken Leben, jedem derselben sein besonderes Fach zu. Im fünften Jahrhundert verfaßte ein christlicher Dichter Endelichius zu Nutz und Frommen des Landvolkes ein Gedicht, welches uns zwei Bauern vorführt, von denen der heidnische über die Krankheit seiner Schafe klagt, während der christliche Bauer demselben mitteilt, daß seine Schafe durch das Zeichen des Kreuzes des „Königs Christus“ vor aller Krankheit geschützt seien. Infolge dessen wird der Heide sofort Christ, weil ihm bewiesen ist, daß Christus besser und sicherer schützt, als die heidnischen Götter. In Neapel hatte man nichts gegen den Schutz des „Königs Christus“ einzuwenden, allein, während man sich auf diese Weise äußerlich christianisieren ließ und das Kreuz nebst den Heiligen ehrte, wollte man es doch mit den alten Gottheiten nicht verderben. Man behielt also auch den Virgil, überzeugt, so am besten zu fahren. Dieser hatte seiner geliebten Stadt auch die Wohlthat erwiesen, ein ehernes Roß zu schaffen, welches die Wunderkraft besaß, lebendige Rosse vor Schaden zu bewahren, resp. zu kurieren. Solcher Wunderglaube haftete nämlich an einem Kunstgebilde, welches einst den Neptun-Tempel Neapels zierte. Ein Jahrtausend hindurch hat man im christlichen Neapel dies heidnische Roß als heilkräftig benutzt, bis im vierzehnten Jahr-

*) Siehe im zweiten Teil dieser Schrift das Kapitel: Montevergine.

hundert der dortige Bischof dasselbe einschmelzen und in eine Glocke verwandeln ließ. Ihr eherner Klang meldet bis heute vom Glockenturme des Domes, daß das Heidentum in der „Kirche" fortbesteht. Vor einigen Tagen begleitete ihr Geläute die Riesenprozession der 41 (einundvierzig) Stadtschutzheiligen, welche dem zeitweilig in St. Chiara befindlichen Hauptpatron ihren Besuch abstatteten. (Siehe Kap. IX.)

Also Virgil, der Heide, war ein Jahrtausend hindurch Mitglied der Reihe christlicher Halbgottheiten, welche die Ruhmeshalle der Kirche füllen! Diese Thatsache erinnert an die Santa Venere, welche wir im ersten Kapitel kennen lernten, in gewisser Weise an Alexander Severus, welcher in seiner Hauskapelle die Statue Christi zwischen eine Reihe heidnischer Götter gestellt hatte. — Wie also kam Saul (Virgil) unter die Propheten?

Das hellenisch-römische Altertum hielt es für selbstverständlich, diejenigen zu apotheosieren, welche durch ungewöhnliche und übermenschlich erscheinende Begabung, sowie durch dementsprechende Leistungen oder (wie die römischen Kaiser) durch Machtstellung ihre Mitwelt überragten. Die Vergötterung war der Ausfluß einer mit Egoismus verbundenen Verehrung. Indem man nämlich solchen Menschen jene denkbar höchste Ehrenerklärung erteilte und diese durch einen Kultus auf mannigfache Weise für die Dauer wiederholte, erwartete man, daß der unter die Götter Versetzte sich durch Schutz und Hilfe seinen Verehrern erkenntlich zeigen werde. In gewisser Weise suchte man den durch die Apotheose vergötterten Menschen zu fesseln, ihn, den apotheosierten Geist, an einer bestimmten Stelle festzuhalten, und dies geschah durch den Besitz des Grabes und der Reliquien des Verstorbenen. „Das Grab des Oedipus ist eine Wehr", so lesen wir in einer Tragödie des Sophokles und dieser Satz bezeichnet aufs deutlichste die Gesamtanschauung des hellenisch-römischen Altertums. Jene antikheidnische Apotheose hängt aber auch mit einer anderen Anschauung zusammen, welche wir an dieser Stelle um so mehr betonen müssen, weil sie seither zu wenig als Erklärung berücksichtigt worden ist. Im gesamten hellenisch-römischen Altertum lebte nämlich die Überzeugung, daß die Menschenseele durch ihr Abscheiden in einen höheren und einflußreicheren Zustand erhoben werde. Darum konnten die Römer die Abgeschiedenen nicht nur als Manes (die Guten), sondern sogar als Dii Manes, als eine Art von Gottwesen bezeichnen. Wenn man heutzutage im Süden hört: Le sante anime del purgatorio, so kann man dies als ein Echo jener heidnischen Bezeichnung „Dii Manes“ auffassen. An den Grundgedanken des „Dii Manes“ erinnert eine ergreifende Scene des Äschylos in seiner Tragödie: „Das Totenopfer.“ Orestes und Elektra stehen am Grabe ihres Vaters und klagen ihm ihre Not. Der Vater gehört, wie Elektra sagt, zu den Dämonen des Schattenreiches, wird also von ihr als solcher betrachtet, der den Rang der Gottheiten mittlerer und niederer Stellung durch sein Abscheiden erlangte und demnach zu helfen imstande ist. „Du aber send uns alles Guten Hilfe“, flehte sie. „Hör mich, o hoher Herr, und sende Helfer uns.“ Die flehenden Geschwister fügen hinzu, daß sie im Falle der Erhörung dem Grabe Schmuck und dem Toten Opferspenden bringen wollen. „An Geschenken freuen sich die Götter!“ Erhört aber der zum Dämon gewordene Vater das Flehen nicht, dann bleibt er, wie ihm Orestes bemerkt, beim Totenfeste von seines Landes Kindern ungeehrt. — Den Zustand erhöhter Kraft dachte man sich bei den Abgeschiedenen auch speziell insofern, als man bei denselben eine tiefere Einsicht und Sehergabe annahm. Deshalb tritt Atossa, Witwe des Darius, mit Gefolge an das Grab ihres Mannes und ruft seinen Geist hervor, damit er ihr, nachdem sie die Niederlage des Xerxes erfuhr, vorausschauenden Rat gebe, denn nur er ist als ein zum Dämon erhobener Geist dazu imstande. (Äschylos, Die Perser).

Als dem Virgil abseiten der Bevölkerung die Ehrenbezeugung der Apotheose zuteil wurde, geschah dies wegen seiner die Mitwelt überragenden Begabung, wegen des Weltruhms, der von ihm aus auch seiner genannten zweiten Heimat zufiel. Von einem förmlichen Volksbeschluß war dabei ebenso wenig die Rede, als wenn ein Volk für alle Zeiten seinem Herrscher den Ehrennamen „Der Große“ zuerkennt. Solche naturwüchsige, formlose Art der Apotheose war in der hellenischen Welt die allgemein übliche. „Groß ist der Ruhm der Gestorbenen fürwahr, Halbgöttergestalt

6*

zu gewinnen." — Auf jene naturwüchsige Art gelangte z. B. jener Empedokles zur Halbgötterwürde, der in Sicilien als Philosoph, Staatsmann und Arzt so hohes Ansehen genoß, daß man ihm sogar, wie oben bemerkt, die Beherrschung der Winde zutraute. „Tausende strömen hinter mir her, zu erfragen die Wege des Heils und der Rettung. Einige wollen Orakel von mir, die anderen begehren wirksam heilende Mittel zu hören in allerlei Krankheit." So sprach Empedokles von sich selbst. Solche volkstümliche Apotheose ward auch dem Pythagoras zuteil, ferner Alexander dem Großen, sowie den homerischen und vorhomerischen Helden, z. B. dem Kadmos, welcher die Schreibkunst gelehrt hatte, und dieselbe Vergöttlichungsart zieht sich durch die Heidenwelt bis in die späte Kaiserzeit, indem z. B. Plotinus, der neuplatonische Philosoph des dritten Jahrhunderts n. Chr., zur Kultusehre gelangte. — Nur ausnahmsweise nahm Delphi eine solche Apotheose in die Hand, indem z. B. Lysander, ferner die Tyrannenmörder Harmodius und Aristogiton, sowie die Gefallenen Marathons vom Orakel zur Halbgötterehre erhoben wurden. Auch die Römerwelt hatte solche naturwüchsige Heroen, z. B. Äneas, Romulus, später aber griff eine sehr förmliche Art dieser antiken Kanonisation Platz, indem eine hohe Staatskörperschaft, genannt Senatus Romanus, durch feierlichen Beschluß den gestorbenen Kaisern die Ehre der Götter vermöge pomphafter Apotheose zuteil werden ließ, ein staatlich-religiöser Akt, den man Consecratio nannte. Jeder solcher Kaiser vermehrte die Zahl der „schützenden Gewalten", jeder hatte seinen Kultus, ward mit Anrufung, mit Gaben und Festen geehrt wie alle übrigen, welche zu derselben Ehre auf verschiedene Weise gelangt waren, und man war auf diese Weise sicher, eine immer größere und sichere Tutela (Schutzwaltung) zu erlangen, wenn man nämlich die Zahl der Tutelares, also der Schutzherren, vermehrte.

Vom vierten Jahrhundert an zeigte sich das Christentum auch in Neapel als eine öffentliche Macht, stärker erst im fünften und machte im Kampf mit dem Heidentum, wie überall, nicht nur den Schutz und die Gesetze der Staatsgewalt, sondern auch seine Heiligen und deren Wunder geltend. Wenn nun der vergöttlichte Virgil sich dieser neuen Macht gegenüber nicht nur behauptete, sondern als wunderwirkender Beschützer einen Legendennimbus und einen Ruf erlangte, der an Nachhaltigkeit und Verbreitung den Ruf der meisten damals kreierten Heiligen übertrifft, so haben wir den Grund dafür in der Kirche zu suchen. Alle großen Kirchenlehrer jener Kampfeszeit, durch heidnische Wissenschaft gebildet, verkündigten den Ruhm des Virgil und stellten ihn den biblischen Propheten fast gleich. Alle Kraft wandten sie daran, aus der klassischen heidnischen Litteratur Beweise für das Christentum zu entnehmen und behaupteten, daß Virgil den in Christo erschienenen Messias geweissagt habe. Es herrschte also in der Hochstellung des Virgil eine auffallende Übereinstimmung zwischen Christen und Heiden. Die berühmte Stelle in der vierten Ekloge des Virgil beginnt:

„Schon das letzte Weltalter erschien der Sibylle von Cumae,
Wieder von vorne beginnt der Jahrhunderte mächtiger Kreislauf.
Schon kehrt die Jungfrau zurück, es kehrt das Reich des Saturnus
Und ein neues Geschlecht entsteigt dem erhabenen Himmel.“

Die großen Kirchenlehrer glorifizierten dabei nicht nur den Virgil, sondern auch die heidnische Sibylle, deren angeblicher Spruch diese begeisterten Strophen des Dichters veranlaßt hatte, in denen die Kirchenlehrer eine christliche Weissagung zu finden glaubten. Indem alle diese großen Kirchenlehrer der Kampfesperiode des vierten Jahrhunderts die heidnischen Sibyllen für wirkliche, wahrhaftige Prophetinnen erklärten, leisteten sie, ohne es zu wollen, einen Beitrag zur Stärkung des heidnischen Glaubens (siehe Kap. VIII). Was dabei die oben citierte Stelle aus den Eklogen betrifft, so meinte der Dichter den neugeborenen Sohn des Konsuls Asinius Pollio, welcher am Posilip bei Neapel eine prächtige Villa besaß, von der noch heute Reste vorhanden sind. Der genannte Konsul hatte zwischen Oktavian und Antonius den im Reiche ersehnten Frieden vermittelt, und wenn Virgil in dem neugeborenen Sohn den Bringer des Weltfriedens feiert, so beweist er damit, daß er weder von sanguinischer Hoffnung, noch von Schmeichelei fern war, und wenn er von der „Jungfrau“ redet, so meint er nicht die Jungfrau Maria, sondern die Göttin der Gerechtigkeit, welche man als zu den Sternen aufgeflogen dachte, wo sie als Astraea glänzte.

Indem nun die Kirche den heroischen Strahlenkranz des glorreichen Virgil vergrößerte, brachte sie zugleich in den „Heiligen“ den Verehrern des Virgil und anderer Heroen durchaus nichts Neues, vielmehr konnte Virgil nebst den anderen Halbgöttern diese neuen Ankömmlinge nur als seinesgleichen betrachten und sie als gute Freunde begrüßen. Schon Jahrhunderte hindurch hatte Virgil seine Halbgottstellung als Mitglied der heidnischen Aula coelestis behauptet, da zog mit einer als neu bezeichneten Religion die Schar der sogenannten Heiligen ein und vermehrte sich nach und nach. Neapel besaß keinen einzigen Märtyrer und beschränkte sich daher zunächst, die ersten zehn seiner Bischöfe nach und nach zu vergöttlichen. Die Kreierung solcher christlichen Halbgötter geschah in derselben Weise, wie es die Heidenwelt gewohnt war. Es waren also lauter naturwüchsige Heilige und geschah die Apotheose wie immer aus dem Grunde, weil man in jenen Männern etwas Außergewöhnliches erschaute, namentlich Leistungen in mönchischer Askese, und bei ihrer Apotheose waltete derselbe egoistische Gedanke, daß sie durch Schutz und Fürsprache ihren Verehrern etwas leisten würden, auch war man, wie wir schon vorhin bei den Heroen sahen, überzeugt, daß sie nach dem Tode zu größerer Vollkommenheit und Macht gelangt seien. Soeben hat die Kirche den Kultus eines jener ältesten Heiligen-Heroen Neapels durch große Festlichkeiten neu belebt. Auf zahllosen riesigen Plakaten las man, daß die dreihundertjährige Jubelfeier der Wiederauffindung der Gebeine des St. Eusebius, des achten Bischofs von Neapel, geschehen solle. Eine glanzvolle Prozession bewegte sich am 26. Mai 1889 zum Kapuzinerkloster St. Efremo, wo die angeblichen Gebeine jenes durchaus mythischen, von den Neapolitanern vergöttlichten Bischofs unter dem Altar ebenso ruhen, wie einst die Gebeine des mythischen Kekrops unter einem Altar zu Athen, oder die Reliquien des mythischen Liparos in Sorrento, oder wie ehedem die Reste des mythischen Pelops in Olympia, oder wie die Gebeine der Sirene Parthenope einst unter einem Altar in Neapel ruhten. Genannter St. Eusebius hatte ein achttägiges Fest mit Fahnen, Kirchenschmuck, Illumination, Messe, Musik, Weihrauch und Lobreden. Dabei erfuhr man von der Kanzel, daß die Reliquien jenes Heiligen durch eine himmlische Erscheinung 1589 entdeckt seien, ferner, daß jener angebliche Bischof im vierten Jahrhundert gelebt habe, endlich, daß er im achten Jahrhundert sich um die Stadt hochverdient gemacht habe, indem er durch sein persönliches Erscheinen die Sarazenen verjagte. Verfasser hat mehrere dieser Lobreden gehört, hat die Schriften, welche bei diesem Fest ediert wurden, gelesen. Würde man jedes Mal den Namen St. Eusebius streichen und dafür St. Virgilius schreiben, so bliebe alles in schönster Ordnung beim alten, denn die schützende Fürsorge, die himmlische Zaubermacht des mythischen Eusebius besaß ja auch Virgil. Konnte letzterer den Vesuv bändigen, so vermochte er natürlich auch nötigenfalls den Sarazenen einen Schreck einzujagen. — Zu jenen einheimischen Heiligen kamen bald ausländische, z. B. die heilige Patricia, eine mythische Enkelin Konstantins, ferner St. Januarius (siehe Kap. IX), im fünften Jahrhundert St. Severinus, Apostel der Noriker, dessen Reliquien auf seinen Wunsch am Ufer der Sirenen bestattet wurden, wo sie alsbald Wunder wirkten. Diese und andere waren ebenso naturwüchsige Heilige wie St. Eusebius u. s. w., Heilige nach dem Willen des Volkes, wie Virgil, der also in dieser Hinsicht in jenen neuen Ankömmlingen nur seinesgleichen erblicken konnte. — Dasselbe gilt, wenn wir auf Stellung und Würde der Heiligen blicken. Wie die vergötterten Menschen des Heidentums genossen jene neuen christlichen Ankömmlinge die Ehre des Altars, des Tempels (Kirche), des Weihrauchs, der Lichter, der Hymnen, der Weihegeschenke, der mit Illumination und Volksjubel, mit Schmaus und sonstiger Ergötzlichkeit verbundenen Feste, endlich die Ehre der Anrufung und Anbetung. Die so geehrten waren Vermittler (intercessores), Beistände (advocati), Beschützer (tutelares), wie die heidnischen vergötterten Menschen. „Heroen ihr, die glücklich uns geleitet“. Diese hellenische Anrufung ließ sich von einem Christen benutzen, wenn er sagte: „Ihr Heiligen, die glücklich uns geleitet“. Eine gleichfalls dem Äschylos entlehnte Strophe klingt genau so, als hätte sie einen Verehrer der Heiligen

zum Verfasser: „Nun ist es Zeit, ihr Heiligen dieser Tempel, daß wir umfassend euren Bildern flehn.“ Einen am Altar flehend sitzenden Hellenen läßt derselbe Dichter sagen: „Erbarm dich, Heil'ger, richt uns nicht zugrunde“, ein anderer Hellene redet von den duftigen Gaben des Weihrauchs, welcher „den Göttern allen dieser Stadt“ entzündet wird. Streichen wir das Wort „Götter“ und setzen dafür „Heilige“, so haben wir denselben Kultus. Die heidnischen Römer redeten von der heiligen Annona, welche die Kornzufuhr beschützte, ebenso redet der Sicilische Bauer vom heiligen Antonius, welcher die Kornfelder überwaltet. — Auch der das Haupt der Heiligen umstrahlende Nimbus ist nichts Neues. Die Bilder vergöttlichter Kaiser trugen die Strahlenkrone, Serapis hatte den Nimbus, ein Apollobild aus Pompeji ebenso. Der „christliche“ Kaiser Konstantin, den der römische Senat ebenso vergöttlichte, wie früher die heidnischen Kaiser, erhielt für sein Bild dieselbe Strahlenkrone, welche der Vatikan durch Kanonisation den Bildern der Heiligen verleiht. — Ein vergöttlichter Kaiser u. s. w. erhielt den Titel Divus und denselben Titel lesen wir heute an den Kirchen, in Inschriften, in Dokumenten, als z. B. Divus Januarius, Divus Josephus, Diva Agatha, Divus Egidius u. s. w. Es ist bezeichnend, daß die südliche Theatersprache ebenso lautet. Eine Sängerin, welche auf ihren Triumphreisen Kränze, Applaus und Geld erntet, heißt eine Diva. Diesen Titel gab man kürzlich hier der bekannten Sarah Bernhardt.

Wir sehen, daß die Würdenstellung der christlichen Heiligen der Stellung heidnischer, vergötterter Menschen (Heroen, Dämonen) entspricht. — Endlich konnte unser Virgil in den neuen Ankömmlingen seinesgleichen deshalb erkennen, weil er in ihrem Beruf, in ihrer Wirksamkeit seinen eigenen Berufskreis wiedererkannte. Die heidnischen und christlichen Heiligen haben die menschlichen Gebete aufwärts, die bewilligten Gnaden abwärts zu tragen; beide haben ihre Halbgötterkräfte (Zaubermacht) im Dienst der Menschen durch Wunder zu offenbaren; jeder hat sein Schutz- und Machtgebiet; die durch besonders große Wunder berühmten erhalten die Titelauszeichnung: Taumaturga. Wenn ein großer Kirchenlehrer

(Augustinus) von St. Felix sagt: Clarus miraculis Felix, so kann man für den Namen des Heiligen irgendeinen Heroennamen setzen. Den Heiligen ist dieselbe Schutzwacht (Custodia) anvertraut wie den Schutzpatronen der Heiden, als z. B. dem Virgil, und wo die betreffenden Reliquien sind, da hat man das sichere Unterpfand der waltenden Nähe sowohl der heidnischen als der christlichen Heiligen. Die beiderseitigen Reliquien sind also ein himmlischer Schatz (coelestis thesaurus), sie sind heilige Unterpfänder (sacra pignora). Wenn man in Sorrento die Reliquien des St. Baccolus und des St. Antoninus in der Stadtmauer barg, wo sie sich zur Sarazenenzeit befanden, so denken wir an den bereits citierten Satz des heidnischen Dichters: „Das Grab des Ödipus ist eine Wehr." Wir streichen den Heroennamen und sagen: „Das Grab des Baccolus ist eine Wehr."

Wir haben einen dreifachen Nachweis geführt, um klarzustellen, daß Virgil im himmlischen Hofstaat (aula coelestis) der christlichen Heiligen kein Fremdling war, und verstehen jetzt das Recht der Heiden, welche in der Kampfesperiode des vierten bis sechsten Jahrhundert oft über die Christen spotteten und ihnen bemerkten, daß ihre Religion nichts weiter sei als das alte Heidentum. Wir verstehen jetzt den im fünften Jahrhundert erklungenen einsamen Warnruf des Presbyters Vigilantius, welcher die Christen seiner Zeit als Aschenanbeter und Götzendiener bezeichnete. Sein Ruf verhallte wie ein Ruf in der Wüste, denn alle Autoritäten in der Kirche erklärten sich gegen ihn, an der Spitze Augustinus, mit ihm Hieronymus. „Es ist ein Unrecht, für die Märtyrer zu beten, vielmehr ist es unsere Pflicht, uns ihren Fürbitten zu empfehlen"*). Die Autoritäten der Kirche waren einig, Ambrosius, Chrysostomus, Basilius, Augustinus, Hieronymus, Theodoret. Ein Kirchenhistoriker der Neuzeit bemerkt von solchen Lehren, daß sie stark nach Heidentum schmecken. Dieser Satz wird richtig, wenn wir sagen, daß jene Lehren Heidentum sind. Sie bilden die Grundlage jenes babylonischen Turmes, an welchem die

*) Injuria est, pro matyre orare, cujus nos debemus orationibus commendari Aug. Sermo 69. Ebenso Sermo 318; De civ. Dei 22, 8.

„Kirche“ bis auf den heutigen Tag baut. — Turm der Wunder könnte man ihn nennen, aus Millionen von angeblichen Großthaten der Heiligen zusammengesetzt und mit der Inschrift versehen: Lasset uns einen Turm bauen, dessen Spitze bis an den Himmel reiche, damit wir uns einen Namen machen (1 Mos. 11, 4). Schöne Worte sind es, wenn man, das Heidentum in der Kirche verhüllend, sagt, daß die Heiligen als Beispiele zu betrachten seien, oder wenn man von unschuldigen Auswüchsen der Religion redet. Zwischen solchen Worten und der wirklich vorhandenen Praxis ist eine unübersteigliche Kluft. Der thatsächlich in Italien geübte, von der Kirche gehegte, in jeder Weise gepflegte Heiligenkultus ist das antike hellenisch-römische Heidentum, dem der Kultus die Religion selbst war und dem dieser die Gottheiten gefällig machende Kultus zur Erreichung irdischer Zwecke diente. Wer im Süden genannten Landes lebt, kennt jenen durchsichtigen Duft, welcher im heißen Sommer in gewissen Tagesstunden Küsten und Inseln umhüllt, wobei das Auge dennoch alle Linien und Formen unterscheidet. Der christliche Dunstschleier, welcher hier auf dem religiös-kirchlichen und sittlichen Leben liegt, ist überall durchsichtig und vermag das Heidentum nicht zu verbergen.

Jene Lehren genannter kirchlicher Autoritäten der nachkonstantinischen Kampfjahrhunderte gaben einen wesentlichen Anstoß zu jenem schließlich mit Fanatismus geführten Kampfe zwischen christlichen und heidnischen Wundern, ein Kampf, der auf beiden Seiten zum bewußten und unbewußten Lügen und Trügen, zu klarer und unklarer Selbsttäuschung führte. Man bedenke den heillosen Umfang und Unfug christlicher Wunderlitteratur jener Jahrhunderte; die Masse oder Unmasse von Legenden, die als Wahrheit ausgegeben wurden; die Masse von Schriften, welche die Frucht eines Betrugs waren, den man als „fromm“ zu bezeichnen pflegt. Es war ein Kampf, der den Wahrheitssinn töten mußte. Als ein Beispiel jenes Kampfes und seiner Frucht mag uns der heilige Virgil, der Neapolitaner, gelten. Als die christlichen Heiligen durch ihre Wunder daselbst berühmt wurden, fehlte es dem genannten hochverehrten Heiden auch nicht an Wunderlegenden, wie oben gezeigt. Dieselben aber haben denselben Wert,

d. h. Unwert, wie diejenigen fabelhaften Wunder, welche uns z. B. in den von einem Betrüger fabrizierten Akten der St. Thekla, oder von Gregorius Taumaturga, oder in den Schriften des Papstes Gregor I. u. s. w. erzählt werden.

Der heilige Virgil birgt sich jetzt im Bischofskleid, oder anders ausgedrückt: Er hat Rang und Beruf dem St. Januarius abgetreten, das Palladium der Virgilflasche ward durch die weltbekannten Blutfläschchen ersetzt.

Das Orakel zu Delphi ist stumm und kreiert keine Halbgötter mehr; der Senatus Romanus ist verschwunden, kann also niemanden mehr mit der Ehre der Vergötterung begaben. An Stelle beider trat der Vatikan, den man oft als „Oraculum" bezeichnet. Wenn Leo XIII. im vorigen Jahre von zwei neuernannten Heiligen sagte: „Hoffen wir, daß sie unsere Fürsprecher sein werden", so hat er mithin bei seinen Apotheosen das vom römischen Heidentum her uns bekannte Motiv.

An der Spitze des Posilip bei Neapel haftet noch heute der Name des Virgil als eines Wunderthäters an römischen Bauresten. Dicht dabei auf einer Klippe im Meer steht die Statue des St. Francesco, der nach Volksanschauung ebenfalls ein großer Zauberer war und als Wunderthäter in den Augen der Kirche dasselbe Ansehen genießt wie einst der Zauberer Virgil im äußerlich christianisierten Neapel. Über tausend Jahre trennen Virgil von dem genannten großen Taumaturga Francesco aus Assisi, die Zeiten aber änderten die religiöse Anschauung nicht. Dies beweist auch die Gestalt eines Zauberers, der durch 1800 Jahre von Virgil geschieden ist. Das folgende Kapitel handelt von ihm.

Siebentes Kapitel.

Ein heiliger Zauberer.

Der heidnische Zauberer Virgilius hat nach achtzehnhundert Jahren einen Nebenbuhler erhalten, welcher wegen seiner unglaublichen Leistungen kürzlich durch den jetzigen Papst zur Heiligenehre gelangt ist. Virgils Rival heißt: Egidio Maria di San Giuseppe, kein Dichter, sondern ein des Schreibens unkundiger Mönch. Der Leser möge entscheiden, wem er in Hinsicht der Zauberei die Palme reicht, dem großen heidnischen Dichter, oder dem „Beato“ Fra Egidio.

Der letztere war ein Bettelmönch, und ein solcher wird vom Volke als Freund betrachtet. Etwa sechzig Jahre seines langen Lebens hat er in Neapel zugebracht und gehörte zu denen, welche das Volk im vertraulichen Tone als Zi-Monaco *) (Onkel Mönch) bezeichnet. Das antike Rom hatte seine Bettelpropheten, das moderne Neapel läßt sich seine Bettelmönche nicht nehmen, wenn auch die Klöster aufgehoben und die Klostergüter konfiszziert sind. Wer will mir wehren, das Gewand eines Bettelmönchs zu tragen? Wer will mir wehren, vom Staat ein konfiszziertes Kloster zu kaufen und es unter der Hand an einige Mönche wieder zu verkaufen oder gar zu schenken? Verfasser besuchte das Kapuzinerkloster St. Efremo und fand dort siebenundzwanzig Mönche, dar-

*) Zio, der Onkel. Die Volkssprache nennt auch einen Geistlichen, wenn man ihm vertraut: Zio-Prete, Onkel Priester.

unter auch blutjunge. Das Kloster ist jetzt ihr Privateigentum und keine Macht kann ihnen wehren, dort als Kapuziner zu leben, zu fasten und schließlich zu sterben, wie und wann es ihnen beliebt. Die Bettelmönche sind Kinder des Volks und stehen mit ihrem Geistesleben nicht höher als die niederen Volksschichten, die große Volksmasse aber sieht in ihnen eine höhere Begabung. Ein Bettelmönch hat Einsicht in Dinge, welche anderen Sterblichen verschlossen sind. Er gehört zu jener Prophetenschar, von welcher Homer den Telemach sagen läßt:

„— — — wenn ja die Mutter einen der Schicksalsdeuter ins Haus berufet und ausforscht" (Od. I, 416).

Die Bettelmönche gelten dem Volke als Propheten; Schicksalsdeuter sind sie, reden „Schicksalsworte", denn sie sagen für billiges Kleingeld glückliche Lottonummern (Kap. VIII). Zuweilen, jedoch nur ausnahmsweise, besitzen sie auch Zauberkräfte und ein solcher Zauberer war unser Fra Egidio, gestorben am 7. Februar 1812 im Kloster St. Pasquale zu Neapel im Alter von dreiundachtzig Jahren. Der Papst kanonisierte ihn bei jener großartigen Apotheose, welche er bei seiner Jubiläumsfeier im Vatikan hielt, und im April des vorigen Jahres erlebte die Stadt des Virgil in der Kirche St. Pasquale den ersten prächtigen Festkultus zu Ehren des Zi-Monaco Fra Egidio. Das Fest dauerte acht Tage und jeden Tag war die prächtig geschmückte Kirche vom Morgen bis spät in die Nacht von Menschen angefüllt. Tag für Tag war dort ein unablässiges Aus- und Einströmen der Verehrer des neuen Heiligen, welche sich überzeugt hielten, daß dem Heiligen diese ersten Anrufungen an seinem großen Ehrentage besonders angenehm sein würden. Das Gedränge vor und in der Kirche war so groß, daß die Polizei oft nur mit Mühe die Ordnung aufrechthalten konnte. Laut war es auf dem Platz vor der Kirche. Bunte und schwarze Bilder aus dem Leben des Heiligen wurden von schreienden Händlern ausgeboten, und wer in der Kirche den Pflichten gegen den Heiligen genügt hatte, fand vor der Kirche seines Herzens Begehr und konnte sich an süßen und sauren Dingen laben, konnte sogar bei einer Garküche unter freiem Himmel die „Wut des leidigen Magens stillen."

Über der Eingangsthür sah man die bildliche Darstellung der Glorie des Heiligen. Der große Zauberer, der Zi-Monaco Fra Egidio, schwebte auf Wolken knieend, die Arme vorstreckend, mit verzücktem Blick, vom Nimbus umgeben, zum Paradiese hinauf. Der Heide Herodot läßt die Seelen der Heroen zur Insel der Seligen gelangen und zwischen diesen und dem römisch-katholischen Paradies ist kein besonderer Unterschied. Solche Glorienbilder wie das genannte, werden in Neapel von sogenannten Künstlern ebenso billig als schlecht hergestellt und werden wir später den Leser in Werkstätten solcher Künstler führen, die mit Pinsel oder Meisel, Hobel, Säge und Feile Gestalten ins Dasein rufen, welche in Erstaunen setzen *). An einem quer über die Straße gezogenen Strick hing ein großes Bild, welches das größte Wunder unseres Zauberers darstellte und welches wir an seiner Stelle beschreiben werden. Begnügen wir uns einstweilen mit zwei höchst ansehnlichen Wundern, deren bildliche Darstellung man im Schiff der Kirche erblickte, wo sie von allen Augen erreicht werden konnten. Diese Kunstwerke ließen an Deutlichkeit und Lebendigkeit der Darstellung nichts vermissen. Goethe, welcher in seinen Briefen aus Neapel sich um die Hauptsache im hiesigen Volksleben, die Religion, wenig kümmert, betrat doch einige Kirchen und sah in St. Paolo das noch heute dort vorhandene große Wandbild des Luca Giordano, welcher die Austreibung aus dem Tempel wie eine neapolitanische Volksscene darstellt. Goethe sagt, man sehe an diesem Bilde das Behagen, mit welchem der Maler eine solche Scene male. Von den beiden genannten Festbildern zu Ehren des Fra Egidio konnte man dasselbe sagen. Der Verfasser versetzte uns in das Volksgewühl der Piazza del Porto. Dunkle Zeltdächer ringsherum, ein buntes Gewimmel von Karren, Wagen, Händlern, Körben, Kisten, dampfenden Garküchen und im Vordergrunde mit gutmütigem Angesichte und einer groben Kapuzinerkutte, unbedeckten Hauptes, Sandalen an den unbekleideten Füßen, steht Fra Egidio. Neben ihm erblicken wir ein Bauernweib, welches traurigen Blickes

*) Siehe im zweiten Teil dieser Schrift das Kapitel „Kunst und Künstler“.

auf ihren Eierkorb starrt, derselbe ist ihr vom Haupte gefallen und alle Eier sind zerbrochen. Es naht die große That unseres Zauberers. Fra Egidio macht das Zeichen des Kreuzes und versetzt die Eier wieder in ihren unversehrten Zustand! Unser Maler weiß dies Zauberwunder geschickt darzustellen, man sieht nämlich einige Eier im wiederhergestellten Zustande und hegt natürlich die frohe Überzeugung, daß die übrigen Eier dem Beispiel ihrer Genossen bald nachfolgen werden. Noch deutlicher sehen wir das Wunder in den erstaunten Mienen der Umstehenden. Einige derselben machen große, große Augen, andere geben ihr Erstaunen durch südliche Armbewegungen zu erkennen. Betrachten wir nun das zweite Bild.

Der Maler versetzt uns ins Fischerquartier St. Lucia in Neapel, wo Goethe manch' lieben Tag mit „großen, großen Augen" das Volksleben betrachtete und darauf in einem Briefe eine Apologie des neapolitanischen Volkes schrieb, für welche ihm das letztere ein Denkmal setzen müßte. Den Vordergrund bilden die Austernhändler, sowie einige geschäftige Weiber, welche die homerische Spindel drehen, oder sich mit antiken Wasserkrügen zu schaffen machen. Im Hintergrunde ragt der Vesuv, bei dessen Kolorierung der Maler die blaue Farbe mit freigiebigem Pinsel aufgetragen hat. Im Vordergrunde steht wieder unser Zauberer, neben ihm eine Tonne, aus welcher kleine, gewundene Aale munter hervorblicken. Unser Maler hat mit künstlerischem Takt das Wunder in seiner Vollendung dargestellt und mit dem verhält es sich also: Ein Fischer hatte einen reichen Aalfang gethan, weil er aber zu lange auf dem Wasser verweilen mußte, waren ihm die Tierlein unterwegs gestorben und traurig landete er mit der toten Beute an der Küste. Da erblickte er am Ufer den guten Fra Egidio, den Freund des armen Volkes, den Helfer in aller Not, und dieser machte sich sofort an sein hilfreiches Zauberwerk. Mit dem Strick, welcher sein Gewand zusammenhielt, machte er das Zeichen des Kreuzes und murmelte leise. Die Sache war nicht leicht, Schweißtropfen standen ihm an der Stirn, aber endlich war das schwere Werk vollbracht, die toten Aale wurden lebendig. Sehr glücklich war der Maler im Ausdruck der Gefühle dieser Tierlein, welche sich ihres neuen Daseins freuten, ohne ihr ferneres Schicksal zu ahnen.

Zu diesem Wunder mit den Eiern und Aalen kommt das dritte und schwierigste. Es war dargestellt auf jenem Gemälde, welches, wie schon bemerkt, an einem über die Straße gespannten Strick neben der Kirche hing, wo die Volksmenge dasselbe mit Andacht betrachtete. Die Wundermär lautet also:

Die genannten Bettelmönche hielten in ihrem Kloster eine Kuh, welche insofern der Klosterregel unterstellt war, als auch sie vom Betteln lebte. Der Ordnung gemäß ging dieselbe, mit dem Bilde des Schutzheiligen jenes Klosters am Halse, jeden Morgen aus und ward als ein heiliges Tier überall gefüttert. Wir bemerken bei diesem Anlaß, daß andere Klöster Neapels in der guten alten Zeit ihre Schweine hatten, welche ebenfalls aufs Betteln gingen, so lange bis die Frömmigkeit der Einwohner sie genügend gemästet hatte und die Mönche sich des Bratens erfreuen konnten. Doch wir haben es mit der Kuh zu thun. Eines Tages hatte ein Metzger sein Auge auf das fette Tier geworfen und seine schwarze Seele faßte einen teuflischen Plan. Er führte das Tier in seinen einsamen Stall, schlachtete dasselbe, zog ihm die Haut ab, teilte das Fleisch in übliche Stücke und verbarg alles im kühlen Keller, mit der Absicht, am nächsten Tage aus dem Verkauf dieser Waare einen guten Gewinn zu ziehen. Am Abend nun kam die Katarinella (so hieß die Kuh) nicht ins Kloster zurück, über welches Rätsel bei den Mönchen ein allgemeines Kopfschütteln entstand. Unser Egidio aber besaß die Divinationsgabe, er wußte, wo Katharinchen war. Er ging also direkt zum genannten Schlachter und sprach: „Freund, zünde die Laterne an und laß uns in deinen Keller gehen, ich möchte gern meine Katarinella besuchen.“ Zitternd gehorchte der Schlachter, sie stiegen in den Keller und fanden die arme Kuh, dort hing der Kopf, dort das Fell, dort die Eingeweide, dort das Fleisch! Arme Katarinella! Nun aber kommt das Beste.

Unser Egidio nahm das Fell, breitete es aus, legte die einzelnen Stücke darauf, fügte sie zusammen und that die Eingeweide hinein, beugte sich, machte mit dem Strick, der sein Kleid umschlang, das Kreuzeszeichen, murmelte eine Beschwörung, und — —! Ein leises Brüllen, dann ein lautes, die Stücke fügten sich zusammen und die Katarinella stand da auf ihren vier Beinen, frisch und gesund wie zuvor! Egidio aber führte sie nachhause unter lauten Beifallsrufen der Volksmassen.

In der Kirche wurden kleine Bilder des Aalwunders Stück für Stück für fünf Centimes verkauft und jeder Käufer küßte dasselbe, der Mönch aber, welcher am Verkaufstisch saß, nahm viel Kupfer und Silber ein, auch waren die Gaben an Kerzen für den Heiligen reichlich. Tagtäglich fand eine Messa cantata statt, tagtäglich Vesper und jeden Abend eine Lobrede auf den neuen Schutzheiligen. Nur berühmte Redner waren für diese oratorische Leistung berufen. Verfasser erfuhr von einem der Mönche, daß die Kosten des Festes durch Beiträge der Fischer, der Gemüse- und Speckhändler Neapels bestritten seien, doch hätten auch viele vornehme Leute aus „Devotion" gegen den Heiligen bedeutende Beiträge geschenkt. Verfasser hat die genannte Kirche während der Festtage besucht und eine seltsame Scene erlebt. Eine Mutter erschien mit ihrem kranken Kinde auf dem Arm, drängte sich blaß und aufgeregt durch, warf sich am Altar auf die Kniee, legte das Kind nieder und begann laut zu beten, worauf das Flehen in Geschrei überging. Niemand störte die Mutter, keiner schien ihr Gebahren auffallend zu finden und neben mir sagte eine Frau zur anderen: „Arme Mutter, gewiß wird der Heilige ihr die grazia gewähren!" Die Lobreden auf den Heiligen entsprechen den in und an der Kirche befindlichen Bildern. Einer dieser Redner erzählte:

„Daß Egidio mit Wunderkräften ausgerüstet war, wußte das gesamte Volk Neapels, wo ihn jedes Kind auf der Straße kannte. Alle waren begierig, eine Reliquie von ihm zu besitzen und pflegte man ihm, wenn er durch die Straßen ging, mit Messer oder Schere Stücke von seinem Rocke abzuschneiden, die man als heilkräftige Mittel bewahrte. Eure Großväter haben solche Stücke besessen und ich weiß einen alten Fischer, der solches Stücklein von seinem Vater geerbt hat. Als Egidio gestorben war, geschahen an seinem

Leichnam seltsame Zeichen, die nur bei Heiligen üblich sind. Seine Glieder blieben nämlich beweglich, man merkte keine Verwesung, vielmehr verspürten alle in der Nähe desselben einen übernatürlichen Wohlgeruch. Hier in dieser Kirche strömte das Volk zusammen, um den Leichnam zu sehen und riß das Leichentuch in Stücke, um Reliquien zu besitzen. Es wird sogar erzählt, daß man ihm einen Finger und eine Zehe abschnitt, welche Reliquien in den Besitz einer hohen Frau gelangt sind."

Wenn Fischer und Gemüsehändler sich solche Märlein erzählen, wie die von den Eiern, von den Aalen und von der Katarinella, so lächelt man über die kindliche Einfalt solcher Leute. Wenn aber von der Kirche solche Legenden als historische Wahrheit bezeichnet und an heiliger Stätte als solche proklamiert werden, so glaubt man sich in jene Zeit vor der Reformation versetzt, als die Kirche in tiefen Verfall geraten war und die Geistlichkeit sich durch bodenlose Unwissenheit und Geistesroheit auszeichnete. Was soll man aber sagen, wenn Leo XIII., der als das Licht der Welt bezeichnet wird, jene Wunder des Fra Egidio als historische Wahrheit vor aller Welt proklamiert und im Hinblick auf solche Zaubereien den Fra Egidio kanonisiert hat? — Leo XIII. folgt dem Beispiel eines seiner Vorgänger, wir meinen Leo XII., der es gewagt hat, das folgende Wunder des St. Julianus, den er kanonisierte, zu approbieren: „Der genannte Heilige machte eine Anzahl von Vögeln, die schon am Bratspieß steckten, wieder lebendig!" Als Leo XIII. am 5. Februar 1888 den Zauberer Fra Egidio kanonisierte, war in der Prachthalle, wo diese Apotheose geschah, jenes Aalwunder des genannten Mönchs bildlich dargestellt und Leo XIII. war der erste, der den neuen Beato besuchte, d. h. vor seinem Bilde kniete und das übliche „Ora pro nobis" sprach! — Ebenso hatte Leo XII. das Zauberkunststück des Julianus bildlich darstellen lassen *).

Woher weiß der jetzige Papst, den man als Leuchtturm des Jahrhunderts bezeichnet, daß Fra Egidio im vorigen Jahr-

*) Verfasser bezieht sich auf seine Schrift „Leo XIII. und sein Jubiläum" S. 69.

hundert Aale lebendig machte, eine Kuh von den Toten erweckte und zerbrochene Eier zusammensetzte? Wird er es wagen, die hochwichtigen Akten über die Eier und Aale der öffentlichen Beurteilung zu überlassen? — Als Leo XIII. den Totenerwecker einer Kuh kanonisierte, sprach er, er thue dies zur Vermehrung der christlichen Religion, in Autorität unseres Herrn Jesu Christi und der Apostel Paulus und Petrus. — Wann und wie hat Christus oder ein Apostel dem Papst einen solchen Auftrag und solche Vollmacht erteilt? Als Leo XIII. den Fra Egidio in das Buch der Seligen einschreiben ließ, erklärte er, letzterer habe Tugenden im heroischen Grade besessen. Woher weiß der Papst dies? Oder kann er denen ins Herz sehen, die vor siebenundsiebzig Jahren gestorben sind? Die Apotheose des Aalerweckers nennt der Papst Mehrung des Christentums! Offenbar vergißt er, daß schon zur Zeit des Heidentums Apotheosen waren. Das Delphische Orakel, der römische Senat, das Volk haben Apotheosen vorgenommen und Verstorbene zum Rang der fürbittenden, schützenden, vermittelnden Gottheiten erhoben. Wie unterscheidet sich davon die Apotheose des Aalerweckers Egidio?

Papst Leo XIII. ist in der Wahl seiner Heiligen nicht glücklich. Wir können dies auch an dem Beispiel des von ihm früher kanonisierten Jos. Labre nachweisen.

Er war das älteste der fünfzehn Kinder seiner wohlhabenden Eltern, kam im fünften Lebensjahre zu einem Priester und durfte schon in seinem achten Lebensjahre Messe lesen. Bald entwickelte sich bei ihm die Neigung zur asketischen Lebensweise, und zwar bis zu dem Grade, daß er dem strengsten Mönchsorden, den französischen Trappisten beitrat. Als solcher machte er die großartigsten und beschwerlichsten Pilgerreisen. Er reiste zu Fuß, stets mit einem schweren Sack beladen, er besuchte das Heiligtum der Maria in St. Loreto bei Ancona, wanderte von da nach Rom und wiederholte diese Reise nicht weniger als elfmal. In Rom übte er die Kasteiung durch Fasten u. s. w. in der unglaublichsten Weise und suchte sein Nachtquartier in dem durch das Blut der Märtyrer geheiligten Kolosseum, wo er in irgendeiner Höhlung zu nächtigen pflegte. Dort soll auch sein Leichnam gefunden sein, nachdem er daselbst auf elendem Stroh gestorben war. Andere behaupten, daß er in einem Hause in Rom gestorben sei. Kürzlich hat man jenes angebliche Sterbehaus bestens hergestellt, auch mit allen möglichen Reliquien des Heiligen versehen.

Im Sterbezimmer befindet sich eine Statue, welche den heiligen Labre in dem Moment darstellt, wie er sich zum Himmel aufzuschwingen im Begriff ist, darunter eine bildliche Darstellung der Madonna, welche den Heiligen im Paradiese in Empfang nimmt. Ferner findet sich dort ein Altar des Heiligen mit zahlreichen Zieraten und auf dem Altar sein Betttuch, sowie einige Holzstücke von dem Sarg, in welchem sein Leichnam bestattet wurde. In zwei schön gearbeiteten Schränken sieht man andere Reliquien des Heiligen, seine Kleidungsstücke, seine Schuhe, eine Wachs-Totenmaske und andere Kleinigkeiten. Ein benachbartes Zimmer ist in eine Sakristei umgewandelt, ein anderes in ein Zimmer zum Empfang für hohe Gäste. Diese ganze Einrichtung ist besorgt worden durch Monsignore Virili, welcher als Advokat des Joseph Labre bei der Heiligsprechung fungierte.

Dies Heiligtum wurde im April d. J. von Tausenden besucht. Dasselbe gilt vom Oratorium (Gebetskapelle), welches derselbe Virili zu Ehren des Heiligen eingerichtet hat. In einem Vorzimmer sieht man dort mehrere Bilder des Jos. Labre, seine Statue, eine Abbildung seiner Seligsprechung im St. Peter, sowie einer Prozession, die man zu Arras, wo er geboren ist, ihm zu Ehren anstellte. In dem Oratorium selbst sind seltsame Reliquien zu schauen, nämlich sämtliche Pässe, welche der Heilige für seine obgenannten Reisen ausgestellt erhielt, und die Bescheinigungen, daß er jene weiten Wanderungen wirklich vollendete, dazu Certifikate über seine Aufführung, über Aufenthalt in einzelnen Klöstern, Scheine von der päpstlichen Nuntiatur in Neapel und in der Schweiz, sowie von verschiedenen Bischöfen. Als besondere Merkwürdigkeit zeigt man dort den leinenen Sack, welchen er, mit Steinen angefüllt, bei seinen Pilgerreisen auf der Schulter trug, sowie ein Gefäß, aus welchem er zu essen pflegte. Ferner wird verwahrt sein Kruzifix, sein Brevier, sowie ein von ihm beschriebenes Blatt. Hierzu kommen zahlreiche Gegenstände, die zu seinem

Leichnam gehören und welche sich in kostbaren Reliquienschreinen befinden: Fünf Zähne, ein Stück seines Schädels, Stücke von Knochen. — Man zeigt ferner einen kleinen seidenen Beutel, in welchem Labre kleine Reliquien bei sich trug, die Stricke, womit er sich geißelte, sein Feuerzeug, sein Totenhemd, endlich ein wenig Orangenschale, welche er als Fastenspeise genoß und welche man in seiner Rocktasche fand.

Dieser Bettlervagabund starb in Rom am 17. April 1793 und sein Leichnam war vier Tage nach seinem Tode „biegsam und unversehrt", die Zahl der Wunder, welche die Weiblein erlebt haben wollten, war fabelhaft, staunenerregend (strepitoso). Das Volk kämpfte förmlich um seine Reliquien, schnitt ihm den schmutzigen Bart ab, zerschnitt die Decke des Leichnams, und Soldaten waren nötig, um das Heiligtum des letzteren zu schützen. — Im Jahre 1796 ward der Leichnam wieder ausgegraben und nach feierlicher Verhandlung vom Vatikan dekretiert, daß dieser Vagabond Tugenden im heroischen Grade besessen, auch wurden die für den weiteren Kanonisationsprozeß nötigen zwei Wunder feierlich konstatiert. Das war damals, als das Franzosenheer drohte und die Madonnenbilder in Rom so sehr in Gemütsbewegung gerieten, daß sie die Augen verdrehten und schwitzten, wie jenes Bild, von dem die Äneis des Virgil (II, 171) sagt:

> „Kaum war gestellt im Lager das Bild, da entloderte schimmernd
> Ihrem gehobenem Blicke die Glut, und die Glieder herab rann
> Salziger Schweiß." — —

Viele Jahre war der zerlumpte Bettler vergessen, aber 1859 nahmen sich die Jesuiten seiner an und Papst Pius IX. erklärte ihn als Beato. Infolge fernerer Beihülfe der Jesuiten war Jos. Labre einer der ersten, welche Leo XIII. in das große Ruhmesbuch der Heiligen einschreiben ließ.

Diese Wahl des Papstes ist in der That eine recht unglückliche. Wer sich mit der endlosen Reihe von Biographieen des heiligen Joseph Labre beschäftigt hat, dem sind drei Thatsachen gewiß: 1) Labre hat nichts weiter gethan, als was jeder andere vagabundierende Bettler auch thut. 2) Er hat als Vagabund sich einer Lebensweise befleißigt, welche das schmutzige Heroentum aller heidnischen Cyniker übertrifft. Er war bedeckt mit Ungeziefer aller Art und konservierte letzteres als Heiliger und Tierfreund bestens; vom Waschwasser hegte er die Meinung, daß es seiner Heiligkeit Abbruch thue, und in Rom wählte er als Asket die übelriechendsten Kloaken aus, um in ihrer Nähe die Gebetsmaschine des Rosenkranzes zu benutzen, wobei er die fabelhafte Leistung möglich machte, fünfzehntausendmal nacheinander das Ave zu beten. 3) Von Hause aus war Labre halb blödsinnig und hat als Idiot so gut wie nichts gelernt.

Diesen Helden des Cynismus hat Leo XIII. heilig gesprochen und damit der römisch-katholischen Welt befohlen, ihn als höheres Wesen zu verehren und anzubeten.

Wir wissen nicht, ob den Jesuiten, welche dem Joseph Labre zur Himmelsglorie verhalfen, eine Satire des Lucian bekannt ist, betitelt: „Über das Lebensende des Peregrinus". In genannter Satire erfahren wir auch etwas über die damaligen Christen (des zweiten Jahrhunderts), bei denen sich jener Peregrinus, ein Erzbetrüger, hohes Ansehen verschaffte. — Er war ein Vagabund wie Jos. Labre, durchstreifte als frommer Bettler die halbe Welt und imponierte durch Askese. „Er schor sich den Kopf kahl, bestrich sich das Gesicht mit Lehm, geißelte sich mit Ruten, ließ sich mit Ruten streichen und verübte noch viele andere ärgere Bubenstücke." So erzählt Lucian.

Kehren wir jetzt wieder zu unserem Zauberer Fra Egidio zurück. Auch die Wahl dieses Zi-Monaco ist, milde geurteilt, unglücklich. Jeder mit Vernunft und Verstand begabte Katholik muß gestehen, daß die Zauberthaten des Fra Egidio ebenso ein Produkt der wunderfreudigen Volksphantasie sind wie die Zauberwerke des Virgil oder des Faust. Die südliche Volksphantasie ist fähig, Hexenmeister dieser Art zu schaffen, wie Fra Egidio beweist; deutsche Fischer bringen ein solches Gebilde nicht zustande. Nun ist zweierlei möglich: Entweder glaubt Leo XIII., daß Egidio die Aale lebendig gemacht und die Katarinella auferweckt hat; dann aber versteht man diejenigen nicht, welche den genannten Papst als den Leuchtturm unseres Jahrhunderts, als den unfehlbaren Geisteslenker der Kirche u. s. w. bezeichnen, — oder Leo XIII. glaubt nicht an das

Aalwunder, und bleibt in diesem Falle jedem das Urteil über den „Stellvertreter Christi“ überlassen.

In der Druckerei des Vatikan erschien die Biographie unseres christlichen Zauberers, und ersehen wir aus derselben, was das Oraculum Vaticanum der Welt zu bieten wagt.

Die Einleitung sagt: „Auch in unserem Jahrhundert hat es dem höchsten Gott (Sommo Iddio, also Jupiter optimus maximus?) gefallen, einen ausgezeichneten Helden (Eroe) zu schenken, welcher in der Person des demütigen Fra Egidio erschien. Dieser wuchs auf dem Boden Neapels, welcher immer das gelobte Land der Heiligen gewesen ist (NB. auch das gelobte Land der Briganten und Camorristen!). In allen Dingen folgte Egidio den Spuren Christi und wandelte auf dem Pfade der heroischen Tugenden, weshalb er auch unter allgemeinem Beifall — (plauso universale) — durch Leo XIII. zur Ehre des Altars gelangt ist.“

Nach dieser Einleitung erwarten wir Großes und unsere Erwartung wird nicht getäuscht.

Eine von der Madonna ihm gesandte Traumvision war die Veranlassung, daß unser Heros früh ins Kloster ging, zuerst in seiner Heimat Tarent, dann bald in Neapel.

„O, wie viele könnten Nachahmer desselben sein und ebenso wie er der Welt entfliehen.“ So sagt der Biograph. Wir müssen letzteren fragen: Was soll aus der Welt werden, wenn alle ins Kloster gehen, einen groben Rock auf der Haut tragen und jede Woche sich geißeln? Der Biograph beantwortet diese Frage nicht, findet aber die Lebensweise der Mönche mehr engelgleich als menschlich. — In Neapel erlangte Egidio im Kloster die seinen Gaben entsprechende Stellung, ward zuerst Thürhüter und dann zum Betteln erkoren, d. h. er mußte von Thür zu Thür gehen und für das heilige Kloster die irdischen Nahrungsmittel erbetteln, welche diese Mönch-Engel nicht entbehren konnten.

Als Fra Egidio lebte, hatte der gottselige Unfug heiliger Bettelei seinen Höhepunkt erreicht. Es bettelten die heiligen Klosterschweine, die heiligen Klosterkühe, die heiligen Klosterbrüder, und ebenso sah es in Rom aus. Dort herrschte in vielen der vornehmsten Familien die Sitte, irgendeinen ebenso schmutzigen als heiligen Bettler als dritten Paten eines herzoglichen oder fürstlichen Kindes zu bestellen, und gab es in der heiligen Stadt Rom heilige Bettler, welche in dieser Hinsicht Helden des Tages waren, indem man sie immer wieder — natürlich gegen Trinkgeld — für solchen heiligen Dienst bestellte.

Unter den vielen Klosterbettlern nahm unser Beato Egidio bald die erste Stelle ein und kam schnell in den Geruch der Heiligkeit. Bei seinen täglichen Bettelgängen war er der allgemeine Freund und Berater, hielt seine zahllosen Klienten an, die Heiligen und vor allen Dingen die Madonna zu ehren, deren Wunderbilder er verteilte. Es war damals die Zeit, in welcher die Krönungen wunderthätiger Bilder oder Statuen der Madonna immer häufiger wurden. Es klingt unglaublich, ist aber leider nur allzu wahr, daß solche Kronen und Krönungen vom Vatikan dekretiert wurden, und ist ferner Thatsache, daß solche Krönungen in unseren Tagen zu den gewöhnlichen Dingen gehören. Verfasser hat mehr als zehn solcher Krönungsfeste im Lauf der letzten Jahre erlebt und geschaut *). Die Madonna nannte unser Egidio stets „Mama“; es ist der echt neapolitanische Volksausdruck, welcher ebenso viel bei Gebeten als bei Flüchen gebraucht wird. Jenen „Geruch der Heiligkeit“ verdankte Egidio in erster Linie seinen Wundern. Die Biographie sagt: „In demselben Maße, als unser Beato nach dem Wohlgefallen Gottes strebte, bemühte sich dieser seinerseits, ihn durch übernatürliche, wunderbare Gaben vor allen Menschen zu verherrlichen.“ Im zehnten Kapitel lernen wir ihn als Propheten und Herzenskündiger kennen und erfahren, daß er nicht nur Krankheiten durchschaute, sondern vor allen Dingen Tag und Stunde von Geburten bestimmte! Als großen Wunderthäter lernen wir ihn im elften Kapitel kennen. „Die Gabe der Wunder besaß er in solchem Maße, daß wir ihn einen der berühmtesten Taumaturgen unserer Zeit nennen können und daß er in dieser Hinsicht von keinem großen Wunderthäter, durch welche die katholische Kirche berühmt worden ist, übertroffen wurde.“ Nun folgen Wunder aller Art. Das berühmte Zauberstück mit

*) Siehe im zweiten Teil dieser Schrift das Kapitel „Die Krone der Himmelskönigin“.

den Eiern wiederholte er einigemale, und der Biograph sagt: „Mein Großvater hat eines dieser Wunder gesehen.“ Krankenheilungen verrichtete Egidio zu Hunderten, wobei er die Reliquien des St. Pasquale und seinen Handstock zu benutzen pflegte. Zahlreich waren auch die Totenerweckungen sowohl der Tiere, als der Menschen. Die Aal-Historie kennen wir, noch kräftiger ist diese: Einst wollte er von einem Fischer einen Hummer kaufen, aber der Händler wollte die Ware für billigen Preis nicht lassen. Auf der Stelle starb der Hummer, aber Egidio, durch Bitten und Flehen bewegt, machte ihn wieder lebendig! Ähnliche Hexereien wurden von ihm öfters ausgeführt. Die Geschichte von der Erweckung der schon abgehäuteten und zerteilten Kuh wird ausführlich S. 98—101 erzählt. Natürlich erweckte er auch tote Menschen, wie die folgenden Seiten berichten.

Diese übernatürliche Kraft, Wunder zu verrichten, ist also nach Anschauung des Vatikan unter allen Gaben, welche der Sommo Iddio den Menschen schenkt, die höchste, denn sie ist Gegengabe für ganz besonders hohe Tugendleistungen der Menschen. — Wie steht doch solche Auffassung tief unter der religiösen Anschauung des heidnischen Dichters Äschylos:

„— — — die redliche Gesinnung
Ist höchste Göttergabe!
Ich will ein Mensch geehrt sein, nicht ein Gott!“
(Äschylos, Agamemnon.)

Hatten die Neapolitaner schon bei Lebzeiten nach den Reliquien des Padre Egidio gestrebt und ihm auf der Straße Stücke von seinem Rock abgeschnitten, so zeigte sich solche wundersüchtige Liebe viel mehr nach seinem Tode. Hier wiederholt sich fast Wort für Wort die Geschichte von dem heiligen Bettler Joseph Labre: Biegsame Glieder, Volksandrang, Zerschneiden seines Kleides, Krankenheilung am Grabe u. s. w.

Wie kommt es doch, daß solche Gewächse, wie der Zauberer Egidio, nicht auf deutschem Boden wachsen? Wie kommt es, daß man nie in katholischen Kirchen Deutschlands Bilder eines Heiligen sieht, der Aale von den Toten erweckt und Kühe lebendig macht? —

Ist dies Märlein, wie der jetzige Papst sagt, historische Wahrheit, so sieht man nicht ein, warum nicht auch die Wunder des heidnischen Zauberers Virgil historische Thatsachen sein sollen. Letztere sind zu ihrer Zeit ebenso vom Munde eines christianisierten Volkes bezeugt als die Zauberwunder des Egidio oder des Faust. Im achten Jahrhundert war ein gewisser Adalbert in Frankreich berühmt, und sogar Bischöfe waren überzeugt, daß er mit Hilfe von Reliquien Wunder ausrichte. Auch Pythagoras und Empedokles wurden in der Volkssage zu Wunderthätern und der erste hatte in der Legende dieselbe Macht über wilde Tiere, wie sie dem Francesco di Assisi legendenhaft beigelegt wird. Der Philosoph Philostratus schrieb im dritten Jahrhundert eine von Wundern wimmelnde Biographie des Apollonius von Tyane, den man, als er gestorben war, ebenso als Gottheit verehrte, wie es der Papst soeben den Neapolitanern in Hinsicht des Beato Egidio erlaubt hat. Die Volkssage nannte auch den Papst Benedikt IX. einen großen Wunderthäter, ließ ihn aber nach seinem Tode wegen seiner Sünden als Geist umherirren, und ein heiliger Eremit bebehauptete, diesen Geist gesehen zu haben, nämlich als entsetzliches Tier mit einem Bärenleibe. — Wenn das vielgenannte Aalwunder Wahrheit ist, so ist kein Grund vorhanden, jenen heiligen Eremiten als Lügner zu bezeichnen.

Wem gebührt die Palme, dem Virgil oder dem Egidio?

Achtes Kapitel.

Orakel.

Epheuumrankte Mauerreste, Gewölbe, von Farrenkraut halb umhüllt, unförmliche, von Gestrüpp bewachsene Schutthügel, weitgedehnte Weinpflanzungen, hier und da das Gehöft eines Weinbauern, der beim Graben und Hacken jedesmal im Herbst irgendeinen antiken hellenischen oder römischen Gegenstand findet und neben seiner Steinhütte eine aus Marmorfragmenten und Säulenkapitälen bestehende Antikensammlung aufhäuft; hier und da eine immergrüne Eiche, eine schlanke Pinie, selten die Stimme eines Vogels, das ist das heutige Cumä, von welchem Sannazáro, dieser Dichter „dem Virgil am nächsten im Gesang", vor dreihundert Jahren gesagt:

„Wo im geheiligten Haus die Väter der Stadt sich versammelt,
Siedelt die Schlange sich an, bauet der Vogel sein Nest.
Prächtige Hallen, geschmückt mit den Bildern herrlicher Ahnen,
Liegen, von eigener Last endlich zusammengestürzt."

In der Nähe des Meeres erheben sich die dunklen Massen des Felsens, von welchem einst die Akropolis dieser uralten, etwa tausend Jahre v. Chr. gegründeten Hellenenstadt, hoch überragt von einem berühmten, jetzt gänzlich zerstörten Apollo-Tempel, niederschaute. Steil ab fällt die Felswand an mehreren Seiten und zeigt beträchtliche Reste der Hellenenmauer, aus Blöcken geformt. Von Gängen und Höhlen ist dieser Fels durchzogen, üppiges Schlinggewächs verbirgt zum Teil die Eingänge. Wer hat diese Gänge gegraben? Kein Geschichtsforscher, kein Archäolog giebt uns Antwort und haben wir also Freiheit, unsere Phantasie, von Geschichtsfesseln frei, walten zu lassen und den homerischen Kimmeriern, die „in Nebel und Finsternis“ hausen, die Herstellung jener Höhlengänge zur Last zu legen. —

In ganz Italien giebt es keine Stätte, welche sich mit Cumä vergleichen ließe. Daedalus, jener mythische Baumeister, ließ dort den genannten Tempel erstehen. Man kann schwerlich eine Stätte denken, die sich für ein Heiligtum besser eignete als jene. Vergeblicher Versuch, die Aussicht von jener heiligen Höhe zu schildern. Man begreift dort, weshalb die Dichter des Altertums, wie z. B. Homer und Virgil, uns solche Schilderungen nicht bieten. Dort die phlegräischen Felder, wo die Götter mit den Giganten kämpften, wo zahlreiche, längst erloschene Krater an diesen Mythus erinnern. Dort das stolz aus der Salzflut aufragende Ischia, wie eine bändigende Last dem besiegten Giganten Tyföeus aufgewälzt. Dort die herrliche Uferlinie bis Gaeta und dahinter das blauduftige Kap der Circe, wo diese Zaubergöttin des Homer noch nicht verschwunden ist. Dort das in der Sonne glitzernde Meer, in weiter Ferne die Ponza-Inseln. — Möge diese Andeutung dem Leser genügen. — Was auf genannter Tempelhöhe die Seele mit ganzer Wucht erfaßt, das ist die Vergangenheit, die sagenvolle, die vorrömische Welt, welche von einer den Weltkreis beherrschenden Roma nichts wußte. Cumä (etwa zwei Stunden von Neapel entfernt), war die älteste Kolonie der Hellenen in Italien, und von dieser Stätte aus hat sich hellenische Religion und Kultur in Italien verbreitet. „Italia Diis sacra“, sagt Plinius.

Jahrhunderte hindurch war Cumä das Delphi Italiens, eine berühmte Orakelstätte, denn hier hauste eine von Phöbos Apollo begeisterte Sibylle, deren Spruch der Held des Virgil, Äneas, vernahm, wie wir im sechsten Buch der Äneis ausführlich lesen, eben jene Sibylla Cumana, aus deren Hand König Tarquinius in Rom die sibyllinischen Orakelbücher empfing, deren Bedeutung für das römische Staatsleben bekannt ist. Am Fuße des Akropolisfelsens betreten wir noch heute die Grotte der Sibylle, von der ein verschütteter Gang aufwärts führt und sicherlich einst im Tempel des Apollo endigte. Die Art, wie in jenem Heiligtum Orakel erteilt wurden, ist uns dunkel. Nach Virgil vernahm man die Stimme aus der Tiefe jenes Ganges (Äneis VI, 99). — Dasselbe Gedicht aber sagt von der „Prophetin, der Ahnerin kommender Dinge“, daß sie ihre Orakel in Blätter einritzte, die letzteren in ihrer Felsenhöhle verwahrte, bis dort ein Wind dieselben erfaßte und zerstreute. Kaum eine Stunde von Cumä entfernt, befinden wir uns am ruinenreichen Ufer von Bajä, von Martial, dem Hofdichter des Kaisers Domitian, als das „goldene Ufer der seligen Liebesgöttin“ bezeichnet, von Seneca dagegen die Herberge aller Laster genannt. Von Bajae, zur römischen Kaiserzeit der Luxus-Badeort der römischen Nabobs, Sammelpunkt der feinen Welt, das Eldorado lasterhafter Nichtsthuer — von diesem berühmten Orte aus haben in den ersten Jahrhunderten n. Chr. Hunderte und Tausende vornehmer, abergläubischer Römer und Römerinnen jenes Apollo-Orakel in Cumä besucht, um sich die Zukunft entschleiern zu lassen.

Wer von Neapel aus nach Cumä wandert, gelangt zuerst nach Pozzuoli, einst Puteoli genannt. Zur Kaiserzeit war es eine der ersten Handelsstädte des Reiches, die Herberge der Welt, wie der Dichter Statius sagt. Hier sehen wir heute die Reste eines im Altertum berühmten Tempels, welcher gleichfalls eine Orakelstätte war. Wir meinen den Tempel des Serapis, jenes ägyptischen Heilgottes, dem die in Puteoli ansässigen alexandrinischen Kaufleute genanntes Heiligtum errichtet hatten, wo der mächtige Gott durch Träume redete, wie im wunderprächtigen Serapäum der Alexanderstadt.

Von Pozzuoli aus führt der Weg nach Cumä an dem vor dreihundert Jahren durch eine plötzliche Eruption entstandenen Monte Nuovo vorüber. Bald sehen wir tief unten zur linken den im ganzen Altertum berühmten See Avernus (Aornos d. h. Vogellos). Still und einsam ist er noch heute, freilich nicht mehr waldumrauscht, wie zu den Zeiten des Virgil (Äneis VI, 131). An diesem See befand sich bis in die späteste Kaiserzeit ein hochangesehenes Totenorakel. Hier läßt Virgil seinen Helden durch das Thor des Pluto in die Unterwelt steigen, wo ihm die künftige Siegesgröße Roms durch den Mund der Abgeschiedenen geweissagt wird (Äneis VI, 850). Alljährlich feierten an jenem See die heidnischen Bewohner Campaniens ein Totenfest. Eine merkwürdige Inschrift, gefunden in den Ruinen des Amphitheaters von Capua, enthält ein Verzeichnis der campanischen religiösen Feste, genehmigt im Jahre 387 von dem christlichen Kaiser Theodosius. In diesem Verzeichnis wird auch genannt die Wallfahrt zum Totenfest am See Avernus. Der christliche Kaiser genehmigte damit ein uraltes, echt heidnisches Fest und müssen wir staunen, daß in jenem Festverzeichnis nicht ein einziges christliches Fest genannt wird. Wir müssen daraus schließen, daß zu Ende des vierten Jahrhunderts die Zahl der Christen in Campanien eine höchst unbedeutende war. Vielleicht ist auch der Schluß voll berechtigt, daß die Christen sich damals an heidnischen Festen beteiligten.

Wer von Neapel aus ostwärts wandert, trifft dort alsbald wieder Orakelstätten. Eine solche war der wohlerhaltene Tempel der Isis in Pompeji. — Die Isis-Priester, vom römischen Satiriker Juvenal die „glatzige Herde" genannt, weil sie die Tonsur trugen, gewährten nicht nur Ablaß „für die gemästete Gans und lockere Kuchen" (Juvenal, Sat. VI, 533—541), sondern auch Blicke in die Zukunft durch Träume und Stimmen, die man im Heiligtum der großen „millionennamigen" Göttin vernahm. Nicht weit von Pompeji befand sich das mit diesem zugleich verschüttete Stabiä, jetzt Castellamare. In der Nähe desselben, am Fuße des Colle di Varano, ist eine dem St. Blasius geweihte Höhle, in der sich vor eintausendachthundert Jahren ein Orakel befand. St. Blasius (Biagio) hat die Dämonen aus derselben verjagt und viele Altertümer hat man vor einem Jahrhundert darin gefunden. Das Terrain heißt dort Carmiano, ein Wort, welches die Gelehrten von Carmina d. h. Orakelsprüche, herleiten.

Also auf einem kleinen Fleck der Erde fünf Orakelstätten, die wir noch heute dem Namen nach kennen. Zweifellos gab es auf demselben Erdenfleck derselben noch mehr.

Es ist schwer, wenn nicht unmöglich, sich heutzutage eine klare

Vorstellung zu machen von der Verbreitung, der Mannigfaltigkeit und dem Einfluß des Orakel- und Weissagewesens im römischen Reich zur Kaiserzeit, namentlich vom zweiten Jahrhundert an. Das gesamte Leben war von demselben erfüllt und wie von einem Netz umsponnen. Philosophen und Schuhflicker, Kaiser und Packträger standen damals unter dem mächtigen Einfluß jenes zur Riesenhöhe angeschwollenen Wahnes, alle Stände huldigten in Furcht und Glauben jenem gottseligen Unfug und gering war die Zahl derer, welche sich dem Einfluß jenes zur Epidemie gewordenen religiösen Aberglaubens völlig oder teilweise zu entziehen wußten.

Uralt ist das Orakelwesen. Das beweisen z. B. die homerischen Lieder, welche uns ein Sittengemälde aus der hellenischen Welt, wie sie zehn Jahrhunderte v. Chr. war, bieten. Wir finden bei Homer ein schon fertiges, festbestehendes, mannigfach geartetes Orakel- und Weissagewesen. Gottbegnadigte Männer, beauftragt, öffentlich und daheim Vogelflug zu erkennen, Schicksalsworte zu reden, kundige Seher der Zukunft, manche mit Namen genannt, lernen wir in der Odyssee kennen. Kalchas war der das Hellenenheer begleitende weise Seher. Kassandra war Trojas unglückliche Prophetin. Besaßen doch sogar die Cyklopen einen bei ihnen weilenden kundigen Seher der Zukunft (Od. IX, 507). Dieses hellenische Orakelwesen, von Äschylos als weise Götterkunst bezeichnet, war in der besseren Zeit der hellenischen Geschichte von feierlichem Ernst, von religiöser Würde umgeben, der Stand der Seher war ein Gnadenstand und das Orakel zu Delphi hat als Leiterin öffentlicher Angelegenheiten lange Zeit hindurch segensreich gewaltet. — Jene bessere Zeit hellenischer Geschichte weiß von keinem frechen, gewinnsüchtigen Prophetenpack, von keinen orakelnden Industrierittern, deren Scharen wie eine Sintflut das römische Reich zur Kaiserzeit überschwemmten.

Es gab in der römischen Geschichte eine Periode, wo religiöser Glaube in Verfall geriet und ein Augur dem anderen nur mit Lachen ins Angesicht schaute, aber diese Verfallperiode wich im zweiten Jahrhundert n. Chr. einer Neubelebung und Restauration des Götterglaubens, der sich damals, mehr und minder klar bewußt, dem trotz Verfolgung sich schnell verbreitenden Christentum gegenüberstellte. Es bedürfen die Sterblichen alle der Götter (Od. III, 48). Dies Gefühl bemächtigte sich der Menschheit zu einer Zeit, als am Himmel jene schweren Gewitterwolken aufstiegen, die bald darauf in der Völkerwanderung verheerendes Unwetter über das Reich entsandten. In neuer Kraft bemächtigte sich der alte Götterglaube der Menschen, deren Glaube sich aber im Wunderglauben konzentrierte, wobei man in erster Linie Orakel und Weissagung als gütige Offenbarung der waltenden Götterfürsorge faßte und erwartete.

Diese Geistesströmung ward im dritten und vierten Jahrhundert mächtig gefördert durch die mit dem Stoicismus und Pythagoräismus verbündete Philosophie der Neuplatoniker, in deren orientalisch-mystischen Geheimlehren wir einen energischen Versuch des Heidentums erblicken, welches sich dem Geistesstrom des Christentums gegenüber zu behaupten trachtete. Die neuplatonische Philosophie war es, welche der Welt eine neue Geisterkunde zu schenken behauptete, wodurch der Glaube an Wunder, Dämonen, Zauberei, vor allen Dingen aber an Divination aller Art zur Religion wurde, die sich wie eine Epidemie der Menschheit des römischen Reiches bemächtigte und die Welt, welche damals immer neue Götter und neue orientalische pomphafte, mysteriöse Kulte den alten zugesellte, mit Legionen von Zauberern, Wunderthätern, Geisterbeschwörern, Hellsehern, Bettelpropheten, Wahrsagern erfüllte, die sowohl in Hütten als in Palästen gläubig gehört wurden. — Zu den alten Arten der Divination, welche in alten Zeiten mit derselben Würde umgeben und mit demselben kindlich-naiven Glauben angesehen war, wie die homerischen „Schicksalsdeuter“ von den Hellenen, kamen zur Kaiserzeit neue; alle Divinationsmethoden des Orients und Occidents gaben sich schließlich an den größeren Verkehrszentren des Reiches ein Stelldichein, die aus Zauber- und Orakelbüchern bestehende Litteratur war damals im römischen Reiche am meisten gesucht. In der Apg. 19, 19 wird uns von den im Altertum viel gerühmten ephesinischen Zauber- und Wahrsagebüchern erzählt und als Sieg des Apostels Paulus erwähnt, daß man diese Bücher, im Wert von ca. 40000 Mark, öffentlich verbrannte. Wenn schon zu Pauli Zeiten eine Massenlitteratur dieser Art existierte, wie muß es dann zu den Zeiten der Neuplatoniker im dritten und vierten Jahrhundert gewesen sein! — Wer die Kaiserbiographieen des Suetonius, die Schriften eines Juvenal und Lucian, eines Plutarch, eines Apulejus gelesen, kann sich annähernd eine Vorstellung davon machen, welche Ausdehnung damals die später verlorene volkstümliche Orakellitteratur hatte.

Uralt war die in der Kaiserzeit zu neuem Ansehen gelangte Divination der Haruspices und Auguren, deren hochangesehene Wissenschaft man von den Etruskern entlehnt hatte. — Diese priesterlichen Propheten standen im Staatsdienste, der Staat verlieh ihnen den Purpurmantel, den Augurstab und damit eine hohe Würde. Im Staatsdienste hatten sie die Eingeweide der Opfertiere, das Fressen der heiligen Hühner, den Flug der Vögel, das Leuchten der Blitze zu beobachten und für ihre Orakel zu benutzen. Gelegentlich leisteten diese Staatspropheten auch Privatpersonen ihre Dienste und beruhte ihre Wissenschaft auf der Orakelweisheit der sogenannten tagetischen Bücher, die im Etruskerlande hohes Ansehen genossen. Zu dem genannten priesterlichen Prophetenkollegium gesellte sich jenes Orakelkomitee, welchem der Staat die an heiliger Stätte aufbewahrten Sibyllinischen Bücher anvertraut hatte. Zur Kaiserzeit bestand dies Kollegium aus fünfzehn Mitgliedern und nur diese Sachverständigen befragten jedesmal im Auftrage des Senates bei öffentlichen Gefahren die genannten Orakelschriften. Als letztere im Jahre 84 v. Chr. auf dem Kapitol verbrannten, wurden sie nach Möglichkeit durch überall zusammengelesene Kopieen ersetzt. Wir sehen, wie das Orakelwesen mit dem Staatsleben aufs innigste verbunden war. Nach römischer Religionsanschauung war die Existenz des Staates ohne dieses staatliche Orakelwesen nicht denkbar. Schutz des Staates und der öffentlichen Wohlfahrt waren die Götter, diese erwiesen dem Staatswesen die Wohlthat, ihre Absichten hinsichtlich Gegenwart und Zukunft zu offenbaren, der Staat als solcher hatte die Pflicht und das Recht, durch Sachverständige die Götterzeichen zu befragen. Zur Ausrüstung eines Römerheeres gehörten daher nicht nur die göttlich verehrten, zauberhaft wirkenden Heereszeichen, sondern auch eine

Schar von priesterlichen Propheten, welche die heiligen Hühner in einem Behälter mit sich führten, der unter Aufsicht der Pullarii (Hühnermänner) stand. Kein Staatsgeschäft wichtiger Art ward ohne Befragen der Götter begonnen.

Die staatliche Orakelpflicht, das staatliche Orakelrecht, bestand als Religio (d. h. Gebundenheit) auch für jeden Einzelnen. Blicken wir also in das Privatleben.

Schon die homerische Welt kannte gute und böse Vorbedeutungen im täglichen Leben, „Grauenzeichen der Götter", z. B. Od. XII, 394. XX, 105. Hält doch Penelope z. B. das Niesen ihres Sohnes für ein günstiges Zeichen und sagt hocherfreut zu Eumeus: „Siehst du nicht, wie der Sohn die Worte mir alle beniest hat?" (Od. XVII, 545). In der römischen Kaiserzeit war mit der Restauration des Götter- und Wunderglaubens die Zeichendeuterei zu einer Hochflut angeschwollen. Dunkle Schicksalsstimmen, Wegeszeichen, Portenta, Prodigia, erfüllten das Leben, den Mücken vergleichbar, welche uns summend umschwirren, und die Römerwelt jener Jahrhunderte erscheint uns wie eine Schar von Menschen, die ängstlich dahinwandeln, weil überall Fußangeln drohen. Schon ein Tacitus war nicht von diesem Glauben frei, ebenso wenig ein Plinius, oder ein Celsus, der bekannte Gegner des Christentums, und die Gesamtlitteratur des Kaiserreichs liefert den Beweis, daß Zeichendeuterei die gesamte Welt, Gebildete und Ungebildete, in einer für uns unfaßbaren Weise beherrschte, ein Tyrann, dessen Herrschaft ebenso weit ging, als die des Kaisers. Einerseits dienten die zufällig begegnenden Ereignisse, Personen, Dinge als ein Buch, um daraus das kommende Gute oder Schlimme zu lesen, anderseits suchte man absichtlich den Dingen solche Vorbedeutung zu entlocken, indem man irgendeine Orakelvorrichtung auf leichte Weise herstellte, oder dergleichen anderen mit Kleingeld honorierte. Zahllose vagabundierende Orakelspender, Zeichendeuter wanderten damals von Stadt zu Stadt, von Land zu Land, ein zigeunerhaftes Prophetentum, wie es die Welt in dieser Ausdehnung nie zuvor, nie nachher geschaut. Unter diesen Bettelpropheten befanden sich nach dem Zeugnis des Juvenal auch Juden. Juvenal sagt Sat. VI,

545: „Juden verkaufen Träume für weniges Geld, wo du irgend solche verlangest.“ Auch Jüdinnen betrieben dies Geschäft. V. 544 erwähnt derselbe Satyriker eine solche, die als große Prophetin auftritt und im Verkehr mit dem Himmel zu stehen behauptet. In Ephesus begegnete Paulus einem vagabundierenden Zauberjuden, der sicherlich auch Orakel spendete. Apg. 19, 13 spricht von „umlaufenden“ Juden, die Beschwörer waren und den Namen Jesu für ihr Zauberwerk benutzten. Mit solcher Hexerei war stets Wahrsagerei verbunden. — Jene Zeichendeuterei war natürlich für den Hausbedarf zur praktisch handlichen Wissenschaft geworden und jeder war in dieser Wissenschaft ebenso bewandert, wie ein deutscher Quartaner in den lateinischen Konjugationen. So war in diesem Stück der Mantik jeder sein eigener Ausleger und die Kinder wurden von den Alten in diese Lehren der artes magicae früh und selbstverständlich eingeweiht. — Verfasser bietet dem Leser eine Blumenlese aus der römischen und griechischen Litteratur der Kaiserzeit, einen Strauß von Namen, die imstande sind, von der Bedeutung der Zeichendeuterei in jenen Jahrhunderten zu überzeugen. Die Alektromantik weissagte aus der Stimme der Hähne, die Chiromantik aus der Hand, die Kleromantik aus geworfenen Bohnen, die Kapnomantik aus dem Rauch, die Katapromantik aus dem Spiegel, die Arithmantik aus Zahlen, die Alsitomantik aus Gerstenkörnern, die Pyromantik aus der Flamme, die Onomantik aus Namen, die Libanomantik aus Weihrauch, die Äromantik aus Luftzeichen, die Rhabdomantik aus Stäben, die Anthropomantik aus menschlichen (!!) Eingeweiden, eine Divinationsmethode, welche Kaiser Helegabal anwandte, die Kristallomantik benutzte Kristallgefäße, die Myomantik horchte auf das Pipen der Mäuse, die Koskinomantik benutzte ein Sieb. Von den vagabundierenden Propheten sagt Juvenal Sat. VI, 550, daß sie die Eingeweide der Küchlein, der Hunde, sogar der Knaben durchwühlten.

Eine in den Palästen und in der Kaiserburg vorzüglich protegierte Orakelmethode war die Astrologie. Sie ist uralt, war im Orient und in Etrurien wohlbekannt, gelangte aber erst in der Kaiserzeit zu allgemeinem Ansehen. Sie behauptete den Rang einer Wissenschaft, hatte als sacra ars z. B. in Alexandria einen Lehrstuhl, Tiberius hatte sie studiert, ebenso Hadrian und Severus, Hofastrologen waren Berater der Kaiser und der Staatsmänner, das Horoskop war in den Palästen ein nie fehlendes Instrument. In der Begleitung des Tiberius fehlte nie die unheimliche Gestalt des Hofastrologen Thrasyllus, auch auf Capri war er in der Nähe des finsteren Herrschers und noch heute bezeichnen mächtige Gewölbe auf trotziger Felsstirn jenes Eilands die Stätte jener Kaiservilla, von wo aus der Kaiser mit seinem Propheten oft die Sterne befragte. Wir kennen eine Reihe von Namen berühmter Astrologen späterer Kaiserzeit, z. B. Barbillus, Petosiris, Seleucus, wir wissen, daß auch hohe Frauen dieser ars sacra eifrig oblagen und die astrologischen Tagestabellen eifrig studierten. Juvenal Sat. VI, 570 ff. schildert uns das Boudoir einer römischen Dame der Kaiserzeit, welche mit der Sterndeuterei beschäftigt ist und zu dem Ende einen durch Gebrauch abgenutzten astrologischen Kalender liest. Zu Ende des vierten Jahrhunderts schrieb Firmicus Maternus sein Werk über Astrologie, welches im Altertum weit verbreitet war und beweist, welches Ansehen solches Heidentum in der Zeit nach Konstantin hatte. — Zu den vornehmen Astrologen gesellten sich Legionen von Winkelsterndeutern, oft verächtlich als Chaldäer oder als Mathematiker bezeichnet. Juvenal schildert ihr Thun in der Nähe des Zirkus, wo sie ihr Marktschreierwesen trieben und auch Losorakel für lumpiges Kleingeld verkauften. „Zu den Chaldäern ist das Vertrauen das größte, was Astrologen gesagt, das gilt“ Juvenal VI, 553. Das Treiben der Astrologen zeigte sich bisweilen als staatsgefährlich, weil sich ihr Forschen auch auf Leben und Sterben der gekrönten Machthaber bezog. Wiederholt wurden daher diese Chaldäer verbannt. Vergebens. Einerseits ließen sie sich nicht verbannen und anderseits kehrten sie bald zurück. Hatte der eine Kaiser sie für staatsgefährlich erklärt, so erklärte der andere sie für wohlverdiente Männer, genau ebenso, wie es später den Jesuiten erging. Klemens XIV. erklärte sie für Kirchenzerstörer und hob den Orden auf, Leo XIII. erklärte sie für Kirchenbauer und setzte sie in alle Rechte wieder ein.

Alt ist die Weissagung aus Träumen. Alexander der Große war von Traumdeutern begleitet und eine Schar solcher Propheten hatte z. B. in Athen ein Standquartier. Von einem deutenden Traum lesen wir schon in der Odyssee am Schluß des achten Buches. Ein bedeutsamer Traum der sinnigen Penelopeia wird ihr im lieblichen Schlummer durch Pallas Athene zuteil und sie selbst weiß, was er ihr von der Zukunft enthüllt. Mit dem wiedererwachten Götter- und Wunderglauben seit dem zweiten Jahrhundert n. Chr. erhielt die Traumweissagung eine bis dahin unerhörte Bedeutung. Es gab berühmte Heiligtümer für das Prophetentum dieser Art, man träumte in den Tempeln der Isis, des Serapis, vor allen Dingen aber in den zahllosen Tempeln des Heilsgottes Äskulap. Dort legte man sich auf die Haut des Opfertieres, um die nächtliche Offenbarung des Gottes zu erhalten, der nicht selten auch persönlich seinen Verehrern in stiller Nacht sich nahte. Das berühmteste Traumorakel war zu Epidaurus im Peloponnes. Im zweiten Jahrhundert war es ein weltberühmter Wallfahrtsort, von römischen Kaisern erweitert und geschmückt und noch heute erzählen die Ruinen daselbst von der Bedeutung, welche diese Stätte bis in die späteste Kaiserzeit hatte.

Die Traumweissagung ward in der Kaiserzeit neben der Astrologie zur Wissenschaft und in der gesamten gebildeten Welt damaliger Zeit kannte man das bis heute vorhandene Traumbuch des Artemidorus, welcher zu Ende des zweiten Jahrhunderts lebte. Dabei war die Welt von einer Massenlitteratur dieser Art überschwemmt und kannte man namentlich in den Volkskreisen Traumtafeln, welche von Athen aus überall im Reiche verbreitet wurden. Juden verkaufen Träume für lumpiges Kleingeld, sagt der mehrgenannte Juvenal.

Endlich müssen wir einen Blick werfen auf solche Orakelstätten, welche teils während der späteren Kaiserzeit ihr früheres hohes Ansehen wiedererlangten, teils als neue prophetische Heiligtümer die Zahl der schon vorhandenen damals vermehrten.

Die Zahl solcher Orakelstätten, namentlich in Griechenland, Kleinasien, Italien und Ägypten, war eine unglaublich große.

Jeder der Hauptgötter hatte sein Orakel, fast jedes Heiligtum eines der zahllosen Heroengräber ließ seine Weissagestimme vernehmen, jeder Orakeltempel war ein Wallfahrtsort. Wenn zu den Zeiten des Juvenal Delphi verstummt war (Juven. Sat. VI, 555), so ertönte bald die Stimme der Pythia wieder und jener von Äschylus als „stilles Seherheiligtum“ bezeichneter Tempel erhielt von bittenden Gläubigen neue Gaben. Die heilige Eiche des Orakels von Dodona grünte wieder zur Zeit der antoninischen Kaiser, die Orakel zu Paphos, Klaros, Delos, Lesbos, Milet erlangten neuen Ruf, insbesondere aber die ägyptischen in Kanopos, Alexandria, Memphis, Ammonium. — In Tibur bei Rom, in Cumä bei Neapel tönte die Stimme der Sibyllen, in Antium und Präneste wurden die Losorakel viel besucht. — In der mannigfaltigsten Weise ward an solchen und zahllosen anderen Stätten die Zukunft enthüllt, die verschiedensten Vorbereitungen dienten dazu, den Fragenden für eine Gottesoffenbarung empfänglich zu machen, zahllose Menschen hatten durch die Orakel direkten oder indirekten Gewinn, viele Städte verdankten denselben ihre Existenz und ihren Reichtum. — Mit welcher Leichtigkeit aber das zur Kaiserzeit vorhandene Orakelbedürfnis in Verbindung mit dem allseitig herrschenden Orakelglauben die Zahl der Orakel vermehrte, zeigen zur Genüge zwei Beispiele. Das erste bietet uns Hadrian, der seinem toten vergötterten Liebling Antinous einen Tempel baute, welcher sofort mit einem Orakel versehen wurde. Das zweite Beispiel besitzen wir in den satyrischen Schriften des Lucian, eines Zeitgenossen des Kaisers Markus Aurelius. In dem Leben des Zauberpropheten Alexander hat uns der genannte Satyriker mit einem Sittengemälde beschenkt, welches vorzüglich geeignet ist, uns ein Bild damaliger Menschheit vor Augen zu halten. Wenn wir auf die glänzenden Erfolge blicken, welche jener antike Cagliostro erreichte, ferner auf die Mittel, welche er anwandte, um ein zweiter Empedokles, ein zweiter Äskulap, kurz, ein weltberühmter Held und Orakelspender zu werden, so müssen wir staunen über die Leichtgläubigkeit, welche damals die gebildete Welt des römischen Reiches beherrschte. In seiner Vaterstadt Abonoteichos gründete jener Betrüger als Göttersohn ein Orakel, dessen Ruhm bald aus allen Teilen des Reiches so viele Wallfahrer herbeilockte, daß jene Stadt dieselben nicht fassen konnte. Lucian schreibt wörtlich: „Als der Ruf dieses Orakels sich auch in Italien und Rom verbreitete, gab es eine allgemeine Bewegung. Einige reisten selbst dahin, andere schickten Boten und dies thaten die angesehensten und mächtigsten Männer der Hauptstadt des römischen Reiches.“ Was die Orakel damals der Unzahl von Gläubigen bieten durften, schildert uns derselbe Lucian in einem anderen Sittengemälde, betitelt: „Von der syrischen Göttin“. Wir erfahren in dieser höchst interessanten Schilderung von Statuen, welche durch Schweißtropfen Orakel erteilten. Von einer Statue des Apollo erzählt derselbe Lucian wörtlich: „Will er weissagen, so rührt er sich auf seinem Sitz und dann heben die Priester ihn in die Höhe. Thun sie es nicht, so bricht ihm der Schweiß aus und er bewegt sich noch stärker. Während sie ihn auf ihren Rücken forttragen, giebt er ihnen die Richtung an und springt von dem einen auf den anderen. Darauf befragt ihn der Oberpriester. Wenn der Gott etwas nicht haben will, so geht er rückwärts, billigt er aber eine Sache, so treibt er seine Träger vorwärts. Auf diese Weise bringen sie die Schicksalsstimmen heraus.“ — Hier haben wir ein Beispiel von tausend anderen, welches uns zeigt, was man damals der gläubigen, wundersüchtigen, orakelhungrigen Welt bieten durfte.

Die unheimlichste Art der Orakelspendung sehen wir in den Totenorakeln. Diese Divination ist uralt, wir finden sie schon zu den Zeiten des Moses, welcher die Totenbeschwörer bedrohte. Im elften Buch der Odyssee, im sechsten Buch der Äneis, in den Tragödien Äschylus' finden wir ihre Spuren. Die dürstende Welt der römischen Kaiserzeit bemächtigte sich auch des Totenreiches und gerade das Unheimliche übte einen großen Einfluß aus. Zur Kaiserzeit war vor allen Dingen Thessalien nebst Epirus Sitz solcher Totenorakel und zahlreiche Nekromanten führten dort den Gläubigen ihren Geisterspuk ebenso vor, wie einst die Hexe zu Endor dem König Saul. Auch die Nekromantik war eine Wissenschaft und kannte man zweiunddreißig Riten, um den Toten das Geheimnis der Zukunft zu entlocken. In allen Ständen fand dieser Geisterspuk gläubige und kundige Verehrer, selbst in der stolzen Kaiserburg auf dem Palatin zu Rom.

Wir kennen jetzt den Stand des Heidentums, den die christliche Kirche vorfand, als Konstantin sie auf den Herrscherthron setzte. Die damalige Kirche hatte es nicht etwa, wie vielfach angenommen wird, mit einem geistesschwachen, sondern mit einem neugestärkten Heidentum, mit einer Geistesmacht, mit einer Gewohnheitsmacht, mit einer durch den genannten Neuplatonismus gestützten Wissenschaftsmacht zu thun. Deshalb der lange Kampf und die schließliche Niederlage der vom Heidentum erdrückten Kirche. Die Wurzeln der römischen Kirche liegen im vierten, fünften, sechsten Jahrhundert und eine richtige Beurteilung ihrer Gegenwart ist ohne Kenntnis jener Periode unmöglich.

Mit Konstantin beginnt die Reihe sogenannter christlicher Kaiser, welche im Laufe von zweihundert Jahren in Hinsicht des heidnischen Orakel- und Weissagewesens äußerlich durch Gesetze, Drohungen und Strafen manches beseitigten, in innerlicher Hinsicht aber alles beim alten ließen. Konstantin ließ das im Staatsdienst befindliche prophetische Priestertum der Haruspices und Auguren, welche mit ihrem feierlichen Pomp bei allen Staatsakten auftraten, bestehen, und die christlichen römischen Kaiser behielten die Würde des Pontifex maximus, d. h. die Würde jenes auch die genannten Staatspropheten beaufsichtigenden Oberpriesters. Erst Kaiser Gratian lehnte Gewand und Würde dieses heidnischen Oberpriesters ab. Er konnte nicht wissen, daß sich jemand bereit finden werde, jene heidnischen Titel anzunehmen. Diese Eitelkeit besaß der römische christliche Bischof. Die Welt scheint es vergessen zu haben, daß der Titel, den ein christlicher Kaiser verächtlich ablehnte, vom Bischof zu Rom begierig aufgelesen ist. In stolzer Demut und mit archäologischem Eifer sorgte der römische Bischof, auch der jetzige, dafür, daß kein Stück Heidentum verloren gehe! — Die römischen Staatspropheten wurden erst dann in ihrer Existenz bedroht, als die Nachfolger Konstantins den Priesterkollegien die Einkünfte entzogen, und die staatlich-religiöse Vogel- und Eingeweideschau hörte erst dann auf, als diese Verordnung zu Anfang des fünften Jahrhunderts wirklich voll zur Ausführung gelangte.

Damit war selbstverständlich das gesamte übrige mit dem Leben und Glauben so fest verwachsene Orakel- und Weissagewesen noch nicht beseitigt. Was nützte es, wenn Stilicho, der Minister eines christlichen Kaisers, die Sibyllinischen Bücher Anfang des fünften Jahrhunderts verbrannte? Öffentlich und geheim diente nach wie vor eine Legion von Propheten aller Art dem vorhandenen Orakelglauben und Orakelbedürfnis. Von Theodosius bis Justinian, also vom vierten bis ins sechste Jahrhundert, beweisen drakonische Verordnungen in steter Wiederholung, daß die malae artes der Divination nach wie vor geübt wurden.

Sollte das heidnische Orakelwesen verschwinden, so galt es den heidnischen Orakelglauben zu vertilgen. Geschah das, so war es auch mit dem Orakelbedürfnis zu Ende. Diese Aufgabe, die Axt dem Baum an die Wurzel zu legen, fiel der Kirche zu, d. h. den Kirchenleitern, den Bischöfen, in erster Linie aber denjenigen, die es als ihren Beruf erkannten, eine christliche Wissenschaft zu begründen und sich mit dem geistesmächtigen Heidentum polemisch und apologetisch auseinanderzusetzen. Wie aber konnte die „Kirche" jenen heidnischen Orakel- und Weissageglauben vernichten, wenn sie denselben teilte? — Es ist weder meine Aufgabe, noch meine Absicht, hier die Kirchengeschichte jener Kampfperiode zu schreiben und kann ich also nur die Thatsache konstatieren, daß alle Kirchenlehrer jener Periode, als z. B. ein Ambrosius, Hieronymus, Basilius, Chrysostomos u. s. w. auch der gewaltige Augustinus, den heidnischen Glauben an Orakel teilten. Die Kirchenhistoriker unserer Zeit sind einig in dem Geständnis, daß jene großen Kirchenlehrer in den heidnischen Orakeln die übernatürliche Wirkung der (bösen) Dämonen schauten, jener neuplatonischen Zwischenwesen, mit welchen die Lehre der Neuplatoniker die Kluft zwischen Gott und Mensch auszufüllen bestrebt waren. Den Glauben eines Augustin teilten aber auch die vorkonstantinischen Kirchenlehrer, als Tertullian und Origines. Die Orakel galten der „Kirche" als Ministeria daemonum, die Heiden als daemonicolae, Dämonenverehrer, und die „Kirche" war weit davon entfernt, das heidnische Orakelwesen für Menschentrug zu erklären. Wie sie die Dämonen als die Altäre umflackernd dachte, so dachte sie dieselben als wirkliche

Gottwesen an den Orakelstätten, in den Träumen u. s. w. ihr Wesen treibend. Wie sehr die damalige Kirche unter dem Bann des Heidentums stand, erhellt ferner aus der Thatsache, daß die großen Kirchenlehrer genannter Kampfesperiode ausnahmslos an Sibyllen-Orakel glaubten und überzeugt waren, daß damalige Sammlungen sogenannter Sibyllen-Orakel, die wir großenteils noch jetzt besitzen, wirklich von Sibyllen herstammten und daß diese wertvolle, wahrhaftig eingetroffene Dinge in Rücksicht auf Christus und seine Kirche geweissagt hätten. In diesem Sinne haben jene großen allbekannten Kirchenlehrer diese Sibyllen-Orakel citiert, ohne zu merken, daß diese alle der Feder frommer und nicht frommer jüdischer und christlicher Betrüger entstammen, als worüber heutzutage die Wissenschaft einig ist.

Die vom heidnischen Orakelglauben infizierte „Kirche" war nicht befähigt, den heidnischen Orakelglauben und mit ihm das heidnische Orakelbedürfnis auszurotten, und mit der Masse derer, welche nur äußerlich, nicht aber innerlich vom Heidentum gelöst in die Kirche eintraten, zog beides in letztere ein und ward innerhalb derselben zu einer Geistesmacht. — Man möchte die damalige Kirche mit einem von der Schlange umstrickten Laokoon vergleichen, wenn dieser Vergleich nicht allzu sehr hinkte. Laokoon nämlich fühlte jene verderbliche Umarmung und reagierte gegen dieselbe, die „Kirche" dagegen achtete je länger, desto weniger auf die genannte Schlangenumwindung. Seltsam nehmen sich in jenen Jahrhunderten nach Konstantin die Jubel- und Siegesrufe der „Kirche" aus, welche der Welt den Sieg über das heidnische Orakel- und Weissagewesen melden. Es ist wahr: die berühmten Orakelstätten verstummten nach und nach, manche aber erst sehr spät. Das berühmte Serapeion in Alexandria ward unter Theodosius zerstört, Heliopolis fungierte bis Anfang des fünften Jahrhunderts, um dieselbe Zeit wurde in Gaza ein Orakel auf Befehl der christlichen Kaiserin Eudoxia zerstört, Delphi soll zur Zeit des Kaisers Julian sein letztes Orakel erteilt haben. Das Schweigen der Orakel war aber in erster Linie eine Folge der Gewalt, eine Folge der den Priestern und Tempeln entzogenen Mittel, nicht aber eine Folge kirchlicher Geistesarbeit. Die Kirche jubelte:

„Haruspices interventu sanctorum silent“ *). Dabei hielt sich das Divinationswesen öffentlich und geheim, wie die Briefe Gregors I. im sechsten Jahrhundert, wie die Akten zahlreicher Synoden des sechsten und siebenten Jahrhunderts beweisen. Immer wieder bedrohte die Kirche heidnisches Divinationswesen mit Strafen. Wo war der Sieg?

Orakelglaube und Orakelbedürfnis war geblieben, also die Wurzel, und so kann uns der dem vierten Jahrhundert angehörige Dichter Claudianus berichten, daß der „christliche“ Kaiser Theodosius der Große verschiedene Orakelstätten, sowie Sibyllen und Chaldäer befragte. Mag Claudian die Wahrheit sagen oder nicht, so ist es Zeichen jener Zeit, daß es der Genannte überhaupt wagen konnte, eine solche Behauptung öffentlich auszusprechen. Glaubte sogar Augustinus an den übernatürlichen Charakter der heidnischen Orakel, an die Aussprüche der von Apollo begeisterten Sibyllen, warum sollte es denn ein christlicher Kaiser in schwerer Lage nicht einmal mit den Orakeln versuchen?

Während die Kirche den Sieg des Kreuzes rühmte und vor dessen Zauberwirkung die Dämonen heidnischer Mantik geflüchtet wähnte, hatte das in die Kirche, wie oben bemerkt, eingezogene Orakelbedürfnis sich neue Orakel geschaffen, welche sich an die Gräber und den Kultus der Märtyrer und Heiligen ebenso und mit demselben Recht anlehnten, wie die Orakel sich an Heroengräber, an Heroenkultus, speziell an den Kultus des Heilsgottes Äskulap angeschlossen hatten. — Die Märtyrer und Heiligen waren an die Stelle jener hilfreichen Schutzmächte getreten und sogar Augustin wollte, daß die Märtyrer anzurufen seien, sollte man dann nicht dasselbe erwarten, was z. B. Äskulap in seinen zahllosen Heiligtümern geleistet hatte? — Die Kirche bot den Orakelbedürftigen anstatt der „dämonischen“ Orakel des Äskulap und anderer Heroen solche Orakel, welche sie als die des wahren Gottes bezeichnete. Träume, Stimmen, Erscheinungen hatte die nach Orakeln dürstende sogenannte Christenheit also an den Mär-

*) Die Weissagepriester werden mit Hilfe der Heiligen zum Schweigen gebracht.

tyrergräbern. Die heidnischen Losorakel verstummten, an ihre Stelle traten die Sortes sanctorum, indem man am Grabe eines Sanctus eine Bibel niederlegte und dann dieselbe aufschlug, um aus dem zuerst gefundenen Spruch ein Orakel zu entnehmen*). Die heidnische Religion hatte in dem Wunderwesen der Mantik der Menschheit große Vorteile geboten und die zu den Pforten der Kirche eintretenden Massen verlangten ähnliche, womöglich noch größere Vorteile dieser und anderer Art in derselben zu finden. Im Kampf zwischen Heidentum und Kirche lautete die Hauptfrage: „Wer hat den mächtigsten Gott, Christen oder Heiden? Welcher Gott leistet in Wundern, also in Bethätigung seiner Macht und Fürsorge am meisten?“ — Wir sehen aus den Schriften der Kirchenlehrer jener Periode das eifrige Bemühen der letzteren, den Heiden klar zu machen, daß sie in der Kirche dasjenige im reichlichsten Maße wiedererlangen, was sie beim Verlassen ihrer heidnischen Altäre aufgeben. Darum werden die Märtyrer und Heiligen von ihnen gepriesen als Helfer, Vorfechter, Wächter, als die kräftigsten Mittelspersonen zwischen Erde und Himmel, als Retter der Seelen und der Leiber, darum gaben christliche Bischöfe den neuen Christen Stücke der Bibel für Orakelzwecke. Früher hatten sich die Heiden für solchen Zweck z. B. des Homer bedient. Aus demselben Grunde zeigte man den neu Übergetretenen jene erwähnte sibyllinische Orakelsammlung und sagte: „Die Sibyllen der Heiden zeigen sich hier wider ihren Willen als echte Propheten, welche den Weltlauf richtig vorausmelden. Ihr seht also, ihr Heiden, welchen mächtigen Gott die Christen haben!“ — Als später sich zum Märtyrerkultus der Bilderkultus gesellte, konnte die Kirche noch mehr bieten. Heidnische Götterbilder hatten vielfach, wie wir oben schon erwähnten, in wunderbarer Weise als Orakelorgane der Götter gedient. Die Kirche wollte nicht hinter solchen Leistungen zurückstehen und siehe da, die christlichen Bilder machten es wie die heidnischen, indem sie z. B., wie wir später zeigen werden, schwitzten, oder auf andere Weise orakelten (siehe Teil II dieser Schrift).

---

*) Über das Virgil-Orakel siehe Kapitel VI.

Ein wesentliches Stück heidnischer Mantik bestand also unter christlichem Namen fort, andere, namentlich volkstümliche Methoden heidnischer Mantik blieben unverändert bestehen. Das Zauberwesen der letzteren entsprach also vollständig den damaligen Amuletten. Die Kirche glaubte an den Zauber der letzteren und empfahl „christliche“ Amulette. — Neben diesen aber bestanden heidnische Amulette fort.

Von dieser Vergangenheit ist die Gegenwart durch eine Kluft von eintausendfünfhundert Jahren getrennt, beide möchte man für zwei von einander gänzlich verschiedene Welten halten, wähnend, daß diese Vergangenheit wohl der Phantasie, aber nicht dem Auge der Gegenwart erreichbar sei.

Wer im Süden Italiens als Fremdling lebt, wer ein offenes Auge und warmes Interesse dem Menschenleben daselbst zuwendet, der findet in der Gegenwart die Vergangenheit wieder, er sieht letztere lebendig vor sich, sieht, wie die ihm einst so nebelhafte Vergangenheit näher und näher rückt, bis sie beide ihm wie eine Welt erscheinen, wobei die Vergangenheit Fleisch und Blut der Gegenwart annimmt. Freilich gewinnt man solche Anschauung nicht über Nacht, auch nicht mühelos.

Wenn man im protestantischen Deutschland von Aberglauben redet, so meint man damit einen Nachtvogel, der das Tageslicht scheut, man meint vereinzelte Dinge, welche Spott und Hohn fürchten, oder halb und ganz als Scherz sich in Wort und That bemerkbar machen; man meint etwas, was einen kaum bemerkbaren Einfluß auf das Leben des einzelnen hat. Wer den Aberglauben der südlichen Menschenwelt kennen lernt, sieht das Wort des Cicero verkörpert vor sich: „Ringsumher alles voll Aberglauben“, er sieht das Leben davon erfüllt, durchtränkt. Er sieht den Aberglauben in tausend verschiedenen Gestalten am hellen Tage, mitten im Menschenleben, als gehöre er wie ein Freund und Genosse des Menschen ebenso zu letzterem wie ein treuer Hund, der seinem Herrn überallhin folgt, wie ein Schatten, der ihn nicht verläßt. Aberglaube im südlichen Menschenleben ist etwas, wovon sich nur wenige daselbst freimachen, etwas, wodurch also nur in wenigen Fälle Hohn und Spott provoziert wird.

Wer aber jene Distrikte kennen lernt, die fernab von der großen Heerstraße liegen, Landschaften, wohin bis jetzt nur selten eine Zeitung kommt, Städte, in denen der jedesmal vom Staat angestellte Arzt (Medico condotto) die einzige „gebildete" Person ist, der findet dort den Aberglauben in derselben Weise und Ausdehnung wuchern, wie zur römischen Kaiserzeit, welche ganz in derselben Weise Ärzte anstellte, wie es noch jetzt geschieht.

Allgemein in ganz Süditalien ist der antike Glaube an weissagende Vorbedeutung, welche man in Begegnissen aller Art findet. Gute und schlimme Vorbedeutung, Buono e cattivo augurio, das sind zwei Bezeichnungen, welche im heutigen südlichen Menschenleben eine ebenso wichtige Bedeutung haben wie damals, als der abergläubische Kaiser Augustus auf Capri landete und sofort in dem neuen Grün einer halbverdorrten Steineiche daselbst ein felix augurium erkannte. Solche bald Glück, bald Unglück verheißenden Zeichen findet man in der umgebenden Natur, anderseits sucht man sie auf. Wo die Eule, der Vogel Minervas, sitzt, da bringt sie Glück, dem Hause aber, wohin sie blickt, schafft sie Unglück. Um letzteres abzuwenden, wird sie erlegt und, wie man oft sieht, an der Thür befestigt. Die weissagende Bedeutung des dem Apollo heiligen Raben ist in Calabrien noch nicht vergessen. Das Altertum nannte ihn bekanntlich den Delphischen Vogel. Man beobachtet die Flammen der vor den Heiligen brennenden Lampen, die Wissenschaft der Chiromantik ist noch nicht erstorben, wird vielmehr von Kundigen praktisch geübt. — Als ich vor Jahren den Garten meines damaligen Hauswirts betrat, bewunderte ich daselbst einen stattlichen Lorbeerbaum, worauf der Besitzer mir sagte: „Diesen Baum habe ich wegen seines buon augurio gepflanzt und werdet Ihr diese Pflanzen aus demselben Grunde in allen besseren Gärten finden. Der Lorbeer war bekanntlich dem Apollo heilig, der Baum des Heiles und der Sühne. — Man achtet auf den nächtlichen Ton des Holzwurmes, den man vielfach als die „Glocke des St. Pasquale" bezeichnet, man achtet auf dasjenige, was die Hellenen Wegeszeichen nannten, Tiere, Menschen u. s. w. Ein Straucheln auf der Schwelle des Hauses ist ein schlimmes Augurium. Ferner ist bedeutsam, was man zufällig hört, zumal dann, wenn man durch ein Wort oder einen Laut aufgeschreckt wird. Homer nennt solche Stimmen Ossa. Ebenso wichtig ist im südlichen Leben die Wahl der glücksverheißenden Tage und das Meiden derjenigen, welche die gegenteilige Bedeutung haben. Von letzterer Natur sind Dienstag und Freitag. — An diesen beiden Tagen Wichtiges zu unternehmen, wäre nach hiesiger Anschauung kaum möglich. Wenn der jedem Weltverkehr so ferne, in vieler Hinsicht dem homerischen Eumäus, dem „göttlichen Sauhirten" ähnliche calabrische Bauer in feierlicher Handlung sein Schwein schlachtet, versäumt er nicht, die inneren Teile des Tieres, namentlich die Leber, zu betrachten und aus gewissen Zeichen für sich und die Seinigen ein gutes oder schlimmes Augurium zu entnehmen. Dasselbe geschieht auch in Campanien, wo ebenfalls das schwarze, haarlose Schwein, dem Homer das Prädikat „weißzahnig" giebt, als Haustier oft mit Hühnern und Menschen einen und denselben Raum teilt. Ein Todesfall in einem Hause wird in Neapel allgemein als ein cattivo augurio betrachtet, welches oft zum Wegzug veranlaßt. Das antike Leben machte ein solches Haus äußerlich zeitweilig kenntlich und heute wird in Neapel streng die Sitte beobachtet, daß man, solange der Tote im Hause liegt, also während circa vierundzwanzig Stunden, die Hauptthür desselben zur Hälfte schließt. Von glücklicher Vorbedeutung für Haus und Bewohner ist es, wenn sich daselbst der Monacello bemerklich macht. So heißt der gute Hausgeist in den Provinzen Neapel und Salerno, also der kleine Mönch, während er in Calabrien und der Basilicata meist als Aguriellu bezeichnet wird, ein Wort, welches man mit Wünschelmännchen übersetzen könnte. — In ihren Laren und Penaten sahen die Römer gute Hausgeister und Hausgötter und liegt es nahe, unseren Moncaello dieser Familie beizugesellen. Da wir später bei anderem Anlaß auf diesen Aguriellu wieder zurückkommen werden*), so sei hier über seinen Geburtsschein nur dies bemerkt, daß derselbe einige germanische Kennzeichen an sich trägt. Der Aguriellu ist nämlich empfindlich und launenhaft wie ein germanischer Kobold und hätte

*) Siehe den zweiten Teil dieser Schrift.

ihn vielleicht Simrock, wenn er ihm bekannt worden wäre, für einen Zwillingsbruder jenes koboldartigen Mönchleins erklärt, welches in deutschen Gauen einst eine ebenso geheimnisvolle als geachtete Existenz führte.

Als besonders wichtig für Orakel wird, namentlich auf Sicilien, der Tag St. Johannis des Täufers angesehen und wendet man dann verschiedene Mittel an, um Aufschluß über die Zukunft zu erlangen. Man gießt Blei, man achtet auf die zufällig vernommenen Worte. Jenes Bleigießen geschieht am Tage, wenn die Sonne ihren höchsten Stand am Himmel zeigt, und hat den Zweck, heiratsfähigen Mädchen Stand und Beruf des künftigen Ehemannes zu enthüllen. Mit demselben Ernst, mit welchem einst ein römischer Astrolog sein Horoskop stellte, erfolgt für jenen Zweck der Guß von Blei oder Schwefel in kaltes Wasser, worauf man sich bemüht, aus dem entstandenen Gebilde Gestalten zu erraten. Auch die Orakel des pythischen Apollo waren bekanntlich zweideutig und rätselhaft! Auch St. Antonio von Padua ist für den ganzen Süden ein Orakelspender, denn er zeigt an, wo und wie man verlorene Dinge wiederfindet. —

Wer in Deutschland irgendeinem Aberglauben huldigt, weiß, daß dieses sein Glauben ein Aberglaube ist, weil das allgemeine Urteil ihm dies sagt. Auch der simpelste Bauer kennt diesen Unterschied. Im Süden Italiens ist solcher Unterschied im Bewußtsein der großen Menge nicht vorhanden und deshalb nicht zu bestimmen, wo für das allgemeine Bewußtsein die Superstition anfängt. Ein Unterschied zwischen Glaube und Aberglaube fehlte auch im antiken Leben und dasjenige, was wir demselben heute als Superstition zur Last legen, gehörte nach seiner Anschauung nicht zu dieser Kategorie. Der Glaube an Astrologie u. s. w. stand im Bewußtsein der großen Masse auf einer Linie mit dem Glauben an das Walten der Gottheiten, der Glaube an Vorbedeutungen hatte denselben Wert, dasselbe Ansehen wie der Glaube an eine göttliche Vorsehung, denn die Gabe der Weissagung, die Enthüllung der Zukunft durch Orakel aller Art galt als eine Wohlthat, die man von den Göttern als den Gebern alles Guten fest erwartete. —

„Giebt es Götter, so muß es auch eine Weissagung geben" („Cicero de divinatione", Buch I, Kap. 5. 9).

Wir finden diesen Zug des antiken Lebens wieder, wenn wir jetzt auf eine sehr wichtige Art des heutigen Orakelwesens übergehen. Die antiken Orakelsprüche und verschiedenen Weissagemethoden hatten es mit lauter materiellen Wünschen, Hoffnungen und Befürchtungen der Menschen zu thun, das Horoskop ward vielfach benutzt, um zu erfahren, ob man Aussicht auf einen Regierungswechsel, auf eine reiche Erbschaft oder auf eine vorteilhafte Heirat habe. — Heutzutage dient die Kunst der Weissagung ähnlichen, im Grunde aber denselben selbstsüchtigen Zwecken. Es handelt sich um das Lottospiel, nämlich um die durch Orakelwissenschaft zu geschehende Enthüllung glücklicher Nummern. Um das Lottospiel haben sich als Verbündete desselben mehrere Orakelarten des antiken Lebens geschart, das Lottospiel war der Zauberstab, welcher dem nie erstorbenen Orakelglauben neues Leben einhauchte. Wenn wir die soziale und sittliche Bedeutung solcher Lottoorakel ins Auge fassen, so ist sie nicht geringer, als diejenige, welche das Weissagewesen im antiken Leben hatte. Das mit dem Lottoorakel verbündete Lottospiel ist in Italien ein heilloser Krebsschaden, der am Mark des Volkslebens nagt. — Das Volk aber denkt: „Giebt es Heilige, so müssen sie uns Gutes thun, also uns glückliche Nummern offenbaren!"

Jede Woche am Sonnabend Nachmittag um vier Uhr findet in allen großen Städten des Landes die Ziehung von fünf Glücksnummern statt und ist es leider Thatsache, daß im ganzen Süden des Landes alle Einwohner fast ohne Ausnahme diesem Götzen Moloch allwöchentlich ihre Opfer bringen, Reiche und Arme, Geistliche und Weltliche, Gebildete und Ungebildete. Selbst der Ärmste ist imstande, wöchentlich ein Opfer zu leisten, seien es auch nur zehn Centesimi. In den letzten zwölf Jahren hat dies Staatslotto zusammen ungefähr eine Milliarde eingebracht, in neuester Zeit kann man annehmen, daß der Staat durch das Lotto jährlich eine Einnahme von zweiundsiebzig Millionen hat. Zieht man davon die Gewinne und Kosten ab, so bleibt dem Staat ein Nettogewinn von neunundzwanzig Millionen jährlich, d. h. ungefähr so viel, als ihm sein Schulwesen kostet. Am 13. September 1860 verfügte Garibaldi, damals Diktator in Neapel, daß das Lottospiel im Laufe eines Jahres gänzlich aufzuheben sei, allein am 10. Dezember desselben Jahres erfolgte eine Ordre, laut welcher die Ausführung der genannten Verordnung bis weiter sistiert wurde. Dabei hat es bis auf den heutigen Tag sein Bewenden gehabt. In Süditalien ist das Lottospiel eine Volksleidenschaft, welche im Hinblick auf den damit verbundenen Aberglauben als eine Art Wahnsinn erscheinen könnte. Das Neue Testament redet von zwei Fragen, welche vielen Menschen allzu wichtig sind: „Was werden wir essen, was werden wir trinken?“ In Süditalien giebt es noch wichtigere Fragen, mit denen Millionen von Menschenkindern jede Woche ihr Gehirn martern. Sie lauten: „Woher Geld für Lottospiel? Welches Mittel wenden wir an, um glückliche Nummern zu entdecken?“ Welche für uns unfaßbare Ausdehnung diese Leidenschaft besitzt, welche heillosen Wirkungen dieselbe in sittlicher Hinsicht ausübt, davon überzeugt sich leicht ein jeder, der auch nur wenige Blicke in das hiesige Volksleben gethan hat. Man besuche die Städte Süditaliens, man versuche, jene zahllosen Räume zu zählen, über deren Eingang man die Worte liest: „Banco del Lotto“. Allein in der Stadt Neapel befinden sich, wenig gerechnet, zweitausend Räume und in allen Städten ist nach Verhältnis die Zahl ebenso groß. Warum schreibt man nicht an jede Thür eines solchen Raumes das Wort Dante's, mit welchem er sein Lied vom Inferno beginnt: „Lasciate ogni speranza, chi entrate? *) — Wie sehr in den südlichen Provinzen der Lottowahnsinn überwiegt, wird durch offizielle Zahlen bewiesen. In der Provinz Caserta bringt das Lotto jährlich zwei Millionen, in der Provinz Foggia eine Million, in der Provinz Salerno über eine Million, in der Provinz Neapel vierzehn Millionen. Dies Staatslotto wird vom Volk des Südens als giuoco grande (großes Spiel) bezeichnet, aber dies genügt dem blinden Volkswahn nicht. Der letztere hat auch sein giuoco piccolo. Es giebt zahllose Privatpersonen, dunkle Ehrenmänner,

*) Die ihr eintretet, laßt die Hoffnung schwinden.

welche im geheimen Lottobanken halten, wo der Einsatz geringer ist als im Staatslotto, wo also die Hefe des Volks, die aber nach Millionen zählt, ihre Centesimi opfert und wo die Glücksnummern des Staatslotto als maßgebend betrachtet werden (Kap. X). Natürlich betrachtet der Staat jene dunklen Bankhalter als seine Feinde und straft sie mit Zuchthaus. Das Volk aber sieht in jenen Biedermännern seine Wohlthäter. Viele derselben gelten dem armen Volk etwa ebenso viel als die schützenden Heiligen. Im Jahre 1881 entdeckte die Polizei im ganzen Königreiche siebenhundertneunundachtzig jener dunklen Lottobankhalter und davon zweihundert siebenunddreißig in der Stadt Neapel.

Das Auffinden glücklicher Lottonummern ist längst zum Range einer Wissenschaft erhoben, welche der Haruspicin und Astrologie im heidnischen Rom nicht nachsteht. Wir nennen zuerst die Träume. Letztere gelten überhaupt als Orakel und hat sich diese uralte Anschauung, welche die Kirche, wie oben gezeigt, in ihren Bereich aufnahm, nie verloren. Wie einst Götter nnd Dämonen (Untergötter) im Traum erschienen, so jetzt die Heiligen. „Auch Träume ja kommen von Zeus her“, sagt Achilleus (Ilias I, 63). So denkt man noch heute und wähnt, daß die Heiligen, deren Gunst man z. B. durch Kerzen erwarb, Träume senden, deren Sinn der Kundige enträtselt. „Aber wohlan, fragt einen der Opferer oder auch Traumausleger“ (Ilias I, 64). Als einen solchen lernen wir in den folgenden Strophen Kalchas kennen, den Apollo mit der Fähigkeit eines wahrsagenden Geistes begabt hatte. Wir werden bald mehr, als einen heutigen Kalchas kennen lernen und sehen, daß derselbe ebenso viel Vertrauen genießt und ebenso sicher Träume deutet als jener. Athen hatte viele Oneirokritai, Traumausleger, Rom nicht minder, das heutige Neapel und alle Städte des Südens ebenso. Was man nun im Traum geschaut, läßt sich in Zahlen umsetzen, denn das Wesen der Dinge ist nach Pythagoras die Zahl, Zahlen aber will das Volk jede Woche für das Lottospiel. Jeder in die Mysterien der Träume etwas Eingeweihte kennt tausende von Deutungen. Ein junger Mann träumt, daß er einem Begräbnis eines Verwandten beiwohnt und weiß beim Erwachen, daß er sich bald verheiraten wird, Heirat aber ist, in Zahl ausgedrückt, 22. Man träumt, daß man Freunde küßt, Bedeutung: Tod der letzteren, macht die Zahl 4; man träumt, daß man Feinde küßt, Bedeutung: Glück, macht Zahl 69; man träumt, daß man einen Toten küßt, bedeutet langes Leben, also Zahl 27. Man träumt, daß man einen Schatz von Gold und Silber findet, Bedeutung: Verlust, also 4. Man träumt von einem Kruzifix, also 33 (die Zahl der Lebensjahre Christi). — Können auf diese Weise himmlische Mächte ihren Günstlingen zahlenvolle Träume senden, so natürlich auch Zahlen ohne Umschweif. Äskulap offenbarte, wie wir wissen, seinen Klienten durch Träume geeignete Heilmittel, warum sollten nicht die Heiligen vom Nutzen des Lotto überzeugt sein und einfache, klare Zahlen im Traum offenbaren? Denken wir uns, daß schon die heidnischen Römer das Institut des Staatslotto erfunden und eingeführt hätten, so würde natürlich irgendeine Gottheit dasselbe unter ihren Schutz genommen haben, welche dann von den heidnischen Lottospielern angerufen worden wäre. Es blieb der „Kirche" vorbehalten, solche Gottheit für das Lotto zu schaffen! In Neapel ist es vorzugsweise der heilige Pantaleon, welcher Nummern verleiht und deshalb angerufen wird. Aber ein jeder traut auf die Güte seines Schutzheiligen, welchem er mit spezieller Devotion ergeben ist. Ganz besonders aber hofft und erfleht man solche Wohlthat von einer der verschiedenen Madonnen. Die Madonna ist ja eine gute Mutter, welche gern das Glück ihrer Kinder fördert. Schon Herodot sagt, daß die guten Dämonen Spender von Glück und Reichtum sind. Die Heiligen also offenbaren im Traum klar und deutlich glückliche Lottonummern. Dasselbe thun die Geister abgeschiedener Verwandte. In ganz Süditalien gehört es zu den gewöhnlichen Dingen, daß ein solcher guter Genius im Traum erscheint und Lottonummern offenbart. Hier liegt jene antike Anschauung zugrunde, welche die Seelen abgeschiedener Angehörigen als wohlthätig wirkende Kräfte ansah. Diese im Volksleben festgewurzelte Anschauung kümmert sich nicht um das kirchliche Dogma. Letzteres läßt die Seelen der Abgeschiedenen im Purgatorium, d. h. Fegfeuer, weilen und nirgends hat die Kirche denselben einen zeitweiligen Besuch bei ihren Angehörigen verstattet. Der Glaube des Volkes aber giebt jenen Seelen solche Erlaubnis und merkt nicht den Widerspruch, welcher zwischen jenem kirchlichen Dogma und diesen Traumbesuchen stattfindet. Die Verstorbenen sind in den Augen ihrer lebenden Angehörigen Wesen höherer Art, sie lassen sich erbitten, und zu diesem Zweck ist es wohlgethan, nur Gutes von ihnen zu reden und zu denken. Eine arme Witwe sagte mir einst mit feuchten Augen: „Nun hat mein Mann alles wieder gut gemacht, er erschien mir im Traum und brachte mir Nummern, ich hab' sie gespielt, habe gewonnen und bin nun aus aller Not", dann fuhr sie fort: „o welch' ein guter, lieber Mann, wie hat er nun gesorgt für Frau und Kinder". So erzählte die glückliche Witwe und erwähnte kein Wort davon, daß diese Fürsorge etwas spät, nämlich erst nach dem Tode des „guten" Ehemannes begann. Vorher hatte er Weib und Kind schlecht behandelt und erstere, wie in niederen Ständen üblich, oft geschlagen.

Um nun einen jeden Traum auszulegen und seine Zahlenbedeutung zu bestimmen, genügt zwar in vielen Fällen die eigene Kunde, aber doch nicht immer, denn es giebt ja auch doppelsinnige Träume, schwieriger als der eines Pharao. Vielfach kommt es ja darauf an, dasjenige zu bestimmen, was im Traum als bedeutsame Hauptsache zu gelten hat. Da leisten nun die Traumbücher denjenigen erwünschte Dienste, welche die Kunst des Lesens verstehen oder die rohen Abbildungen in diesen Büchern zu deuten wissen. Das heidnische Rom besaß, wie oben bemerkt, das Traumbuch des Artemidorus und offenbar stehen die Traumbücher Neapels mit diesem in Zusammenhang, jedoch mit dem Unterschiede, daß Artemidorus keine Rücksicht auf das Lotto zu nehmen hatte, also nicht gezwungen war, die Traumgegenstände auf ihren Zahlenwert zu untersuchen. Nun tritt freilich sehr häufig der Fall ein, daß ein durch Träume Beglückter des Lesens unkundig ist, kommen doch in Neapel auf je hundert Seelen fünfundsechzig Analphabeten, in manchen Gegenden Calabriens sogar über achtzig. Ein Analphabet ist natürlich genötigt, sich an einen Kundigen zu wenden. Wir werden solche Mathematiker bald kennen lernen.

Das römisch-heidnische Menschenleben nahm, wie wir oben gesehen haben, Orakelstimmen aus den zahllosen Begebenheiten des täglichen Lebens, welche als Vorbedeutungen enthaltend angesehen wurden. Diesen Glauben hat das Lottospiel in ganz Süditalien in einer wahrhaft erstaunlichen Weise zu neuem Leben erweckt. Alle Ereignisse sind den Menschen des Südens bedeutungsvoll, sie alle orakeln ihm glückliche Zahlen für das Lotto. In zahllosen Fällen begegnet diese Thatsache öffentlich auch demjenigen, welcher zur Beobachtung keine Neigung verspürt. Erläutern wir dies durch ein Beispiel. Im Oktober vorigen Jahres war bekanntlich Kaiser Wilhelm II. in Neapel und hielt seinen Einzug unter brausendem Jubel des Volkes. Wenige Tage darauf spielte der gesamte Populus Neapolitanus auf Kaiser, König, Volk, Schwert, Freude, d. h. man nahm die Nummern, welche durch jene Personen und Dinge ausgesprochen werden. Am 14. Juni dieses Jahres war König Umberto in Neapel und besichtigte einen der neuen Stadtteile, von vielem Volk mit Jubel begrüßt. Da fiel von einem neuen Hause ein Stück des Gesimses nieder und traf unglücklicherweise tödlich einen Priester. Wie ein Lauffeuer verbreitete sich dies Ereignis in der ganzen Stadt und wie immer in solchen Fällen bildeten sich große und kleine Gruppen, welche den Orakelwert dieses Ereignisses untersuchten. An demselben Tage ward allseitig gespielt auf König, Priester, Volk, Blut, Unglück.

Im Mai 1883 geschah in Neapel folgendes: „Die Leiche eines eben gestorbenen Mannes ward zur Beerdigung zum Campo santo geschafft, mußte aber bis zum Ablauf der gesetzlichen Frist noch kurze Zeit in ein Leichenzimmer daselbst gestellt werden. Bei diesem Anlaß glaubten die Wärter die Wahrnehmung zu machen, daß der angeblich Tote nur scheintot sei, und benachrichtigten schleunig die zuständige Stadtbehörde. Diese begab sich sofort mit zwei Ärzten und der Witwe des Verstorbenen zum Friedhof. Die Nachricht von dieser Begebenheit verbreitete sich bald in einem Teil der Stadt, bald in einem zweiten und einem dritten, und zugleich wollte man allgemein wissen, daß der Verstorbene in der That zu neuem Leben erwacht sei. Am nächsten Morgen wußte die ganze Stadt von der Sache und die Gerüchte schienen dadurch eine Bestätigung zu finden, daß jene zwei Ärzte sich einander in ihrem beiderseitigen Gutachten widersprachen, indem der eine den Tod als vorhanden behauptete, der andere dagegen dem widersprach und deshalb eine Beerdigung nicht stattfand. Tausende und Abertausende strömten zum Friedhof, nicht etwa aus christlicher Teilnahme mit der neben ihrem Manne ausharrenden, weinenden Frau, sondern um aus diesem Vorfall einen pekuniären Vorteil zu ziehen.

Sofort spielte man im Lotto auf dreierlei: Friedhof 1, Weinen 48, Aufleben 67. Kurz vor der Ziehung ward öffentlich bekannt, daß der Tote wirklich tot sei und fand man es unter diesen Umständen ganz in der Ordnung, daß die Nummern nicht gewannen. Als vor einigen Jahren der Soldat Misdea füsiliert wurde, riß man nach der Exekution Stücke von dem Strick an sich, der den Verurteilten gefesselt hatte, um dieselben als hilfreiche und schützende Reliquien zu bewahren, man spielte auch Nummern. Misdea ward zum Orakel! Als vor fünf Jahren die Cholera anfing, sich in Neapel bemerkbar zu machen, entstand ein wilder Aufruhr, weil die Behörden Polizei und Ärzte in die verdächtigen Stadtquartiere sandten. Wild erregte Volkshaufen trieben jene zurück und bald scharte man sich zu einer Prozession, in der eine Madonna getragen wurde. Sofort spielte man: Madonna, Volk, Arzt, Polizei, Kampf, d. h. die betreffenden Nummern, und als die Ziehung geschah, da donnerte brausender Jubel, denn vier Nummern der besetzten waren glücklich! Da ward am Sonntag auf zahlreichen Plätzen in und vor der Stadt eines jener Bacchanale gehalten, wie man solche nur im Süden kennt. Verfasser, von einer Reise heimkehrend, sah es mit eigenen Augen. Am darauffolgenden Tage aber entfaltete der Würgengel seine düsteren Flügel und die Cholera, das „schwarze Gespenst“, tötete alsbald bis zu tausend Personen täglich. Dies sind Beispiele von besonders großen Ereignissen. Natürlich giebt es andere, die nur für einen kleineren Kreis oder nur für den einzelnen Bedeutung haben. — Sehr oft werden die so gewöhnlichen Blutthaten oder allerlei Unfall als Orakel benutzt, und dabei gehört es zu den allergewöhnlichsten Dingen, daß die von solchen Thatsachen angezeigten Nummern am Eingang der Lottobuden zu lesen stehen! Die Lottobeamten treten also als Orakeldeuter auf und entnehmen jenen Ereignissen die geweissagten Nummern! Allem Volk wird dadurch empfohlen, auf jenen Mord, auf jenes Unglück zu spielen! — Manch' liebes Mal las Verfasser solche orakelhafte Ladung, etwa so: Dolch, Blut, Volk, Polizei, Tod. (Bei einer jeden dieser Bezeichnungen muß sich Leser die entsprechende Zahl hinzudenken.) Dann liest man an denselben Stellen jedesmal bei Festen die empfohlenen Zahlen, z. B. bei Ostern, Weihnacht u. s. w. Jene Beamten werden als Traumdeuter vielfach befragt.

Wie die Auguraldisziplin u. s. w. den Rang einer Wissenschaft einnahm, so auch das Lottoorakel, und alle seine Lehren sind in einem Buch enthalten, welches in Süditalien das allerbekannteste ist.

Dies Buch trägt den Namen Smorfia. Genannter Name kommt aus der griechischen Sprache, Morfe, die Gestalt, und bedeutet in der italienischen Bildung mit dem vorgesetzten S das Gegenteil von Morfe, nämlich die Fratze (die entstellte Gestalt). Die Sprache Süditaliens hat in Hinsicht kirchlicher Ausdrücke griechische Elemente bewahrt und es ist rätselhaft, daß hier bei jenem Orakelbuch ebenfalls die hellenische Sprache sich zeigt. Jener Name entstand wahrscheinlich durch die rohen, fratzenhaften Bilder in demselben, vielleicht auch deshalb, weil der Unkundige und der Analphabet beim Anschauen der Blätter dieses Buches — — — Fratzen schneidet! Fragt man einen Neapolitaner, ob er je in seinem Leben eine Bibel gesehen, so wird er diese Frage verneinen, fragt man ihn, ob er die Smorfia kennt, so wird ein freudiges Ja antworten. Die Bibel ist verboten, die Smorfia nicht.

Das genannte Buch ist auf der Straße überall käuflich und kostet wenig. Papier und Druck sind aber auch danach! — In Deutschland findet man in einem Caffé meist einen Adreßkalender, in Süditalien aber ganz andere Dinge.

Wir begeben uns in die Winkelquartiere von Altneapel und treten in ein schmutziges Caffé, wo wir uns zum Sitz einen gebrechlichen Holzstuhl erwählen. „Gebt mir eine gewöhnliche.“ Der Kaffeewirt giebt uns eine große Tasse mit einem Getränk, welches wir wegen angeborener Höflichkeit mit dem Namen Kaffee beehren. Eine „gewöhnliche“ kostet zwei Soldi (zehn Pfennige).

Wir können die Sache aber auch billiger machen, indem wir sagen: „Gebt uns eine halbe in einer großen.“ Dann erhalten wir dieselbe große Tasse, aber nur halb mit jenem schwarzen Gebräu gefüllt. So hat es den Schein, als hätten wir die gewöhnliche, wie sich für einen Galantuomo (feiner Mann) gebührt, gefordert; die Leute sehen die große Tasse, wissen aber nicht, daß sie nur halbvoll war und nur einen Soldo kostet. Dort steht ein schmieriges Faß mit pulverisiertem Zucker und unter demselben ein ebenso schmieriges Buch, in Schweinsleder gebunden. In diesem Buch kann man die großen Weltgeheimnisse der Zahlen lesen, dort steht es, was alles zu bedeuten hat, mag nun etwas am Sternenhimmel oder auf Erden passieren. Dies Buch ist das Buch der Zahlenorakel, die allgepriesene Smorfia, der neapolitanische Koran.

Auch gebildete Frauen lesen im Süden wenig, aber zwei Bücher fehlen ihnen wohl nie: Das Gebetbuch und daneben die Smorfia! — Die vornehmen römischen Damen der Kaiserzeit hatten astronomische Tagestabellen auf ihrem Tisch, um sofort die Bedeutung der Konstellation der Sterne bestimmen zu können (Juv. Sat. VI, 572), süditalische Damen entnehmen aus ihrer Smorfia die in Zahlen ausgedrückte Bedeutung alltäglicher Ereignisse. Freilich das meiste in dieser Hinsicht weiß auch der Analphabet auswendig und mit Staunen hört man dies auf der Straße. Ein durchgehendes Pferd, ein brechendes Rad, ein heftiger Streit ꝛc. alles dies wird Anlaß, daß man einander Nummern zuruft und Kinder sind schon früh in das Orakelmysterium eingeweiht. Kürzlich saß ich in einem Tramwagen, der so heftig mit einer Karre kollidierte, daß ein Stück des ersteren zerbrach. Sofort entstand hinter mir das Gespräch über die Orakelbedeutung. — „Venti due!“ so der eine, andere aber machten andere Zahlen geltend. Da die Lottozahlen nur 1—90 umfassen, so ist klar, daß auf jede Zahl viele Namen für Personen und Sachen entfallen. Die Zahl 90 ist der Orakelgehalt für Soldat, Äbtissin, Überschwemmung, Schande, Unglücklicher, Volk, u. s. w. Vor mir liegt eine der vollständigsten Ausgaben, die ich von irgendeinem der vielen Straßenbuchhändler, die ihre Bücher unter freiem Himmel anbieten, kaufte. Seite 1 bis 273 ist ein Verzeichnis solcher Dinge, Personen und Ereignisse, die in Süditalien dem Wandelnden zu begegnen pflegen, jedes hat seinen Zahlen-Orakel-Wert neben sich, dann folgen Städtenamen, mythologische Namen, dann seltsame Bilder, hierauf Seite 316 bis 337 eine Deutung der Träume. Hier liest man z. B.: Auf Steinen gehen bedeutet ein Übel, 89. — Edelsteine besitzen bedeutet Unglück, 37. — Neue Stiefel haben bedeutet Gewinn, 58. — Schnell laufen zeigt Glück an, 63. — Dunkler Mond bedeutet Leidenschaft, 1. — Von jetzt wird das Buch so mystisch tief, daß der Leser allerdings nicht ohne Gesichtsveränderung weiter studiert. Es folgen geheimnisvolle Figuren, Berechnungen, Tabellen, erfunden von großen Philosophen, Rutilius von Calabrien, Picus von Mirandola u. a., und bemerken wir, daß unsere Smorfia die Weisheit antiker Astrologie nicht verschmäht. Wir lesen z. B.: Es ist unbestritten, daß die Gestirne auf die irdischen Angelegenheiten starken Einfluß ausüben. — Dann folgen Zaubernummern, günstige und ungünstige Tage, endlich Zahlenoffenbarungen der Sibylle, sowie des Zoroaster, der seine Mysterien einer Pyramide anvertraut hatte, sowie die Zahlenorakel des allberühmten Philosophen R. Benincasa. — Athen hatte ähnliche Bücher, von denen z. B. Plutarch im Leben des Cato, 3, sowie im Leben des Aristides, 27, spricht.

Die Smorfia gewinnt eine Art offiziellen Charakters dadurch, daß sie sich in den Räumen der Staats-Lottobanken findet, wo man sie nachschlagen und von dem Beamten Auskunft aus derselben erhalten kann. Den dort fungierenden Beamten nennt das Volk Postiere, d. h. Postmeister. (Er sendet die Aufträge seiner Klienten zur Göttin Fortuna.)

Wem das Orakel der Smorfia nicht genügt, der kann sich an einen der vielen Bettelmönche wenden, ihm auf der Straße einen Kuß auf die Hand, eine Kupfermünze in die Hand geben und dafür Nummern erwarten. Das Volk traut den Mönchen höhere Begabung zu und glaubt ihnen ebenso, wie die heidnischen Römer den „Chaldäern“ und „Mathematikern“, den Winkelastrologen und weissagenden Juden.

Wem die schmutzigen Bettelmönche nicht konvenieren, dem stehen zahlreiche andere Lotto-Orakelspender zugebote, nämlich in erster Linie die sogenannten Assistiti, d. h. die Beigestandenen. Um dies Wort zu verstehen, muß man ergänzen: dagli spiriti, von den Geistern. Wir haben es also mit solchen zu thun, die durch Beistand der Geister Offenbarungen erhalten! Sie legen Träume aus, ihnen stehen Glücksnummern zur Verfügung. Ihre Zahl (es sind Weiber und Männer) ist z. B. in Neapel eine große und manche betreiben dies „Geschäft" zum Broterwerb. Nicht minder angesehen ist ein solcher, welcher sich den Titel Cabbalista beilegt und sich mit demselben in ein geheimnisvolles Helldunkel hüllt. — Das Wort Cabbala ist hebräisch und bedeutet Überlieferung. Gemeint sind jene aus dem heidnischen Orient stammenden, mit Zauberei verbundenen mystischen Geheimlehren, die man bis auf Adam zurückführte und welche im Mittelalter durch schriftliche Dokumente bekannt wurden. Juden pflegten diese Geheimlehren, Christen kultivierten sie weiter, wie z. B. Raimund Lullus und Pico della Mirandola. Geheimnisvolle Dinge barg man unter Zahlen und legte den Dingen Zahlenwert bei. Letztere Bemerkung erklärt uns die Zahlen der Smorfia.

Alle diese Assistiti und Cabbalisten erinnern an jenen Orakelspender, den wir aus dem Lucian zu Anfang dieses Kapitels kennen lernten.

Es ist indes ein Unterschied vorhanden. Der Beruf dieser vielen Orakelspender ist nämlich mit der Gefahr verbunden, daß sie zum Lohn für ihre edlen Bestrebungen zu Märtyrern werden, und zwar durch ihre Klienten. — Im Herbst 1879 ward ein alter Kapuziner, der sich weigerte, gewissen Leuten Nummern zu geben, eingesperrt und grauenhaft mißhandelt, um ihn zum Zahlenorakel zu zwingen. Die Polizei fand ihn, brachte ihn ins Krankenhaus, kurz vor seinem Ende sagte er die „Numeri", diese wurden in Neapel bekannt und Verfasser wird nie jene damals herrschende Aufregung vergessen. Jeder besetzte diese Nummern und diese gewannen! Solche Dinge befestigen den Orakelglauben stets aufs neue. Im Juli 1885 ward ein berühmter Cabbalist namens Pietro, genannt der Krumme, von einem gewissen Penta aus demselben Grunde eingesperrt und auf Wasser und Brot gesetzt. Diese Sache ward vor das Tribunal gebracht und da kam ans Tageslicht, was der Krumme jenem Penta erzählt, und was letzterer geglaubt hatte. Er hatte berichtet von seinem großen Meister, der einen Zauberkreis geschlossen und die „Gottheit der Zahlen“ citiert habe, diese sei erschienen und habe Glückszahlen offenbart. — Im Januar desselben Jahres ward bei Benevent ein armer Eremit, der im Rufe der Heiligkeit und Orakelweisheit stand, von Bauern elendig mißhandelt und lange Zeit in einem feuchten Loch gefangen gehalten, im vorigen Jahr geschah Ähnliches mit einem gewissen G. Lionessa, der in Bitonto (Apulien) als angesehener Assistito lebte. Im selbigen Jahre ward ein gewisser Amato, angesehener Cabbalist in Neapel von seinen unzufriedenen Klienten auf der Straße mißhandelt. — In der Nähe von Salerno geschah unlängst folgendes: Ein Priester auf dem Lande besaß nach dem Glauben der Umgegend die Gabe, glückliche Nummern nennen zu können und genoß dadurch das Vergnügen, daß seine Wohnung nie von vortrefflichen Schinken, fetten Truthühnern und sonstigen angenehmen Gaben leer wurde. Plötzlich fängt er an, sich fernerer Nummernangabe zu weigern, darob heftiger Zorn und Verschwörung seiner Klienten, welche ihn schließlich gewaltsam einsperren, um auf diesem nicht mehr ungewöhnlichen Wege ihr Ziel zu erreichen. Der Priester klagt bei Gericht, die Sache kommt zur Verhandlung, und als diese beendet ist, nimmt der Richter den Priester vertraulich beiseite, ein leises Zwiegespräch entwickelt sich und der Leser kann sich den Inhalt denken. Es handelte sich um die Bitte: Sagt mir ein paar Nummern. Als nun der Priester das Gerichtsgebäude verläßt, wird er ebenso von den Gerichtsdienern beiseite genommen, wieder eine vertrauliche Unterredung, wieder eine kleine Gefälligkeit einiger Glücksnummern. Leider ist der Verfasser nicht imstande, zu künden, ob diese Nummern sich als glückliche erwiesen haben. Es scheint, als wenn der Ruhm solcher Märtyrer andere nicht schlafen läßt. Kürzlich hat sich ein neuer Cabbalista bekannt gemacht und einen Prospekt erlassen mit der Überschrift La Scienza divinitoria, die Weissagewissenschaft, und bietet sofort Proben seiner mystischen Zahlenlehre. — Eine Unzahl anderer Cabbalisten erläßt jeden Sonntag in einem Tageblatt Annoncen über Orakelwissenschaft und meldet immer neue, immer tiefsinnigere Schriften, immer neue philosophische Geheimlehren, von Philosophen entdeckt, von Mönchen bewahrt, von untrüglicher Wirkung. Wer solche Zustände mit denen des antiken Lebens vergleicht, findet keinen wesentlichen Unterschied zwischen einst und jetzt.

Die Kirche, welche vor fünfzehn Jahrhunderten manchem heidnischen Wesen auf Synoden, wenn auch meist erfolglos, entgegentrat, schweigt heutzutage zu dem in ihr vorhandenen Heidentum. Gefühl, Verständnis, Beurteilung sind ihr abhanden gekommen, und als kürzlich die erzbischöfliche Kurie Neapels eine Synode berief, hat sich keine Hirtenstimme vernehmen lassen, aus der man auf ein Verständnis für die wichtigen Fragen des geistigen Volkswohles hätte schließen können. — Die Kirche läßt das Volk im Heidentum fortvegetieren und nimmt dabei das von uns eben geschilderte Stück desselben unter ihre Pflege. Wir werden im folgenden Kapitel zeigen, wie die Kirche das heidnische Orakelwesen in den Organismus ihres öffentlichen Kultus aufgenommen, also dasselbe feierlich sanktioniert hat.

Das Resultat unseres Kapitels läßt sich in diesen Satz zusammenfassen: Eine Kirche, welche dem Volk die Bibel nimmt und die Smorfia läßt, trägt das Zeichen eines tiefen Verfalls in den Augen aller derer an sich, welche Augen haben zu sehen und ein Herz, um ein von solcher Kirche geleitetes Volk zu bemitleiden.

Neuntes Kapitel.

Das Blutwunder.

Es handelt sich zunächst um zwei Akte eines großen Prozessionsschauspiels in der christlichen Stadt Neapel. Solche Schauspiele bot auch das hellenisch-römische Leben, z. B während der großen Feste zu Eleusis bei Athen, oder beim Beginn der Zirkusspiele in Rom. Wer Beschreibungen solcher antiken Prozessionen gelesen, wird zwischen letzteren und der im vorstehenden Kapitel dargestellten eine so auffallende Übereinstimmung finden, daß er auf den Gedanken kommen könnte, es seien für die vorstehende Darstellung jene aus der antik-heidnischen Zeit uns erhaltenen Darstellungen benutzt worden. Es sei daher ausdrücklich bemerkt, daß die Schuld solcher seltsamen Übereinstimmung der Kirche zur Last fällt, welche ihre Prozessionsschauspiele nach dem Muster antik-heidnischer Schauspiele einrichtet. Die Kirche weiß von solcher Übereinstimmung nichts, überhaupt ist die Kenntnis des klassischen Altertums nirgends schwächer, als bei den Gebildeten im Bereich des klassischen Bodens Italiens. — Das in unserem Kapitel zu schildernde Prozessionsschauspiel gelangte nicht am 4. Mai des Jahres 89, sondern am 4. Mai des Jahres **1889** zur Aufführung, nicht im heidnischen Athen oder im heidnischen Rom, sondern im römisch-katholischen, also christlichen Neapel.

Im Dom daselbst ordnet sich der aus Klerikern und Laien bestehende Festzug und bei diesem Geschäft herrscht ein durch heiteres

Geplauder gemäßigter Ernst. Durch die Hallen der Kirche donnern die völlig unkirchlichen Klänge des nationalen, bei Parademärschen u. s. w. üblichen Königsmarsches. Schon das antike Leben kannte keinen Unterschied zwischen weltlicher und geistlicher Musik. Daß dies bis heute so geblieben, hat Verfasser im Süden tausendfältig bemerkt. Die Dompforten öffnen sich, die Prozession tritt ins Freie. Voran das Kreuz, dann Kleriker, dann die Musik, dann Laienbrüderschaften in langen weißen Gewändern, und jetzt unter einem seidenen Baldachin St. Gennaro, nämlich seine auf vergoldeter Basis getragene silberne, vergoldete Halbbüste, bekleidet mit goldgesticktem Mantel, angethan mit einer über und über von den kostbarsten Edelsteinen besetzten Bischofsmütze, um den Hals Ketten des kostbarsten Geschmeides.

Silberne, auch vergoldete Statuen der Götter kannte schon das römische Altertum, wie uns nicht wenige Inschriften dies berichten. Meistens waren solche Kunstgebilde Weihgeschenke dankbarer Seelen. Vielfach ließ man nur das Gesicht vergolden (also genau wie bei St. Gennaro), oder auch den Bart, oder das Haar. Ebenso war es üblich, die Statuen der Götter mit kostbarem Geschmeide zu schmücken, mit Perlen, Smaragden u. s. w. — Serena, die Gemahlin des Stilicho, nahm in Rom vom Halse einer Göttin ein kostbares Halsband, und gleichfalls zu Anfang des fünften Jahrhunderts erkaufte die Stadt Rom die Befreiung von einer Belagerung durch Kleinodien seiner Götter, wobei es allgemeinen Schmerz erregte, daß die goldene Statue der Göttin Virtus eingeschmolzen wurde. Dieselbe Stadt besaß goldene und silberne Statuen des Kaisers Domitian, welche bekanntlich beim Tode dieses Tyrannen ebenso umgestürzt wurden, wie der Populus Romanus dies anno 1559 mit der Statue des Papstes Paul IV. machte.

Durch dichtgedrängte, wogende Volksmassen hindurch bewegt sich die Prozession mit St. Gennaro, dem obersten Patronus der Stadt, dem „Defensor et Tutelaris urbis“, wie er in öffentlichen Inschriften heißt, zur Kirche St. Chiara. So will es ein alter Brauch. Es wird dies als ein Besuch betrachtet, wodurch der hochgestellte Heilige jener Kirche eine Ehre erweist. Dergleichen

Besuche sind in vielen Städten Süditaliens üblich, und wenn man den hohen Wert kennt, den die Bevölkerung auf sogenannte Anstandsbesuche legt, sowie, welche Bedeutung die Statuen und Bilder der Heiligen haben, so werden jene Besuche erklärlich. Verfasser hat auch Besuche anderer Art gefunden, wobei die Heiligen nicht zu einander, sondern in die Häuser ihres Schutzbezirks kommen, um einige Tage in jedem zu weilen. In dieser doppelten Hinsicht bin ich den Heiligen begegnet und erhielt von den Trägern jedesmal genaue Auskunft.

Jüngst begegnete ich dem St. Bambino (Jesuskindlein), welcher auf dem Wege zu einer Familie war, wo derselbe der Reihenfolge gemäß eine Woche weilen sollte. — Ob die Heiligen des antiken Heidentums einander besuchten, wissen wir nicht, sofern es sich nämlich um die Statuen handelt. Im übrigen ist vom Besuchsverkehr der Götter bei den Dichtern bekanntlich viel die Rede.

Der erste Akt unseres Prozessionsschauspiels ist zu Ende, der zweite gelangt jedesmal am Nachmittag desselben Tages zur Darstellung.

Gegen fünf Uhr setzt sich vom Dom aus eine Riesenprozession in Bewegung, welche heutzutage schwerlich irgendwo ihresgleichen findet. Die einundvierzig übrigen Stadtpatrone Neapels müssen sich gleichfalls nach St. Chiara begeben, wo sich der Patronus principalis befindet, wie oben bemerkt. Einundvierzig Silber-Halbstatuen werden auf vergoldeten Basen von Mitgliedern der Kongregationen getragen, eine verdienstliche Ehrenleistung. Der Klerus der Stadt, das Domkapitel, viele Brüderschaften, zahlreiche Musikbanden, unabsehbare Volksmassen beteiligen sich an diesem heiligen Zuge, der sich durch dichtgedrängte Haufen, von zahlreicher Schutzmannschaft begleitet, langsam fortbewegt. Eine merkwürdige Gesellschaft, jene einundvierzig! — Vertreter aller christlichen Jahrhunderte sehen wir unter ihnen, auch solche, die keinem Jahrhundert angehören, weil sie nie existiert haben, als z. B. St. Anna. Aber gerade diese nimmt in jener Reihe eine hervorragende Stellung ein. Sie ersetzt den süditalischen Ehefrauen in wichtigen, ernsten Lebensstunden die römische Juno. Wichtig ist auch die mythische St. Lucia, die große Ärztin für die Augen, sowie St. Michael ein Ersatz für den Schlangentöter Apollo und den Seelenführer Merkur. Die zwölf Apostel sehen wir nur durch St. Filippo vertreten, aber dieser gehört zu den allerletzten, St. Pietro und St. Paolo fehlen; um den ersten hat sich Neapel wenig, um den letzteren fast gar nicht gekümmert. Von biblischen Personen sehen wir St. Johannes den Täufer, der hier einst ein großer Santo war, jetzt aber wenig bedeutet. Die Römer machten einen Unterschied zwischen gewissen (certi) und ungewissen (incerti), also halbvergessenen Göttern. Zu den Zeiten Ciceros waren schon manche Gottheiten früherer Zeit wegen der vielen neuen Götter vergessen. Dieselbe Erscheinung wiederholt sich heutzutage, und obgleich die alten Santi sich einst so trefflich bewährten, vermehrt doch der Vatikan die Zahl der christlichen Halbgötter fortwährend. Ferner sehen wir St. Joseph, einen hochgeehrten Santo, der im Paradiso der Santi (Elysium der Heroen) eine Hauptstelle einnimmt. Unter jenen einundvierzig hat jeder und jede eigentümliche Attribute, auch einen allgemein gültigen Typus. Bei den Hellenen hatte sich der Typus für die einzelnen Götterbilder nach und nach gebildet, ebenso ist's in den Werkstätten jener sogenannten Künstler geschehen, welche die Statuen der Santi formen. Einer der neuesten Patrone ist St. Alfonso Liguori, der mit Porträtähnlichkeit dargestellt wird, nämlich mit einem Jesuitenangesicht und süßlich geneigtem Haupte, ein abschreckender Anblick. Da sieht man lieber das Heidenbild eines Zeus oder Apollo. Was würden die Hellenen sagen, wenn sie das Bild der St. Anna sähen, als alte Frau mit Runzeln dargestellt!

Unter jenen einundvierzig besteht eine Rangordnung, denn sieben stellen die Elite derselben dar. Jeder dieser sieben hat an seiner Statue reichen Blumenschmuck und viele Kerzen, die übrigen wenig dergleichen. Auch unter den Göttern des Olymp war ein Ausschuß, gebildet von Jupiter, Juno und Minerva.

Wiederholt hat Verfasser diese Prozession gesehen und dabei stets dieselben Dinge bei den Massen der Zuschauer wahrgenommen. — Kommt ein großer, allgemein verehrter Heiliger, so ruft man laut den Namen desselben, man grüßt und winkt, man bezeugt seinen Respekt. Dort kommt St. Biagio (Blasius), der christliche Äskulap für Kehlleiden. Zahlreiche Rufe: O mio caro, mio bello! Ich sah eine Mutter, die ihr Kind dem Santo zeigte und rief: Heile mir meinen Knaben! Der Heilige geht weiter, sein Bischofshut neigt sich; ob er die Bitte jener Mutter erfüllt? Er thut ja so viele Wunder, wie alle Votivfiguren in seiner Kirche beweisen! — St. Antonio, St. Antonio! Mütter zeigen den Kindern diesen großen Heiligen, dessen Fest der ganze Süden kennt. Grüße, Winke, aus den Fenstern ein Regen von Blumen, der den Santo bedeckt. St. Antonio fatemi la grazia! so hörte ich einen älteren Mann rufen. Der Heilige ging weiter, der Mann rief im Dialekt den alltäglichen Gruß nach: St. Antonio, stateve buon, d. h. gehabt euch wohl! — Manche Heilige gehen unbeachtet vorüber, St. Agostino mit seiner Mutter Monica, St. Athanasio, St. Emilio, St. Rosa, aber dort St. Pasquale! — Das ist ein berühmter Heiliger, ihn kennt und nennt tausendfältig die Schar neapolitanischer Mädchen, welche gern das Brautgeschmeide anlegen möchten.

Den Beschluß der Prozession bildet ein Baldachin, unter demselben der Erzbischof, welcher das Palladium der Stadt trägt, nämlich ein vergoldetes Gefäß mit den Blutfläschchen des St. Gennaro. Mit tosendem Lärm drängen die Volksmassen hinterher.

So oft Verfasser diese Prozession schaute, ward sie ihm immer wieder ein lebendes Bild, welches ihm jene Riesenprozession, mit welcher die Zirkusspiele in Rom eröffnet wurden, vor Augen stellte. Großartig waren die Vorbereitungen, welche den genannten Spielen, zu denen hunderttausende als Zuschauer kamen, vorangingen; großartig das Schauspiel selbst, bestehend in Wagenrennen, großartig die religiöse Zeremonie, welche gleichsam die Ouverture bildete. Vom Kapitol her kam die feierliche Prozession, in welcher eine endlose Menge von kostbaren Götterbildern teils getragen, teils auf Prachtkarren gefahren wurde. Musik ging voran, Priesterschaften, sowie religiöse Vereine begleiteten die Götterbilder. Der feierliche Zug ward von Beifallsrufen begrüßt, jeder jubelte seinem Lieblingsgott entgegen. In der Reihe der Götter waren auch Halbgötter, vergötterte Kaiser und Kaiserinnen, denen man das Prädikat Divus zuerkannt hatte, welches später auf die Heiligen der Kirche überging.

Die Prozession der einundvierzig Schutzheiligen begiebt sich zur Kirche S. Chiara, auf deren Hochaltar wir den „Patronus principalis“ erblicken. Sie ziehen an ihm vorüber, und haben wir uns dies Schauspiel als eine Art Heerschau vorzustellen. Ein General läßt seine Truppen im Parademarsch vorbeiziehen. Die Prozession schreitet sofort wieder zur Kirche hinaus und setzt ihren Weg, da es inzwischen dunkelt, durch die glänzend illuminierten Straßen fort. Wer das Schauspiel gesehen und das begleitende, unsagbare Getöse gehört hat, mußte sich erinnern an jene berühmte hellenische Prozession, welche das Signal zu den Festen in Eleusis gab. Von Athen ward dann in einer nächtlichen, von Fackelschein begleiteten Prozession eine Statue des Bacchus nach Eleusis getragen, umwogt von lärmenden, tosenden Menschenmassen.

In S. Chiara bleibt der Erzbischof mit seinem Klerus; er stellt das genannte Palladium auf den Altar und setzt sich selbst auf den Thron. Das Murmeln der Gebete beginnt, die versammelten Menschenmassen nehmen daran teil. Wir bemerken hier, daß der angebliche Schädel des großen „Taumaturga“ S. Gennaro sich in jener genannten, vergoldeten Halbstatue befindet; nahe daran befindet sich jetzt sein Blut, das Palladium der Stadt. Am 4. Mai des Jahres 1889, abends um 8 Uhr, brachten Kanonenschüsse der Stadt die erfreuliche Nachricht, daß S. Gennaro sein Wunder vollbracht habe, indem sein Blut flüssig wurde. Am folgenden Tage konnte man dieselbe Nachricht in den Tagesblättern lesen.

Bevor wir nun das in aller Welt bekannte Wunder ins Auge fassen, müssen wir uns mit der Person des S. Gennaro beschäftigen. Die Litteratur über ihn bietet uns eine stattliche Bibliothek, wir aber ziehen es vor, aus der Quelle zu schöpfen. Wir meinen jenes Riesenwerk jesuitischen Fleißes, welcher die dreiundfünfzig Folianten der Acta sanctorum geschaffen hat. Im sechsten Folianten nehmen die Acta unseres Heiligen einen Raum ein, dessen sich kaum ein anderer Heiliger rühmen kann, nämlich Seite 761 bis 894. Ein saures Stück Arbeit ist es, diese Acta zu lesen. Man kommt sich vor wie ein Wanderer, der sich durch dichtes Gestrüpp pfadlos im Schweiße seines Angesichtes hindurcharbeiten muß, um eine klare Aussicht zu gewinnen.

Was wir von unserem Heiligen mit einiger Sicherheit als gewiß behaupten können, läßt sich in einen einzigen Satz zusammenfassen: Er hat vor ca. fünfzehnhundert Jahren gelebt und ist, weil er gelebt hat, auch gestorben. Eine andere Biographie läßt sich auf Grund unseres Quellenstudiums nicht bieten, und sind wir mit dem Urteil jenes Jesuiten ganz einverstanden, welcher über den Wert der von ihm gefundenen Akten sich sehr wegwerfend äußert. Er sagt, daß sie wenig Glauben verdienen; er behauptet, daß die Urheber jener sogenannten Akten absichtlich ausgeschmückt (gelogen) haben. Er findet, daß die Akten aus viel zu später Zeit stammen, vieles scheint ihm von Natur unglaublich und widersprechend. Während dieser Jesuit die Akten über das Leben jenes Heiligen kritisiert, hört bei ihm jede Kritik über dasjenige auf, was angeblich nach dem Tode unseres Heiligen geschehen sein soll. Die eigentliche Heldenlaufbahn unseres Heiligen-Heroen beginnt nämlich erst nach seinem Tode. Alle Wundergeschichten, mit welchen die Legende den Heiligen umgab, wie vor ihm den Virgil, umfaßt genannter Jesuit mit blindem Glauben. Die Wunder der Heiligen sind in seinen Augen der Glorienschein der Kirche, durch den man zum Glauben an die Kirche selbst gelangen soll.

Über den Geburtsort des Heiligen war lange Streit zwischen Neapel und Benevent, wo Gennaro angeblich Bischof war und man sogar sein Haus zeigte. Die Acta sanctorum berichten, daß im Jahre 1633 im Dome zu Neapel ein Lobredner sagte: St. Gennaro sei in Benevent geboren. Darauf entstand in der Kirche ein gewaltiger Lärm und infolge dessen ein Streit, den die Kirche an höchster Stelle endlich zugunsten Neapels entschied. Dabei ward die Kirche ihrem Grundsatz ungetreu und warf eine Tradition über den Haufen, welche die Männer von Benevent als eine „konstante und niemals veränderte“ bezeichnen konnten. St. Gennaro soll in der Nähe der Solfatara bei Pozzuoli hingerichtet sein. Was dort zur Bestätigung seines angeblichen Märtyrertodes gezeigt wird, ist erst im Laufe der letzten drei Jahrhunderte entstanden, namentlich das Kapuzinerkloster auf der angeblichen Stelle seiner Hinrichtung. Dort zeigt man einen Stein, der das Blut des Märtyrers aufgesogen haben soll und bei festlichen Gelegenheiten wieder ausschwitzt, dort auch eine wunderthätige Büste des Heiligen, die im siebzehnten und achtzehnten Jahrhundert staunenerregende Dinge wirkte. Oft wechselte sie damals die Farbe und zeigte z. B. durch Erbleichen ein kommendes Unglück an. Im Jahre 1701 weinte sie Thränen, welche von dem frommen Padre Bernardus mitleidig abgewischt wurden. Im Jahre 1656 zeigte sich an ihr plötzlich eine Pestbeule und meldete eine Epidemie an. Die Türken schlugen der Statue die Nase ab, Fischer fanden sie im Meer, und als man die Nase der Statue näherte, saß sie sofort fest. In dem großen, bis heute wohlerhaltenen Amphitheater in Pozzuoli soll St. Gennaro den Bestien vorgeworfen sein. Wie in zahllosen anderen Fällen wird hier in der Legende eine biblische Begebenheit kopiert. Vor dreihundert Jahren fand man natürlich einen Raum im genannten Amphitheater, der dem Märtyrer als Gefängnis gedient haben sollte. Deshalb nannte der Mund des Volkes jenes gesamte, riesige, römische Bauwerk: Carcere di S. Gennaro. Als der Genannte angeblich enthauptet wurde, schlug der Henker ihm auch den kleinen Finger ab, worauf der Heilige durch einen Traum eine fromme Seele ermunterte, den Finger zu suchen. Im Dom Neapels wird derselbe in der Krypta gezeigt. Eine fromme Frau soll das Blut des Märtyrers in Flaschen gesammelt und aufbewahrt haben. Alles dies sind Sagen aus sehr später Zeit, denn erst von 1497 an datiert sich der eigentliche Heroenkultus unseres Heiligen.

Mit der Überführung der angeblichen Gebeine des Heiligen nach Neapel beginnt die Laufbahn unseres Santo. Jene geschah damals, als die von St. Ambrosius angeregte wunderbare Auffindung von Heiligengebeinen in der Kirche zu einer wahren Epidemie geworden war, indem alle großen Kirchenlehrer den Reliquienglauben nachdrücklich, ja mit Begeisterung unterstützten. Genau läßt sich die Zeit dieser „Translation“ nicht bestimmen, höchst wahrscheinlich war es das fünfte Jahrhundert, also sicherlich Jahrhunderte nach dem Tode unseres Heiligen. Dieser Festtag der Translation ist bis heute der Haupttag unseres Heiligen, der erste Sonnabend im Mai (s. oben). Zu diesem Feste kamen im Lauf der drei letzten Jahrhunderte zwei andere Feste desselben im Januar und September, und an diesen finden die obenerwähnten Prozessionen nicht statt. Als im fünften Jahrhundert ein feierlicher Priesterzug die heiligen Gebeine — sacra pignora — nach Neapel brachte, hatten sich die Priester mit Laubkränzen geschmückt, kopierten also in dieser Hinsicht das antik=heidnische Leben, welches bei besonders feierlichen Kultushandlungen solchen Schmuck an den Altären und an den feiernden Frommen liebte (Äneis V, 134; V, 269; V, 72). Diese Prozession der „Preti ghirlandati" hat in Neapel viele Jahrhunderte hindurch bestanden. Bei jener Translation soll sich das Mirakel zugetragen haben. Daß das in die Nähe des Schädels gestellte Blut flüssig wurde, ist eine sehr spät entstandene Sage.

Daß St. Gennaro zu den ältesten Heiligen Neapels gehört und nebst anderen Heiligen=Heroen dort einen Kultus hatte, beweisen die Katakomben daselbst, sowie die Thatsache, daß man ihm Kirchen baute. Die älteste derselben entstand aber erst im neunten Jahrhundert und steht in der Nähe der Katakomben. Natürlich zeigte er nach seiner Translation sofort, daß ihm die erwiesene Ehre, ein civis Neapolitanus zu werden, lieb sei. — Die Wunder der Santi sind, wie die Acta sanctorum sagen, ihre beneficia. Er schützte die Stadt gegen Richard von Capua und zeigte sich dabei persönlich, wie die Dioskuren sich den Römern am See Rigillus zeigten; er weckte Tote auf, heilte die Dämonischen und bändigte den Vesuv, war also ein Rival des Zauberers Virgil. Die Acta sanctorum erzählen von einem Ausbruch des Vesuv im fünften Jahrhundert und wir citieren diese Stelle, weil sie charakteristisch ist: „Alle eilten in die Kirche, heulten, warfen sich nieder, zerkratzten sich*) und flehten, daß der Heilige für seine Klienten bei Gott eintrete. Sie wurden sofort erhört." (Also eine prompte Bedienung.) Schon bei Lebzeiten des Heiligen war es klar, daß er einst ein großes Wunderlicht sein werde. Der Bischof Sosius nämlich sah über seinem Haupte eine hellleuchtende Flamme. Diese Legende ist eine Kopie der Sage, welche Virgil Äneis I, 681 berichtet. Äneas sah über dem Haupte seines Sohnes

*) Genau dasselbe sah Verfasser in der Cholerazeit 1884.

Julius eine Flamme, ein Zeichen, dessen Bedeutung sofort den Eltern einleuchtete.

Daß St. Gennaro trotz seines Rivalen Virgil hohes Ansehen genoß, beweist die Thatsache, daß der Longobardenfürst Sico von Benevent ihn entführte, indem er seine Reliquien als Kriegsbeute und Loskaufpreis ansah. Das Haupt blieb in Neapel. Freilich müssen wir auf Grund unserer genannten Quelle berichten, daß auch andere sich der erwähnten Reliquien rühmten, z. B. das Kloster Reichenau, sowie die „Abbadia Rhinoviensis" in der Schweiz. — Von Benevent wanderte St. Gennaro auf Befehl des Hohenstaufen Friedrich II. zum Kloster Monte vergine, wo unserem Santo keineswegs die gebührende Ehre zuteil wurde. Die Zeit seiner Rückkehr zum geliebten Neapel sollte kommen.

In Neapel wütete die Pest und vergebens schaute man aus nach einem Apollo, der einst die Pest bändigte. Da wandte sich der Erzbischof Caraffa an Papst Alexander VI. und dieser verfügte, daß man St. Gennaro nach Neapel bringen solle, denn diesen Apollo hatte sich Caraffa erbeten. Letzterer erschien in Monte vergine, aber die Mönche verschlossen die Thore und drohten mit Waffen. Erst nachdem sie von Soldaten belagert wurden, lieferten sie die „sacra pignora" aus, welche 1497 von Caraffa nach Neapel gebracht wurden. Der Erzbischof ging barfuß, trug den „Schatz", in Seide gewickelt, unterm Arm, und alles Volk jubelte, daß der „Vater" wieder zurückgekehrt sei. Apollo zog ein, der Pestgott, und die Pest wich auf der Stelle, wie sie in Orchomenos einst vor den Gebeinen des Herodot entfloh.

Die Glanzlaufbahn beginnt. Von derselben besitzt die Stadt des Divus Januarius ein monumentales Zeugnis in der Schatzkapelle des Heiligen. Infolge eines Gelübdes ward sie im siebzehnten Jahrhundert marmorprächtig erbaut, bildet mit hoher Kuppel einen Anbau am Dom und birgt das oftgenannte Palladium. Zeugnis ist ferner die Ruhmessäule des Divus beim Dom, sowie die Menge der kostbarsten Weihgeschenke, welche die Räume jenes Tesoro ebenso füllen, wie einst die Hellenen ihr delphisches Heiligtum mit Weihegaben angefüllt hatten. Zeugnis ist endlich das Ruhmesbuch des Heiligen, wir meinen seine Wunder, Zeugnis die

Thatsache, daß seinem Kultus ein eigenes Priesterkollegium dient. In Rom gab es zwölf salische Priester für das Palladium des vom Himmel gefallenen Marsschildes, ebenso zwölf Priester für den Kultus der Bona Dea. Ebenso hat St. Gennaro eine aus zwölf Personen bestehende Priesterschaft. Ebenso erhellt sein Glanz daraus, daß in einer Kirche bei seinem Namen Eide geleistet wurden, wie anderswo bei dem Namen des St. Apollinaris und St. Pankratius. Im siebenten Jahrhundert erhielt sein Fest den höchsten Grad, indem der Vatikan ihm den Ritus duplex beilegte.

Es kann unmöglich unsere Absicht sein, die Ruhmeschronik unseres Heiligen zu schreiben; wir beschränken uns auf Beispiele. Einst flehte ein Lahmer namens Maurus den Heiligen um Genesung an und schlief auf dem Grab desselben ein. Da erschien, wie uns die Acta sanctorum melden, demselben der Heilige und sagte ihm das Mittel zu seiner Genesung. Wir sehen hier, wie sich der heidnische Äskulap, in dessen Tempeln die Kranken träumten, im Gewande des christlichen St. Gennaro versteckt. Das Jahr 1631 brachte Entsetzen, Feuer und Asche des Vesuv, dazu Erdbeben, ähnlich war es 1691. Man hielt in einer Prozession dem Vesuv das Palladium des Wunderblutes entgegen und sofort trat Ruhe und Sonnenschein ein. Die Acta sanctorum (S. 796) sagen bei dieser Gelegenheit: „Die erzürnte Gottheit wurde geneigt gemacht durch die mächtige Vermittelung unseres St. Gennaro“ *). Dies lautet genau ebenso, als wenn ein Cicero oder Tacitus es geschrieben hätte.

Aber auch die Heiligen haben ihre Schicksale und wohl kein Heiligen-Heros hat die Bitterkeit des Glückswechsels so erfahren, als der vielgenannte. Napoleon hatte sein Helena, Cäsar viele Dolchstöße, so wissen wir aus der Weltgeschichte. Daß aber ein Heiliger zweimal abgesetzt worden ist, dürfte als unerhört zu bezeichnen sein. Dem St. Gennaro ist dies begegnet.

Die Dominikaner waren in Neapel zu einem unerhörten Einfluß gelangt und wollten hier ihren Stifter St. Domenico auf

*) Numen iratum propitium redditum est potenti intercessione Januarii nostri.

den Thron des Schutzheiligen der Stadt heben. Auf ihren Antrag verfügte Urban VIII. im Jahre 1640, daß St. Domenico als Patronus der Stadt und des Reiches Neapel zu betrachten und das Fest dieses neuen Schutzheiligen mit allen dem Hauptpatron schuldigen Prärogativen zu feiern sei (Cum omnibus praerogativis, principaliori patrono debitis). Die Dominikaner jubilierten, aber zu früh. Zwischen ihnen und den Neapolitanern kam es zu einem erbitterten Streit, der schließlich vom Papst entschieden wurde. Zuerst verfügte derselbe, daß St. Gennaro nur Patronus der Stadt sei, Alexander VII. aber gab nach und die litterae apostolicae vom 20. März 1665 setzten St. Gennaro als den Reichsbeschützer wieder auf den Thron. In den Akten dieses Streites ist die Rede von der religio erga Januarium. Dieser Ausdruck zeigt uns den völlig heidnischen Begriff, welchen die römische Kirche mit dem Worte Religion verbindet. Sie meint mit religio den Kultus des St. Gennaro, Kultus und Religion sind dasselbe.

Sein Kultus erhielt also neuen Glanz und dies lohnte der Heilige durch neue Wunder. Bei dem Brande einer Kirche blieb sein Bild unversehrt, man warf ein Bild desselben ins Feuer und die Flammen erloschen. Welche neue Ehre sollte man ihm erweisen? In der That schien die Möglichkeit fernerer Ehrenbezeigung erschöpft zu sein; aber die Neapolitaner waren erfinderischer als früher Griechen und Römer. Man stellte zur Zeit der Bourbonenkönige den Antrag, St. Gennaro zum wirklichen Generalkapitän der Armee zu ernennen. Die Ausführung scheiterte, als es sich um die Frage handelte, aus welcher Kasse die Gage für denselben fließen sollte. Als der von den Franzosen zeitweilig vertriebene König Ferdinand sein Reich im Jahre 1799 wiedererlangte, war der erste, an welchem er seinen Rachezorn ausließ, kein anderer als St. Gennaro. Es geschah etwas, was noch nie einem Heiligen begegnet ist. Ferdinand erklärte in einem Dekret: „Weil St. Gennaro geduldet hat, daß man seine Statue mit der republikanischen Trikolore bekleidete, so ist derselbe hiermit der Stellung eines Protektors der Stadt und des Reiches enthoben!“ Dies Dekret war natürlich fruchtlos und bis zur Stunde hat der

Heilige bei seinem Volke dieselbe Stellung, welche er seit Jahrhunderten behauptete.

Während andere Heilige nur zeitweilig Wunder wirken, wiederholt sich das große Blutwunder des St. Gennaro alljährlich zu bestimmten Zeiten. — Betreten wir, um dasselbe kennen zu lernen, den Dom. Erzbischof Caraffa ließ auf seine Kosten unter dem Chor des Domes eine kostbare Unterkirche errichten, die sogen. Konfession St. Gennaros, ein mit sieben Altären versehenes Heiligtum, in welchem die Kostbarkeit des Marmors mit der Schönheit der in reichster Fülle angebrachten Renaissanceskulpturen wetteifert.

Die viel bewunderten Ornamente, welche der Pinsel eines Raffael an die Wände des Vatikan zauberte, sieht man in genannter Konfession durch den Meißel aus dem Marmor herausgearbeitet, die volle, geniale Heiterkeit des Heidentums tritt in diesem Werk des Malvito aus Como vor uns hin und dazu kommen zahlreiche, aus verschiedenen heidnischen Tempeln entnommene Reliefs. Alles ist dies ist sehr schön, nur nicht kirchlich.

Unter dem Hauptaltar ruhen die Reliquien des Heiligen, mit Ausnahme seines Schädels; ein anderer Altar birgt einen Fingerknochen desselben, außerdem ist dort ein Kruzifix, welches um den Hals eine Schnur und an dieser eine mit päpstlichem Siegel versehene Kapsel trägt, in welcher sich angeblich eine Dornenspitze von der Dornenkrone Christi befindet. Daß Oliviero Caraffa seine eigene Statue in anbetender Stellung vor jenem Hauptaltar anbringen ließ, soll ihm verziehen werden; ebenso dem Kustoden jenes Heiligtums, daß er die Hände jener angeblich von Michel Angelo modellierten Statue für das Beste an derselben erklärt, und zwar darum, weil dieselben transparent sind.

Die Schatzkapelle des St. Gennaro, ein Anbau am Dom, ist von der prächtigsten Ausstattung, der teuerste und bunteste Marmor ist das Baumaterial, alle hervorragenden Meister des siebzehnten Jahrhunderts, Bildhauer, Maler, Goldschmiede, fanden Verwendung. Über all dieser Pracht wölbt sich eine mächtige Kuppel, bemalt mit der Himmelfahrt des heiligen Januarius, es wimmelt da von himmlischen Heerscharen, von Heiligen und Engeln, welche auf Wolken daherschweben, während Januarius seinen Triumphzug bereits vollendet hat und hoch oben angelangt ist. An den Kirchenraum stoßen zahlreiche andere Gemächer, darunter namentlich der Bewahrungsort aller Schätze, welche dem Heiligen im Lauf der Jahrhunderte von Königen und Fürsten geschenkt wurden. Dort sieht man eine Menge von golddurchwirkten Gewändern, von goldenen und silbernen Gefäßen, von Kreuzen, die mit Edelsteinen besetzt sind. Eine der größte Kostbarkeiten schenkte die Stadt Neapel im Jahre 1713, als damals wieder einmal die Pest wütete. Es ist eine Mitra, also eine Bischofsmütze, welche bei festlichen Gelegenheiten auf die Büste des Heiligen gesetzt wird. Hierzu kommen Halsbänder von Perlen, Kandelaber von massivem Silber und einzelne kostbare Steine. Die beiden letzten Gaben stammen vom König Umberto und seiner Gemahlin. Es sind dies zwei kostbare Kreuze, besetzt mit Brillanten, welche das königliche Paar dem St. Gennaro darbrachte, als König Umberto dem Dolch des Passanante entgangen war. Von allen Fürsten, welche in Neapel regierten, haben die Bourbonen den Heiligen am meisten geehrt und Karl III. errichtete 1738 sogar einen Orden, der den Namen des Heiligen trug und vom Papste mit vielen Privilegien ausgestattet wurde. In der Schatzkammer sieht man noch mehrere dieser Orden. Es ist schwer zu sagen, wie hoch der Wert dieser Schätze sich beläuft, man meint, er betrage gegen vier Millionen. Denkt kein Mensch daran, diesen Schatz in Umlauf zu setzen? Ein hübsches Sümmchen, um mit demselben etwas zum Besten der Armen zu thun. Würde der Heilige seine Schätze hergeben, so wäre er ein wirklicher Wohlthäter für diejenigen, welche jetzt zu ihm schreien. In der Schatzkapelle befinden sich das Haupt und das Blut des Heiligen, aufbewahrt in einem kostbaren Schrank. Diese Kapelle pflegt dreimal im Jahr Schauplatz des Blutwunders zu sein*). Zum letztenmal sah Verfasser das Mirakel bei der Septemberfeier im Dom, am Todestage des Heiligen. Die Schatzkapelle, der Dom, alles Kopf an Kopf gefüllt! —

*) Wenn am ersten Sonnabend des Mai das Mirakel, wie oben bemerkt, in St. Chiara geschehen ist, geschieht es in der folgenden Woche täglich im Dom. Ebenso eine Woche hindurch im September und Januar.

„Sind Sie ein Deutscher?“ fragte uns der Küster. „Ja.“ „Sind Sie Protestant?“ „Ja.“ „Nun, da sollen Sie einen guten Platz haben.“ Durch die Sakristei führte er uns dicht vor den Altar, wo das Wunder vor sich gehen sollte. Dort sahen wir auf dem Altar zur linken die Büste St. Gennaro's, zur rechten das silberne, in Vergoldung prangende Tabernakel mit dem Blut, ein kunstvoll gotisch geformtes, oben in einem Stern abschließendes, etwa zwei Fuß hohes Meisterstück der Goldschmiedekunst, mit der Jahreszahl 1694. — Wir Fremden durften die Stufen zum Hochaltar hinaufsteigen, um alles genau zu betrachten, wandten aber sofort unsere Augen auf die Menge im Raum der Kapelle, denn von dort erhoben sich von etwa fünfzig sitzenden Weibern laute Gebete, welche ohne Unterbrechung fortdauerten. Zu gleicher Zeit nahm ein älterer Priester aus jenem Tabernakel ein wie eine Handlaterne geformtes, mit einem Griff und an zwei Seiten mit runden Glasscheiben versehenes Gefäß, ebenso kunstvolle Goldschmiedearbeit, legte die an dem Griff befindliche silberne Kette um seinen Hals, hielt das Gefäß hoch in die Höhe, und winkte dann uns Ehrengäste zur Besichtigung heran. Durch jene Glasscheiben hindurch sahen wir im Innern jenes Gefäßes zwei Fläschchen von verschiedener Größe, an deren Innenseite eine dunkle, festsitzende Masse deutlich zu erkennen war. Der Priester drehte das Gefäß, um uns zu zeigen, daß jene dunkle Masse (das Blut des Heiligen) sich in festem Zustande befinde. Zur Büste des Heiligen (dessen Schädel in dem Silberhaupte eingeschlossen ist) hingewendet, wurden die Gebete jener Weiber lauter, immer lauter, ich verstand aber nur den Refrain: „San Gennaro! San Gennaro!“ Dann ging der Priester mit dem Blutgefäß zur Barriere, an welche das Publikum sich herandrängte, und ließ jeden einzelnen, so weit er das Gefäß reichen konnte, hineinsehen, ein zweiter Priester hielt an die hintere Glasseite ein Licht. — Das Gefäß wurde jedem an die Stirn gedrückt, das Glas von jedem geküßt. — Lauter werden die Gebete! — Der Priester fängt mit dem Zeigen wieder an, die Andächtigen schauen, verehren, küssen, die betenden Weiber schreien! Hart, durchdringend, entsetzlich, wie aus dem Munde eines in Todesangst Ringenden klingt es, Mark und Bein erschütternd: „San Gennaro! San Gennaro.“ — Diese Weiber gehören den niedrigsten Ständen der Vorstadt St. Loreto an und nennen sich ihrer angeblichen Abstammung nach „Verwandte“ des St. Gennaro's. Es sind nicht etwa neapolitanische „Damen“, wie ein deutscher Gelehrter, der hier als Tourist weilte, schrieb. Nach südlichen Begriffen hört der Heilige am ehesten seine Verwandten.

Der Priester mit dem Blut ging schon seit einer Stunde, stets von vorn beginnend, von Mann zu Mann, drückte das Heilige an die heißen Stirnen, das Licht ward beständig daran gehalten, die Weiber schrien, kreischten, heiser und heiserer: „San Gennaro! Faccela, faccela, la grazia, San Gennarino, mio bello (erweise sie, die Gnade, heiliges Gennarchen, mein Schönster), San Gennarino, bello, bello,bello!“ Durch Mark und Bein drang uns der Ton, wir dachten an die Scene auf Karmel. Auf dem Altar stand unbeweglich die vergoldete Büste, in welcher sich der Schädel befinden soll. Nun begann auch das übrige Volk in die Gebete einzustimmen, und selbst aus den entferntesten Domhallen ertönte das Wort: „San Gennarino! Grazia! Grazia!“ Dem Wink eines Priesters folgend, führte uns einer der zahlreich vorhandenen behelmten Gensdarmen durch die Volksmassen hindurch zur Barriere des Hochaltars im Dom, und dorthin folgte alsbald die feierliche Priesterprozession, voran die Heiligenbüste, zuletzt die kreischenden, schweißbedeckten Betweiber. Hier ging es nun ebenso her; der Priester mit dem Blut von Stirn zu Stirn gehend, das Licht dicht am Glase. Die Weiber schrieen und heulten, das Volk betete, ringsumher sah ich Weinende, der alte Priester murmelte: „È duro!“ (er ist hart). Hinter dem Priester sahen wir einen Kustoden mit einem bedeckten Handkorb. Der greise Priester sah besorgt nach dem Blute, zuckte die Achseln; es dauerte eine ganze Stunde. Da — sein Gesicht erheitert sich, noch ein Blick auf die Fläschchen, und triumphierend hält er das Gefäß in die Höhe und ruft: „Il miracolo é fatto!“ und zugleich öffnet der Kustode seinen Korb, dem zwei weiße Tauben entfliegen, als Zeichen für die Fernstehenden. Infernalischer Jubel im Dom, mächtiger Orgelklang, Kanonenschüsse in der Stadt. Der Priester ließ uns durch die Scheibe sehen, und wir erblickten in den Fläschchen eine dieselben halb füllende, dunkele flüssige Masse. Das Orakel lautete also heilbedeutend für die nächste Zukunft von Stadt und Land. Ein Verharren des Blutes im festen Zustande würde unsagbares Unheil bedeuten. Doch nicht genug der Wunder. Zu derselben Zeit, wenn das Blut fließt, bedeckt sich der im ersten Artikel erwähnte Hinrichtungsblock des Heiligen im Kloster bei der Solfatara mit blutigem Schweiß. Wir waren in der Kirche und erlebten den feierlichen Moment, als der Priester ein dunkel geflecktes Tuch den Tausenden der Harrenden vorwies, womit er den nicht gezeigten Steinblock abgewischt hatte.

Bis zum Mai des Jahres 1888 lebten die Neapolitaner des frohen Glaubens, daß dies Blutwunder ihres hochverehrten Taumaturga und Patronus völlig einzig auf Erden dastehe und in diesem Sinne äußerte sich damals ein Zeitungsartikel, der mit patriotischem Stolz diese Angelegenheit beleuchtete. Da veröffentlichte zum Staunen aller die Wochenschrift la Lega mehrere Briefe, welche berichteten, daß man auch anderswo sich eines solchen Wunderblutes rühmen könne. Hoch oben bei Amalfi auf den Bergen liegt Ravello, einst eine Stadt des Reichtums und der Paläste, jetzt aber: „Ihre Dächer sind zerfallen und der Wind streicht durch die Hallen". Diese verkommene Stadt verehrt St. Pantaleon als ihren Schutzpatron und ein von der Lega publizierter Brief meldete, daß dort alljährlich am 27. Juli das Blut des genannten Heiligen flüssig werde. In Campanien, etwa drei Stunden von Neapel entfernt, liegt die fleißige Stadt St. Antimo. Ihr Name ist zugleich derjenige ihres Schutzheiligen, dessen Jahresfest weit und breit berühmt ist und viele Tausende von Pilgern anlockt, zumal, da bei dieser Gelegenheit Leben und Thaten des Heiligen auf dem Markte öffentlich in einem Schauspiel von Ortseinwohnern dargestellt werden. Großartig ist dort die Prozession. Ein Brief aus St. Antimo meldete, daß jährlich im Mai, am Todestage des Heiligen, das Blut desselben flüssig werde. Wir bemerken bei diesem Anlaß, daß die Thaten des St. Antimo allerdings groß sind, daß man aber nicht sicher weiß, ob er überhaupt jemals gelebt hat. Sein sogenanntes Grab daselbst ist eben=

so mythisch, wie das Grab des weiland Tantalus in Griechenland, oder das Grab eines Achilleus auf dem Gefilde von Troja. Endlich erhielt die Lega einen Brief aus Neapel, worin gemeldet wurde, daß das Kloster St. Gregorio Armeno das Blut Johannes des Täufers besitze, welches im sechzehnten Jahrhundert durch Nonnen dahingebracht worden sei, und wurde berichtet, daß dasselbe am 29. August jeden Jahres flüssig werde. Die Sache hat ihre volle Richtigkeit und sehen wir also, daß drei Veilchen seither demütig im Verborgenen blühten.

Die Nachforschung in den Werken neapolitanischer Chronisten, eines Celano, Eugenio, Cappaccio hat mich zu weiteren Entdeckungen geführt und gezeigt, daß bis ins vorige Jahrhundert Neapel viele Blutheilige hatte. Da besaß man das Blut St. Stefani, welches von Afrika hierher kam, indem der von den Vandalen vertriebene Bischof Gaudiosus dasselbe mitbrachte. Im Jahre 1561 wurde es neu wieder entdeckt, und als ein Priester Lucianus den Namen des St. Stefanus anrief, ward es flüssig und wiederholte dies jedesmal am Todestage des Märtyrers. Als Papst Gregor den Kalender veränderte, fügte sich das Blut gelehrig in die neue Ordnung. Das Blut ist noch vorhanden, aber es fließt nicht mehr. Eine uralte Heilige hierselbst ist die heute vergessene St. Patricia, deren Blut alljährlich flüssig wurde, so oft man dasselbe mit ihrem Zahn in Berührung brachte. In ihrer Kirche war ein Kreuzesnagel Christi, welcher an jedem Karfreitag Blut schwitzte. Man besaß das Blut des St. Bartolomäus, sowie ein Stück von seiner Haut. Kam beides miteinander in Berührung, so floß das erstere. Man besaß endlich das Fett des bekanntlich als Märtyrer gerösteten St. Lorenzo, welches jährlich an seinem Geburtstage flüssig wurde. Ein großer Heiliger in Neapel ist Andrea von Avellino, von allem Volk angerufen, obgleich er nie kanonisiert wurde. Als derselbe 1608 starb, floß ihm Blut aus den Ohren und dasselbe kam in kochende Wallung, als die Umstehenden ihn lobten. Alle diese Reliquien sind heute noch vorhanden, werden gezeigt, aber das Fließen hat (zeitweilig?) aufgehört.

Die Acta sanctorum gestehen offenherzig, daß vor dem Jahre 1337 das Blutwunder des St. Gennaro gar nicht erwähnt werde und die Frage, wo das Blut früher gewesen und verwahrt worden sei, ehe es anfing, sich zu bewegen, bleibt unbeantwortet. — Benedikt XIV. beruft sich in seiner Schrift „De sacra Dei canonisatione“, um die Wahrheit der Wunder zu beweisen, auf das Blutwunder St. Gennaro's, welches „ganz Italien und den Erdkreis als Zeugen“ habe.

Wir sehen, wie St. Gennaro, durch allerhöchste Autorität unterstützt, sich vielen Rivalen gegenüber siegreich behauptete. So haben wir auch die seltsame Thatsache zu erklären, daß seit 1659 bis heute ein genaues Protokoll über den jedesmaligen Hergang des Wunders und über alle Einzelheiten desselben geführt ward. Ein gewisser Römer Julius Obsequens verfaßte zur römischen Kaiserzeit ein leider verloren gegangenes Verzeichnis aller günstigen Prodigien, welche im Laufe der Jahrhunderte für den Staat wichtig gewesen und von Livius berichtet worden waren. Mit diesem Verzeichnis können wir die genannten, im Tesoro des St. Gennaro befindlichen Aufzeichnungen über das Blutwunder desselben vergleichen. Eine Einsicht in letztere zeigt uns, daß man dies Blutwunder seit Jahrhunderten als Orakel benutzt und gewährt es ein besonderes Interesse, zu sehen, wie sich dies Blutorakel allmählich zu einer Wissenschaft gestaltet. Wir können also mit vollem Recht diese Orakelpriester, welche die kleinsten Einzelheiten beim Flüssigwerden des Bluts beobachten und aufzeichnen, mit jenen Orakelpriestern der Römer vergleichen, welche als Auguren die Eingeweide der Opfertiere untersuchten oder als Haruspices den Flug der Vögel beobachteten. Diese Opferpriester der Römer waren verschwunden (Kap. VIII), das Orakelbedürfnis und der Orakelglaube waren geblieben und dies beides ergriff das Blutwunder des St. Gennaro wie eine willkommene Beute, indem es dasselbe durch ein neues Moment bereicherte. Früher nämlich war die Sache nichts weiter gewesen, als dasjenige, was auch mit dem Blut des Stefanus, des St. Johannes 2c. geschah, seit dem siebzehnten Jahrhundert aber machte man die große Entdeckung, daß Neapel in jenem Wunderblut auch ein Orakel besitze. Dies vergrößerte natürlich die Wohlthat des Heiligen, erhöhte bedeutend sein Ansehen und bewirkte, daß dies Wunder=

blut mit seinem Glorienschein alle anderen Blutwunder weit überragte.

Die genannten Acta sanctorum bieten einen interessanten Auszug aus jenem mit 1659 begonnenen Orakelprotokoll. Da sehen wir, wie sich nach und nach bei diesem delphischen Kollegium des St. Gennaro eine förmliche Auguralwissenschaft ausbildet, die auch das Unbedeutendste zu deuten weiß, um Glück und Unglück daraus zu weissagen. Man zieht in Betracht, ob das Flüssigwerden schnell oder langsam vor sich geht, ob das Blut die Farbe wechselt, ob es vollständig oder nicht vollständig flüssig wird, ob feste Teile drin schwimmen, ob es grau, ob es schwarz ist. — Von „Grauenzeichen der Götter“ redet Homer und ein solches Grauenzeichen ist es, wenn in jenem Blut ein fester Körper bleibt. Wenn es aber schnell flüssig wird, etwas Schaumnatur zeigt, so ist's ein günstiges Omen, als hätte Zeus dem Telemach ein heilvolles Zeichen, nämlich zwei Adler gesendet (Odyssee II, 155). Besonders günstig war einmal im vorigen Jahrhundert der Geruch, welchen das Blut verbreitete, als man dasselbe mit dem vorgeschriebenen Zeremoniell aus dem Altarbehälter entnahm. Aus dem Schrank kam nämlich, wie die Acta sanctorum gläubig berichten, ein odor coelestis*)! Wir haben hieraus ein Doppeltes zu entnehmen, zunächst, daß im Himmel Wohlgerüche sind und dann, daß die Priester des St. Gennaro imstande sind, himmlische Wohlgerüche von irdischen Wohlgerüchen zu unterscheiden. — Von zahlreichen Heiligen lesen wir, daß ihr Leichnam gleich nach dem Tode, ja tagelang den Wohlgeruch des Paradieses (l'odore del Paradiso) verbreitete. Das that z. B. der neapolitanische Mönch Fra Egidio, den Leo XIII. kürzlich beatifizierte (Kap. VII). Dieser Himmelsgeruch dient vielfach als Erkennungszeichen der Heiligkeit eines Gestorbenen. Fra Egidio starb am 7. Februar 1812 und erzählt seine vom Vatikan approbierte Biographie im fünfzehnten Kapitel, daß die Glieder seines Leichnams biegsam blieben, daß der letztere kein Zeichen der Verwesung zeigte, daß das Blut sich im flüssigen Zustand erhielt und der Leichnam einen übernatürlichen Geruch

*) Himmlischer Wohlgeruch.

aushauchte*). Die Wundersucht und Wunderfreude in der katholischen Kirche schafft also nicht nur eine neue Auguralwissenschaft, sondern auch eine neue Sinnesfähigkeit, welche denen zuteil wurde, die sich dem Leichnam des Fra Egidio näherten.

Die Orakelbedeutung des von St. Gennaro gewirkten Blutwunders hat Verfasser aus zahlreichen Lobreden auf denselben vernommen. Zur Bestätigung diene eine Stelle aus einer der gedruckten Lobreden. Sie ward im September 1841 von Gennaro Recitano im Dom gehalten und hat als Text Buch der Judith, Kap. 15: „Du bist die Ehre Jerusalems, die Freude Israels, der Glanz unseres Volkes." Der genannte Lobredner bezeichnet die Heiligen als Heroen, begründet ihr schützendes Walten mit Stellen aus den Apokryphen, z. B. Makkabäer Kap. 15, Kap. 12, sowie Kap. 14, verwandelt alle Legenden St. Gennaro's in Geschichte, schmeichelt den Hörern, indem er sagt, daß sie einen so großen Heiligen, der Stürme, Erdbeben, Pest, Feuersbrünste, feindliche Heere vertreibt, verdient haben. Endlich schließt er seine Rede wörtlich so: „Unser Patronus befreit uns nicht nur von gegenwärtigen Übeln, er sagt uns vielmehr auch die zukünftigen voraus, damit wir rechtzeitig Vorsichtsmaßregeln treffen. Dies hat die Erfahrung unserer Vorfahren genügend gezeigt. Zeigt sich das Wunderblut beim Flüssigwerden sehr rot, so zeigt der Heilige damit einen Krieg an. Ein starkes Aufwallen des Blutes bedeutet einen Ausbruch des Vesuv, fließt es stark, so bedeutet es viel Regen, bleibt es lange hart, so wissen wir, daß die Ernte schlecht sein wird. Ein harter Körper im Blut weissagt schweres Unheil, bleiche Farbe des Blutes deutet auf kommende Pest, wenn es aber mit klarer Farbe, lebhaft schäumend, flüssig wird, so ist dies die Weissagung glücklicher Zeiten. O du glückliches Neapel! Dies Blut deines Patronus ist wie der siebenfarbige Regenbogen, welcher den Friedensbund anzeigte, es ist jenem Strom der Apokalypse gleich, welcher die Gottesstadt beglückt, dies Blut macht uns zu dem Volk, von welchem Jesaias sagt, daß es wohnt im

---

*) Spirando un odore sovranaturale S. 128 jener vatikanischen Biographie.

Haus des Friedens, in den Hütten der Sicherheit. Sei gegrüßt allmächtiger Beschützer, glorreicher St. Gennaro, blicke gnädig auf diese Stadt, beweise ferner deinen huldreichen Schutz. Diese Stadt ist dein, erhöre ihre Gelübde, dann wird sie dich grüßen als Ruhm der Kirche, als Freude der Religion, als Ehre des Vaterlandes."

Es kommt für unseren Zweck nicht darauf an, wie man das Blutmirakel des St. Gennaros erklärt. Dr. Neumann in Berlin machte schon 1734 ein Experiment, welches dem angeblichen Mirakel St. Gennaro entspricht und giebt es bekanntlich Substanzen, welche bei geringem Wärmegrad flüssig werden. Man nennt z. B. Wallroßhirn, welchem man leicht Blutfarbe verleiht. Wenn die Kirche ihrer Sache so gewiß ist, so lasse sie das angebliche Blut des St. Gennaro chemisch untersuchen, damit man sehe, ob es Blut ist oder nicht. Im Jahre 1880 erschien der Bericht eines Professors Punzo in Neapel, welcher erklärte, daß das Blutmirakel des St. Gennaro sich bis jetzt nicht mit den vorhandenen Mitteln der Wissenschaft erklären lasse. Allein dieser Mann (er nennt sich Chemiker) — hat nicht etwa die in den Fläschchen befindliche Masse chemisch untersucht, sondern, wie sein Bericht beweist, nur den Vorgang des Flüssigwerdens beobachtet. Sein Bericht und seine Behauptung sind daher völlig wertlos. Auch macht sich dieser „Chemiker" einer Unwahrheit schuldig, indem er sagt, daß die Andächtigen erst dann anfangen, die Teca, d. h. den Behälter der Blutfläschchen, zu küssen, wenn das Blut schon flüssig sei. Ich habe mit meinen eigenen Augen wiederholt gesehen, daß dies Küssen sofort anfing und so lange fortdauerte, bis das sogenannte Blut sich flüssig zeigte. Durch diese unzähligen Küsse, durch die heißen Stirnen, an welche die Teca gedrückt wird, durch ein Licht, welches immer wieder daran gehalten wird, erzeugt sich ein Wärmegrad, welcher genügend ist, um die nötige Wirkung zu erzielen. Wem diese Erklärung nicht gefällt, dem gefällt vielleicht die Erklärung des Dr. G. Fauner aus Gotha. Wie die Acta sanctorum berichten, begleitete letzterer im vorigen Jahrhundert den Herzog von Sachsen-Gotha nach Neapel und zu Ehren des letzteren vollbrachte St. Gennaro zur außergewöhnlichen Zeit sein gewöhnliches Wunder. Dabei geriet nun der biedere deutsche Doktor sehr in Harnisch und gleich darauf fand zwischen ihm und dem Kanoniker Hektor Papirius eine öffentliche Disputation statt, die uns in genannten Acta sanctorum referiert wird. Dr. Fauner behauptete kühn und frei, daß der leibhaftige Teufel dies Mirakel wirke! Er leugnete also das Wunder nicht, stellte sich aber auf den Standpunkt jener Kirchenlehrer, wie Augustin, Ambrosius, Origenes &c., welche bekanntlich die heidnischen Wunder nicht leugneten, dieselben aber durch die Macht der „Dämonen“ erklärten. — Ein jeder kann das Blutmirakel sich nach seinem Geschmack erklären oder eine Nichterklärung vorziehen, für den Zweck unserer Darstellung ist dies gleichgültig. Wir möchten nur noch einige Thatsachen anführen, welche bei der Beurteilung des Mirakels ins Gewicht fallen.

Das Orakel in Delphi, hoch angesehen und würdig, war doch von Menschenfurcht, von Menschengefälligkeit, ja von Bestechlichkeit nicht frei und hatte z. B. Philipp von Macedonien durch derartige Mittel bei demselben einen solchen Einfluß, daß Demosthenes von einer Pythia „Philippica“ reden konnte, womit er also behauptete, daß König Philipp seinem „goldenen Esel“ auch in Delphi Eingang verschafft hatte. Als Alexander von dem Orakel des Jupiter Ammon verlangte, daß es ihn für einen Gott erkläre, sahen die Priester in dem Auge des Königs einen Blick, der sie veranlaßte, sich stumm zu verneigen und feierlich zu verkündigen: „Alexander ist ein Gott!“ Solche menschliche Orakelschwächen hat auch das Orakelblut des St. Gennaro gezeigt. Als im Jahre 1799 die Franzosen Neapel besetzt hatten, als der französische General mit seinem Stabe und einer dicht gedrängten Volksmasse dem Vorgang des Blutwunders beiwohnte, als das Blut hart blieb und die Volksmasse Grimm gegen die Franzosen erfaßte, überzeugt, daß St. Gennaro den Franzosen feindlich sei, schickte der General dem fungierenden Priester ein Billet, auf welchem geschrieben stand: „Wenn das Blut nicht binnen zehn Minuten flüssig wird, so lasse ich Sie füsilieren.“ Binnen zehn Minuten rief der erschrockene Priester: „Il miracolo é fatto!“ — In der

That; das Blut war flüssig. — Die Acta sanctorum hüten sich wohl, diese Thatsache zu berichten, wir aber gedenken dabei an die Pythia „Philippica“. Zu dieser menschlichen Orakelschwäche kommt die Thatsache, daß der heilige, wunderthätige Patronus St. Gennaro sich wiederholt herbeigelassen hat, sein Wunder vor hohen Personen, die als Touristen nach Neapel kamen, zu vollbringen, z. B. vor Karl VIII., vor dem genannten Herzog von Gotha und anderen, welche die Acta sanctorum uns nennen. Da tritt dies angebliche Wunder in die Reihe der Schaustücke und wir erstaunen, daß der Heilige es nicht unter seiner Würde hielt, sein Märtyrerblut für solchen Zweck herzugeben! Wenn einst heidnische, römische Touristen nach Memphis kamen, ward ihnen der heilige Apis gezeigt, kamen im vorigen Jahrhundert Fürsten nach Neapel, so zeigte man ihnen das Wunderblut. Als dritte Thatsache liegt folgendes vor: Im vorigen Jahrhundert war St. Gennaro sehr empfindlich gegen Häretiker und ist es nach den Acta sanctorum wiederholt geschehen, daß in ihrer Gegenwart sein Blut nicht fließen wollte und man die Häretiker entfernen mußte, worauf dasselbe sofort in Fluß kam. Verfasser bezeugt aus seiner Erfahrung, daß St. Gennaro jene Abneigung gegen Ketzer abgelegt und sich der Neuzeit accomodiert hat. Er zeigt sich auch in dieser Hinsicht als echter civis Neapolitanus. Der Neapolitaner ist nämlich nicht fanatisch und achtet die hier wohnenden Forestieri (Fremden), welche fast alle Häretiker sind, sehr. Vor reichlich dreihundert Jahren sollte in Neapel die Inquisition eingeführt werden, da aber erhob sich ein Volksaufruhr dagegen, an welchem sich alle Stände beteiligten und mußte schließlich Karl V. nachgeben. Die Stadt des St. Gennaro hat niemals den Scheiterhaufen eines Ketzers geschaut. Der „Patronus“ der Stadt scheint heutzutage sogar eine Vorliebe für Ketzer zu haben, denn diese erhalten, wie Verfasser hierdurch bezeugt, stets die besten Plätze und niemand verlangt, daß sie dem sogenannten „Blut“ Reverenz erweisen.

Verfasser weiß nicht, ob diese seine Schrift von deutschen Katholiken gelesen wird, er möchte aber die Überzeugung aussprechen, daß es noch katholische Christen giebt, welche fähig sind, das sogenannte Blutwunder richtig zu beurteilen und demselben den richtigen Namen zu geben, nämlich den, welchen es verdient.

Fassen wir zum Schluß das Resultat des achten und neunten Kapitels kurz zusammen.

Das Orakelbedürfnis und der Orakelglaube, in der Kampfperiode des vierten bis sechsten Jahrhunderts nicht getilgt, besteht heutzutage fort. Wenn vor 1500 Jahren ein Kirchenlehrer (siehe Kap. VIII) behauptete, daß die Weissagepriester durch Beihilfe der Heiligen zum Schweigen gebracht seien, so hat sich derselbe geirrt und würde heute also sagen müssen: Die Weissagepriester setzen ihr Geschäft mit Hilfe der Heiligen fort.

In seiner Schrift über die Weissagung, verfaßt 44 Jahre vor Christo, giebt uns Cicero eine klare, interessante Übersicht über das Orakel- und Weissagewesen seiner Zeit, welches einerseits als Staatsinstitut bestand, andererseits das Leben des einzelnen erfüllte. Cicero sagt, es gebe eine doppelte Divination, eine natürliche, unmittelbare, und eine künstliche, also mittelbare — Wenn wir dasjenige, was von jenem Heidentum heute vorhanden ist, übersichtlich zusammenstellen, so können wir jene Einteilung acceptieren.

1) Die natürliche. Hierzu rechnet Cicero die Träume, überhaupt diejenige Divination, bei welcher der Mensch unmittelbar, mehr oder minder durch Inspiration, Blicke in die Zukunft, also Offenbarungen erlangt. Es gehören hierher also alle, welche direkt Prophezeiungen, Orakel, Offenbarungen aussprechen.

Wir haben die Bedeutung der heutigen Traumorakel kennen gelernt und verweisen auch auf das folgende elfte Kapitel. Wir kennen die mit Hilfe der Geister orakelnden Assistiti und Cabbalisten, machen aber nachdrücklich darauf aufmerksam, daß die Bettelmönche dem Volk als inspiriert gelten, indem sie, wie Kap. VIII gezeigt, in Volkes Augen befähigt sind, glückliche Nummern vorauszusehen. — Propheten dieser Art waren nach Cicero Kap. 58 die Priester der Isis.

„Und wenn Schätze sie versprechen, betteln sie dir Münzen ab."

Die Mönche aber gehören zur Kirche, d. h. sie sind Religionsdiener. Die Kirche weiß und muß wissen, was die Mönche thun, sie weiß, zu welchen Propheten aller Art das Volk seine Zuflucht nimmt, sie weiß, daß dieser Aberglaube dem Volke Religion und Glaube ist, aber die Kirche schweigt. Bei Nocera in Campanien befindet sich eine Madonnenkirche, in welcher beim Fest der Himmelskönigin viele Besucher besondere Offenbarungen der letzteren erwarten und empfangen. Die Kirche schweigt, duldet, fördert die Divination. — Als Jakob mit Weib und Kind seinen Schwiegervater Laban verließ, stahl Rahel (1 Mos. 31) die Teraphim ihres Vaters. Dies Wort bezeichnet Hausgötter, welche, wie andere Stellen des Alten Testaments beweisen, auch Orakel spendeten*). In Rom, unter den Augen des Papstes, hat es seit Jahrhunderten einen solchen inspirierten Hausgott gegeben, wir meinen eine im Besitz der Franziskaner befindliche Bambinostatue, welche bis auf den heutigen Tag zu Kranken gefahren wird und dort Orakel spendet. Wird das Angesicht des Bambino blaß, so ist's ein schlimmes Zeichen, wird es rot, ein gutes!! Dies Heidentum besteht seit Jahrhunderten unter den Augen des Stellvertreters Christi, des Pontifex maximus im christlichen Rom. Ist dies mit dem kirchlichen Stempel versehene Heidentum etwa besser als dasjenige, wovon uns der schon oft erwähnte Lucian in seiner „Syrischen Göttin“ ein Beispiel erzählt, wenn er von Statuen berichtet, welche durch Hüpfen und Schwitzen Orakel erteilen? Ist jenes christlich getaufte Heidentum besser als das zahllose Augenverdrehen, Schwitzen rc. der Madonnen in Rom, welches im vorigen Jahrhundert viele inspirierte Madonnenstatuen zeigten? (Kap. VII.) — Wir haben oben Propheten kennen gelernt, die Assistiti u. s. w. Es ist hier der Ort, eine Prophetin vorzuführen. Bekanntlich entfloh Pius IX., in Frauenkleider gehüllt, Anno 1849 aus Rom und hielt sich lange in und bei Neapel auf. — Da plötzlich ging am Horizont des Flüchtlings ein Stern auf, es war Caterina Fanelli aus Sora, welche sich direkter Inspiration rühmte und weissagte: Der Papst wird nach Rom zurückkehren. Ihre Orakel

*) Siehe im zweiten Teil dieser Schrift den Artikel „Hausgötter“. Hierunter sind in Süditalien nicht etwa Hausgeister zu verstehen, an welche z. B. der Kirchenlehrer Augustin fest glaubte, sondern regelrechte Teraphim, wie bei den Israeliten des alten Bundes.

wurden weit und breit berühmt, zu vergleichen den Orakeln eines Bacis und Epimenides, von denen Cicero erzählt:

„Denn Apoll reißt wider Willen mich zum Schicksalsspruch.“
(Cicero de div. 31.)

Genannte Caterina, welche in dem Städtlein Sezze ihre Prophetieen aussprach, erlangte den Ruf, den einst eine Sibylle von Cumä besaß, sie erwarb viel Geld und schließlich erschien sie vor Pio nono, der über ihre Orakel entzückt war und letzteren festen Glauben schenkte.

„Wer glücklich rät, der sei der beste Seher mir“ (Cicero).

Dieser weibliche Tiresias, von den Jesuiten auf die Prophetenbühne gebracht, zeigte sich bald in wahrer Gestalt, und da war es mit der Sibylle zu Ende. So hat also der Nachfolger Christi das Orakelwesen protegiert! —

2) Die künstliche, also mittelbare Weissagung, welche durch Deutung und Auslegung geschieht. Hierzu rechnet Cicero die Haruspicin, die Wissenschaft der Auguren, die Deutung der Vorzeichen.

Wir kennen die Smorfia, wir kennen den ein ganzes Volk beherrschenden Orakelwahnsinn in Hinsicht der Vorbedeutungen und ihres Zahlenwertes. Die Kirche schweigt und die Kleriker suchen ebenso gute Lottonummern mit Hilfe der Smorfia, als die Laien. Heute ist das Fest der Madonna delle grazie, d. h. derjenigen Madonna, welche die verschiedensten Gnaden spendet. Verfasser hörte einst, wie auf der Kanzel ihre mütterliche Sorge gepriesen ward. Redner erzählte viele Geschichten, darunter auch eine, welche davon handelte, daß die Madonna einer armen Frau „Nummern“ offenbarte. Das Prophetenkollegium der Haruspices und Auguren ist nicht verschwunden, es steht vor uns in jenem priesterlichen Prophetenkollegium, welchem das Blut des St. Gennaro anvertraut ist. Dies Kollegium ist eine öffentliche Anstalt, die Stadt und der Erzbischof überwachen dasselbe, in letzter Instanz hat natürlich der Pontifex maximus (Papst) die Aufsicht über jene. Jene heidnischen Propheten im alten Rom beschauten z. B. die Eingeweide der Opfertiere, ihre Farbe 2c., die Priester des St. Gennaro deuten die Erscheinungen an dem sogen. Blut. Die Sache ist dieselbe. Die römischen Priesterpropheten hatten ihre Deutungen in feste Regeln gebracht, die Priester des Gennaro ebenso. Wir machen aufmerksam auf den Vers, welchen wir in den Anmerkungen zu Kap. IX anführen. — Die Haruspices und Auguren thaten ihr Werk von Amts wegen, ebenso die Priester des St. Gennaro.

Die Kirche hat also das heidnische Orakelwesen in ihren Kultus aufgenommen, hat demselben dadurch den Stempel kirchlich-christlicher Gültigkeit feierlich aufgedrückt und berechtigt uns, zu reden vom Heidentum in der römischen Kirche.

Zehntes Kapitel.

Der grauenvolle Acker.

„Hierher einst ließ tragen für Lohn in ärmlicher Lade
Aus einengender Zelle geworfene Leichen der Mitknecht,
Hier hatte ärmliches Volk ein allgemeines Begräbnis.
— — — — — — — —
— — — — — — — —
Nun ist völlig gesund der Esquilinus und Lustgang
Beut der sonnige Hügel umher, wo traurigen Anblick
Neulich gab der von weißem Gebein so grau'nvolle Acker.“ —

So schrieb Roms Dichter Horaz zur Zeit des Augustus in der achten seiner Satiren.

Horaz beschreibt uns hier den vierten der sieben Hügel Roms, den Mons Esquilinus, auf dessen nördlicher Höhe wir heutzutage die Kirche S. Maria Maggiore finden und dessen südöstliche Höhe durch die Reste der Titusthermen und die angeblichen Reste von Neros goldenem Hause bezeichnet wird. Bei den Thermen des Titus scheint ein Dichterhain gewesen zu sein, denn dort, fern vom Lärm der Welthauptstadt, wohnte nicht nur Horaz, sondern zeitweilig auch Properz, ebenfalls zeitweise Virgil (Kap. VI). Zu den Zeiten des Augustus war also, wie Horaz sagt, mit dem Esquilin eine erfreuliche Veränderung vorgegangen, denn Laubgänge eines öffentlichen Gartens boten dort Schatten, und im Winter konnte man sich auf sonnigen Plätzen dort erwärmen. Bei den an genanntem Hügel vorgenommenen Arbeiten hatte man zu den

Zeiten des Dichters daselbst eine seltsame Entdeckung gemacht. Man fand Haufen menschlicher Gebeine und diese erinnerten daran, daß früher hier der Begräbnisplatz für die Armen gewesen, also besonders für die Sklaven, deren Gebein in gemeinsamen großen Gruben dort moderte und die Luft verpestete. Die Kaiserzeit hatte gründlich Wandel geschaffen. Da in Rom auch unter den ärmeren Klassen Hunderte von Begräbnisbrüderschaften bestanden, welche ihren Mitgliedern gegen einen kleinen Monatsbeitrag ein anständiges Begräbnis sicherten, so haben wir uns zu denken, daß am Esquilin nur die Hefe der Menschen bestattet wurde. So lange diese Gräber benutzt wurden, war der Platz, wie erklärlich, gemieden, und nur unheimliches Gesindel fand sich dort zusammen. Als man nun dort öffentliche Anlagen hergestellt hatte, konnte doch jenes nicht sofort von seiner Gewohnheit lassen, und Horaz hatte Gelegenheit, das Treiben dieser unheimlichen Menschen aus der Nähe zu beobachten. — Wir lesen in genannter Satire, daß sich dort bei Vollmond „zaubernde Weiber" einfanden, um Gebeine und giftige Kräuter aufzulesen oder um Geister dort hervorzulocken und „Antwort gebende Seelen". Man rief dort zu den unheimlichen Gottheiten Hekate und Tesiphone:

„Nun sahe man Schlangen umherziehn,
Nun plutonischer Hunde Gewühl, und der blutige Vollmond,
Des nicht Zeuge zu sein, schlich hinter ein höheres Denkmal."

Es ist bekannt, daß das gesamte antike Leben den größten Wert auf ein anständiges, womöglich stattliches Begräbnis legte, ferner, daß die Begräbnisplätze keinen unheimlichen, sondern einen freundlichen Charakter hatten. Man sehe nur die Gräberstraße in Pompeji mit ihrer herrlichen Lage, ihren stattlichen Monumenten, ihren einladenden Sitzplätzen. Man begreift in dieser Hinsicht das Entzücken Goethes, der in einem seiner Briefe davon schreibt. Jenes Begräbnis am Esquilin galt deshalb als eine unheimliche Stätte, weil die dort Begrabenen des anständigen Grabes ermangelten. Haufenweise lagen sie in den Gruben, wurden teilnahmlos von bezahlten Totengräbern hinabbefördert, wahrscheinlich hinabgeworfen. Die Vorstellung solcher Dinge verursachte in Rom ein Grauen und man dachte sich diesen Ort von Geisterspuk heim=

gesucht; man dachte sich, daß die Seelen der dort bestatteten Miserabiles keine Ruhe hätten. Die Seele des Patroklos fand keine Ruhe, so lange das ehrenvolle Begräbnis fehlte. Darum erscheint er dem Achilleus im Traum und spricht, Ilias 23: 40:

„Schläfst du, meiner so ganz uneingedenk, o Achilleus?
Nicht des Lebenden zwar vergaßest du, aber des Toten!
Auf, begrabe mich schnell, daß ich Hades' Thore durchwandle,
Ferne mich scheuen die Seelen hinweg, die Gebilde der Toten,
Und nicht über den Strom vergönnen sie, mich zu gesellen,
Sondern ich irre unstät um Hades mächtige Thore."

Kaum ist Achilleus erwacht, so beginnt er sofort das pflichtschuldige Werk, dem Patroklos ein stattliches Begräbnis zu rüsten, und das gesamte Heer der Hellenen, dessen Heerführer bei anderen Gelegenheiten oft uneinig waren, nimmt den eifrigsten Anteil an dieser Arbeit. Ein riesiger Scheiterhaufen wird gehäuft, die Leiche darauf gelegt, und als nun die mächtige Flamme zum Himmel lodert, ruft Achilleus dem Gestorbenen zu:

„Freude dir, o Patroklos, auch noch in Aides Wohnung!
Alles ja wird dir jetzo vollbracht, was zuvor ich gelobet."

Das gesamte hellenisch-römische Altertum kannte kaum eine heiligere Pflicht als diejenige gegen die Toten, und da das obengenannte gemeinsame Grab am Esquilin nicht im mindesten dem Begriffe eines Begräbnisses entsprach, so mußte jener grauenvolle Ort den Bewohnern des antiken Roms als eine Stätte des Fluches erscheinen. Jene Gruben daselbst wurden natürlich auf Kosten der Stadt unterhalten, die Stadtverwaltung aber, welche sonst Glanz und Pracht in jeder Weise förderte, zeigte in Hinsicht jener Miserabiles einen schmutzigen Geiz und besorgte in Hinsicht jener Armenleichen nicht einmal dasjenige, was nötig war, um diese Stätte vor giftigen Ausdünstungen zu schützen.

Als Augustus das Kaiserscepter in die Hand nahm, begann er sofort die Verschönerung der Welthauptstadt, ließ z. B. achtzig Tempel teils wiederherstellen, teils neu bauen, und war es natürlich, daß er sein Augenmerk auch auf den Schandplatz am Esquilinus richtete. Dieser Platz, welcher der Welthauptstadt nicht nur zur Schmach, sondern auch bei einer Stadterweiterung zum Verderben gereichte, wurde also in einen öffentlichen Park umgewandelt und die spätere Kaiserzeit schuf dort großartige öffentliche Bäder, deren kümmerliche Reste der Wanderer noch heute bewundert.

Wenn es meine Absicht wäre, dem Leser ein Sittenbild aus dem heidnischen Rom zu bieten, so wäre hier unser Kapitel zu Ende. Es handelt sich aber um ein Sittenbild aus dem christlichen Neapel, und darum fängt unser Kapitel erst hier an.

Die sechste Epistel des Horaz beginnt mit folgenden Strophen:

„Nichts in der Welt anstaunen,
Numicius, dieses allein wohl,
Dieses nur kann uns verleihn
Glückseligkeit, und sie erhalten.

Diesen Rat des Dichters hat Goethe, als er vor reichlich hundert Jahren in Neapel weilte, nicht befolgt, und lesen wir in seinen Briefen mehr als einmal: „Ich machte große, große Augen." Schon mancher Tourist hat sich dieser Worte erinnert, wenn er selbst große, große Augen machte und außerstande war, jenen Rat des Horaz: Nihil admirari (nichts anstaunen) zu befolgen.

Wer in Süditalien lebt, muß staunen, wenn er in der Welt der Gegenwart die Welt der Vergangenheit wiederfindet. Als ich soeben das obige Sittenbild aus dem heidnischen Rom mit einigen Strichen zeichnete, war es mir, als wenn ich ein Sittenbild aus dem heutigen christlichen Neapel dargeboten hätte. — Was ich vor reichlich zehn Jahren hier zum erstenmal schaute — das allgemeine Begräbnis des ärmlichen Volkes —, war mir damals ein Rätsel. Des Rätsels Lösung fand ich erst dann, als mir nach und nach eine gründlichere Kenntnis des antiken Lebens zueigen wurde. — Den Campo santo vecchio bei Neapel besuchte ich Ende vorigen Jahres zum letzten Male und bitte den Leser, mich dahin zu begleiten.

Vor der Porta Capuana liegt der an prächtiger Vegetation und schneeweißen Marmordenkmälern reiche protestantische Friedhof, und von diesem aus führt in nördlicher Richtung ein Weg durch ein elendes Vorstadtquartier auf den Höhenzug zu, welcher gewöhnlich Capodichino (Caput clivi) genannt wird. Schon aus der Ferne sehen wir am Abhange desselben eine langgestreckte Mauer, das

Ziel des Weges. — Vom Fuße des Hügels führt ein Fahrweg im Zickzack aufwärts, und oben angelangt, glaubt man vor der hohen Front eines Gebäudes zu stehen. In der Mitte ist ein hohes Portal und an jeder Seite desselben zählt man acht ziemlich weit voneinander entfernte Fenster.

Als ich zum erstenmale den Campo santo vecchio besuchte, glaubte ich, bei jenem Portal angelangt, geirrt zu haben, und richtete an einen alten Mann, der am Eingange stand, die Frage: Wo ist hier der Campo santo? Der Alte sah mich verwundert an und sagte: Herr, hier ist er; tretet ein durch dies Portal. Als ich zum letztenmale dort war, sah ich denselben Alten, den Kustoden des Friedhofes, an derselben Stelle wieder. Seit einem Menschenalter stand er dort Abend für Abend, den Blick auf die da drüben sich dehnende, zu den Hügeln emporklimmende Stadt gerichtet; Abend für Abend sah er von dort die Sonne sich hinter die Hügel senken. Abend für Abend wartete er dort auf die „ärmlichen Laden“ und auf den Beginn seiner traurigen Arbeit.

Unsagbar schön ist das Stück Erde, welches man von dort aus erblickt; unsagbar groß ist das Elend, dem dieser Campo santo im Jahre 1759 zu einem Denkmal errichtet ward.

Mit dem genannten Alten treten wir durch das Portal in einen sich links und rechts lang hinziehenden bedeckten Korridor, welcher rechts zu einer Kapelle, links zum Comptoir des Aufsehers führt. Wir gehen quer über den Korridor auf ein zweites Portal zu und gelangen in einen weiten, unbedeckten, mit Lavaquadern gepflasterten, rings von einer mit rundbogigen Nischen versehenen Mauer umgebenen Hof. Drei große Nischen in der Mauer sind mit Bildern aus der Leidensgeschichte versehen, Bilder sind es irgendeines Pfuschers, die Farben verblichen. Sonst ist kein Werk der Kunst, nichts Freundliches zu erblicken. Wir sind zur Stelle, sind auf dem Friedhof, der keine Grabhügel, keine Denkmäler, keine Blumen, keinen grünen Halm besitzt.

„Wann beginnt Ihr, Aufseher?“ — „Herr, es ist 24 Uhr, wir beginnen sogleich.“ — In Stadt und Land rechnet das niedere Volk meist nach italienischer Uhr, im Unterschied von unserer, der hier als „französisch“ bezeichneten. Die italienische Stundenzählung setzt die erste Stunde mit geschehenem Sonnenuntergang. Von da an zählt sie 24 bis zum Sonnenuntergang des nächsten Abends. — Die Sonne hat sich hinter den Höhenzug drüben, welchen wir vom Portal des Friedhofes erblicken, gesenkt, es ist Ave Maria, oder 24 Uhr.

„Wie viele sind heute? Aufseher." — „Herr, es sind heute achtzehn, gestern waren es dreißig." Der Aufseher hat die Zahl der Toten genannt, die man im Laufe des Tages aus verschiedenen Spitälern oder aus den Höhlen des Elends hierher gebracht hat.

In dem Lavapflaster des weiten Hofes, wo wir uns befinden, sehen wir in geraden Reihen und in gleichmäßiger Entfernung von einander große quadratförmige Steinblöcke, an den Rändern mit Kalk sorgfältig gefugt, jeder hat einen eisernen Ring und trägt eine Zahl. Solcher Steine sind ebenso viele als Tage im Jahre, jeden Abend hebt man in genauer Reihenfolge einen andern dieser Steinblöcke ab und öffnet damit eine tiefe, nach unten sich erweiternde Höhle, bestimmt, die an dem verflossenen Tage eingebrachten Leichen aufzunehmen. Ist das Jahr abgelaufen, so fängt man wieder beim Steinblock Nr. 1 an. Drüben steht schon eine Hebemaschine über demjenigen Stein, der heute abgehoben werden soll, neben der Maschine steht eine ziemlich große, mit einem beweglichen flachen Deckel versehene eiserne Sargkiste, deren Gebrauch wir sogleich sehen werden. Um jenen heute zu hebenden Stein steht eine Gruppe Neugieriger, unter ihnen zwei lungernde Mönche, die, weil ihnen das Kloster keine Herberge mehr giebt, auf irgendeine Weise ihre Zeit nützlich — totschlagen.

„Avanti!" (Vorwärts!) befiehlt unser Alter seinen jüngeren Gehilfen, und diese begeben sich sofort zur Eingangswand, wo, an der nach unserem Hofe zugewandten Seite, unterhalb der Fenster sich verschließbare Klappen befinden. Die Klappen werden zurückgeschlagen, und wir sehen in dem einzelnen Raum eine Mulde, — in der Mulde aber liegt eine Leiche, in dieser eine große, dort weiterhin wieder eine, in einer anderen Mulde befinden sich mehrere Kinderleichen, ebenso in der großen Mulde dort. Die Zahl der Kinderleichen ist heute groß. Zwei Gehilfen nehmen eine Mulde auf die Schulter und setzen sie neben den Stein, der die für heute bestimmte Höhle verschließt. Unten in der Mulde liegt die Leiche eines in ein altes, buntes, verblichenes Tuch eingewickelten, etwa zwölfjährigen Mädchens, auf ihr, neben ihr kleine Kinderleichen, einige mit alten Lappen umwickelt, nur zwei kleine Kindergestalten beweisen, daß Liebe um sie geweint, denn die Äuglein sind zugedrückt, sauber ist die sterbliche Hülle umwickelt, sogar ein Häubchen ist aufgesetzt, die kleinen Hände sind gefaltet. Kein Schmerz verzerrt die Züge dieser beiden, sie scheinen zu schlafen. — Warum war für die übrigen in dieser Mulde keine liebende Seele vorhanden, um die Gestalt des Todes durch ein Liebeszeichen zu mildern? Wollte niemand die gebrochenen Augen zudrücken? — Eine zweite Mulde wird neben die erste gestellt, kleine Kinderleichen sind's, die sie füllen, hier eine in einen Lappen gehüllt, andere ohne irgendein lumpiges Stück Umhüllung; eine Leiche trägt der Diener eingeknotet in ein grobes Sacktuch! — Eine geschlossene Kiste wird gebracht, der Kustode sagt, es sei die Leiche eines an grauenhafter Krankheit im Hospital San Maria della Pace gestorbenen Mädchens. Schleunig wird die Kiste hingesetzt, einer jener obengenannten Mönche hebt ein wenig den losen Deckel.

Was ich hier schildere, sind Scenen, die mir beim ersten Besuch jenes Campo santo vor Augen traten und mir unvergeßlich geblieben sind.

Was wir in jener rohen Kiste liegen sehen, ist in ein Lumpen-Sacktuch eingewickelt. Pechschwarzes, langes Haar fällt in wilder Verwirrung über schaudervoll verzerrte menschliche Gesichtszüge, die gebrochenen Augen starren weit offen. — „Povera gente“ (armes Volk), murmelt der alte Aufseher und erzählt, daß er viele Tausende derartiger Elendsgestalten während langjähriger Praxis gesehen. War der Anblick grausig, so machte mich dasjenige noch mehr schaudern, was er weiter mit geläufiger Zunge von solchem „armen Volk“ erzählte. „Herr, ich weiß es, Ihr mögt mir nun glauben oder nicht.“ Niederschreiben läßt sich nicht, was der Alte erzählte, nur so viel sei gesagt, daß hier unter der „povera gente“ vielfach eine schreckliche Versunkenheit in Elend und Laster herrscht, und daß, wer dazu Lust hat, in sumpfige Tiefen hineinblicken kann, welche an die sittlichen Zustände römischer Kaiserzeit erinnern.

Die Gehilfen schleppen mehr Mulden herbei, — aber lassen wir den Inhalt, er ist zu jammervoll. Man hat wohl keine Zeit gehabt, jenen Leichen da ein Totenhemd zu bereiten; mit den Toten geht's eben schnell vorwärts. Binnen vierundzwanzig Stunden verlangt Klima und Gesetz die Beerdigung. Oder hat das Fehlen eines Totenhemdes in jenen Mulden einen andern Grund? Der Kontrast, den wir vor uns sehen, ist schroff. Die römisch-katholische Kirche hat für Bischöfe und Priester die herrlichsten, goldgestickten Gewänder, für die Kirchen Sammetvorhänge mit Goldborden und Goldquasten, warum sorgt sie nicht dafür, daß das „arme Volk“ ein menschlich Begräbnis, ein Stücklein Totenhemdes erhalte? Dort neben jener Reihe von Mulden steht der katholische Priester, um seines Amtes, wie jeden Abend, zu warten. Die übrigen Anwesenden, wohl ein Dutzend anscheinend Neugieriger, stehen plaudernd umher.

Man hört Wagengerassel, und im schärfsten Trabe fährt ins Portal ein Wagen hinein, der bei den Mulden anhält. „Ospedale clinico“, lautet die Inschrift des Wagens, er kommt also von der Anatomie. Der Priester beginnt die Zeremonie, darin bestehend, daß er einen Quast in das Weihwasser taucht, welches ein Diener ihm in einem Gefäß hinhält, und dann nicht nur die Leichen, sondern auch den genannten, von allen Seiten geschlossenen Wagen besprengt. Das Sprengen und Gebetsmurmeln dauert ein paar Sekunden, dann ist's fertig, der Priester zieht sich den Kragen über die Ohren, denn der Abend ist frisch, dann geht er hastig von dannen.

„Pronti!“ (fertig) ruft der Alte, und die Diener setzen die Hebemaschine in Bewegung, der große Stein ist schnell vom Loch gehoben, und wir können einen Blick in die schauerliche Höhlentiefe werfen. „Herr“, sagt der Alte, „Ihr seht da unten nichts, denn dies Loch ist ein Jahr hindurch verschlossen gewesen, und in dieser Zeit wird alles verzehrt.“ — Ich sah in die Tiefe und erblickte in der That nichts, als wenige Knochen. Der Erdboden, in welchem sich diese Löcher befinden, besteht aus sogen. vulkanischem Tuff, wie überhaupt der gesamte Grund, auf welchem Neapel steht. Ob dies der Grund ist, daß in einem einzigen Jahre eine so vollständige Verwesung erfolgt, ist mir nicht bekannt.

„Pronti!“ sagt der Alte, und die Diener senken eine lange eiserne Stange bis auf den Grund jener Höhle, aus der sie weit hervorragt. Jene eiserne Kiste, welche neben dem Loch steht, wird dann mit ihrem schmaleren Vorderteile durch eine Vorrichtung mit jener Stange so verbunden, daß sie an derselben niedergleiten kann. Der bewegliche Deckel jener Kiste wird aufgehoben, und die Kiste voll Kinderleichen gepackt. Die Ladung ist fertig, der Deckel wird durch Haken geschlossen, die Winde hebt durch eine Kette, welche mit dem oberen, breiten Teil der Eisenkiste verbunden ist, die letztere auf, und so steht sie aufrecht über dem Loch, um dann, an der Stange niedergleitend, nach und nach hinuntergewunden zu werden. Die Kiste nähert sich ihrem Ziel, der vordere Teil derselben steht fest, und nun wird dieselbe, da unten der Raum sich erweitert, in horizontale Lage gebracht. Diese Lage ist erreicht, der breitere Teil berührt den Boden, man hört ein lautes, klappendes Geräusch aus der Tiefe, und in diesem Augenblick läßt der Boden der Kiste los, so daß, indem sich die Kiste durch Aufwinden wieder hebt, besagter Boden wegen der Last der Leichen in der Kiste nachläßt, wodurch denn die Leichen herausgleiten und im Loch zurückbleiben. Die Kiste erscheint wieder oben, senkt sich wieder in ihre ursprüngliche Lage, erhält eine neue Ladung, und beginnt ihre traurige Reise von neuem. „Sehen Sie da, Herr, meinen Sohn“, sagte der Alte und weist auf einen stämmigen Burschen von zwanzig Jahren, der alles sehr präcise ins Werk setzt. „Herr, mein Sohn versteht's. Mein Vater war hier vierzig Jahre Kustode, ich bin's dreiundvierzig Jahre, und nach mir kommt mein Sohn. Ja, Herr, der versteht's.“ Mit Stolz blickt er auf seinen künftigen Nachfolger, folgt hellen Auges den raschen Bewegungen desselben, wie er geschickt die Kiste vollpackt, wie er behende eine große Leiche aus der Mulde hebt, ganz ebenso wie etwa ein Fleischer ein schweres Stück Fleisch, wie er mit dem zweiten Gehilfen zusammen eine schwere Leiche anfaßt, einer beim Kopf, der zweite bei den Füßen, und beide in einem einzigen Schwung sie in die eiserne Kiste befördern. Der Sohn aber ist sehr heiterer Stimmung, er summt ein Liedchen vor sich hin, pfeift auch eine lustige neapolitanische Weise, das übrige anwesende Publikum sieht schweigend zu.

Die Leichen in den Mulden haben nach und nach das Ziel tief unten erreicht. Der letzte Akt der Tragödie beginnt. Der geschickte Sohn des Alten öffnet mit einem Schlüssel den Wagen, der von der Anatomie, wie oben gesagt, gekommen ist und jeden Abend um Sonnenuntergang anlangt. — Nun, es gehören recht feste Nerven dazu, um das Übrige mit anzusehen. — Der geschickte Sohn also zog aus dem verschlossenen Wagen schnell einen schweren Eimer, dessen Inhalt sich zu denken ich dem Leser überlasse. Der Inhalt kam, wie gesagt, von der Anatomie. Der Sohn ergriff also den Eimer und machte kurzen Prozeß, indem er den Inhalt ohne weiteres in die Grube schüttete. Ein gewisses klatschendes Geräusch von unten — und schon hatte der geschickte Sohn einen zweiten Eimer aus dem Wagen gehoben, den er ebenso behandelte. Dann zog er noch etwas aus dem Wagen heraus, ich sah, was es war, aber es fehlte an dem, was herausgezogen wurde, viel. Was es war, möchte ich lieber nicht sagen. Aber geschickt machte es der Sohn, nur ein Erfassen, ein Schwingen, und verschwunden war es, was er erfaßt hatte. Tief unten lag es, man hörte ja, wie es anschlug, tief, tief unten.

„Pronti!“ sagte wieder der Alte. Die Winde ward gedreht, der schwere Stein gehoben, in seine alte Stelle gesetzt, der Sohn bestrich die Fugen mit Kalk, und das Begräbnis war vorbei. Auf dem eisernen Gestell der Winde aber lesen wir die Jahreszahl 1875, welche nur dies besagen will, daß bis zum genannten Jahre die Leichen einfach hinuntergeworfen, also nicht mit jener genannten Vorrichtung abwärts befördert wurden. Glaubwürdige Landsleute, welche vor 1875 jenes Begräbnis mit eigenen Augen sahen, haben mir berichtet, daß man in der denkbar rohesten Weise die meist unbekleideten Leichen beim Haupt und den Beinen ergriff und dann — —!

Jetzt vergleiche der Leser nochmals die zu Anfang citierte Stelle aus den Satiren des Horaz.

In Massa, einem Städtchen auf der Sorrentiner Halbinsel,

befindet sich ein großartiges Bauwerk, welches die Bourbonen als Invalidenhaus für die schweizerischen Regimenter errichteten. Unter diesen gab es natürlich auch Protestanten. Starb dort ein solcher, so ward die Leiche einfach in einen tiefen, für diesen Zweck bestimmten, wasserlosen Brunnen geworfen, eine Barbarei, die 1860 aufhörte, also nicht etwa durch die „Kirche" beseitigt wurde. — Die Kirche verachtet die Ketzer und da sie dieselben früher sogar dem Scheiterhaufen überlieferte, so ist es einigermaßen erklärlich, daß sie niemals gegen jene Barbarei, welche an Protestantenleichen geübt ward, protestiert hat. Wie aber sollen wir jenes auf dem Campo santo vecchio seit 1759 geübte Begräbnis, wobei es sich um Angehörige der katholischen Kirche handelt, erklären?

Vor reichlich dreihundert Jahren entstand in Neapel das aus vielen Baulichkeiten bestehende Ospedale degli Incurabili und befand sich neben demselben eine tiefe Schlucht, in welche die Leichen der Ärmsten der Armen, welche ein Begräbnis nicht bezahlen konnten, einfach hineingeworfen wurden. Dieser entsetzliche Ort war also dasselbe, was der Esquilinus für Rom. — Pestilenz hauchte diese Schlucht aus, und so entschloß man sich endlich im Jahre 1759 dieselbe zu schließen und den genannten Campo santo vecchio vor der Stadt anzulegen. Die Gefahr für die Stadt war beseitigt, die Barbarei der Bestattung blieb dieselbe.

Wiederum können wir dem Rate des Horaz: „Nihil admirari" nicht folgen. Man lese die ruhmredige Inschrift an der Front der Mauer jenes Friedhofes. Da preist man diesen Friedhof als ein großartiges Monument, man rühmt die Freigiebigkeit von König und Aristokratie, welche solch ein Werk zustande brachte. Eine andere Inschrift würde sich besser eignen und die Wahrheit sagen, nämlich diese: Denkmal des Elends und der heidnischen Barbarei. Daneben könnte man die Strophe des Horaz anbringen:

„Hier hat ein ärmliches Volk ein allgemeines Begräbnis."

Verfasser sah einst unter einem finsteren Gewölbe Alt-Neapels eine uralte Marmortafel mit lateinischer Inschrift, welche besagte, daß dieser Stein von niemand bei hoher Strafe entfernt werden dürfe. Dabei stand geschrieben: Zeit der Pest! — Der genannte

Stein, welcher in neuester Zeit bei einem Straßendurchbruch hat verschwinden müssen, führte zu einem Gewölbe voll Moder und Totengebeinen. Man hatte in grausiger Pestzeit, deren Tage uns ein im Museum befindliches grauenvolles Bild vorführt, die Pestleichen einfach in ein solches Gewölbe gestürzt und dasselbe dann für ewige Zeiten vermauert. Ein Begräbnis solcher Art ist durch das Entsetzen der Lebenden verständlich, wenn man erwägt, daß in solchen Zeiten ganze Stadtteile beinahe entvölkert wurden. In der Nähe des genannten Campo santo vecchio enthält der Hügel weite Höhlen, die vordem als Steinbrüche dienten, alle mit Moder und Totengebein angefüllt, als vor circa dreihundert Jahren in der Belagerungsarmee des Franzosen Lautrec die Pest ausbrach und die Soldaten zu Tausenden hinraffte. In einer anderen Pestperiode warf man die Leichen in die Kloaken der Stadt, deren Ströme sie ins Meer trieben und ungezählte Tausende stürzte man in die weiten Höhlengänge der Katakomben. Diese Räume wurden dann vermauert und so kommt es, daß bis auf den heutigen Tag nur ein Teil dieser ehrwürdigen und merkwürdigen Räume zugänglich ist.

Die Pestzeit macht eine solche Begräbnisweise erklärlich, wie aber will die Kirche jene Barbarei des Campo santo vecchio rechtfertigen? Bis zum Jahre 1860 war das gesamte Begräbniswesen Süditaliens in den Händen der Kirche. Die Friedhöfe waren ihr Eigentum, die Anstellung der Beamten war in ihren Händen, die gesamte Aufsicht ward durch sie besorgt. Niemals zeigt sich auch nur eine Spur davon, daß sie jene heidnische Barbarei erkannt, daß sie eine leise Ahnung von der Unchristlichkeit einer solchen Begräbnisart gehabt hätte. Bis 1860 duldete die Kirche auf ihren Friedhöfen keinen Ketzer, sondern befahl, daß solche an einer verborgenen Stelle am Meeresstrande verscharrt würden, ebenso duldete sie auf ihren Friedhöfen keine Juden, und ließ ebenfalls solche Personen verscharren, welche im Betrieb eines schändlichen Erwerbes gestorben waren. Wie aber konnte sie dulden, daß bitterarme, *katholische Christen* wie Tierkadaver beseitigt wurden? Wußte die Kirche denn nichts davon, daß sie auf diese Weise das Sklavenbegräbnis am Esquilinus erneuerte? —

Diese Frage erhält ein noch schwereres Gewicht, wenn wir die ältesten Begräbnisstätten der Christen Neapels besichtigen. Von dem, was ich in den Katakomben gesehen, will ich nur dieses erwähnen, daß die Begräbniskammern, welche sich in den Wänden befinden, sich von einander unterscheiden, indem einige weiter, künstlerischer, mit Malerei versehen sind, andere einfach und schlicht. Ohne Zweifel hatten die Reicheren, welche ihr Begräbnis aus eigenen Mitteln beschafften, Begräbnisse ersterer Art, die Armen dagegen Plätze der letzteren Weise. Aber die Armen hatten doch ein anständiges christliches Begräbnis, jeder ein Schlafkämmerchen für sich. Wir wissen nämlich aus anderen Nachrichten, daß in den ältesten Gemeinden stets Kollekten gehalten wurden, um, wie es heißt, die Armen zu ernähren und zu beerdigen. Die christliche Gemeinschaft also nahm sich ihrer armen Mitglieder an und kaufte für sie den Begräbnisplatz, sorgte für ein christliches Begräbnis. Es war also damals undenkbar, daß ein armes Gemeindemitglied auf solche Weise in ein gemeinsames — — Loch sollte befördert, gar geworfen sein. Die Katakomben beweisen, wie weit heutzutage die „Kirche" von der christlichen Anschauung der Urkirche gewichen ist. — Das Urchristentum betrachtete auch den Körper als ein Heiliges und wandte auch dem Ärmsten beim Begräbnis fürsorgliche Liebe zu.

Ich kenne in der Heimat ein stilles Dorf, es liegt hart an der Schlei, wo eine der besten Sitten die ist, daß der Arme dieselben Begräbnisehren erhält als ein Reicher, wo beiden in gleicher Weise die Kirche sich öffnet, wo für den einen ebenso viele Male die Glocken läuten als für den andern. Übrigens dürfte so ziemlich überall in Schleswig-Holstein, wenigstens auf dem Lande, kein besonderer Unterschied zwischen den Begräbnisfeierlichkeiten eines Armen und eines Reichen sein, wenn sich auch der Unterschied in der Ausschmückung der Gräber ebenso wenig vermeiden läßt, als die Urgemeinde in Neapel ihn hat vermeiden können und wollen.

Warum also macht es die katholische Kirche in hiesiger Stadt nicht ebenso, wie die erste Gemeinde Neapels, daß sie nämlich für christliche Begräbnisse der Armen Kollekten sammelt? Sie sammelt ja genug für glänzendes Feuerwerk zu Ehren der Madonna und der Heiligen, dagegen für die toten Elenden hat sie nur einige Tropfen Weihwasser und ein kurzes Gemurmel eines heiseren Priesters, der sich zu erkälten fürchtet, weil die Abendluft weht.

Ein anderer Vorschlag ist der: Die katholische Geistlichkeit verkaufe jene kostbaren Gewänder von Sammet und Seide mit Goldstickerei, welche sie den Tausenden von Wachsbildern der Madonna angezogen hat, und mit welchen angethan letztere in großen Glastempeln in den Kirchen stehen; sie verkaufe die vergoldeten Kronen, welche diese Wachsbilder auf dem Haupte tragen; sie verkaufe die kostbaren Edelsteine, welche den Hut des hiesigen Erzbischofs zieren, sie verkaufe einige der Schätze, welche in der Schatzkammer des heiligen Januarius liegen, dann ist ein hübsches Sümmchen beisammen, um für lange Jahre den Armen und Elenden ein menschliches Begräbnis zu schaffen, und damit eine schwere Blöße bei sich selbst zu decken.

So dachte ich, als ich zum erstenmal den genannten Friedhof besuchte und einen der ersten Eindrücke von dem „Heidentum in der römischen Kirche“ empfing.

Manche Dinge des südlichen Lebens sieht man mit den Jahren gleichgültiger an, wenn sie auch zu Anfang dem Auge und Herzen weh thun. Ich war erstaunt, als ich zum erstenmal einen hiesigen Sarg erblickte. Den Begriff und die Gestalt eines nach oben erhöhten, also hausähnlichen Sarges kennt der Süden nicht, er kennt nur enge Kisten mit flachen Deckeln, welche genau dem Umfang der Leiche entsprechen und eine möglichst enge Umhüllung derselben bieten. Solchen Behälter nennt man hier bezeichnend: eine Kiste. Unser Wort Sarg läßt sich gar nicht übersetzen. Offenbar stammt diese Form aus dem römischen Leben, und in solchen Kisten oder Laden wurden nach Horaz die Leichen elender Sklaven und sonstiger Miserabiles nach dem „grauenvollen Acker“ des Esquilinus transportiert.

Sicherlich trug damals irgendein Straßenkehrer solche Kiste ebenso auf dem Haupte, wie ich es nur zu oft in der Nähe des Campo santo vecchio gesehen habe.

Die Volkssprache hat für den „grauenvollen Acker“ jenes Friedhofs einen eigentümlichen Ausdruck, sie nennt ihn: Il Quadrato. Es liegt ein eigentümlicher Galgenhumor in dieser Bezeichnung und ist die hiesige Sprache reich an ähnlichen Ausdrücken. Ein riesengroßes Armenhaus, im vorigen Jahrhundert erbaut, nennt das Volk: Il Reclusorio, das Gefängnis, oder auch: Il Seraglio, Tierzwinger. Als im Jahre 1837 die Cholera zum erstenmal wütete und man vielfach große Kisten benutzte, um mehrere Leichen darin fortzuschaffen, hörte man auf den Straßen den damals gewöhnlichen Ruf: Ecco, il Pianoforte! Vor Jahrhunderten nannte man die Juden stets: Spoglia-Morti, d. h. solche, welche den Toten die Kleider abziehen. Die Juden kauften nämlich damals die oft lumpenhaften Kleidungsstücke, mit denen die Armen im letzten Stündlein bekleidet waren, und trieben mit dieser Ware einen schwunghaften Handel. In dem Stadtquartier Neapels, wo vor Jahrhunderten nur Juden wohnten, befand sich eine Kirche des St. Gennaro, und diese wurde von dem Volke genannt: S. Gennaro dei Spoglia-Morti.

Mit den Kleidungsstücken solcher Armenleichen wird noch heutzutage gehandelt, aber nicht mehr von den Juden, sondern von den Christen. An jedem Montag und Freitag ist vor der Porta Nolana ein Kleidermarkt, welcher zu den seltsamsten Dingen gehört, die man in Neapel sehen kann. Eine lange, lange Straße, in der hier und da Reste der alten Stadtmauer zum Vorschein kommen, ist der Schauplatz dieses Marktes. Wände, Fußsteige sind mit alten Kleidern für Männer und Frauen bedeckt, und es ist schwer, sich durch die Menschenmassen hindurch zu winden. Der größte Teil der Ware gehört in die Klasse der beweglichen Güter, denn er befindet sich auf den Köpfen, Schultern und Armen von Weibern, welche auf und ab gehen und mit lautem Geschrei ihre Ware anbieten. Während der Cholerazeit war dieser Markt aus guten Gründen verboten, denn unter den zahllosen Unter- und Oberbekleidungsstücken befinden sich stets solche, welche arme Tote als einziges Erbteil hinterließen. Der Lärm dieses Straßenmarktes ist entsetzlich und zu dem Geschrei der Verkäufer kommt der Lärm des Schacherns und Handelns. Dort streitet man sich um den Wert eines alten Hemdes, welches sicherlich den letzten

Seufzer eines Sterbenden vernahm, dort um den Preis eines Frauenkleides, welches verschiedenen Herrinnen gedient hat. Zuerst war es im Besitz einer reichen Frau und ging dann von Hand zu Hand, aber immer eine Stufe tiefer, zuletzt benutzte es eine Wäscherin als ihr Staatskleid, um mit demselben der Madonna in Monte Vergine einen Besuch zu machen, und endlich erlebte es das letzte Stündlein dieser Wäscherin, um dann von ihren Kindern sofort verkauft zu werden. Daß die „Spogliamorti“ nicht ausgestorben sind, bemerkte Verfasser wiederholt auf dem Campo santo vecchio, denn es fehlte dort nie an gänzlich unbekleideten Leichen, kleinen und großen. Nur ein einziges Mal habe ich an einer Leiche ein Liebeszeichen bemerkt. Es war ein etwa einjähriges Kind, in Lumpen gehüllt, in den gefalteten Händen eine Nelke. Hatte die Mutter ihm die Händchen zusammengelegt und jene Blume zum „grauenvollen Acker“ mitgegeben? Die kleine Leiche ward in die oben genannte eiserne Kiste gelegt und dazu elf andere Kinderleichen, dann ward diese Last abwärts befördert. Man bestattete seither in dieser Weise jährlich ca. 10000 Leichen.

Daß man jenen Raum zu Orakelzwecken benutzt, ward schon Kap. VIII erwähnt. Wir müssen bemerken, daß die Gegend daselbst ebenso verrufen ist, wie der Esquilin zu den Zeiten des Horaz. Bis zu Anfang dieses Jahrhunderts hatten in der nächsten Umgebung Zigeuner ihr Standquartier, welche unter einem „König“ daselbst ein freies Leben führten. Heutzutage wohnt dort die Hefe des Volkes, darunter viele Bettler, welche übrigens nicht alle zu den „Miserabili“ gehören. Am Esquilin lockte man, wie Horaz sagt, Geister hervor und „Antwort gebende Seelen“.

Etwas Ähnliches sah ich einst am Totenfest, als jener Friedhof den ganzen Tag bis nach Sonnenuntergang jedermann offen stand. Ich fand das „Quadrat“ von allerlei Volk, lauter Armen, angefüllt, die an diesem Tage ihre Toten besuchten, wie die Reichen auf dem Campo santo nuovo die ihrigen. Da bemerkte ich, daß viele jener Decksteine von Knieenden besetzt waren, die teils laut redeten, teils leise murmelten. Ich fragte den Kustoden, was diese Leute redeten, und erhielt die Antwort: „Sie reden mit ihren toten Angehörigen! Der eine und andere neigte sich bisweilen bis auf den Stein nieder, als ob er horche. Es ist der feste Glaube, daß die Toten Zeichen geben, und die südliche Phantasie nimmt leicht und gerne dasjenige, was das Ohr hört oder was man zu hören meint, für ein solches Zeichen. Ich habe Reden gehört, die mir das Wasser in die Augen brachten. Eine Witwe rief ihren Mann und klagte ihm ihre Not, neben ihr stand ein Kind und weinte bitterlich. Eine Mutter rief ihr Kind und flehte dann die Madonna an. Die Ausrufungen waren voll Glut und Leidenschaft. Keiner kümmerte sich um solche armen Menschenkinder und die meisten kamen offenbar nur aus Neugier.

Man lese des Äschylos Tragödie „Die Perser". Am Grabe des Darius sind mit der Atossa die Greise versammelt. Die erste sagt:

„Nun, diesen Totenspenden, Freunde, singt
Ein feiernd Lied und ruft den hohen Geist
Dareios mir empor, indessen ich
Den dunklen Göttern meine Gaben bringe."

Der erste Greis spricht:

„Hör den Trauerruf, den jammervollen,
Seliger Geist des göttergleichen Herrn!
Hör das Grablied, das wir singen wollen,
Hör die Klagen, die dich rufen sollen."

So rufen die Greise weiter bis Darius erscheint:

„Ihr weckt mich auf mit zaubermächtigen Klängen,
Ihr ruft mir Schmerzen, unser Weg ist schwer."

Man lese Äschylos Tragödie „Das Totenopfer". Elektra steht mit ihren Dienerinnen am Grabe ihres Vaters Agamemnon und ruft den letzteren:

„Ich rufe Vater, dich, erbarm dich mein
Und deines Sohnes, daß er uns zurückkehrt."

Einmal im Jahre, nämlich am Totenfest, ist's laut im „Quadrat", dann im ganzen Jahre still. Hoch über die Mauer hinüber ragen Cypressen eines daran stoßenden anderen Friedhofes. Jene Trauer- und Totenbäume, schon in der antiken Zeit das Trauerzeichen, haben schreckliche Tage geschaut, unter ihnen ruhen etwa 30000 und mehr, die 1837 der Cholera erlagen.

„Herr, nun ist es zu Ende“, sagt der alte Kustode, nachdem der Stein das Loch verschlossen hat. Dann zeigt er uns noch in der einen Ecke des weiten Hofes die Stätte, wo vor vielen Jahren die ersten Choleratoten hinabgeworfen sind. Eiserne Klammern schließen diese Löcher für immer. Ferner zeigt er einen Stein über demjenigen Loch, in welches man arme Priester nach seiner Aussage hinabläßt. Letzteres war mir völlig rätselhaft und nähere Auskunft darüber, wie man denn einem solchen „armen“ Priester kein besseres, standesgemäßeres Leichenbegängnis giebt, wußte er mir nicht zu geben. — Die Pforten des Portals schlossen sich, es folgte ein Nachspiel der Tragödie. Vor dem Portal nämlich, dicht an der Mauer, wurde ein kleiner Scheiterhaufen errichtet und als Material die rohe Kiste benutzt, in der die Leiche jenes armen Mädchens lag. Das Feuer loderte hell auf. „Herr, die Krankheit des Mädchens war ansteckend“, sagte der Alte.

Wir haben die Frage aufgeworfen, wie es kam, daß die Kirche das „Quadrat“ duldete? Antwort giebt die einmütige Volksrede: „Wer den Priestern nicht zahlt, für den sind sie nicht da.“ Das ist, wie gesagt, die einmütige Rede, die ich unzählige Male an den verschiedensten Orten und aus dem Munde der verschiedensten Zeugen seit zehn Jahren vernommen habe. Jene Ärmsten können ein anständiges Begräbnis nicht bezahlen und die Kirche hat sie ihrem Schicksal überlassen. Ausnahmelos ist mir die Versicherung geworden, daß die Priester erst dann zur Vornahme des kirchlichen Begräbnisses schreiten, wenn vorher die Stolgebühren bezahlt sind, daß erst dann das kirchliche Aufgebot erfolgt, wenn vorher die Zahlung für dieses und die nachfolgende Trauung erfolgt ist. Kommt der Priester zu einem Sterbenden, um die Sterbesakramente zu erteilen, so wird die Zahl der neben dem Bette brennenden Wachskerzen vorher bestimmt, ist die heilige Handlung vorüber, so nimmt der Priester die Kerzen mit, welche ein ihn begleitender Knabe fortträgt.

Eine zweite Antwort erhalten wir, wenn wir auf das römisch-heidnische Priestertum sehen. Die Sorge der letzteren bestand in

Kultusverrichtungen, denn Kultus und Religion waren dasselbe. Damit der Kultus regelmäßig sei und genau den Anforderungen des Herkommens und der Götter entspreche, war ein Priesterstand notwendig. Dieser aber kümmerte sich nicht um die verwahrloste Menge und der „grauenvolle Acker" am Esquilin interessierte ihn ebenso wenig, als eine Hungersnot im Lande der Scythen. — Der heutige Priesterstand, sofern er uns in Süditalien begegnet, sieht ebenso seine eigentliche Aufgabe in Kultusverrichtungen, die Religion deckt sich mit dem Kultus. — Im Glanz des Kultus den Sieg und den Triumph der Kirche zum Ausdruck zu bringen, das ist die eigentliche Arbeit der Kirche, und die Diener der letzteren stehen auf keiner höheren Stufe, als das Volk in seiner Gesamtheit, welches keine andere Religion kennt als den Kultus. — Dieser Kirche kommt es nicht in den Sinn, sich um ein Stück Heidentum, wie das „Quadrat", zu kümmern. Die römischen Priester wurden Flamines, d. h. Anzünder, genannt, und dies Wort deutet genügend ihren Beruf an, welcher im Darbringen des Opfers bestand. Dies ist der eigentliche Beruf auch des heutigen Priesters, darum nennt die offizielle Sprache das Meßopfer ein „Olokausto", braucht also eine der griechischen Sprache entlehnte Bezeichnung für Opfer.

Das Amt des Pontifex maximus im heidnischen Rom bestand in der Aufsicht über den großartigen Mechanismus des Kultus; er war Religionswächter, weil er Kultuswächter war. Des Volkes Not und Jammer kümmerte ihn nicht. Der heutige Pontifex maximus hat viele neue Heilige kreiert, um für sich und andere nach eigener Aussage neue Fürsprecher im Himmel zu haben, im übrigen aber seine ganze Kraft auf die Wiedererlangung weltlicher Herrschaft verwendet und bewiesen, daß er das Heil der Kirche im Glanz und Triumph des Papsttums erblickt.

Gegen das Bruno-Denkmal hat man protestiert, um die Schmach des grauenvollen Ackers hat sich niemals ein Erzbischof bekümmert.

Durch Anwendung staatsgesetzlicher Vorschriften ist der genannte Campo santo vecchio seit Anfang 1889 abgeschafft, nicht etwa durch Bemühung der „Kirche". Jene Maßregel kam also auf dieselbe Weise zustande, wie die Beseitigung des „grauenvollen" Ackers am Esquilin. Die Stadtgemeinde Neapel ward gesetzlich gezwungen, einen neuen, ausschließlich für die Armen bestimmten Friedhof zu erwerben. Das ist geschehen und hat man ein Terrain erworben, auf welchem jeder Arme sein Plätzlein erhält, um darin für sich allein achtzehn Monate zu ruhen. Ist diese Frist vorbei, so nimmt man das Gebein heraus, damit Platz werde für andere (jährlich 10000!). Wer eine Nische in der Mauer bezahlen kann, erhält für sein Gebein, nachdem es der Erde entnommen ist, in derselben einen Platz, den letzten auf dieser Erde; wer eine solche nicht zahlen kann, erhält einen Platz im gemeinsamen Ossuario (Knochenhaus), wo das Gebein massenhaft aufgeschichtet wird. — Die Kirche hat diesen Friedhof nicht geschaffen, wohl aber mit Weihwasser besprengt. Das Werk der Kirche ist der Kultus.

An der Spitze des Posilip, wo die Tufffelsen steil zum Meere fallen, ist in einer Ecke ein schmaler Strand, wo diejenigen Leichen verscharrt zu werden pflegen, welche das Meer an den Strand der Sirenen spült. Kein Zeichen, kein Kreuz deutet diese Stätte an.

Meine Gedanken reisen vom Mittelmeer zur heimatlichen Nordsee.

Von den Wogen dieses wilden Meeres umtost, liegt an der Küste von Schleswig die Insel Sylt. Mitten im Heidefeld derselben sieht man einen von einer Rasenmauer umfaßten Platz und über dem Eingange liest man die Worte: Heimatstätte für die Heimatlosen. Es ist der Friedhof für die Namenlosen, deren Leichen das düstere Meer an die Küste wirft. Jeder dieser Unbekannten erhält in diesem Friedhof ein christliches Begräbnis und niemand denkt daran, ihn aus dieser Ruhestätte zu verdrängen. Das Gebiet des Posilip gehört zur römisch-katholischen, das Gebiet der Insel Sylt zur protestantischen Kirche.

Elftes Kapitel.

Giuoco piccolo.

Heute ist das St. Antonio-Fest! Dies Wort hat für den Neapolitaner, überhaupt im ganzen Südlande, ungefähr denselben Klang, als wenn man einem deutschen Kinde sagt: Heute ist Weihnacht. St. Antonio ist ein lieber, guter Heiliger, „St. Antonio dei Miracoli“ heißt er bei vielen und deshalb gehört er auch zur Elite der sieben auserwählten Schutzheiligen. Freilich ist heute keine festa governativa, d. h. der Festtag steht nicht im Staatskalender, aber was kümmert man sich um diesen? — Die Kirche dieses großen Heiligen liegt hoch, aber dies hält die vielen Tausende nicht ab, ihrem Santo die schuldige Devozione mit Gebeten und Geschenken zu leisten.

Am Abend eines solchen, sowie vieler anderer Festtage sieht man in zahlreichen Straßen südlicher Städte seltsame Dinge. Auf der Straße vor den Thüren sitzen Gruppen von Jungen und Alten. Eine Gruppe schart sich um einen regelrechten Tisch, der allerdings zuweilen nur auf drei Beinen steht, andere haben irgendein altes Brett auf eine Tonne, Kiste oder sonstige Basis gelegt, viele aber benutzen die liebe Mutter Erde als Tisch und Stuhl. Alle diese Tausende von Gruppen beschäftigen sich in derselben Weise: Sie spielen das allbekannte Lottospiel. Einer hat das wichtige Amt, Nummern aus dem Säcklein zu ziehen und auszurufen, worauf die Mitspieler die auf ihren Täfelchen befindlichen

Nummern mit Bohnen belegen. Es ist das kindliche Spiel, welches man auch in Deutschland kennt. Großvater, Großmutter, Vater, Mutter und Kind, Vettern, Cousinen, Tanten, Onkel und Nichten, Achtzigjährige und Siebenjährige bilden eine solche Gruppe, und weil heute am 13. Juni St. Antonio gefeiert wird, so sieht man jene eigentümliche Festtracht, die man an diesem Festtage anzulegen beginnt. Es ist die schneeweiße, sauber geplättete Jacke der Frauen und Mädchen. In den Tagen vor St. Antonio haben die Wäscherinnen vollauf zu thun, denn auch die ärmeren Klassen erlauben sich dann den Luxus, geplättete, weiße Wäsche zu tragen, beginnt doch auch mit St. Antonio die Sommerzeit, die „sicheren" Monate der Hellenen, in denen kaum eine Wolke den Himmel trübt. Am Abend vor dem Fest sieht man an allen Ecken und Enden eilige Wäscherinnen, welche jene Festkleider zu den Kunden tragen. Verfasser begegnete einst einer solchen geschäftigen Waschfrau, welche mit schneeweißen Jacken und Röcken beladen dahereilte und den Begegnenden mit dieser kostbaren Last streifte. — Sie hielt im Laufe an und sagte mit vorwurfsvollem Blick: „O Herr, die Wäsche ist noch lebendig!" — Sie wollte sagen, daß dieselbe noch warm vom Plätten sei. Die Sitte will, daß solche festliche Wäsche „lebendig" ins Haus kommt.

Alle jene Gruppen genannter Lottospieler sind Bewohner der sogenannten Bassi. Das Wort Basso ist ein spezifisch süditalisches Wort und wird nur dem verständlich, der die Bauart der Häuser kennt. Das südliche Haus erinnert insofern an die Häuser Pompeji's, als es den geräumigen, unbedeckten Hof in seiner Mitte bewahrt hat. In den Hof gelangt man durch den hohen Eingang und vom Hof aus steigt man in die Stockwerke hinauf. Die Front eines solchen Palazzo zeigt aber noch andere Thüren und jede derselben führt in einen Raum, welcher Basso, d. h. niedrig, genannt wird. Die Bewohner solcher Räume zur ebenen Erde, alle den niedrigen Ständen angehörig, haben also mit dem Haupteingang eines Palazzo nichts zu schaffen. In diesen Bassi hauſt, wie man in Süditalien sagt, der popolo minuto, der kleine Handwerker, Wäscherinnen, Plätterinnen, Verkäufer von Obst, Gemüse u. s. w. Diese Wohnungen haben Luft und Licht nur durch ihre Thür, sind in den älteren Stadtteilen meist schauderhafte Löcher, und wer Pompeji kennt, weiß, daß solche Bassi auch dort gewöhnlich waren und dieselben Bewohner hatten.

Die Bewohner der Bassi sehen natürlich Straße und Fußsteig als ihr Eigentum an und das gesamte Leben solcher Stände kann man daher auf der Straße beobachten.

Wenn der Südländer sein festliches Lotto spielt, ist er mit ganzer Seele dabei, mag der Gewinn, den solche Gruppen aussetzen, auch noch so gering sein. Stehen wir bei einer derselben still. Man beachtet uns durchaus nicht, wimmelt doch die Straße von Menschen. Wir hören den Ausrufer der Nummern, es ist ein etwa fünfzehnjähriger Knabe. Aber seltsam, er ruft nicht Zahlen, sondern Worte. Wir hören: Morto (ein Toter), und sofort blicken die Spieler auf ihre Tafeln, denn jeder weiß, daß Morto nach der Smorfia (siehe Kap. VIII) die Zahl 17 ist. Er ruft: Spada di Genova (Bezeichnung eines Dolches) und die Nummer 41 ist gemeint. Er ruft: Popolo, dessen gewöhnliche Zahl 90 ist. Der jugendliche Ausrufer will zeigen, daß er die Smorfia auswendig weiß! — Bisweilen freilich verlangt man, daß er Zahlen rufe, denn die Siebenjährigen sind in der pythagoräischen Zahlenphilosophie noch nicht sicher. Oft hat der Verfasser bei solchen Spielgruppen jene seltsame Weise des Ausrufens gehört, und sich immer wieder davon überzeugt, welche Popularität das genannte Orakelbuch besitzt.

An einem Festabend des vorigen Sommers befand sich Verfasser in der Nähe des uralten Capuaner Thores, wo man regelmäßig einen jener Vorleser findet, welche dem armen Volk Rittergeschichten erzählen, auch Abschnitte aus Ariost und Tasso vortragen. Das Volk nennt sie Canta-storie, Geschichtensänger, und letztere sind direkte Nachfolger jener im alten Rom bekannten und beliebten Erzähler, welche man Fabulatores nannte. Wir wissen, daß sogar Kaiser Augustus sie schätzte und sich zuweilen von ihnen in Schlaf — — nicht singen, sondern e r z ä h l e n ließ. — Vor dem Capuaner Thor also sah ich die gewöhnliche Gruppe, nämlich die Zuhörer auf Bänken u. s. w. sitzend, und in der Mitte der Tafelrunde den Canta-storie deklamierend, für welche Leistung jeder Hörer zwei Centesimi opfert. Dicht dabei sah ich eine Gruppe zerlumpter, großer Straßenbuben, an den daneben liegenden Körben als Lumpensammler kenntlich. (Ein Lumpensammler heißt auf neapolitanisch Il Trovatore). Die Straßenbuben lagerten auf der Erde und spielten Lotto, wobei sie das denkbar schmutzigste Spielwerkzeug benutzten. Wieder hörte ich nicht Zahlen, sondern Wörter rufen und habe mich auch in anderer Weise überzeugt, daß die Kenntnis der Orakelzahlen auch in dieser Hefe des Volkes allgemein ist. Hiervon noch dieses Beispiel:

Vor einigen Wochen passierte Verfasser das Fischerquartier St. Lucia. Wer wissen will, wie es dort heutzutage aussieht, der lese die Briefe, welche Goethe vor hundert Jahren aus Neapel heimwärts sandte. Es hat sich in dieser langen Zeit nichts verändert, und was ich berichte, hat sich sicherlich auch schon vor hundert Jahren zugetragen. Aus einer der dortigen engen Straßen ertönte wildes Geschrei, Weiberstimmen, Männerstimmen, in den Thüren, auf den Balkonen, von oben und unten schrieen und brüllten die Stimmen durcheinander, deren Inhaber mit leidenschaftlicher Teilnahme einem Kampfe folgten, den zwei robuste Fischerweiber miteinander ausfochten. Wer solche Scene zum erstenmale sieht, kann sich des Grauens nicht erwehren. Verzerrte Gesichtszüge, zerrissene Kleider, ausgerissenes Haar, zerkratzte blutige Wangen, blinde Wut, tötlicher Haß in den Augen, genug ein Kampf auf Tod und Leben. Wer weiß, wie dieser Kampf geendet hätte, wenn nicht die Polizei, mit Rippenstößen Bahn brechend, sich zwischen die Weiber gedrängt und dieselben gewaltsam getrennt hätte.

Die Männer der öffentlichen Sicherheit suchten die Wütenden zu beruhigen, aber das erwies sich als ein schweres Werk. „Was", rief die eine mit heiserer Stimme, „dieser soll ich unrecht gethan haben, wenn ich ihr das Gesicht zerkratzte? Sie hat mich 78 gescholten! Diese —" und aufs neue versuchte sie, auf ihre Feindin einzudringen. Ich hatte genug gesehen und ging von dannen.

Also ein blutiger Streit wegen einer Zahl?

Wir kennen das mysteriöse Wesen der letzteren und wissen bereits, daß die Neapolitaner dem Pythagoras huldigen, der bekanntlich in Süditalien lebte. Hier weiß jedes Kind, daß z. B. ein Geisteskranker die Zahl 22 bedeutet, d. h. wenn mir ein solcher auf der Straße begegnet, kann ich 22 als eine gute Lottozahl betrachten, ich kann aber auch, wie in Neapel oft geschieht, jemanden mit dieser Zahl schelten und ihm zurufen: „Venti due!“ Das ist ebenso schlimm, als wenn ich ihm sage: „Tu sei pazzo“, du bist ein Narr. Jetzt haben wir den Ausruf erklärt: „Du bist 78“, können aber an dieser Stelle unmöglich das Schimpfwort wiedergeben, welches mit jener Zahl gemeint ist. Die Schimpfwörter und Schimpfreden Süditaliens sind grauenhaft, sind von einer Gemeinheit, die alles nach deutschen Begriffen Denkbare weit übersteigt. Nur ein Beispiel eines Fluches: „Mögen die Hunde die Seele deiner Mutter fressen!“ — Dieser Fluch ist einer der gelindesten. Die meisten lassen sich nicht übersetzen.

Wenn wir aus dieser vorhandenen gründlichen Bekanntschaft mit der Smorfia auf die allgemeine Spielleidenschaft schließen, so ist dieser Schluß vollkommen berechtigt. Glückliche Zahlen für das Lotto zu finden, sei es durch eigene Schlauheit, sei es durch Hilfe eines Kundigen, also eines Assistito oder Cabbalista, ist jedes Neapolitaners wöchentliche Geistesarbeit. Hat er nicht die Mittel für das große Spiel (Staatslotto), so winkt das kleine Spiel, il giuoco piccolo.

Siehst du dort jene stattliche Equipage mit den stolzen Rossen? Kutscher und Diener in Livree und im Wagen ein elegant gekleideter Herr, der vornehm einen zu Fuß gehenden Bekannten grüßt. Dieser Herr hat seine — Vergangenheit, Wagen und Rosse haben ihre Geschichte und beides läßt sich in den Satz zusammenfassen: Der Mann ist durch das kleine Spiel reich geworden und zwar so, daß er nicht selbst im Spiel gewann, sondern andere gewinnen ließ. — Das klingt seltsam und der Leser hält jenen Herrn sicherlich für einen Biedermann.

Wir befinden uns im St. Karlotheater. Welcher Glanz, welche Pracht. Man führt heute ein neues Ballet auf, genannt Nero, aber das Publikum interessiert sich wenig für diesen Tyrannen, viel weniger, als dies im Jahre 63 geschah, wo bekanntlich Nero in höchsteigener Person auf dem Theater zu Neapel auftrat und großen Beifall erntete. Siehst du dort in jener Loge eine auffallend gekleidete Dame? Vor zehn Jahren begann sie als einträgliches Geschäft „Das kleine Spiel“, ein gutes Geschäft, etwas dornenreich zwar, nicht frei von kleinen Unannehmlichkeiten und Zwischenfällen, aber doch sehr gut. Wie könnte sie sonst das Geschmeide und die Loge im Theater bezahlen? Man erzählt sich zwar, daß — — — doch wozu die alten Geschichten, die sind längst vergessen. Lassen wir sie und bemühen uns, dem Wesen des Giuoco piccolo auf den Grund zu kommen.

Wir sind zur Stelle. Eine schmale Gasse, durch dieselbe in einen dunklen Hof, eine Steintreppe aufwärts, deren Dunkelheit uns nötigt, ein Wachskerzchen anzuzünden, so gelangen wir an eine verschlossene Thür. Auf unser Schellen öffnet sich diese und — eine Macbethsche Hexe steht vor uns, eine Unholdin, eine Unheilschwester. — Sie sieht uns mit stechenden Augen an und fragt: „Was wollt ihr?“ — Unsere bündige Antwort lautet: „Numeri“ (Nummern). Sie winkt uns zu folgen, und durch mehrere schmutzige, halbdunkle Gemächer gelangen wir endlich in ein kleines Zimmer, in welchem wir außer einem alten Tisch und einem dito Stuhl nichts weiter erblicken, als auf letzterem einen grauhaarigen Mann, sowie vor ihm ein aufgeschlagenes Buch. Wir legen zwei Kupfermünzen auf den Tisch und sagen: „23, 48, 52“. Der Mann schreibt die Nummern in sein Buch, behändigt uns einen schmutzigen, mit eben diesen Nummern beschriebenen Zettel und zündet dann seine kleine Thonpfeife an. Unser Geschäft ist erledigt, wir kehren zurück und legen in die magere Hand jener alten Hexe als Trinkgeld eine kleine Kupfermünze. — „Danke, mein Herr, mögen eure Nummern glücklich sein.“

Obgenannter Biedermann betreibt das sogenannte „kleine Spiel“, welches bei hoher Strafe verboten ist. Diese Abart des Lottospiels giebt auch dem Ärmsten Gelegenheit, dem „Glücke die Hand zu bieten“. Es genügen dort zwei Soldi, um Nummern zu erlangen, ferner kann man dort solche noch in der letzten Stunde vor der Ziehung, wenn die Staatslottobuden geschlossen sind, besetzen, endlich hat der glückliche Gewinner keinen Abzug vom gewonnenen Gelde zu erleiden. Jener Biedermann, welcher das kleine Spiel betreibt, läßt diejenigen Nummern gelten, welche beim Staatslotto wöchentlich gezogen werden (Kap. VIII), zahlt, weil der Einsatz so gering ist, keine großen Gewinne, nimmt aber viel Geld ein, denn Hunderte und Tausende wenden sich an ihn, um mit wenig Münze einen immerhin für sie großen Gewinn zu erzielen. Was diese tausende von armen Leuten jenem verbotenen Lotto zahlen, geht natürlich dem Staatslotto verloren, und darum wird eifrig auf diejenigen gefahndet, welche das Giuoco piccolo betreiben.

Jener grauhaarige Mann, der uns vorhin den Nummerzettel gab, ist nun keineswegs immer der eigentliche Geschäftsinhaber, steht vielmehr als Agent im Dienste eines höheren Herrn, eines „Padrone", welcher das nötige Kapital besitzt, um solch' menschenfreundliches Unternehmen ins Leben zu rufen. Nicht selten hat dieser biedere Menschenfreund mehrere Agenten, welche in verschiedenen Teilen der Stadt ihre Netze auswerfen. Da es viele Padroni giebt, giebt es natürlich noch mehr Agenten. Bisweilen ist es auch der Padrone selbst, welcher die Nummern austeilt und dabei des festen Glaubens lebt, daß er nach einigen Jahren imstande sein wird, seine Agenten für sich arbeiten zu lassen. Dieser Biedermann nämlich besaß vielleicht einen kleinen Wurstladen, gewann einige hundert Lire im Lotto und gründete sofort mit diesem Kapital das Geschäft des Giuoco piccolo. — Dies lukrative Geschäft hat natürlich, wie schon bemerkt, seine Schattenseiten, erfordert Schlauheit und Vorsicht, denn es könnte eines Tages passieren, daß sein gesamtes Comptoir mit dem Inhaber, dem Geld, den Büchern konfisziert wird. Also vorsichtig! Zu dem Ende werden die unzugänglichsten Schlupfwinkel erwählt, wahre Fuchs- und Dachshöhlen, die so eingerichtet sind, daß der Betreffende noch rechtzeitig gewarnt werden kann, sowie sich etwas Verdächtiges naht. Jene Hexe, welche wir vorhin kennen lernten, kennt ihre Aufgabe. Außerdem wird die Umgegend bewacht. Weiber der Nachbarschaft versehen diesen Posten und in zahlreichen Fällen gelingt es, der Polizei zu entgehen. Aber nicht immer. Oft genug liest man, heute gelang es, mehrere Agenten des kleinen Spiels festzunehmen. — In den meisten Fällen haben nun unsere genannnten Agenten wieder ihre Unteragenten, welche das Netz immer weiter ausspannen. Jedes Quartier, fast jede Straße in der Altstadt ist mit diesen Kreaturen beglückt. In den meisten Fällen sind es Weiber, welche schon wegen ihrer Kleidung besser imstande sind, das „Register“, welches sie bei sich tragen, zu verstecken. Diese gehen durch die Straße, treten in die Höfe, in die Sackgassen, wo es jedesmal von Menschen wimmelt, und überall suchen sie ihre Nummern anzubringen. Verfasser hat mit seinen eigenen Augen gesehen, daß dies in einer Kirche geschah.

Um dies Weib der Polizei zu verraten, genügte ein Wort, ein Wink, aber niemand fällt es ein, solch' schwarzen Verrat zu üben, denn das Volk sieht in solchen Agenten seine Wohlthäter und hält an diesem Glauben auch dann fest, wenn das kindliche Zutrauen getäuscht wird. Es kann ja nämlich dem Padrone das Malheur passieren, daß die bei ihm Spielenden in großartiger Weise gewinnen, so daß die Zahlung seine Kräfte übersteigt. Was nun? Seltsame Frage. Der Biedermann schlägt einen nicht mehr ungewöhnlichen Weg ein — er benutzt die Tarnkappe des Siegfried und wird unsichtbar. Die freudestrahlenden Gewinner eilen in den Schlupfwinkel, um Zahlung zu erhalten, aber das Nest ist leer. — Kurzer Schmerz, wütendes Schimpfen, fürchterliche Drohungen, dann aber ist's still, denn sofort öffnen sich ja andere Fuchshöhlen und alles geht wieder seinen gewöhnlichen Gang. Neues Zutrauen zu einem anderen, neue Hoffnung, neues Spiel! Gestern hat z. B. die Donna Gabriele Nummern kolportiert, heute die Donna Vincenza, letztere thut dies als Nebengeschäft. Als Hauptgeschäft betreibt sie nämlich das Frisieren, sie ist nämlich, — so möchten wir sie nennen: Volks-Haarfriseurin, im Dialekt: La Capera genannt. Sie frisiert also, namentlich am Sonntag, oder vor hohen Festtagen die Weiber ihres Quartiers auf offener Straße. Jede giebt ihr dafür eine kleine Kupfermünze, aber bei dieser Gelegenheit werden wichtige Dinge verhandelt, vor allen Dingen Nummern, immer Nummern. In der nächsten Straße ist gestern Abend aus Eifersucht eine Mordthat geschehen, Nummer 17, Blut floß, Nummer 21, der Mörder brauchte einen Dolch, Nummer 41. Abgemacht, — doch nein, die Sache ließe sich noch überlegen; denn viel Volk strömte zusammen, also ob wir Nummer 90 mitnehmen? Dabei hat die Carmela, eine Schuhflickergemahlin, die dort vor der Thür mit der falschen Haarflechte, einen Traum gehabt. Sie sah einen Toten, Nummer 46, der Tote weinte (!!), Nummer 65. Also ob man nicht diese beiden Zahlen wählen sollte? — Was ist das da drüben? Eine wilde Jagd von Buben hinter einer armen Ratte. Schnell eine Nummer notiert! — Wie geht's der kleinen Filomela, der Flickschneidertochter? Sie ist plötzlich erkrankt. Was? Wie? Schnell Nummern notiert. Sie hatte einen Kolikanfall? Nummer! — — Die Donna Maria da drüben hat kürzlich ihren Mann verloren, er hat ihr vier Kinder hinterlassen, von der Mutter die vier „Kreaturen" genannt. Aber der Mann hatte seine Frau doch lieb, sehr lieb, und bewies dies dadurch, daß er ihr im Traum erschien und ihr drei Nummern nannte, sie hat gespielt, obgleich sie sich die zwei kleinen Münzen für das Spiel leihen mußte, und hat zwanzig Lire gewonnen. Seht ihr's, daß die Träume recht haben? Das und vieles andere bildet den Inhalt der Straßenberatung, und so geht's dort tagtäglich zu.

Andere dagegen haben ihre feststehenden Nummern, welche sie jede Woche besetzen, überzeugt, daß sie endlich Glück bringen müssen. Bisweilen sind diese Nummern ein Erbe vom Großvater oder von der Großmutter, bisweilen ein Heiligtum, welches dieser oder jener Mönch verraten hat. Es wird also immer dasselbe gespielt, unerschütterlich, denn endlich müssen diese Nummern herauskommen und all' die schönen Dinge bringen, welche man erträumt und nie — — nie erlangt!

Zum kleinen Spiel müssen wir nun noch all' die kleinen Glücksspiele rechnen, welche tagtäglich auf der Straße betrieben werden. Jeden Montag und jeden Freitag ist neben dem Nolathor ein Kleidermarkt (Kap. X), wo alte Ware unter entsetzlichem Lärm verschachert wird. Da wird auch alles Erdenkliche verlost, Einsatz ist ein, zwei, fünf Centesimi, Gewinn vielleicht ein alter Hut, ein abgesetzter Schuh u. s. w. Dort steht ein Zuckerwarenverkäufer, der seine süßen Bonbons vor den Augen des Publikums mit schmutzigen Händen bereitet. — Mit lüsternen Blicken steht die Straßenjugend umher. Einsatz nur ein Centesimo, Gewinn ein Bonbon von Finger- oder Handlänge. Vor Weihnacht treiben Bauern große Scharen von Truthennen und Hähnen und teilen in den Straßen Nummern aus, denn die Tiere zum Weihnachtsschmause bestimmt, werden verspielt. All dies kleine Spiel ist verboten, aber wie wäre es möglich, dies zu hindern? — Es ist die Leidenschaft des Volkes und letzteres ist den Kindern gleich, welche bekanntlich am liebsten das thun, was ihnen verboten ist.

Bei heftigem Regen und mit vorgehaltenem Regenschirm rannte Verfasser eines Tages mit hastigem Schritt gegen den gleichfalls vorgestreckten Regenschirm einer alten Frau. Plötzliches beiderseitiges Stillstehen, eine kurze Entschuldigung, dann Weitergehen. Plötzlich fühlte ich mich beim Rock festgehalten und sah hinter mir die atemlose Alte, die mich mit der freundlichsten Miene fragte: Herr, wollt Ihr die Nummern wissen? Ich verstand sie anfangs nicht, bis mir endlich ein Licht darüber aufging, daß es sich hier um Lottonummern handle. Das Zusammenstoßen mit den Schirmen bei strömendem Regen um die und die Uhr hatte jene Alte sofort in Zahlen umgesetzt. Hätte ich die Gelegenheit benutzt und die Nummern der Alten zur Lottobank gebracht, so besäße ich natürlich wenigstens eine halbe Million. Traurigen Blickes und mit starkem Kopfschütteln ging jene von dannen, als ihre hilfreiche Hand dankend abgelehnt wurde.

Kürzlich stürzte sich jemand im Fieberwahnsinn aus dem Fenster auf die Straße und fand augenblicklich den Tod. Das war ein Begebnis für Lottozahlen. Wenn Pferde durchgehen, wenn Verbrecher ergriffen werden, wenn aus Eifersucht, wie häufig, Morde geschehen, oder wenn, wie sehr gewöhnlich, ein zornmütiger Liebhaber sich an seiner treulosen Geliebten dadurch rächt, daß er ihr jugendliches Angesicht durch einen Querschnitt mit dem Rasirmesser gründlich verunstaltet, so sind dies höchst bedeutsame Ereignisse, wodurch Hunderte und Tausende sich veranlaßt fühlen, spornstreichs zur Lottobank zu laufen. Wie bei uns die Kinder es für Ehrensache halten, in der Schule den Katechismus zu lernen, so stolzieren die Kinder des Volkes im Süden mit ihrer Kenntnis der Smorfia.

So lange noch der erst 1889 abgeschaffte Campo santo vecchio (siehe Kap. X), vor der Porta capuana existierte, hat Verfasser wiederholt in der Nähe des genannten solche gesehen, welche dort Orakel suchten, um sie für das kleine Spiel zu benutzen.

Man stieg den Fahrweg im Zickzack aufwärts, um zu jenem schmachvollen Raum genannten Friedhofs zu gelangen und fand namentlich gegen Sonntag Abend am Rand des Weges alte Weiber stehen und sitzen. Die meisten schienen ihren Gedanken hingegeben, nur später, wenn alles vorbei war, bildeten sich Gruppen, in denen man die Orakelgedanken austauschte und in solcher Unterhaltung heimkehrte. Jene Weiber achteten auf die gegen Abend eingebrachten Toten. Dort trägt ein zerlumpter Mensch einen elenden, rohen Sarg auf dem Haupt, dort kommt einer mit einer Schachtel, dort kommt ein Wagen aus einem der großen Hospitäler. Die alten Weiber erkundigen sich nach dem Inhalt der Särge, nach den Jahren der Toten, ihrem Stande, ihrer Krankheit. Als es noch jedem erlaubt war, dem Begräbnis solcher Armenleichen beizuwohnen *), beobachteten diese Weiber die Toten, ehe man sie in die Tiefe beförderte und „kombinierten“ aus allerlei Beobachtung Orakelzahlen, um sie dann beim Giuoco piccolo zu verwenden. Z. B. Tag: 7 (Datum des Tages), Zahl der Leichen: 30, Zahl der an Pocken Gestorbenen: 20, Weinende Mütter: 24 u. s. w. Verfasser sah, wie eines Abends einer dieser Sargträger beim Straucheln seine Last fallen ließ, wobei der elende Sarg zerbrach. Dies Ereignis bot den orakelnden Weibern eine willkommene Gelegenheit, glückliche Zahlen zu erhaschen.

An der Straße befand sich eines jener nach heidnischer Sitte angebrachten Straßenheiligtümer, bestehend in einem schlechten Madonnenbilde hinter Glas, von einem Giebel überdacht. Oft sah Verfasser, wie jene Weiber nach vollbrachter Orakelarbeit vor

*) Diese Erlaubnis ward erst 1880 beseitigt, aber Trinkgelder vermochten alles.

diesem Bilde knieeten, um der Madonna in Hinsicht der Numeri ihre Herzenswünsche vorzutragen.

So oft ein besonderes Ereignis eintritt, hält auch der Giuoco piccolo goldene Ernte. Das geschah z. B. vor zwei Jahren, als sich das Gerücht verbreitete, man habe die Reliquien des Fra Pelosio entdeckt. Bis dahin hatte natürlich keine Seele diesen Heroen gekannt, aber in wenigen Tagen wußte jeder von ihm und die Mütter erzählten den Kindern von dem genannten, der als Kandidat des Santo-Titels bezeichnet wurde. Auch wurden Biographieen des Heiligen verkauft, Papier schlecht, Druck noch schlechter, Preis fünf Cent, dazu ein Bild des Pelosio. Die Hunderte der umhereilenden Zeitungshändler, in Süditalien Giornalisti genannt, riefen auf der Straße: La vita di S. Pelosio! Aus diesem Büchlein erfuhr man, daß ein gewisser Pasquale Mauriello jene Gebeine infolge eines Traumes entdeckt habe. Der Heilige sei ihm im Traum erschienen und habe ihm das Nachgraben an bestimmter Stelle befohlen, und infolge dessen sei Pasquale, ein bekannter Weinhändler, in den Besitz jener Reliquien gelangt. Zweifelt jemand an der Wahrheit dieses Berichtes? Einen solchen machen wir aufmerksam auf die Thatsache, daß schon vor vielen, vielen hundert Jahren solche Traumgeschichte sich zugetragen hat. Achilleus ruhte in einer ambrosischen Nacht am Meeresufer (Ilias 23, 63), als ihm ein Traum zuteil ward.

> „Jetzo kam die Seele des jammervollen Patroklus,
> Ähnlich an Größ' und Gestalt und lieblichen Augen ihm selber,
> Auch an Stimme, wie jener den Leib mit Kleidern umhüllet."

Wenn dem Achilleus sein Freund Patroklus erscheinen konnte, warum dann nicht Fra Pelosio dem Weinhändler Don Pasquale? Natürlich trug der erstere sein Mönchskleid und Pasquale erkannte ihn auf der Stelle, obgleich jener Mönch schon vor hundert Jahren gestorben war. — Er hatte eine ähnliche Bitte wie Patroklos, vielleicht wollte er auch sich nur in Erinnerung bringen, dachte vielleicht gar an die Ehre des Santo. Don Pasquale also hatte die Reliquien entdeckt, hatte sofort aber auch dies Orakel benutzt und die entsprechenden Zahlen im Lotto besetzt, also: Heiliger, Knochen,

Traum, Jahrestag, Alter des Pelosio, — und mit Hilfe des letzteren einen Terno gewonnen.

So las man in jenem Büchlein und letzteres trug als Überschrift: Spielt 8, 17, 65, 4, 68.

Wir bemerken, daß Fra Pelosio schon früher vielseitig einen Kultus hatte und daß die päpstliche Kurie am 12. September 1881 darüber zu verhandeln anfing, ob dieser naturwüchsige Santo regelrecht mit diesem Ehrentitel zu versehen sei. Das Volk wartet natürlich das Ende dieser Beratung nicht ab, und hat man schon mehreremale von Fra Pelosio Orakelnummern erbeten und erhalten. Auch der giuoco piccolo hat dabei gute Geschäfte gemacht.

Oft sind die Bankhalter des kleinen Spieles auch vielgepriesene Orakeldeuter und Traumausleger, weshalb die Klienten sich vorher mit ihnen darüber beraten, was für Zahlen man zu nehmen habe. Wäre der giuoco piccolo erlaubt, so würden diese Nachtvögel sich in Tagvögel verwandeln und ihr Geschäft ebenso unter freiem Himmel betreiben wie die Traumdeuter in Athen, welche am Markt einen ebenso stabilen Platz hatten wie z. B. ein Kaufmann an der Börse. Wäre der giuoco piccolo nicht verboten, so würde man diese Bankhalter ebenso unter freiem Himmel finden wie die öffentlichen Briefschreiber, welche an zahlreichen Stellen Neapels dem Publikum ihre Feder anbieten, oder wie die Garküchler, deren Speisen an Hunderten von Stellen dampfen, nicht immer den Nasen erfreulich. Jetzt sind sie, wie gesagt, gezwungen, sich in ihren Dachshöhlen zu verbergen. Dort aber findet jeder, was er für seinen Orakelbedarf nötig hat, obenan natürlich die Smorfia, alte und neue, vollständige und unvollständige Ausgaben, aber noch andere Schriften sind dort käuflich. Verfasser ist im Besitz einer kleinen aber interessanten Orakelbibliothek, welche er sich durch die dritte Hand von genannter Stelle nach und nach für billiges Kleingeld erworben hat. Darunter befindet sich z. B.: Das Leben des Königs Zoroaster, Alleinherrschers der Bactrianer. Dieser war zugleich Philosoph und Magier und hat einen Schatz von Orakeln hinterlassen, aus denen man bedeutsame Zahlen entnehmen kann. Kaum hatte er das Licht der Welt erblickt, so schrie er nicht etwa wie andere Sterbliche, sondern er begann sofort zu lachen! Unser Buch sagt, daß dies Wunder nur einmal in der Weltgeschichte vorgekommen ist. Zwanzig Jahre lebte dieser große Philosoph in einer Höhle, wo ein himmlisches Feuer brannte, und auf seinen höchsteigenen Wunsch starb er von einem Blitzstrahl getroffen. Vorher aber hatte er befohlen, daß man nach seinem Tode seine Gebeine sammeln und verehren solle, denn dieselben seien das Unterpfand für das Fortbestehen des Reiches. (Wir denken hier an die Reliquien des Virgil, des St. Gennaro u. s. w., welche ebenso als sacra pignora gegolten haben und gelten.) An diese Biographie schließt sich z. B. diejenige des großen Adalbert, der ebenfalls Orakel spendete und so kostbare Reliquien besaß, daß er dadurch alles erlangen konnte, was ihm beliebte. Hieran reiht sich das Leben des großen Cabbalisten Zedekias, welchem die Geister gehorchten und welcher sich deshalb als ein wirklicher „Assistito“ rühmen konnte. Solche Bankhalter des giuoco piccolo verkaufen aber auch Gebete, welche an die Heiligen gerichtet sind. Natürlich sind dieselben nicht in gleicher Weise wirksam, und ist es daher ganz in der Ordnung, daß die besonders wirksamen Gebete mehr kosten als diejenigen, welche weniger wirksam sind. Vor mir liegt ein Gebet an den heiligen Joseph, und gemeint ist derjenige Joseph, welcher in Ägypten dem Pharao die Träume auslegte. Konnte er dies bei seinen Lebzeiten, so wird er es sicher nach seinem Tode noch viel besser können.

Dieser Volksglaube ist echt heidnisch. Nach hellenisch-römischer Vorstellung nämlich setzten die damaligen Heroen dasjenige im Jenseits fort, was sie auf Erden als ihren Beruf geübt hatten. Äskulap war bei seinen Lebzeiten ein großer Arzt und ward nach seinem Tode zu jener im ganzen Altertum so berühmten Heilgottheit, welche unzählbare Tempel besaß und von Millionen angerufen wurde. Der heilige Ciro, welcher heutzutage in Portici bei Neapel als Schutzpatron hochgeehrt wird, war bei Lebzeiten ein Arzt und setzt nach seinem Tode seine Heilkunst fort, er ist der Äskulap von Portici und Umgegend. Der heilige Rochus, Schutzpatron in mehreren Städten Campaniens, pflegte bei Lebzeiten die Pestkranken und setzt diese Thätigkeit nach seinem Tode insofern fort, als er gegen die Pest beschützt. Nachdem in Neapel an Stelle der Pest seit 1837 die Cholera getreten ist, hat man ihm den Schutz gegen diese Epidemie anvertraut. St. Joseph legte in Ägypten die Träume aus und ist nach seinem Tode ein Traumdeuter geblieben, setzt also seine Thätigkeit in derselben Weise fort, wie Äskulap die seinige.

Das obenerwähnte Gebet an St. Joseph lautet:

„O casto Giuseppe
Che spiegaste i sogni
A Faraone
Portatemi tre numeri
Per questa estrazione“ *).

Ein anderes dieser Gebete richtet sich an den heiligen Simon, und muß ich gestehen, daß ich nicht weiß, welcher gemeint ist. Sollte es gar der Zauberer Simon sein, dessen Besiegung in Rom dem Apostel Petrus nach der Legende so hohen Kredit verschaffte? Wenn Virgil so hohe Ehre genoß, warum dann nicht Simon, der Zauberer, der Rival des „Zauberers“ Virgilius?

Zuletzt sei genannt: Die Orakel der Sibylle von Cumä, ein Buch, welches derselben Quelle entstammt wie die obengenannten. Dasselbe ward, wie die Einleitung sagt, als Manuskript in Cumä gefunden und enthält als Zusätze wichtige Schriften von Pico di Mirandola. Ein anderer Teil dieses Buches kommt aus Adrianopel, wo ein Reisender das betreffende Manuskript fand. Der Verfasser, welcher so menschenfreundlich die Übersetzung besorgte, hat lange Zeit die ars magna des Lullus, die mystische Weisheit der Rabbinen, sowie Astrologie studiert. — Wir sehen, daß die Sibylla Cumana noch nicht vergessen ist. Sie teilt dies glückliche Los mit der Sirene Parthenope.

Die Sirene Parthenope, von der Neapel in uralter Zeit seinen Namen führte, hatte daselbst ihr Grab, ihren Tempel und ihren Kultus. Man feierte ihr Fest mit großartigem Fackellauf. In einer engen Straße Altneapels hat man vor Jahrhunderten eine Büste der Parthenope, die unter antikem Schutt gefunden war,

*) O keuscher Joseph, der du dem Pharao die Träume ausgelegt hast, verschaffe mir drei Nummern für die nächste Ziehung.

aufgestellt und dort ist sie noch jetzt. Das Volk nennt sie: Donna Marianna, capa di Napoli, d. h. die Häuptlingin von Neapel. Parthenope war nämlich so lange die Schutzpatronin der Stadt, bis sie von der Madonna verdrängt und ersetzt wurde. Ein Volkslied nennt jetzt (im Dialekt) letztere: La capa. —

Letztere protegiert bestimmte Lottonummern, weshalb viele jede Woche, sei es auch nur im kleinen Spiel, die Numeri della Madonna spielen.

Zwölftes Kapitel.

Ein Panegyrikus.

Was von der „Kirche“ in Hinsicht der Heiligen-Heroen in der Gegenwart faktisch gelehrt wird, sieht man nicht aus den Beschlüssen des Tridentiner Konzils, man muß vielmehr die kirchliche Praxis fragen. Ein Hauptstück der letzteren ist der Panegyrikus, jene aus dem Heidentum in die kirchliche Praxis übergegangene Lobrede auf Gestorbene, welche zur Kaiserzeit auch die damaligen Weltherrscher mit dem Weihrauch umduftete, wie solches z. B. in Hinsicht des „christlichen“ Kaisers Konstantin auch bei dessen Lebzeiten von heidnischen und christlichen Lobrednern geschah.

Verfasser durchlebte in Neapel die Zeit der Cholera 1884 und hörte damals einen Panegyrikus auf den Schutzheiligen der Stadt. Mit hinreißender Beredsamkeit gehalten, machte derselbe auf die Tausende, welche in jener Schreckenszeit beim Septemberfest Kopf an Kopf den Dom füllten, einen tiefen Eindruck. Er ward gedruckt und dient mit Fug und Recht als ein Dokument der kirchlichen Praxis. Wir bieten die getreue Übersetzung der wichtigsten Stellen.

Der Titel lautet: Das Blut des St. Gennaro, Bischofs und Märtyrers, Patrons der Stadt Neapel. — Panegyrikus, gesprochen von F. di Domenico, Priester in Neapel.

Als Text benutzte Redner 2 Mos. 12, 13: „Das Blut soll euch zum Zeichen sein.“

Indem Redner diesen Satz lateinisch aus dem Gedächtnis citierte, um ihn auf das Blut des St. Gennaro zu beziehen, zeigte er eben dadurch, welchen Mißbrauch die römische Kirche mit der Bibel treibt.

Redner beginnt: „Das auserwählte Volk seufzte unter Pharaos Tyrannei und wußte in seiner Trübsal keinen anderen Trost als den, seine Gelübde, Gebete und Seufzer auf den barmherzigen Gott zu richten. Der Herr, eingedenk seines mit den Vätern gemachten Bundes, versprach, Israel zu befreien und befahl durch seinen Knecht Moses das Opfer und Mahl des Passalammes. Er sprach: Das Blut des Lammes wird für euch ein Zeichen des Heiles sein, wenn ihr dasselbe an eure Thürpfosten streicht, der Würgengel wird an euren Häusern vorbeigehen. So geschah es, das Volk ward durch jenes Blut vom Verderben errettet.

„Zuhörer! Warum habe ich so ernste Worte der heiligen Schrift citiert? Ohne Zweifel, meine Herren, (Signori miei), begreift ihr, daß ich beabsichtige, auf ein anderes Blut hinzudeuten, welches unserer Vaterstadt so überaus teuer ist, ich meine das Blut unseres Mitbürgers St. Gennaro. Nachdem dies Blut für den Glauben an Christus von diesem großen Märtyrer der Liebe vergossen ward, hat der Ewige gewollt, daß dasselbe ein Typus und ein Gleichnis des vom gekreuzigten Gottmenschen vergossenen Blutes sei, indem es wie Christi Blut die Kraft (virtù) besitzt, dasjenige Volk zu schützen und zu befreien, welches so glücklich ist, dasselbe zu besitzen.

„Ja, glücklich bist du, Neapel, du von Gott geliebte Flur, denn in Beziehung auf dich kann ich jene schicksalsbedeutenden Worte (parole fatidiche) wiederholen, indem ich dir das Blut deines Gennaro zeige. — Durch dieses Blut wirst du leben, gesichert vor den entsetzlichen Schlägen der göttlichen Strafen, du wirst stets deine Berge voll Grün, deine Hügel voll Früchte, deine Thäler voll Blumen sehen. Glaube und Liebe werden dir nicht fehlen. Der Ewige wollte die Tugend des St. Gennaro belohnen, darum bewirkte er jenes unerhörte Wunder, daß dies Blut beständig unter uns lebendig vorhanden bleibt. Es wird euch zum Zeichen sein.

„Wenn ihr mir eure Aufmerksamkeit schenken wollt, so werde ich euch zuerst zeigen, daß sich in diesem Blute ein wunderbares Leben befindet, eine unbesiegte Macht gegen alle feindlichen Angriffe der Natur, zweitens, daß diese Macht ganz allein auf das Glück, den Schutz und die Ehre des neapolitanischen Volkes bedacht ist.

„Es ist unleugbar, daß Gott, indem er die Heiligen mit seinen Gaben krönt, einem jeden im Himmel den Lohn verleiht, den er nach seinen Verdiensten und Tugenden beanspruchen kann. Darum spricht der göttliche Meister zu seinen Jüngern: In meines Vaters Hause sind viele Wohnungen und es ist nötig, daß ich zu ihm hingehe, um sie euch zu bereiten, je nachdem eure mühevolle Laufbahn verlangen wird. Dabei wollte die ewige Weisheit auch auf Erden unzählbare Heilige mit außerordentlichen Zeichen seiner Liebe schmücken. Überschaut ein wenig die Geschichte des Christentums und ihr werdet sehen, wie viele Körper der Heiligen und einzelne Körperteile vollständig und unversehrt geblieben sind. Unverwest und wohlriechend ist der Körper einer Caterina in Bologna, eines Ubaldo in Gubbio, einer Zita in Lucca, einer Teresa in Spanien, eines Xaver in Indien. Unversehrt, unverwest ist die Zunge eines Antonius von Padua, unverwest das Herz der Chiara von Montefalco.

„Warum aber berichte ich die Wunder der Rechten Gottes, der sich auf Erden in den Gliedern seiner Knechte verherrlicht? Um meine Behauptung zu beweisen, genügt ja das Blut des St. Gennaro mit der unbesiegten Beredsamkeit seiner Wunder. Israel rühmte sich der Gebeine des Joseph, aber diese redeten doch nur durch das Beispiel. Anders verhält es sich mit dem Blut des St. Gennaro. Dasselbe weissagt, indem es bald Pest und Hunger, bald Krieg und Frieden, bald Fruchtbarkeit oder Mangel mit lebendiger, wahrhaftiger Zunge vorhersagt. Blickt auf das Blut und ihr werdet staunen.

„Wir sehen eine der Verwesung unterworfene Substanz nach fünfzehnhundert Jahren unversehrt, wir sehen sie als den Glanz einer Stadt, als das Wunder der Welt, vor dem die Feinde erröten. Hier müssen wir ausrufen: Das ist Gottes Finger!“

Nachdem wir bis hierher dem Panegyriker gefolgt sind, müssen wir an denselben eine Frage richten. Hat derselbe die unversehrten Körper, von denen er sein leichtgläubiges Publikum unterhält, mit eigenen Augen gesehen? — Verfasser war jüngst in der sehenswerten, aber selten sichtbaren Kapelle der uralten, von Longobarden stammenden Familie Minutolo, an deren Wänden man noch heute uralte Bilder von Rittern sieht, die nach germanisch-teutonischem Brauch als Auszeichnung Stierhörner auf den Helmen tragen. Genannte Kapelle befindet sich am Dom Neapels. Da erfuhr ich von einem Priester, daß in einem Gewölbe unter dieser Kapelle sich die Leiche eines vor sechshundert Jahren gestorbenen Bischofs befinde. Dieselbe sei wunderbar erhalten, selbst Ohren, Gesichtsausdruck u. s. w., und beruhe dies Wunder auf der Thatsache, daß der Genannte im Geruch der Heiligkeit gestorben sei. Der gläubige Priester führte mich in jenes Gewölbe und sah ich das „Wunder“: Die von einer zu Leder gewordenen Haut umkleideten Knochen, ein ebenso widerlicher, als hierzulande gewöhnlicher Anblick. Im Kastell zu Ischia befinden sich eine Menge von Leichen der dort vor vielen Jahrhunderten gestorbenen Nonnen. Verfasser hat sie im September vorigen Jahres gesehen. Das von der lederharten Haut umkleidete Gebein, — genau so, wie bei jenem Bischof, und doch ist keine von all' den Nonnen, deren grinsende Gestalten an den Wänden stehen, im Geruch der Heiligkeit gestorben. Die Kapuzinergruft bei Palermo zeigt eine Menge konservierter Leichen, von denen keine einem Heiligen angehört, und doch ist keine derselben einbalsamiert. — Wundersucht macht leichtgläubig und zwar oft in einem Grade, welcher aufhört, dem ruhig Nachdenkenden verständlich zu sein. Wir finden diese uralte heidnische leichtgläubige Wundersucht und wundersüchtige Leichtgläubigkeit schon bei allen Kirchenlehrern der nachkonstantinischen Kampfperiode. Deshalb konnte z. B. ein Chrysostomus öffentlich und gläubig darauf hinweisen, daß in Arabien jener heilige Aschenhaufen von Pilgern besucht werde, in welchem der klagende Hiob saß (Hiob 2, 8). Der für einen Heiligen erklärte Hiob galt nämlich damals als das nachahmungswürdige Beispiel eines Büßers. Heutzutage ist St. Hiob in Calabrien ein großer Heiliger, nämlich Schutzpatron der

Seidenwürmerzucht. Dies hängt so zusammen: Nach Hiob 2, 7 war derselbe von bösen Geschwüren heimgesucht. Da nun in solchen Geschwüren auch Würmer sich finden, so erwählte man St. Hiob zum Schutzheiligen in genannter Hinsicht. Im antiken Griechenland konnte man der Leichtgläubigkeit z. B. das Opfermesser der Iphigenia, das Ei der Leda, sowie die Thonerde, aus der Prometheus Menschen formte, zeigen. Was man heutzutage derselben wundersüchtigen Leichtgläubigkeit bieten darf, hörte Verfasser in einer Lobrede auf die sogenannten Märtyrer von Otranto. In dieser Stadt (Apulien) wurden am 14. August 1480 von den türkischen Piraten achthundert Einwohner ermordet. Diese sind von der Kirche für Märtyrer erklärt und zweihundertundvierzig Leichname derselben hat man nach Neapel in die Kirche St. Caterina gebracht, wo ihnen alljährlich ein Kultusfest mit Lobrede zuteil wird. In einer solchen berichtete der Redner, daß jene achthundert Leichen sich dreizehn Monate unversehrt erhielten, obgleich sie unbeerdigt liegen blieben. Kürzlich erließ der Bischof von Otranto einen Hirtenbrief, worin er den Kultus dieser Männer dringend empfahl. Ein anderer Lobredner erzählte den staunenden Hörern jüngst von dem sehr obskuren Heiligen Silv. Franco, der 1623 starb. Der Panegyriker konnte es wagen, folgenden Satz auszusprechen: Solange St. Franco lebte, hatte er einen üblen, aus dem Munde kommenden Geruch, als er gestorben war, hörte dies auf und statt dessen kam Wohlgeruch aus seinem Munde. — Ebenso habe ich von der Kanzel her den St. Maffeus rühmen hören, dessen Leiche drei Monate intakt blieb, sowie den St. Pellegrino, der 1383 starb, worauf sein Körper anfing zu duften, was ebenso von St. Pesaro behauptet wurde.

Die römische Kirche zeigt bei der Erfindung ihrer Fabeln wenig Originalität. Solche duftenden Leichname kannte schon Homer. Man lese Ilias 23, 185 ff. Achill hat den Hektor erschlagen und will den Leichnam den Hunden als Beute lassen. Aber Afrodite schützt ihren Liebling.

„Und die Hunde entfernte die Tochter des Zeus, Afrodite, Tag und Nacht, und salbte den Leib mit ambrosischem Balsam, rosigen Dufts, daß schleifend auch nicht er die Haut sich verletzte.“

Die Götter also kümmern sich auch um den Leichnam ihres Lieblings. Diesen echt homerischen Gedanken hat die Kirche sich angeeignet und verschweigt die Quelle, aus der sie ihre Fabeln schöpft.

Kehren wir wieder zu unserem unterbrochenen Panegyrikus zurück. Nachdem Redner auf Voltairianer, Calvinisten und Lutheraner hingewiesen, welche nach seiner Behauptung durch das Gennaro-Wunder belehrt seien, fährt er fort:

„Alle Dinge auf Erden werden vom Zahn der Zeit zerstört. Wo ist Ninive, wo Theben, das stolze Babel? Verschwunden sind die Paläste, die Tempel und Altäre, Schlangen hausen in den Ruinen, Panther und Löwen weilen dort, wo Semiramis Schätze aufhäufte. Wo ist Karthago, das alte Athen und Sparta? Wo sind die Triumphbögen, die Amphitheater der Cäsaren? Die Zeit hat alles (?) zerstört!

„Nur das Blut des St. Gennaro trotzt dem Zahn der Zeit. Als Gott die Natur ordnete und Gesetze gab, da befahl er ihr, an einer Stelle von ihrem Gange abzuweichen. Er sprach: Vernichte, verschlinge alles, was du willst, nur laß dies Blut unversehrt, denn es ist ein Zeichen meiner Liebe gegen St. Gennaro, sowie von der Liebe des letzteren gegen sein Volk und meine Kirche. Wenn also dies Blut siegreiche Macht besitzt und deshalb jeder Zersetzung Widerstand leistet, so überragt es die Kraft eines Moses und diejenige anderer Wunderthäter. Seht nur das Wunder, welches geschieht, wenn dies Blut dem Haupt des Märtyrers nahe kommt. Die kalte, harte Masse wird flüssig, hebt sich, wallt, schäumt, nimmt Rosenfarbe an, ein heilvolles Augurium für uns; bald zeigt sie bleiche Farbe, ein trauriges Vorzeichen von Strafe und Tod. Dies Blut wird euch zum Zeichen sein! Johannes Chrysostomos jauchzte vor Freude, wenn er an die Zeit dachte, als den Adern der Märtyrer das rote Blut entströmte, und verglich diese Blutströme mit den Strahlen der Morgenröte. Wie würde derselbe sich freuen, wenn er das Blutwunder des St. Gennaro sähe, wenn er mit eigenen Augen wahrnähme, wie dieses Blut sich fünfzehnhundert Jahre hindurch seines Lebens freut.

„Heran, ihr Feinde der Wahrheit, heran, ihr lichtscheuen Nachteulen! Welche Kraft ist imstande, dies Blut zum Fließen zu bringen?

„Man sagt, die Wärme der Lichter und Hände sei imstande, dies Wunder hervorzubringen. Lieber Himmel, kennt ihr denn nicht dasjenige, was die Wissenschaft über das Blut und die Wärme lehrt? Wenn das Blut aus dem tierischen Körper heraustritt, so gehen mit demselben sofort wesentliche Veränderungen vor und in kurzer Zeit tritt die Auflösung ein. Mit dem Blut des St. Gennaro steht es aber ganz anders. In diesem Blut ist natürlich kein Wasser, denn letzteres hat sich selbstverständlich im Laufe der Jahrhunderte in Dampf verwandelt. Deshalb ist es auch unmöglich, daß Wärme es flüssig machen sollte. Dies ist ganz allein das Wunderwerk Gottes. Er wollte das Leben des Blutes unseres Heiligen erneuern, damit es beständig die Göttlichkeit seiner Religion bezeuge. Erst vor wenigen Jahren hat ein Mann der Wissenschaft gesagt, daß wir bei dem jetzigen Stande unseres Erkennens nicht fähig sind, das geheimnisvolle Rätsel dieses Blutes zu lösen *). Wundert euch nicht, meine hochgeehrten Zuhörer, wenn der Franzose, der Deutsche, der Engländer, der Slave, der Russe, der Amerikaner sich vor dem Wunderblute beugt. Wundert euch nicht, wenn jene uns Neapolitaner in Hinsicht dieses Schatzes beneiden und zu uns sagen: O, ihr Glücklichen, die ihr solchen Schatz besitzt, welcher weissagt und die Zukunft enthüllt."

Wiederum müssen wir unseren Redner unterbrechen. Warum unterläßt derselbe, seinen Zuhörern offen die Mitteilung zu machen, daß keine chemische Analyse des Blutes stattgefunden hat? — Sehr dankbar sind wir dem Redner für dasjenige, was er über den Zweck dieses und der anderen von der Kirche behaupteten Wunder sagt. Die Kirche, sagt er, hat die Wunder nötig, um die Göttlichkeit ihrer Religion zu beweisen. Unser Lobredner hat recht. Dort sehe ich einen Mann, der seinen hohen

*) Wie wir Kapitel X sagten, ist jene Masse nie chemisch untersucht worden.

Stand der Welt beweisen will und dazu nur äußere Mittel benutzt, nämlich Orden und prächtige Kleider. Andere Mittel nämlich hat dieser Mann nicht, der innere Gehalt, hohe Geistesbildung fehlt ihm, er sieht sich also in der wenig beneidenswerten Lage, solche Mittel anzuwenden, welche ohne besondere Mühe dem großen Haufen imponieren. Ebenso macht es die römische Kirche. Sie hat Pracht und Glanz, Wunder und Mirakel nötig und besitzt kein anderes Mittel, um die „Göttlichkeit“ ihrer Religion zu beweisen. Dort sehe ich eine vornehme Dame, Abkömmling eines uralten Geschlechtes, die Trägerin eines adeligen Namens. Äußerlich tritt sie glänzend auf, trägt stolz ihr Haupt, zeigt feine Manieren, trägt vornehme Kleidung. Sie hat es nötig, solche äußeren Mittel anzuwenden, denn daheim in ihrer Wohnung ist nichts, was ihren Adel beweisen könnte. Daheim hat sie viele Kisten und Kasten, aber sie sind alle leer. Die Kisten sind bestens poliert, aber schau nicht hinein, denn da drinnen liegen nur einige von den Würmern zerfressene, wertlose Dokumente. Wir entlehnen dies Gleichnis dem Chrysostomos, welcher in einer Predigt die Kirche seiner Zeit mit einer solchen Dame vergleicht. Damals, als der Kirche der wahre innere Gehalt verloren ging, fingen die Kirchenlehrer an, die äußeren sogenannten Wunder der Heiligen als Beweis der Göttlichkeit der Kirche zu preisen. So ist es geblieben bis auf den heutigen Tag, und diese Kirche, welche in glänzender Armut einherprangt, trifft der Vorwurf Christi: Wenn ihr nicht Zeichen und Wunder sehet, so glaubet ihr nicht.

Wenden wir uns wieder zu unserer Lobrede. Der Redner schildert nun verschiedene Belagerungen Neapels und behauptet, daß St. Gennaro stets durch sein Blut Rettung gebracht habe. Dann schildert er in ergreifender Weise Scenen der Hungersnot und sagt, daß dieses Blut wie ein zweiter Moses dem Volke Speise gebracht habe, indem holländische Schiffe mit Korn anlangten. Nun folgt eine Schilderung der Pest und aller damit verbundenen Schrecken. „Das Blut des St. Gennaro schrie zum Himmel für uns, er flehte von dem Ewigen Vergebung und die Pest wich.“ Als Beweis dieses Wunders nennt unser Redner die Schutzkapelle des Heiligen, welche infolge eines Gelübdes errichtet ward. Meisterhaft ist die nun folgende Schilderung eines Vesuvausbruchs, sowie einer Bußprozession bei dieser Gelegenheit. Redner fährt fort:

„Mit Asche bestreut, mit groben Säcken bekleidet gingen Hohe und Niedrige einher und feierlich trug man Blut und Haupt unseres Heiligen bis zur Mündung des Sebeto. Der Vesuv toste, Dampf und Asche verfinsterten den Himmel, alle schrieen und heulten. Kaum aber hatte man Blut und Haupt unseres Heiligen an jener Stelle dem Vesuv gezeigt, da heiterte die Luft sich auf, die Sonne lächelte vom Himmel, der Aschenregen hörte auf, der Lavastrom hielt an und das dankbare Volk errichtete auf der Magdalenenbrücke das bekannte Denkmal.“

Hier müssen wir unserem Redner eine Bemerkung machen. Warum vergißt er die Flasche des Virgil, welche vor der Glanzperiode des St. Gennaro so große Wunder wirkte? Ein Wort dankbarer Verehrung gegen Virgil wäre hier sicherlich am Platze gewesen. Ferner müssen wir den Redner darauf aufmerksam machen, daß St. Gennaro anderswo ebenbürtige Rivalen findet. Eine gute Stunde vom Vesuv entfernt finden wir das berühmte Kloster Mater Domini und in demselben ein Palladium, welches ebenso mächtig ist, als die Blutfläschchen des genannten. Jenes Palladium ist (seltsam zu sagen) eine Flasche, aber in derselben befindet sich kein Blut, sondern Milch der Madonna! Eines Tages wehte der Wind bei einer Vesuveruption die Asche nach jenem Kloster, aber kaum hatte man jene Flasche diesem Aschenregen entgegengehalten, als sofort die Asche eine andere Richtung nahm. — Von dieser Reliquie sagt eine zu Neapel 1834 gedruckte Chronik des erwähnten Klosters: „Da Maria die Mutter und Miterlöserin der Kirche ist, sollte sie nicht eben dieser Kirche einige Tropfen ihrer kostbaren Milch als Gabe hinterlassen haben, ebenso, wie wir noch jetzt etwas vom Blute Christi besitzen? In mehreren Kirchen findet sich etwas von ihrer Milch, durch welche viele Gnaden und Wohlthaten erlangt werden. Wir finden jene Reliquien z. B. in der Kirche St. Luigi in Neapel, nämlich zwei Flaschen voll Milch der seligen Jungfrau (Beata Vergine) und dieselbe wird an Festtagen der Madonna flüssig, wie jeder sehen kann. Auch im Kloster Mater Domini wird die Milch bisweilen flüssig.“ Seite 44 genannter Chronik wird berichtet, daß besagte Wunderflasche bei einer feierlichen Prozession die erwähnte Vesuvgefahr sofort beseitigte. Als Jahr wird 1707 angegeben. Als nun der Aschenregen durch dies Palladium vertrieben wurde, flog er natürlich an einen anderen Ort. Aber wohin? Stellen wir uns die Sache klar vor. Fliegt er nach Neapel, so wird er von dem Wunderfläschchen des St. Gennaro verjagt, dasselbe geschieht, wenn er eine andere Richtung wählt, denn überall sind Palladien ihm hinderlich, z. B. in Ottajano das heilige Kreuz*). Wo bleibt schließlich die Asche? Einen Rivalen findet St. Gennaro auch auf Sicilien. — Bekanntlich ist der Ätna etwa zwölfmal größer als der Vesuv, seine Ausbrüche entsetzlicher, als die des letzteren. Wenn nun trotzdem ein Palladium ihn bändigt, muß letzteres mächtiger sein als das Blut des Gennaro. Ein solches Palladium besitzt Catania, nämlich den viel gerühmten, oft benutzten Schleier der St. Agatha, welche als Schutzheilige die erwähnte Stadt überwaltet.

Wir kommen zum Schluß unserer Lobrede. Redner schildert jetzt ganz besondere Verdienste des Santo und sagt, derselbe habe durch sein Blut seine Stadt auch vor Ketzerei beschützt, „die von gewissen Leuten, wie Luther, Zwingli und Calvin ausgegangen ist“. Er erwähnt den bekannten Mönch B. Occhino in Neapel, der vergebens versucht habe, Häresie zu verbreiten, und hofft, daß das Blut des Heiligen auch ferner wie ein Leuchtturm glänzen werde! Diese Hoffnung des Redners können wir nicht teilen und zwar um einer offenkundigen Thatsache willen, welche der Redner aus naheliegenden Gründen nicht erwähnt. Im vorigen Jahrhundert, wie die Acta sanctorum (siehe das vorige Kapitel) erwähnen, kam es wiederholt vor, daß das Blut des Heiligen in Gegenwart von Ketzern nicht flüssig wurde, ein Zeichen, daß St. Gennaro die Ketzer erkannte und nicht leiden konnte. In der Jetztzeit zeigt der Heilige, wie schon Kap. IX erwähnt, diese Abneigung nicht mehr. Vermag er also nicht mehr, die Ketzer zu erkennen, oder

*) Siehe Kapitel XV.

hat er seiner Abneigung entsagt? Bei dem Blutmirakel sind jedesmal Fremde zugegen, die meisten Häretiker, aber nie hat der Heilige das Zeichen seines Mißfallens gegeben! Ferner müssen wir dem Panegyriker bemerken, daß das Wunderblut keineswegs die Häresie abgewehrt hat, denn seit 1860 sind in der Stadt des St. Gennaro mehrere stattliche protestantische Kirchen entstanden und der Protestantismus redet daselbst in vier Sprachen: Deutsch, Französisch, Englisch, Italienisch, eine Thatsache, welche in den fünfzehnhundert Jahren vorher unmöglich war. Im Jahre 1884 ward in allen diesen protestantischen Kirchen der Geburtstag Martin Luthers gefeiert, dies zum erstenmal in der Stadt des St. Gennaro. Unser Lobredner verschweigt alle solche offenkundige Thatsachen, wenn er das thut, so beweist er, daß er nicht im Dienst der Wahrheit steht. Der Schluß seiner Rede lautet:

„Salve, Vater des Vaterlandes, berühmter Schutzherr und Mitbürger! Wenn das drachenartige Ungeheuer der Ketzerei mit höllischem Giftatem dies von dir geliebte Volk zu verderben droht, dann treib es in die Flucht und hilf, daß wir den Glauben, welchen du mit dem Tode besiegelt hast, unverfälscht bewahren. Halte ferne von uns Krieg, Hunger, Sturm durch dein Blut. Bändige den Vesuv, wenn er uns mit Feuer und Asche überschüttet. Und heute, o St. Gennaro, wo die Cholera unsere Auen verwüstet und so viel unsägliches Unheil bringt, heute zeige dem erzürnten Ewigen dein Blut, dann wird die Züchtigung aufhören, dann wird das dankbare Vaterland dich segnen, dein Blut preisen, welches mit klaren Thatsachen die in demselben befindliche Macht offenbart, eine Macht, welche du anwendest zum Schutz, zum Heil, zur Ehre des mit Recht beneideten neapolitanischen Volkes. Das Blut wird euch zum Zeichen sein."

Wir bemerken, daß diese Lobrede mit Genehmigung der zuständigen Kirchenbehörde gedruckt worden ist, wie die auf der letzten Seite befindliche Unterschrift beweist. Die Kirche also trägt die Verantwortung für alles, was der Redner sagt.

Wäre diese Rede im antiken Rom auf den schützend waltenden Romulus, auf den vergötterten Jul. Cäsar, oder im antiken Athen auf den Patronus der Stadt, den Heroen Theseus, gehalten, so hätte sie nur wenig anders gelautet, denn alles konzentriert sich auf den Wunderschutz des gepriesenen Heiligen. Wir suchen in der Lobrede einen christlichen Satz und finden keinen. Redner kennt die christlichen Märtyrer nur als wunderthätige Beschützer und sagt, daß dieses Moment die Hauptsache sei. Daß die Reliquien als Beispiel uns vor Augen stehen, ist ihm, wie er sagt, Nebensache, im Vergleich zur Leistung des Gennaro, der durch sein Blut Orakel ausspricht. Er legt dem Gennaroblut eine sühnende Kraft bei, spricht also jene Opferidee des Heidentums aus, welches bei allen Gelegenheiten diese Sühne anwandte. Die Opfer der Heiden hörten auf, die Kirche ersetzte sie durch das Blut der Märtyrer und andere Sühneleistungen.

Das Wort Panegyrikos stammt aus der griechischen Sprache. „Panegyris" bezeichnet eine Volksversammlung, namentlich eine festliche, also eine religiöse, verbunden mit Prozession, Musik, Tanz, Schmaus und Markt, wie bei allen religiösen Festen des hellenisch-römischen Lebens und wie noch heute. Obiges Wort: Panegyrikos, ist ein Adjektiv und wenn der Grieche einem Menschen dies Prädikat beilegte, so meinte er einen Marktschreier, der seine Ware, oder seine Kunst z. B. als Zahnausreißer, der versammelten Marktmenge empfahl. Solche existieren in den Städten Süditaliens bis auf den heutigen Tag. Wie sie einst im antiken Athen die Menge durch ihre Reden heranlockten, so hat Verfasser sie in Neapel auf öffentlichen Plätzen oft genug gesehen. Sie stehen auf einem Wagen, der oft mit vier Pferden bespannt ist und hinten einigen Musikanten Platz bietet, welche das Publikum durch Pauken und Trompeten anlocken. Ein solcher Panegyrikos verkauft Heilmittel, hat seinen Wagen mit Dokumenten behangen, redet gewandt und zieht denen, welche zu ihm hinaufsteigen, unter freiem Himmel auf ihren Wunsch Zähne aus. Von Freunden in Salerno weiß ich, daß dort vor etwa dreißig Jahren noch ein solcher „Panegyrikos" unter freiem Himmel Operationen vornahm!

Gewöhnlich ergänzte man bei genanntem Adjektiv das Substantiv Logos, Rede, und verstand unter einer panegyrischen Rede eine solche, die bei festlicher Gelegenheit gehalten wurde, also kurz Festrede, wobei man den Redner als Panegyristes bezeichnete. Bekannt ist eine als „Panegyrikos“ bezeichnete Rede des hellenischen Redners Isokrates, welcher in derselben die Tapferkeit der Athener lobte und sie zum Kampf gegen die Perser aufforderte. Nach und nach ward jenes Wort wie ein Substantiv gebraucht und ging mit der Bedeutung Lobrede in die Sprache der Römer über, zugleich mit dem Worte aber auch die Sache selbst.

Solcher Panegyrikus war schon in Athen Sitte bei dem Begräbnis (Verbrennung) berühmter Männer. Bei solchem Anlaß erhielt Kaiser Augustus zwei Lobreden, die eine durch Tiberius vor dem Tempel des Divus Cäsar, die andere auf dem Forum durch Drusus. Dann trugen Senatoren die Leiche des Genannten zum Marsfelde, wo die Verbrennung stattfand. Kaum war letzte geschehen, da fand sich ein Mann von prätorischem Rang, der mit einem Eide aussagte, er habe die Gestalt des Augustus vom Scheiterhaufen gen Himmel steigen sehen*). Man sammelte dann die Asche und brachte sie in das bekannte Mausoleum, welches heute Kunstreitern als Arena dient.

Wenn Schmeichelei gegen die Großen der Welt damals sogar die Heiligkeit des Eides verachtete, so können wir uns denken, welche Schmeicheleien in einem solchen Panegyrikus enthalten waren, wie dabei alles auf elende Lüge, Effekthascherei, Schauspielerei und Stilübung hinauslief. Derselbe Suetonius, welcher in seinen Kaiserbiographieen uns obiges von Augustus erzählt (vita Augusti cap. 100) berichtet von dem gestorbenen Tiberius, daß sein Nachfolger ihm unter strömenden Thränen die Leichenrede hielt! Man bedenke, was das sagen will: Unter strömenden Thränen eine Lobrede auf den Tiberius, vor einem Volke, welches diesen eben verflucht hatte! Sueton erzählt Kap. 75: Durch den Tod des Tiberius ward das Volk in solchen Freudentaumel versetzt, daß es in Rom auf der Straße schrie: Werft den Tiberius in den Tiber! Andere erflehten von den Göttern, es möge dem Tiberius eine Stätte bei den Verdammten werden. Wie hat

*) Auch den vergötterten Äneas und den Divus Romulus wollte man zum Himmel steigend gesehen haben.

sich dasselbe Volk erbaut, als Caligula neben der Leiche den Tiberius lobte und mit seinen Thränen schon damals alle Untugend von jenem Kaiser hinwegzuwaschen suchte, wie unlängst ein bekannter Deutscher dasselbe versucht hat (freilich ohne Thränen). Mit welcher Erbauung mag dies Volk die Lobrede des heuchlerischen, thränenreichen Cajus Caligula gehört haben, von dem beim Volke das Gerücht ging, er habe den Tiberius vergiften lassen, dann wieder, er habe es gebilligt, daß man denselben durch aufgehäufte Kissen erstickte! Bekanntlich weilte Tiberius etwa zehn Jahre auf Capri, wo unter der Bevölkerung die Tradition von demselben noch heute lebendig ist. Das ärgste Schelt- und Schimpfwort auf Capri lautet, wie ich mit eigenen Ohren wiederholt mich überzeugte: Du Timberio! (Du Schurke).

Jene thränenvolle Rede des Caligula mag uns ein Beispiel sein von der elenden Heuchelei und Schmeichelei, welche sich in den Panegyriken breit machte. Die Vergöttlichung der Kaiser ward zu einer so selbstverständlichen Sache, daß die Soldaten sogar diese Apotheose in die Hand nahmen, wenn der Senat sich weigerte. Als letzterer dem gestorbenen Domitian fluchte und man seine Bildsäulen zerstörte, erklärte das Heer feierlich den Kaiser für einen Halbgott (Divus) und sicherlich hat irgendein Unteroffizier oder Lieutenant demselben einen Panegyrikus gehalten. — Lobreden wurden natürlich nicht nur auf Kaiser, sondern auch auf andere Große gehalten, arteten aber immer mehr aus und gestalteten sich zu Machwerken einer Schmeichelei von ekelhaftestem Charakter.

Der Charakter solcher massenhaft produzierten Machwerke hängt mit der zur Kaiserzeit üblichen Bildung und Bildungsweise zusammen. Zu einer höheren Ausbildung gehörte damals in erster Linie die Fertigkeit in der Rede, nicht etwa ein gründliches Wissen. War die Phantasie des Knaben durch Werke der Dichter angeregt, so trat er in die Rhetorenschule, wie sie sich in allen größeren Städten fand, teilweise sogar als Staatsanstalt. Hier ward der Jüngling zum Redner ausgebildet, dabei aber das Phrasenwesen, hohler Pathos, Effekthascherei ihm zur anderen Natur gemacht. Hier wurden natürlich auch Panegyralreden auf Lebendige und Tote geschmiedet und gedrechselt. Im zweiten Jahrhundert wurden die vorlesenden, nach Beifall haschenden Dichter eine Landplage und von ihnen schon die Erfindung bezahlter Claqueurs gemacht, die philosophischen Redner aber (Sophisten) bildeten ein Schönrednergeschlecht heran, welches namentlich im Panegyrikus das Mittel besaß, billige Lorbeeren zu ernten.

Diese Art der Beredsamkeit und Rede ging in die Kirche über. Hatte Konstantin sich zuerst von heidnischen Rhetoren schmeicheln lassen, so hörte er später auf christliche Prunkredner; dem Gestorbenen hielt der Heide Nazarius die Lobrede. Paulinus von Nola verfaßte einen uns leider nicht erhaltenen Panegyrikus auf Kaiser Theodosius. Die große Menge, welche an allen möglichen öffentlichen Orten den Ohrenschmaus schöner Worte von Dichtern und Rednern zu hören gewohnt war, ging in die Kirchen, wo sie nicht immer vergebens Prunkreden erwartete, vielfach aber nur einen „Redner“ hören wollte. Als Chrysostomos einst auf der Kanzel den Versammelten das Unpassende des Beifallklatschens vorhielt, gefiel denselben der Redefluß dieses Kanzelredners so sehr, daß sie ihn mit lautem Beifall belohnten.

Gegenstand der Prunkreden war hauptsächlich das Wunderleben der Heiligen, und so blieb es z. B. in Süditalien bis auf den heutigen Tag.

Nehmen wir aus dem Leben ein Beispiel von Tausenden.

In einer Stadt Campaniens oder Calabriens, Apuliens oder der Basilicata naht das Fest des Schutzheiligen. Viele Wochen vorher beginnen die Vorbereitungen, an denen sich Hunderte geschäftiger Hände beteiligen. Es gilt, für den Festtag drei, vier, zuweilen noch mehr Musikchöre zn bestelleu, dazu den nötigen Sängerchor. Hier sucht es eine Stadt der anderen zuvorzuthun, und bisweilen heißt es sogar: Es kommen Sänger vom St. Carlo-Theater in Neapel! Oft dauert ein solches Fest, wenn es sich um einen recht berühmten Heiligen handelt, eine volle Woche und das Festkomitee hat also die einzelnen Festleistungen zum erfreulichen Wechsel auf die einzelnen Tage zu verteilen. Dann läßt man rechtzeitig die sogenannten Apparatori kommen, welche die Kirche mit festlichem Schmuck versehen. Diese bilden z. B. in Neapel eine Zunft, welche über Tausende von Arbeitern dieser Art verfügt. Wochenlang dauert ihre Arbeit in der Kirche, sie bringen das Material aller Art mit, kostbare, seidene Vorhänge, zum Teil mit Gold gestickt, mit goldenen Fransen und Troddeln versehen, und unter ihren geschickten Händen verwandelt sich der heilige Kirchenraum in einen sehr weltlichen Festsalon. Auch die Tribüne für die Musikanten und Sänger, jedesmal neu erbaut, erhält solchen Prachtschmuck. Der Altar und sein Hintergrund strahlen mit ihren vergoldeten und versilberten Ornamenten, neuer Blumenschmuck füllt die Prachtvasen. Schon Virgil spricht von Altären, welche von Weihrauch glühen und frische Bekränzungen atmen (Äneis I, 416). Auch Paulinus in Nola benutzte vor fünfzehnhundert Jahren solche Apparatori, welche er sicherlich auch aus Neapel verschrieben hatte. Er schreibt nämlich in seinen uns von früher bekannten Liedern, daß der Tempel seines heiligen Felix in festlicher Zeit schneeweiße Vorhänge (nivea vela) als Festschmuck gehabt habe; ebenso spricht er von Wachskerzen, von dichthängenden Kronleuchtern, welche die Nacht in Tag verwandeln. Natürlich müssen die heutigen Apparatori auch die Festbeleuchtung in Ordnung bringen. Ihre Zunft hat den heiligen Nikodemus als Schutzpatron, denn Nikodemus kam zu unserem Herrn Christo so spät in der Nacht, daß bei seiner Unterredung Licht angezündet werden mußte. Endlich müssen unsere Apparatori auch Thron und Baldachin des betreffenden Heiligen herstellen und die Statue desselben dort placieren. Unser Festkomitee hat aber noch viel mehr Arbeit, denn Anordnungen sind zu treffen für die Illumination der Stadt, für Marktfreuden aller Art, für Wettrennen und sonstige Volksbelustigungen; auch werden vielfach Schauspieler verschrieben, welche Leben und Thaten des betreffenden Heiligen auf einer Bühne unter freiem Himmel darstellen sollen. In vielen Städten freilich werden solche geistliche Schauspiele dnrch Ortseinwohner aufgeführt *). Nun aber erhebt sich für das aus geistlichen und weltlichen Mitgliedern bestehende Festkomitee die Frage: Wer soll den Panegy-

---

*) Siehe „Das geistliche Schauspiel in Süditalien" von Th. Trede. — Erschienen in der von Virchow und Holtzendorf herausgegebenen Sammlung von Vorträgen.

rikus halten? In den meisten Fällen handelt es sich übrigens um acht bis zwölf Prunkreden dieser Art, welche sich auf die einzelnen Festtage verteilen. Das Honorar für Haltung solcher Lobreden figuriert fast immer im Budget der Stadt, wie denn auch ein solches Fest in seinem ganzen Umfange als ein Tribut angesehen wird, welchen das städtische Gemeinwesen seinem Schutzheiligen schuldet. Dies war die antike Anschauung, welche bis heute unverändert dieselbe geblieben ist.

Für den Panegyrikus werden natürlich renommierte Redner gerufen, deren jede Landschaft, jede Stadt ein stattliches Heer besitzt. Manche erwerben auf diese Weise einen oft bedeutenden Teil ihres Lebensunterhalts. Die Zahl der Geistlichen, welche ihr ganzes Leben hindurch ohne feste Anstellung bleiben, ist riesengroß, und viele geben sich deshalb allerlei weltlichen Beschäftigungen hin, woran ihr Priesterkleid sie nicht hindert; viele suchen kirchliche Beschäftigung, wo sie zu finden ist. Eine große Anzahl führt ein rechtes Wanderleben; wir meinen die renommierten Prunkredner, welche von Ort zu Ort verschrieben werden, wie etwa berühmte Opernsänger oder Schauspieler. Einst hörte Verfasser einen solchen weither verschriebenen Panegyriker in einer größeren Stadt Campaniens seine Rede also beginnen: „Erlauchte Einwohner dieser Stadt! Jeder Beruf hat seine besonderen und glänzenden Tage, in welcher die Neuigkeit das alltägliche Leben besiegt und die gewöhnliche Beschäftigung zurücksteht vor dem Glanz ungewöhnlicher Umstände. Auch die berühmten Redner von Athen und Rom, durch die Praxis langer Jahre an die Rednerbühne gewöhnt, fühlten sich zuweilen als Neulinge, wenn sie vor ungewöhnlichen Personen von ungewöhnlichen Dingen zu reden hatten. Ein ähnliches Bekenntnis muß ich vor euch ablegen. Zwar bin ich seit vielen Jahren in der Palestra apostolica erfahren und geübt; aber heute, erlauchte Einwohner, schaue ich einen so feierlichen Glanz, sehe einen so neuen, ungewöhnlichen Tag, daß ich ganz neue Gefühle (affetti) verspüre, welche wohl geeignet sind, jedes starke Genie (robusto ingegno) zu entmutigen und jede beredte Zunge verstummen zu machen. Wer kennt nicht auch in weiter Ferne euren erhabenen Schutzheiligen (Patrono), wer kennt nicht die berühmte Geschichte dieser Stadt, wer hätte nicht von jenen erlauchten Familien vernommen, deren berühmte Namen eine Zierde dieser Gauen sind?" Redner erzählte dann weiter, wie er kurz vorher in der Stadt N. N., darauf in N. N. als Panegyriker aufgetreten sei und versicherte, daß er jetzt die Krone seiner Tage erlebe und bekennen müsse, daß er der Größe seiner Aufgabe nicht gewachsen sei. Leser bemerke hier den Ausdruck „Palestra apostolica". Unter Palestra verstand das antike Leben eine Ring- und Fechtschule. Wir sehen aus obigen Worten eines Prunkredners, wie diese Herren ihren Beruf auffassen.

Hat das Festkomitee die Prunkredner berufen, so werden riesengroße Plakate gedruckt, auf denen man auch die Namen der heiligen Redner, sacri oratori, lesen kann. Es ist z. B. der chiarissimo oratore N. N., es ist der Missionario Apostolico N. N., es ist der notissimo N. N. u. s. w. Solche Plakate werden in die benachbarten Städte weit und breit verschickt und während der Festzeit geschieht dann dasselbe, was St. Paulinus vor fünfzehnhundert Jahren von Nola sagte: Die Stadt ist so voll Menschen, als wenn viele Städte sich dort vereinigt hätten. Die Bezeichnung „Il Panegirico" liest man fast immer auf jenen Plakaten.

Ein Panegyriker kennt natürlich seine Aufgabe. Sein Beruf ist nicht, apostolische Wahrheit zu verkündigen, sondern eine Prunkrede zu halten, mag dieselbe auch von Anfang bis zu Ende eine einzige Lüge sein. Das Publikum verlangt den Genuß einer schön stilisierten Rede, eines glänzenden Vortrages, es verlangt Effekte, glänzendes Lob des Heiligen, und wer dem letzteren schmeichelt, schmeichelt natürlich auch der von ihm beschützten Stadt. Der Prunkredner wird bezahlt, wie man einen Schauspieler honoriert und der Panegyriker ist dem letzteren meist ebenso ähnlich, wie ein Zwillingsbruder dem anderen. Weit über hundert Reden dieser Art hat Verfasser an den verschiedensten Orten meist in heißer Sommerzeit gehört, alle nach einem und demselben Leisten gearbeitet, viele in oratorischer Hinsicht ausgezeichnet, oft von lautem Beifall der atemlos lauschenden Menge belohnt, viele nur plumpe, elende Machwerke, vielleicht ebenso elendig honoriert, alle aber an die Rhetorenschulen des antiken Lebens, an die Schauspielerei der Sophisten erinnernd.

Eine Hauptsache sind in solchen Reden natürlich die Wunder der Heiligen. Die betreffenden Stellen gleichen dem Feuerwerk, welches zu Ehren des Heiligen abgebrannt wird und ihn begrüßt, wenn er im Triumphzug die Kirche verläßt. Wie es beim Feuerwerk donnert und kracht, leuchtet und glänzt, so auch in der Rede von den Wundern. Hier heißt es: Nimm alle Kraft zusammen! Hier schleudert der Redner wie ein Zeus die Blitze seines Wortes, hier hallt der Donner seiner Rede, hier gilt's, Effekt zu machen, hier muß er Leuchtkugeln werfen. Verfasser hat Dinge gehört, welche jeder wahrheitsliebende Mensch zu den Albernheiten rechnen wird, aber im Feuerwerk des Panegyrikus der Prunkrede entzückten sie das Publikum wie Raketen.

In einem Panegyrikus hörte Verfasser folgenden Passus: „Der heilige Orontius trat in den Tempel des Merkur, der nah an der Mauer dieser Stadt war, und vor dem Blick des Heiligen fiel das Götzenbild sofort in Stücke; der Heilige trat in den Zeus-Tempel, sah die Statue an und diese wandelte sich in Staub, als hätte ein Blitzstrahl sie getroffen, ebenso ward der Juno-Altar auf der Stelle zum Ruinenhaufen. Seht da, meine Herrschaften (o Signori), die übermenschliche Gewalt, welche St. Orontius besaß! Ganz besonders jagte unser Patronus den Dämonen Furcht ein, er beherrschte sie, sie flohen vor ihm. Wenn er sich den Burgen des Heidentums näherte, fingen die Höllengeister an zu heulen und die Herrschaft des Heiligen anzuerkennen. Auch die Natur ward von ihm beherrscht, denn in einer Höhle schuf er eine Quelle, welche viele Kranke heilte. Wunderbar war das Ende des St. Orontius. Das Schwert des Henkers traf seinen Hals, aber dieser schien wie von Eisen zu sein und erst den Gebeten seiner Schwester gelang es, zu bewirken, daß endlich das edle Haupt abgetrennt wurde. — Ja, berühmt im ganzen Bereich der Kirche ist St. Orontius. Rom, Neapel, Mailand, Florenz, Pisa, Salerno und hundert andere Städte hatten von der Pest zu leiden, wir aber niemals. Die Einwohner wandten sich mit Flehen und Gelübden (si votarono) an St. Pietro, St. Gennaro, St. Ambrosius, St. Giorgio, St. Matteo, aber allein der Schutz unseres St. Orontius war stark genug, die Pest völlig von uns ferne zu halten. Wer also ist unser Schutzherr, unser Patronus? Durch wen ist diese Stadt eine auserwählte? (privilegiata). — Es ist St. Orontius!"

In einer Prunkrede auf St. Riccardo, den Schutzheiligen der Stadt Andria in Apulien, hörte Verfasser eine Wunderthat des Heiligen also berichten: „Einst ging St. Riccardo zu Fuß durch eine weite Ebene. Die Sonne brannte dem müden Pilger aufs Haupt, die Erde, seit Monaten ohne Regen, hauchte erstickende Hitze aus und weit und breit kein Baum, kein Schatten. Da senkte sich urplötzlich ein Adler langsam nieder, setzte sich auf das Haupt des Heiligen und brachte ihm mit seinen Flügeln Schatten und Kühlung, bis die Sonne sich senkte."

Verfasser wählte obiges Beispiel aus vielen auch deshalb, um zu zeigen, wie die Heiligenlegenden ihren Stoff auch aus der römischen heidnischen Legende nehmen. Livius erzählt bekanntlich eine ähnliche Vogelgeschichte. Auf das Haupt des Markus Valerius, der sich mit einem Gallier in einen Zweikampf einließ, setzte sich ein Rabe und half demselben, jenen Gallier zu besiegen. Livius sah in dem Kommen jenes Raben ein Wunder der Götter. Die Kirche hat den Raben zu einem Adler erweitert und der arme St. Riccardo war genötigt, in der Augusthitze die schwere Last eines solchen Riesenvogels zu tragen.

Es ist bezeichnend, daß die südliche Sprache die Kanzel „Pulpito" nennt. Pulpitum war der etwas vorgeschobene, also kanzelartige Teil des römischen Theaters.

Daß auf einem solchen „Pulpitum" der Effektschluß nicht fehlt, versteht sich von selbst. Der Redner wendet sich zum Schluß stets an die Statue des Heiligen und mit ihm pflegen alle Anwesenden knieend dem Patronus den Tribut ihrer Adoration darzubringen.

Wir haben ein Bild aus dem religiösen, aber zugleich aus dem sittlichen Leben gezeichnet.

Viele tausend Prunkreden werden alljährlich z. B. in der großen Diöcese Neapel gehalten, jede derselben bezeichnet einen Höhepunkt des religiösen Lebens und jede ist durch und durch voll

Unlauterkeit und Unwahrheit, wirkt also entsittlichend auf Redner und Hörer. Nirgends finden wir bei den Panegyrikern irgendein Streben nach Wahrheit, nirgends den Versuch, dem armen Volk (Hohen und Niedrigen) statt Kindermärlein die gesunde Speise schlichter apostolischer, d. h. christlicher Wahrheit zu bieten, nirgends den Versuch einer Kritik hinsichtlich der Heiligenfabeln. — Welcherlei Art Heidentum jene Prunkredner, deren viele nicht besser sind als Marktschreier, dem Volke bieten, bezeugen sie selbst, wenn sie z. B. die Schutzheiligen als Heroen und Athleten bezeichnen und ihren Wert auch im Vergleich mit den antiken Heroen anpreisen. Die Kirche hat ihren hohen Beruf, „Zeuge und Grundfeste der Wahrheit" zu sein, vergessen, sie untergräbt den Wahrheitssinn beim Volke und thut dies in und mit den Höhepunkten des religiösen Lebens. Diese Höhepunkte sind, wie gezeigt, glänzender Schein, bombastisches Wortgepränge, Fabeln, Märchen, Raketen, Leuchtkugeln oder, um mit Paulus zu reden: Ein tönendes Erz und eine klingende Schelle.

Eine Lehrmeisterin der Völker nennt sich die „Kirche" und in seiner letzten Anrede an die Kardinäle behauptete der Papst, daß die römisch-katholische Religion für das Volk Italiens eine reiche Quelle von lauter Heil und Wohlfahrt sei. — Wer das südliche Volksleben auch nur wenig kennt, weiß, wie sehr dasselbe von der Lüge zerfressen ist, weiß, wie fern demselben die schlichten Worte: „Treu und Glauben" stehen, weiß, daß Lug und Trug wie ein Krebsschaden am Mark des Volkes nagen. Lehrmeisterin dieses Volkes war seither die „Kirche". Mit all' ihren Panegyriken, mit all' ihren Heiligen vermag sie den tiefen Schaden, woran das Volksleben krankt, weder zu heilen noch zu verhüllen.

Dreizehntes Kapitel.

Menschen und Tiere.

Tagtäglich werden die schützenden Heiligen mit Weihrauch und Gebeten, mit Meßopfern und Gelübden verehrt, tagtäglich gilt des heidnischen Dichters Wort: „Nach dem Gebote verehr' ich des Ortes obwaltende Mächte", tagtäglich sieht das Volk seine Heiligen und seine mit den „ambrosischen Locken" versehenen Madonnen zu tausenden in den Kirchen stehen, tagtäglich denkt man wie Äneas: Jupiter weihen wir uns und brennen Gelübd' auf Altären (Äneis III, 279), tagtäglich steigt die Sühneleistung in tausenden der Meßopfer aufwärts, tagtäglich ist das Leben erfüllt von unzählbaren Leistungen der Religio, d. h. des Kultus. — An ihren Früchten sollt ihr sie erkennen! — Im heidnischen Altertum genügte die mit dem Gesamtleben so innig verbundene, das Leben erfüllende Religio nicht, um die Sklaverei abzuschaffen und die Menschheit zur Anerkennung ihrer Verwerflichkeit zu bringen. Die „Religio" hatte mit dem sittlichen Urteil nichts zu schaffen, ebenso wenig mit dem sittlichen Leben. In Süditalien genügen alle Meßopfer, alle hold lächelnden Madonnen, alle Leuchtkugeln zu ihrer Ehre, alle Kerzen vor Bildern und Statuen, alle Büßungen durch das Belecken der Kirchsteine*) nicht, um der entsetzlichen Tierquälerei Einhalt zu thun und den stummen Seufzern zu

*) Siehe hierüber den zweiten Teil dieser Schrift.

wehren, welche von der seufzenden Kreatur der Last- und Arbeitstiere zum Himmel steigen.

Am Posilip bei Neapel liegt in einer prächtigen Schlucht eine kleine Fischeransiedelung, genannt Mare-chiaro, dicht bei einer Madonnenkirche, welche einen Tempel der das Meer besänftigenden Venus Eupleua verdrängt hat. Dort umspielen und umschäumen die Wellen zahlreiche, unzerstörbare Reste jener Fischteiche, in denen die Muränen bisweilen mit Sklavenfleisch gemästet wurden. Gleichfalls am Posilip sind zahlreiche Reste einer großartigen römischen Villenanlage, wahrscheinlich des Pollio. Als Augustus den letzteren in dieser Villa Pausilipon (soviel als Sanssouci) besuchte und ein Sklave in Gegenwart des Kaisers ein kostbares Gefäß zerbrach, befahl Pollio, den Unglücklichen in die Fischteiche zu werfen. Letzterer warf sich dem Augustus zu Füßen und dieser machte eine Bemerkung, in welcher er aber nicht etwa Unwillen über die Grausamkeit seines Gastgebers, sondern nur sein Unbehagen über den in seiner Gegenwart geschehenen Auftritt aussprach.

War das Los der Sklaven im allgemeinen ein trauriges, so war doch ihre Behandlung eine sehr verschiedene. Gebot doch der Nutzen, den Millionen derselben gewährten, sowie der Preis, welcher für viele derselben zu zahlen war, eine verhältnismäßig gute Behandlung. Millionen derselben wurden z. B. für geistige Arbeit verwendet, auch für die Massenproduktion auf dem Gebiet der Kunst. Ein jammervolles Los hatten im großen Ganzen die beim Landbau verwendeten Sklaven, und wer heutzutage sieht, wie grausam in Süditalien die für niedere Arbeit dienenden Tiere behandelt werden, könnte auf den Gedanken kommen, daß die früher gegen Sklaven geübte Grausamkeit jetzt auf den armen Tieren lastet. — Empörende Scenen barbarischer Grausamkeit gehören im ganzen Süden zu den tagtäglichen, allergewöhnlichsten Dingen. Man betrete eine der vielen aufwärtsführenden Straßen der verkehrsreichen Stadt Neapel, man sehe die schweren, überladeneu Karren aller Art, deren Gewicht mindestens vier Pferde verlangt, während nur zwei zur Verwendung kommen, man sehe, wie die armen Lasttiere vor solchen Karren, die Pferde, Esel, Ochsen, mit schweren Peitschenhieben, mit dicken Knütteln, mit

Schlägen und Stichen mißhandelt werden, man sehe, wie das arme Tier sich anstrengt, als sollten ihm die Knochen zerbrechen, man höre die satanischen Flüche der Treiber, welche ohne einen Funken von Barmherzigkeit das Tier hetzen, bis es zusammenbricht, man sehe den stummen, jammervollen Ausdruck im Auge der seufzenden Kreatur, so hat man etwas gesehen, was in Neapel Stunde für Stunde geschieht. Vor einigen Jahren brachte die neapolitanische Presse Andeutungen über eine unfaßbare, in Neapel vorkommende tierquälerische Barbarei, darin bestehend, daß man in der Abdeckerei daselbst gewissen Tieren vor dem Verenden derselben die Haut abzieht, um für letztere einen höheren Preis zu erzielen. Verfasser ist nicht befähigt nach eigener Anschauung zu urteilen, hat aber von unzweifelhaft glaubwürdigen, hier seit etwa vierzig Jahren lebenden deutschen Landsleuten vernommen, daß sie mit eigenen Augen gesehen, wie Metzger Schafen, Lämmern, Ziegen u. s. w. bei lebendigem Leibe die Haut abzogen. Dieselben Gewährsmänner haben dem Verfasser die Versicherung gegeben, daß vor fünfundzwanzig Jahren die Barbarei in Hinsicht der Behandlung von Lasttieren weit größer war als jetzt.

Sollte es jemand gelüsten, ein massenhaftes Auftreten unbegreiflicher Barbarei zu sehen, der möge an den Tagen vor großen Festen südliche Städte besuchen. Dann kommen ungezählte Hühner und sonstiges Federvieh in die Stadt und trägt man die armen Tiere bei den Beinen, oft drei oder vier in einer Hand, heim, wo sie als Festspeise dienen sollen. Am Abend vor solchem Tage sieht man die Federn der bald geschlachteten Tiere in allen Straßen. Viele binden je drei oder vier lebendigen Hühnern die Füße mit einem Strick zusammen und hängen diese Last über die Schulter, so daß die eine Hälfte vorne, die andere hinten baumelt. Keine Seele nimmt Anstoß an diesem widerwärtigen Anblick. — In der Woche vor Ostern kommen die Osterlämmer zu Markt. Die Wagen und Karren sind vollgepreßt mit lebendiger Ware und massenhaft hängen die lebenden Tiere, bei den Beinen aufgehängt, unter dem Wagen und neben demselben. Kein Gesetz schützt das Tier gegen die Barbarei des Menschen, niemand, auch der Gebildete nicht, ist fähig, diese Barbarei richtig zu beurteilen. Der Anblick ist zu gewöhnlich, das Urteil stumpf. — Es giebt vereinsamte Ausnahmen und scheint ein Verein gegen Tierquälerei, welcher sich der „tierliebende Verein“ nennt, solche Ausnahme zu bilden. Wo aber ist dieser Verein? Man sieht ihn nicht, man hört ihn nicht. Seine Liebe zu den Tieren hat einen platonischen Charakter. Vor etwa zehn Jahren erfuhr man die Wundermär, daß in Neapel ein Tierhospital entstanden sei. Die Tagesblätter begannen ein Festgeläut und ihre Trompetenstöße brachten blühende Phrasen von Zivilisation, Humanität und anderen schönen Dingen mehr. Schon längst ist dies Hospital von dem mystischen Dunkel der eleusinischen Mysterien umgeben, die Tagespresse schweigt und die Tiere werden geschunden. Kürzlich sah ich vor einem Lastkarren drei Zugtiere, einen Stier, ein Pferd und einen Esel. Das Pferd hatte eine große Wunde und der Karrenführer benutzte letztere als Zielscheibe seines Stachels. Die Tiere konnten nicht weiter. Da schlug der Führer den Esel mit einem Knüttel zwischen die Ohren und unter entsetzlichen Flüchen des grausamen Menschen stürzte das Tier zu Boden. Ströme von Menschen gingen vorüber, aber niemand kümmerte sich um diese scheußliche Scene. Dergleichen geschieht ja täglich und stündlich. Solche Führer von Lasttieren pflegen zu sagen: Das Tier ist ja kein Cristiano! Man braucht nämlich die Bezeichnung Mensch und Christ gleichbedeutend. Kürzlich fragte Verfasser einen Erdbeerenhändler nach der Frequenz eines Festes. Waren viele Menschen dort? O gewiß, tanti Cristiani!

Die Tierwelt des Südens blieb seit dem antiken Leben unverändert dieselbe, dagegen hat sich das Verhältnis des Menschen zum Tier sehr verändert.

Auf dem Acker sehen wir dieselben weißen Pflugstiere, welche dem Lande einst den Namen Vitalia, d. h. Rinderland gegeben haben. Die Rinder, welche auf dem Gefilde von Sybaris grasen, sind genau von derselben Gestalt, wie es die gefundenen Münzen dieser einst so reichen, üppigen Hellenenstadt, welche man jetzt ausgräbt, zeigen. — In Campanien drischt heute auf der seit Jahrtausenden üblichen Tenne der mit großen Hörnern versehene Ochse mit den Füßen das Korn und trägt dasselbe Joch, wie zur Römerzeit. Verfasser sah vor Jahren im Lateranmuseum zu Rom an einem der christlichen Sarkophage ein pflügendes Stierpaar mit dem Joch im Relief dargestellt und glaubte ein Bild aus dem Leben der Gegenwart zu sehen. Mit demselben Staunen sah ich im Gebiet der ehemaligen Samniter einen von solchem Stierpaar gezogenen Pflug, dessen urwüchsige Ursprünglichkeit an jene Zeit erinnerte, als die Samniter im kaudinischen Engpaß die Römer besiegten.

Das veränderte Verhältnis des Menschen zum Tier läßt sich zunächst in Hinsicht des Rosses nachweisen. Die hellenische Welt sah das Roß niemals vor einem Lastkarren, verlangte von demselben niemals niedere Dienste. Das edle Tier diente dem Menschen nur als Schlachtroß im Heldenkampf und vor dem fürstlichen Wagen, sowie in feierlicher Prozession zur Ehre der Götter, dabei aber ohne Sattel. Für die niedrige Arbeit hatte man das Maultier. Das Roß war nach hellenischer Anschauung das Zugtier des Poseidon, der als Herr und Gebieter über die weit aufwogende Meerflut dahinfährt, es war aber auch die Gabe dieser Gottheit an die Menschen, und der damalige Mensch sah eben darum dies Tier mit heiliger Scheu. — Mit derselben Scheu betrachtete der Hellene die gefiederte Welt, denn der Vogelflug, obenan der Flug des Adlers, deutete ihm Gedanken und Willen der Götter. — Das war das Verhältnis, in welchem einst auch Süditalien, magna Graecia mit Recht genannt, zur Tierwelt stand. Heutzutage ist Süditalien das Land der grausamen Pferdeschinder, das Land der Tierquälerei, wo das Roß zur seufzenden Kreatur gemacht worden ist. Die antike Welt hatte selbstverständlich ihre Last- und Arbeitstiere, aber die gesamte antike Litteratur weist mit keiner Silbe auf Tierquälerei hin. Wenn Homer die Augen der Göttin Hera beschreibt, so nimmt er das Bild von den Augen des weißen Rindes, und in der That, dies Tier hat prächtige, große Augen. Sollte man ein Tier, welches göttergleiche Augen besitzt, gequält haben? Ein Volk, welches seine Tierwelt in so nahe Berührung mit den Göttern setzt, hat sicherlich Tierquälerei nicht gekannt. Heute wird dies Tier tausendfältig gequält.

So steht Süditalien, ein christliches Land, tiefer, als die türkische Welt. Der Türke sucht dem Lasttier die Mühsal durch freundlichen Zuspruch zu erleichtern und nimmt sich sogar der Vöglein an, welche im Neapolitanischen erbarmungslos von Sonntagsjägern getötet werden.

Aber die Kirche? Sie nennt sich ja die segensreiche Allmutter, sie redet ja so viel von ihren zivilisatorischen Siegen, ihre Fußtapfen triefen ja von Segen! — Die Kirche feiert ja jeden Tag Feste, lauter Triumphe ihrer glorifizierten Schutzgottheiten! — Die Kirche nimmt in der That auch die Tiere unter ihren Mantel. Das zauberhaft wirkende Weihwasser, mit welchem die Kirche am 17. Januar, am Fest des St. Antonio Abbate, die Tiere öffentlich besprengt, soll die letzteren gegen die Wirkung des bösen Blickes schützen*). Das ist freilich lauter Heidentum, sowohl dies große Fest der Tiersegnung, als auch der Mal' occhio (böse Blick) aber die Kirche ist nun einmal, ohne daß sie es weiß, oder wissen will, voll Heidentum. — Die Kirche also hat für die Tiere den Zauber des Weihwassers und damit genug. Ein Heiliger, welcher die Tiere gegen die Gemeinheit roher Menschen schützt, existiert nicht und auch Leo XIII. hat mit seinen Kardinälen die Kreierung eines solchen bis jetzt nicht erwogen.

Das hellenisch-römische Religionsleben sah überall, an Weg und Steg, in Wald und Feld, Bilder schützender Gottheiten, auf Kreuzwegen erblickte der Wanderer die dreiköpfige Hecate, Hermes-Säulen waren in Griechenland überall, und was das römische Leben in dieser Hinsicht leistete, zeigt aufs deutlichste das wiedererstandene Pompeji, wo die Laren auch auf den Straßen als Beschützer walteten. — Die römische Kirche hat alle Wege und Stege Süditaliens mit solchen göttlichen Wegesbeschützern besetzt, d. h. die alten Laren sind geblieben und haben nur ihren Namen verändert. Im zweiten Teil dieser Schrift möchte Verfasser mit dem Leser eine Wanderung durch Pompeji machen und nachweisen, wie das alte Pompeji in der Gegenwart fortlebt (siehe daselbst das Kapitel „Keine Totenstadt"). — Wir finden an den Wegen Süditaliens größere und kleinere Heiligtümer, deren Zahl sich in

---

*) Siehe im zweiten Teil dieser Schrift die Kapitel „St. Antonio" und „Der böse Blick".

den Straßen Neapels seit der Cholera um etwa sechshundert vermehrt hat, Hecate ist ersetzt durch die Madonna, die Laren heißen heute St. Antonio di Padova, St. Gennaro, St. Vincenzo u. s. w. Der Larenkultus wird nicht versäumt und wie im antiken Leben durch Blumen und Lichter ausgeübt. — An ihren Früchten sollt ihr sie erkennen! — Bleiben wir auf der Straße und beachten die kleinen, alltäglichen Verbrechen, welche in der Cronaca grigia (Graubuch) der Tagesblätter berichtet werden.

Nehmen wir irgendeine Zeitung zur Hand. Verfasser kaufte heute Nachmittag auf der Straße für die üblichen fünf Cent. die heutige Nummer der vielgelesenen „Roma". Da berichtet besagte Chronik nicht weniger als sechs Dolchstiche und Messerstiche an einem einzigen Tage. Bei jeder Geschichte erfahren wir genau die Namen, die Straße, die näheren Umstände, die Gründe, ob gefährlich oder nicht, ob sich die Polizei des Schuldigen bemächtigte u. s. w. So geht's fast Tag für Tag, und wer sich die Zeit nimmt, während einer längeren Periode diese Historien zu lesen, der glaubt, stets dieselben Geschichten zu finden, oder solche, die ihm wundersam bekannt vorkommen. Der Grund zum Gebrauch der Waffe ist immer derselbe: Eifersucht, Jähzorn, Haß. — Da lesen wir: „In der Straße Maddalena kam Assunta de Gennaro mit dem Schneider Luigi Carbone in Streit, die erstere wurde mit einem Messer schwer verwundet." Das ist die alte Geschichte. Der bewußte Carbone hat die Assunta in wütender Eifersucht zur Rede gestellt und das Weitere folgte von selbst. — Wir lesen weiter: „In der Straße Feminella wurde die junge Carmela Gargiulo mit einem Rasiermesser an der rechten Wange schwer verwundet. Der Übelthäter ist ihr Liebhaber, ein Schuster." — Diese Nachricht wiederholt sich fast täglich und diese Geschichte ist eine der allergewöhnlichsten.

In Deutschland dürfte es recht ungewöhnlich sein, daß ein Schuster seine Erkorene mit dem Rasiermesser mißhandelt, im südlichen Volksleben gilt dies als eine durchaus erlaubte Strafe. — Jene Strafe wird von der begründeten oder unbegründeten Eifersucht vollzogen und kamen im vorigen Jahre 237 Fälle dieser Art zur Kenntnis des Richters.

Für diesen Strafakt wird niemals der Dolch benutzt, sondern stets und ohne Ausnahme das Rasiermesser, und gilt es, der Bewußten einen Schnitt quer über die Wange beizubringen, wodurch ihre Schönheit beeinträchtigt wird. Daher kommt es denn auch, daß man bei Frauen und Mädchen der unteren Stände so oft die entsprechende Narbe an der Wange erblickt. Hat ein solches Mädchen den bewußten Schnitt empfangen, so wird sie niemals denjenigen verraten, der sie so entstellte, falls also dieser nicht etwa von der Polizei auf der That ertappt wird, so bleibt er straflos. Bei diesem Rasiermesserschnitt findet nun eine Abstufung statt. Die gewöhnliche Strafe besteht in dem Schnitt mit einem scharfen Rasiermesser, die verschärfte Strafe aber darin, daß der Schnitt mit einem stumpfen, sägeartigen Rasiermesser ausgeführt wird. Letztere Verschärfung kommt meist dann zur Anwendung, wenn ein Mädchen auf ihren Geliebten eifersüchtig ist und leider müssen wir bemerken, daß in diesem Falle oft statt des Schnittes ein Dolchstich erfolgt. Letzteres gehört aber in die Cronaca nera. — Fahren wir mit der grauen Chronik fort. Wir lesen: „Auf der Piazza Vittoria gerieten zwei Knaben aus nichtigen Gründen miteinander in Streit und ward der eine durch einen Messerstich am Arm verwundet." Diese Geschichte zeigt, daß nicht nur die Erwachsenen, sondern auch die Minderjährigen Waffen tragen. So ist es, das Waffentragen ist allgemein und unter den niederen Ständen ist wohl keine Person, die nicht Waffen trüge, Männer und Weiber, wie die tausendfältigen Berichte der Cronaca grigia beweisen. Freilich gehört zum Waffentragen Erlaubnis und diese kostet Geld, natürlich kann die Polizei solchen Schein versagen. Die meisten aber tragen Waffen ohne Erlaubnis. Man trägt aber nicht nur Schnitt- und Stich-, sondern auch Schußwaffen, d. h. mehrläufige Revolver. Wir lesen in der heutigen „Roma": „Die soeben in Neapel von Reggio aus angelangte Signora Amalia Pintauro ging mit ihrem Vater durch die Straße St. Giacomo, als ein Unbekannter ihr die Ohrringe entriß, letztere im Wert von 600 Lire. Der Vater der Beraubten lief hinter dem Räuber her, aber ein anderer Unbekannter feuerte ihm drei Revolverschüsse entgegen, die alle fehlgingen.“ Hier haben wir wieder eine der allergewöhnlichsten Geschichten. Trotzdem fahren Frauen und Mädchen fort, kostbare Ohrringe zu tragen, oft so groß, daß sie an die Nasenringe gewisser wilder Negerstämme erinnern. Was die Schußwaffen betrifft, so wird von ihnen ein sehr ausgiebiger Gebrauch gemacht, wobei bisweilen die Kugel jemand trifft, für den sie nicht bestimmt war.

Das Vorstehende gewährt einen Einblick in die alltäglichen kleinen Straßenverbrechen blutiger Art, und es ist nicht die Absicht, hier von den schweren Verbrechen zu handeln, welche den Tagesblättern Tag für Tag nur allzu viel Stoff liefern. Zu Anfang jeden neuen Jahres hält der Präsident des obersten Gerichtshofes eine Rede, und bietet jedesmal eine Übersicht über die Verbrechen des verflossenen Jahres. Die Ziffern sind dazu angethan, Grauen zu erregen. — Wir sehen davon ab, hier die zahllosen „kleinen“ Verbrechen des Betrugs, der Gaunerei und Dieberei zu schildern, lassen aber die Thatsache nicht unerwähnt, daß in Süditalien gedungene Ausführer von geplanten Verbrechen, wie die Tageschronik beweist, zu den gewöhnlichen Dingen gehören. Solche bezahlten Verbrecher sind nicht immer solche, welche Dolch und Revolver benutzen.

Es giebt Hexen, zu denen man seine Zuflucht nimmt. Erst kürzlich brachten alle Tageblätter eine Geschichte, dahin lautend, daß man unter dem Bette eines kranken Mädchens, dessen Krankheit kein Arzt heilen konnte, eine aus rohem Fleisch geformte und mit Nadeln gespickte Puppe gefunden. Kaum gefunden, wußte sofort die ganze Nachbarschaft, was die Bedeutung dieses Scheusals wäre. Eine Strega, d. h. Hexe, hatte auf Bestellung eines dritten, der dieses Mädchen haßte, diese Puppe geformt, mit Nadeln versehen und mit greulichen Ausdrücken verflucht, hatte dann dies Stück Fleisch unter das Bett gebracht, überzeugt, daß der Fluch das Mädchen treffen und ihr einen langsamen Tod bringen werde *).

---

*) Siehe hierüber im zweiten Teil dieser Schrift das Kapitel „Die Zauberer“.

Kürzlich ging Verfasser durch eine der Hauptstraßen Neapels und sah vor einer Thür einen erregten Volkshaufen. Aus dem Inneren ertönte herzzerreißendes Geschrei und ein im Angesicht mit Blut überlaufenes Weib stürzte heraus und suchte sich durch den Volkshaufen hindurchzudrängen. Da wandte sich ein gut gekleideter Mann an die offenbar schwer Verwundete mit der Frage: „Wer hat denn Euch verwundet?“ Die Antwort lautete: „Marite-me“ *), d. h. mein Ehemann. — — Ja so! Achselzucken, und die Menge ging auseinander, als hätte sie das allergewöhnlichste und selbstverständlichste Ding geschaut. — So ist die Volksanschauung in den Volksmassen der niederen Stände. Die Anschauung der heidnischen Welt von der Inferiorität des weiblichen Geschlechtes dauert fort, wie Verfasser später bei anderem Anlaß beweisen wird.

Wir sehen: Die Menge der schützenden Wegesgötter hat mit dem sittlichen Leben nichts zu schaffen.

Freilich geschehen Verbrechen auch in solchen Ländern, welche das Heidentum jener christlichen Wegesgottheiten verschmähen, es handelt sich aber um die unzweifelhafte Thatsache, daß in dem durch und durch „katholischen“ Süditalien blutige Verbrechen auf der Straße das allergewöhnlichste Ding sind, es handelt sich um die unwiderlegliche Thatsache, daß in dem erzkatholischen Lande das sittliche Urteil stumpf ist, sich nicht über das Niveau des sittlichen Urteils hellenisch-römischer Heidenwelt erhebt, in Hinsicht der Tiere aber unter dem Heidentum steht.

Welchen Sinn hat im Angesicht der Thatsachen der Selbstruhm der römischen Kirche, welche seit fünfzehnhundert Jahren von ihren Siegen, Triumphen redet? Er hat den Sinn einer eitlen Selbsttäuschung und fortlaufenden Lüge. Da von jeher das neapolitanische Gebiet als im eminentesten Sinne katholisch bezeichnet worden ist, so müßte hier die Kirche, die Mutter und Lehrerin

---

*) Der schwer verständliche Volksdialekt erinnert hier an die orientalischen Sprachen. Er hängt nämlich das Pronomen mein und dein zuweilen an das Substantiv. Die Silbe me steht hier für mio und mariteme für il mio marito.

der Völker, ihre Erfolge auf dem sittlichen Gebiet aufzuweisen haben, aber hier sind ihre Siege Null. Hier bleibt ihr nur der Ruhm, daß sie viele Madonnen, viele Heilige, viele Wunder, viele Kirchen, viele Reliquien, viele Feste, viele Wallfahrtsörter, viel Feuerwerk besitzt, dabei aber äußerlich christianisierte Volksmassen, welche seit fünfzehnhundert Jahren in der religiös-sittlichen Rohheit des Heidentums verblieben sind.

Aber ist nicht Sklaverei und Menschenhandel durch die Kirche verschwunden?

Was die erste anbetrifft, so leben im Lande der Madonna Millionen Menschen in einem Zustande, der ärger ist, als der Zustand römischer Sklaven. Der Leser wird diese weißen Sklaven im zweiten Teil dieser Schrift kennen lernen. Was aber den Menschenhandel anbelangt, so sei an einen der vielen dunklen Flecke des antiken Lebens erinnert.

Der Menschenhandel im antiken Rom hatte seine absonderlichen Branchen, wie jedes andere Handelsgeschäft, und gab es in der genannten Welthauptstadt auch einen Markt, auf welchem sogenannte Naturwunder verkauft wurden, nämlich menschliche Mißgestalten, und fanden sich viele Liebhaber, welche irgendeinen kleinen verkrümmten Krüppel kauften, um etwas Merkwürdiges zu besitzen und zeigen zu können. Die Verkrüppelung solcher Unglücklichen war fast immer das Resultat künstlicher Mittel, welche von Eltern oder Angehörigen von Kindern angewendet wurden. Wenn wir nun behaupten wollten, daß die Schmach eines solchen Handels aufgehört habe, so wäre dies eine Unwahrheit.

Seit Jahrhunderten ist an einer gewissen Stelle in Rom ein weltbekannter Sängerchor, bestehend aus Männern, welche Sopran singen und diese Fähigkeit deshalb besitzen, weil ihnen — so heißt es — als sie Kinder waren, ein „Unglück“ zustieß. — Dies Unglück widerfuhr ihnen aber auf dieselbe Weise, wie jenen Verkrüppelten auf dem Markt der Naturwunder in Rom, um den Preis zu erlangen, welcher von jener Stelle in Rom für solche Naturwunder gezahlt wurde. Letztere stammten fast alle aus Apulien. Diejenigen, welche Jahrhunderte hindurch jene Naturwunder von daher für ihren Sängerchor bezogen haben, werden „Stellvertreter Christi" genannt, und der Raum, wo diese Eunuchen noch heutzutage singen, heißt: Die Basilica di St. Pietro!

Möge der Vatikan versuchen, von seinen Marmorwänden jenen Fleck hinwegzuwaschen, es wird ihm nicht gelingen. Der Fleck heißt: Markt der Naturwunder in Apulien.

Vierzehntes Kapitel.

Am Grabe St. Gregors VII.

Am Golf von Salerno, in der Nähe des Städtleins Vietri, erhebt sich ein gigantischer Wachtposten, der Monte Liberatore. Durch das gesegnete Thal von Cava gelangt man zum nördlichen Fuß desselben, einer Einsattelung, durch welche genannter Berg mit den übrigen Bergen daselbst zusammenhängt, und hat dort Zeit, sich im Schatten einer Eiche für den weiteren Anstieg zu stärken. Es ist ein Riesenbaum, dessen Eichennatur nicht durch die kleinen immergrünen Blätter, sondern durch die Frucht zu erkennen ist. Die Einwohner eines Dörfleins in der Nähe geben ihm das Alter von tausend Jahren, und ein Mütterlein sagte mir im letzten Sommer: Dieser Baum ist ebenso alt als St. Matteo. Dabei deutete die Alte nach unten und meinte den bekannten Schutzheiligen der Stadt Salerno. Vielleicht hat jener Riesenbaum die Zeiten der Normannen und Gregors VII. geschaut. — Immer reicher, immer voller entfaltet sich das Panorama, wenn wir langsam auf schlechten Pfaden aufwärts klimmen. Es ist ein Pilgerweg, der uns hinaufführt, und Pilgerwege müssen an spitzen Steinen reich sein. Oben ist ein Heiligtum des St. Liberatore, wir sehen es bald nebst seinem Kloster wie ein Schwalbennest in eine Felsenecke hineingeklebt. Der Genannte ist, was sein Name sagt, der Befreier; was er einst war, das weiß niemand. Des Heiligen Namen meldet kein Lied, kein Heldenbuch. Die Hauptsache ist, daß er verehrt wird, jetzt freilich nicht so eifrig als früher. Als die Cholera wütete, hat man ihn aus der Umgegend oft angerufen, denn seine Aufgabe ist in erster Linie, von einer Epidemie, wenn sie da ist, zu befreien.

„Nun ist es Zeit, ihr Heiligen dieser Tempel,
Daß wir umfassend euren Bildern flehn.“

Das Heiligtum des St. Liberatore befindet sich in der Obhut eines Einsiedlers, der aber nicht immer in seiner Klause daheim bleibt. Wenn er mit Wurzeln und Kräutern sein Leben fristen wollte, so würde dies ihm da oben nicht möglich sein, denn auf diesem Felsboden wachsen keine Wurzeln. Unser Eremit wandert also an mehreren Tagen der Woche mit einem Esel von Dorf zu Dorf, von Stadt zu Stadt, und erbittet nicht nur Wurzeln, sondern auch Würste nebst anderen substantiellen Dingen, womit er da oben in frommer Trägheit sein Leben fristet. Er ist nebenbei einer jener „Bettelpropheten“, die man schon, wie früher bemerkt, im alten Rom kannte, und was er weissagt, sind Lottonummern. Horaz hatte vor solchen wandernden Orakelspendern keine besonders hohe Achtung und nennt sie in seiner zweiten Satire zusammen mit Tänzern und Gauklern. Die Berge von Cava sind reich an solchen Jüngern der Sibylle und keiner unter ihnen strebt durch Fasten und Kasteien in den Geruch der Heiligkeit zu kommen.

Der Pilgerpfad führt an einer kleinen Kapelle vorüber, für die Pilger zum Ausruhen bestimmt und mit einem jener fratzenhaften Bilder versehen, an welchen die ganze Gegend so reich ist. Andachtsbilder nennt man sie, muß aber die Phantasie derjenigen bewundern, welche sich durch das Anschauen solcher Gestalten zur Andacht stimmen lassen. Die letzte steile Pfadbewegung führt auf den Gipfel.

„O heil'ger Äther, leichtbeschwingte Lüfte
Zahlloser Wogenschwall der Meeresflut!
Ihr Stromesquellen, Mutter Erde du!
Allsehend' Himmelsauge — — — —“

Zu unseren Füßen liegt die weite, schöne Welt im schimmernden Licht, in bald zarten, bald glühenden Farben, heiter, lieblich, voll Majestät.

Tief unter uns am leichtgeschwungenen Uferbogen erstreckt sich die vor achthundert Jahren wegen ihrer medizinischen Hochschule weltbekannte Stadt Salerno, langsam aufsteigend, rings umgrenzt von freundlichen, harmonisch gruppierten Bergen, drüben in weiter Ferne das Gebirge am südlichen Golfufer, mit leichtem Silberduft umhaucht, aber in allen Linien klar erkennbar, in der Abendbeleuchtung von glühenden Farben umspielt. Feierliche Ruhe liegt über dem Golf, nur hier und da ein weißes Segel, — feierliche Ruhe auch über dem stundenweit gedehnten Thal von Cava, übersät mit zahllosen Ortschaften, weshalb ein Dokument des berühmten Klosters Trinità della Cava dies Thal das „hundertstädtige“ nennt. —

Fesselt dies Panorama zu unseren Füßen durch seine Mannigfaltigkeit und Schönheit, durch den Verein des Lieblichen und Großartigen, so doch viel mehr dann, wenn es uns zu einem aufgeschlagenen Buch der Welthistorie wird, welches auf jeder Seite neue Bilder zeigt. —

Das gesamte Ufer bis zu dem in duftiger Ferne auftauchenden Kap Licosa war vor Jahrtausenden der Schauplatz hellenischen Schaffens und auch Salerno verdankt hellenischen Kolonisten seinen Ursprung. Heere der Römer, den siegreichen Silberadler an ihrer Spitze, ziehen an uns vorüber, Salerno da unten wird als Kurort bekannt und gesucht. Erwähnt doch Horaz in seiner fünfzehnten Epistel die „Luft um Salernum“. Auf steiler Höhe neben der Stadt erblicken wir die Ruinen einer Burg, germanisches Bauwerk, die Feste der Longobarden, welche neben Capua und Benevent auch Salerno zu ihrem Wohnsitz erkoren. „Große Städte, reiche Klöster“ waren in ihrem Besitz, und vor reichlich achthundert Jahren war es Herzog Guaimar, welcher als der erste das neuentstandene Kloster St. Trinità mit Land und Leuten begabte. Dann kam ein reisiges Volk, Normannen geheißen; sie waren vom heiligen Grabe her auf der Rückreise, hatten den Schutzherrn der Krieger, den heiligen Michael, auf dem Monte Gargano in Apulien besucht, suchten Abenteuer und fanden sie, als der Fürst von Salerno sie gegen sarazenische Raubscharen kämpfen ließ. Die milde Luft, der klare Himmel, die süßen Feigen fesselten das reisige Volk, Nachzügler kamen aus der Heimat und bald waren sie die

Herren des Landes. Salerno ward die Residenz des Robert Guiscard. Der Papst hatte den Länderraub der Normannen gesegnet, und weil er aus diesem Grunde dem Nachfolger Petri dankbar verpflichtet war, gewährte Robert im Jahre 1084 Gregor VII. ein Asyl. Salerno ward das „Elba“ dieses gewaltigen Mannes und hier fand er schon 1085 sein Grab. — Gregor VII. ruht bis zur Stunde im Dome zu Salerno. Diese Grabstätte ist eine der merkwürdigsten, welche Italien besitzt.

Auf breiter Straße am Meeresufer, wo langgezogene Wellen langsam ihr Haupt erheben, um dann donnernd zusammenzubrechen, gelangt man zu einer engen Seitenstraße, welche zum Dome führt. Unfreundlich ist die Gasse und so schmal, daß der König von Italien, als er 1881 Salerno besuchte, auf den Gang zum Dom und zum Papstgrabe verzichtete.

Die pomphafte, der neueren Zeit angehörige Façade hat aus uralter Zeit nichts weiter bewahrt, als zwei neben dem Eingang befindliche Löwen, seltsame Gestalten mit langen Hälsen, vielleicht jener Zeit vor achthundert Jahren angehörig, als man den Dom erbaute. Zuerst betreten wir einen von stattlichen Arkaden umgebenen Hof, den wir für das Peristylium eines pompejanischen Hauses halten könnten, wenn nicht die Säulen durch hufeisenförmige Bogen verbunden wären. Jene Säulen sind keineswegs alle einander gleich, waren auch keineswegs ursprünglich für den Vorhof einer christlichen Kirche bestimmt, sie dienten vielmehr früher als Schmuck römischer und griechischer Tempel *). Manch schwerer Lastwagen schleppte aus den Trümmern von Pästum die mannigfaltigsten Dinge herbei, auch eine Riesenschale von Granit, welche man in der Mitte des genannten Säulenhofes aufstellte. Jahrhunderte hindurch hatte dieses edle Kunstwerk unter Schutt und Trümmern geruht, jahrhundertelang stand es dann in jenem Hofe, wo es im Jahre 1084 Gregor VII. vorüberschreiten sah, heute sieht der Wanderer diese Schale in der Villa Nazionale zu Neapel. An den genannten Säulenhof schließt sich die Façade des Domes selbst, die zwar bedenklich renoviert ist, doch aber noch hoch oben

*) Siehe Kapitel I.

die alte, teilweise lädierte Inschrift trägt, welche besagt, daß „Robert, Herzog, Imperator, erhabener Triumphator, diesen Dom aus seinen Privatmitteln erbaut hat.“ Obgleich der Dom im vorigen Jahrhundert das Schicksal so vieler seinesgleichen teilte, welche der Modernisierungswut anheimfielen, so zeigt derselbe doch im Innern stattliche Räume. Mächtige, durch Hufeisenbogen verbundene Pfeiler trennen den weiten Raum in drei Schiffe, deren jedes durch eine mit einer Halbkugel überwölbte Nische (Apsis) abgeschlossen ist. Die Nische am Ende des rechten Seitenschiffes ist die Grabesstelle Gregors, dort senkte man im Jahre 1085 die in einem großen Sarkophag befindlichen Reste des päpstlichen Flüchtlings in die Erde. Über seinem Grabe erhebt sich ein Marmoraltar und auf demselben steht seine mit der Tiara geschmückte Marmorstatue. Aus welcher Zeit dieselbe stammt, habe ich nie erfahren können. Jedenfalls giebt dieselbe uns ein klares Bild von der äußeren Erscheinung des gewaltigen Mannes, von dem wir meines Wissens eine sonstige Statue, Büste oder Bild nicht besitzen. Von seinen Gegnern ward Gregor stets spöttisch wegen seiner unscheinbaren Gestalt als Hillebrandellus, d. h. der kleine Hildebrand, bezeichnet und in teilweise korrumpiertem Latein jener Jahrhunderte wird er genannt: Huomuccio exilis staturae, d. h. ein häßlicher Mann von kleiner, hagerer Statur. Diese Nachricht hat sich vollkommen bestätigt, als man vor fast dreihundert Jahren bei einer Restauration des Grabes den Frieden der Gebeine störte und den Sarkophag öffnete. Man fand den (einbalsamierten?) Leichnam wohlerhalten, angethan mit den Pontifikalgewändern. Volle fünfhundert Jahre hatte damals das Gebein im Steinsarge geruht.

Gräber sind Brücken, sie laden ein zum Überschreiten der Abgründe, welche wir als Jahrtausende oder Jahrhunderte bezeichnen. Gräber sind hohe Warten, von denen man in ferne, nebelgraue Länder schaut. Ein Grab, wie das genannte, bringt uns den Mann, welcher dort ruht, näher, ihn und seine Zeit. Wunderbarer Lebenslauf dieses Mannes! Der Sohn eines Tischlers (Schmiedes?) in Toscana, geht er als Jüngling in ein Benediktinerkloster, erst in Rom, dann in Clugny. Später verläßt er die enge, stille Klosterzelle und stellt sich zur rechten Seite des Stuhles Petri als Ratgeber während der Regierungszeit von sechs Päpsten, er stellt sich wie ein ragender Fels in die Mitte schäumender Wogen der Weltbegebenheiten, leitet mit fester Hand die Politik der Päpste, steckt das Ziel mit weitschauendem Adlerblick, wählt Mittel in klarer Erkenntnis der Menschen und Zeitverhältnisse, besteigt den päpstlichen Thron, schleudert Donnerkeile des Bannes unter verheerender Wirkung, erzwingt waffenlos den Sieg über die Weltmacht, welche in der Gestalt Heinrichs IV. im Büßerkleide sich vor ihm beugt. Die Höhe war erreicht, in der Gestalt eines einfachen Mönches tritt das Papsttum mit der Forderung der Allgewalt eines theokratischen Weltreiches uns als vollendete historische Erscheinung entgegen. Eine rätselhafte Erscheinung, dieser Benediktinermönch! Woher kam ihm im engen Raum der Klosterzelle jener gigantische Gedanke, woher (und gerade dies erscheint am unerklärlichsten) der Scharfblick des Staatsmannes, die Kenntnis der Menschen und Weltverhältnisse, die Gewandtheit des Diplomaten, der fast dämonische Einfluß bei sechs Päpsten, die in seiner Hand und unter seinem Blick nichts waren, als seine willenlosen Werkzeuge, ein Einfluß, den uns der beste Freund Gregors, Bischof Damiani, mit einem bezeichnenden Ausdruck charakterisiert, indem er Gregor — im scherzenden Ernst — seinen „sanctus Satanas“ nennt. Auf einsamer, kalter Höhe stand dieser rätselhafte Mann, zwar nur eine Zwergsgestalt mit gelblicher Gesichtsfarbe, aber doch die Menschengröße römischer Cäsaren überragend. Kaum auf eisiger Höhe angelangt, künden drohende Wolken ihm den jähen Sturz. Nachdem ein erhoffter und geplanter Kreuzzug schon früher als Dunst zerronnen war, rief er vergebens den Normannen Wilhelm, dem er einst den Weg zur Schlacht bei Hastings (1066) und zur Eroberung Englands gewiesen, gegen die drohenden Heerscharen des Kaisers Heinrich zuhilfe. Von letzterem in der Engelsburg umlagert, vernimmt Gregor das Geläute der St. Peters-Glocken, welche die Krönung Heinrichs melden, und schaut finster gen Süden, die Hilfe des Normannen Robert ersehnend, den er selbst zum Lehnsherrn des Stuhles Petri gemacht, dem er die Krone des römischen Imperators als Ziel des höchsten Ehrgeizes gezeigt.

Endlich erscheinen die Normannen, Rom wird genommen, und Gregor schaut von der Engelsburg jene entsetzliche Verwüstung, vielleicht die fürchterlichste, welche jene an Glück und Unglück alle Städte der Erde überragende Stadt jemals erfahren hat. In den Normannen hatte einst Gregor diejenige weltliche Macht zu finden gemeint, welche er für die Erreichung seines Riesenplanes nicht entbehren konnte. Einen Dienst freilich haben sie ihm geleistet, den letzten nämlich: Sie gruben ihm sein Grab. Mit dem Normannenheer zog Gregor nach Salerno, der Hauptstadt Roberts, den seine Zeit Guiscard (den Schlauen) nannte, nebeneinander reiten sie zum Thore ein, ein schwächlicher, unscheinbarer kleiner Mönch neben der Reckengestalt des hünenhaften Normannen Robert. In demselben Jahre weihte Gregor den von Robert erbauten Dom, wenige Monate darauf, am 25. Mai 1085 brach sein schwacher Körper zusammen. Und als er kam zum Sterben — da hauchten die bleichen Lippen ein herbes, bitteres Wort: „Ich habe die Gerechtigkeit geliebt, und das Unrecht gehaßt, darum sterbe ich in der Verbannung.“

Nicht als Grab eines Papstes hatte der Normannenherzog den Dom erbauen lassen, sondern als Ruhestätte des Matthäus, dessen angebliche Reliquien man von Pästum nach Salerno gebracht hatte, und den Robert zum Schutzherrn seiner Hauptstadt erkor. In der weithalligen, mit kostbarem Marmorschmuck ausgestatteten Unterkirche (Krypte) des Domes ruht unter prächtigem Altar der genannte Heilige, und Bilder an der Wand erzählen, wie derselbe einst die Stadt gegen den Angriff der Piratenflotte des Seeräubers Barbarossa beschützte. Für das Grab Gregors mit der auf demselben ruhenden, zentnerschweren Geschichtslast hat das lebenslustige Salerno kein Interesse. Viel näher steht den Bewohnern ihr bis zur Stunde hochgeehrter und alljährlich mit dem lustigsten Volksfest und kolossalem Feuerwerk gefeierter Schutzpatron S. Matthäus. An der Innenwand des Domes, über der aus Konstantinopel stammenden, höchst bemerkenswerten Erzgußthür sieht man das prangende Mosaikbrustbild des Heiligen, dem zwölften Jahrhundert angehörend. Ernst, feierliche Würde spricht aus dem bärtigen Angesicht, die Linke hält ein aufgeschlagenes Buch mit dem Anfang des Matthäusevangeliums. Was den Dom besonders auszeichnet, sind die gleichfalls dem zwölften Jahrhundert entstammenden, überaus reizvollen Mosaiken in dem weitgedehnten Raum vor und neben dem Hochaltar, sowie an den Schranken des letzteren. Mit Staunen betrachtet man die Lebhaftigkeit, den Glanz der verschiedensten Farben, mit Wohlgefallen diese mannigfaltigen Formen, wie sie der maurisch-normannische Stil jenes Jahrhunderts zum lieblichen Schmuck des Heiligen und Weltlichen verwendete. Noch leuchtender und schöner ist der gleichstilige Mosaikschmuck an den beiden links und rechts im Hauptschiff befindlichen Kanzeln. Gründliche Kenner behaupten, diese beiden Marmorkanzeln seien das Umständlichste und Prachtvollste dieser Art auf italienischem Festlande. Die Kanzel rechts, auf zwölf Marmorsäulen ruhend, ist zweifellos die größte auf Erden, sie dient nämlich dem großen Sängerchor an Festtagen mit ihrem Raum. Sie stammt laut Inschrift aus dem Jahre 1175, ist weit älter als die berühmte Kanzel in Ravello, älter als die zu Pisa, jenes bekannte Kunstwerk des Nicolo Pisano, und wird von vielen für die älteste Kanzel der Christenheit erklärt. Sie gehört in die Reihe süditalischer „Predigtstühle", welche durch mancherlei symbolische Figuren oft tiefe, der Schrift entlehnte Gedanken aussprechen. Ich sah mit eigenen Augen die hervorragendsten dieser Kanzeln, unter ihnen keine, welche die in Salerno übertroffen hätte. Fast derselben Zeit gehören die Mosaikbilder an dem Gewölbe über dem Grabe Gregors an.

Wiederholt habe ich Dom und Grab besucht. Als es zum letztenmal geschah, sah ich eine mir bis dahin entgangene Inschrift, die mich aus der grauen Vergangenheit des elften Jahrhunderts mitten ins neunzehnte Jahrhundert versetzte. Sie berichtet, daß Pius IX., der bekanntlich als Flüchtling sich längere Zeit in Süditalien aufhielt, Gregors Grab besucht habe, und sagt, er sei von demselben Unglück betroffen worden, wie dieser.

Am 25. Mai 1885 ward in Salerno der achthundertjährige Todestag Gregors durch achttägige Feste glänzend gefeiert und als das Fest herannahte, stellte es sich heraus, daß der zu feiernde Heros in genannter Stadt ein vergessener Mann war. Verfasser hat sich von dieser Thatsache überzeugt. Nicht ist hier die Rede von der erzbischöflichen Kurie und der Geistlichkeit jener Stadt, denn diese hat zweimal im Jahre nach Vorschrift des Papstes dem Beatus Gregorius die Ehre des Officiums der Messe zu leisten, wir meinen die gesamte Bevölkerung in Stadt und Land, Gebildete und Ungebildete. Gerade bei den ersteren ist es dem Verfasser zu seinem Staunen begegnet, daß man überhaupt von einem Grabe Gregors im Dom jener Stadt nichts wußte und die Versicherung erteilte, nie von demselben etwas vernommen zu haben. — Wir stehen hier vor einer bemerkenswerten Thatsache.

Als Alexander der Große starb, bewilligte ihm die gesamte Welt Heroenehre, er war ein Heiliger des Altertums, der als solcher erst mit dem Weichen des heidnischen Kultus, oder wie man sagt, des Heidentums, vergessen wurde, ein Heiliger, dessen Grab sieben Jahrhunderte hindurch ein Wallfahrtsort blieb, bei welchem auch die Großen dieser Erde sich einfanden. Sein Bild als das eines schützenden Heros fand sich in aller Welt und die Amulette mit seinem Bilde benutzten sogar die Christen, indem sie ein christliches Emblem hinzufügten.

Gregor VII., welcher die Weltherrschaft der Päpste begründete und ohne bewaffnete Mannschaft seinen Willen durchsetzte, ein Mann, bei dem alles vorhanden war, was anderen die kirchliche Heroenehre verschaffte, blieb in letzter Hinsicht trotz aller Anstrengung der Kirche nur ein Prätendent. Versetzen wir uns, um die Bedentung dieser Thatsache zu würdigen, ins elfte Jahrhundert zurück.

Die Zeit Gregors brachte der Stadt Salerno einen Glanz, wie ihn dieselbe weder vorher, noch nachher besessen hat. Sie war civitas Hippocratica geworden und nannte sich voll Stolz also auf ihrem Stadtsiegel. Mönche nämlich, Sendlinge des Benediktinerklosters Monte Cassino, gründeten dort die schnell zu europäischem Ruf gelangende Medizinische Hochschule, welche aus aller Welt Schüler nnd Kranke dorthin reisen ließ. Die Namen berühmter Professoren sind uns überliefert *), unter ihnen der viel=

*) Auch Professorinnen waren dort, sowie weibliche Ärzte und Studentinnen. — Vor wenigen Jahren noch war ein Mönch daselbst der gesuchteste Zahnarzt.

gereiste Konstantin, der im Orient seine medizinischen Kenntnisse bereichert hatte. Neben dem Kloster, welches als Universität diente, befand sich die Klinik, nämlich ein großes Hospital, dem sich bald zwei andere anreihten. Die Geistlichkeit ward vom medizinischen Eifer ergriffen, und war die Messe celebriert, so saßen die Priester in den Hörsälen der Jünger des Äskulap. — Viele reiche Familien longobardischer und normannischer Herkunft bewohnten Stadt und Umgegend und bis auf den heutigen Tag sind Nachkommen vorhanden, in deren Adern freilich kein Tropfen germanischen Blutes mehr vorhanden ist. Glänzend war die Hofhaltung des Normannenfürsten und niemals haben Länderräuber sich so sehr als Kulturbringer gezeigt, als diese Nordlandssöhne. Die Wissenschaften und Künste wurden gefördert, vor allen Dingen die Architektonik, und Herzog Robert verlieh seiner Regierung die Weihe durch den Dombau.

Um Salerno auf den Gipfel des Glanzes zu heben, geschah etwas, woran niemand gedacht. Diese Stadt ward zu einem zweiten Rom, denn der Nachfolger Petri schlug dort seinen Wohnsitz auf.

Es war Anfang Juli 1084, als Gregor an der Seite des Normannen Robert Guiscard seinen Einzug hielt. Sein Gefolge bildeten Kardinäle, Bischöfe, Äbte und der gesamte normanische und longobardische Adel in jener farbigen Tracht, wie man sie noch heute in Bildern erblickt, welche den berühmten Codex legum Longobardarum im Kloster zu Cava schmücken. Der Papst wohnte im damaligen Kloster der Benediktiner, einem der reichsten in damaliger Zeit. Der Longobardenfürst Guibald hatte es gebaut, Indolf, Graf von Potenza, hatte es erweitert. Die Gründung geschah 725 und scheint überhaupt erst mit Ankunft der Deutschen an jenen Gestaden das Christentum (d. h. der Kultus) ernstlich zur Einführung gelangt zu sein. Die Familie der Severino, gleichfalls germanischen Ursprungs, sowie andere mehrten die Schätze des Klosters, und im Jahre 938 übersandte gar der Kaiser aus Konstantinopel reiche Gaben und Privilegien, welche vom Deutschen Kaiser Otto II., als er ein Weihnachtsfest in Salerno feierte, bestätigt wurden. — Dies Kloster bot dem Papst und seinem Gefolge eine angemessene Wohnung.

Die Einwohner sahen, welch' hohe Ehre von allen Seiten dem Genannten zuteil wurde, sie sahen ebenfalls wiederholt den Papst in seinem äußeren Glanz. Mit der vollen pompa religiosa vollzog er die Weihe des Domes, und alles Volk wußte, daß kein anderer als Gregor dem Normanenfürsten das Recht verliehen hatte, sich in der schon erwähnten Inschrift als Rex und Imperator zu bezeichnen. — Auch bei einer anderen Gelegenheit staunte alles Volk über den Glanz des Nachfolgers Petri. Gregor nämlich begab sich mit einem Gefolge von Kardinälen, Bischöfen und Äbten in feierlicher Prozession zu der zwei Stunden entfernten Abtei Trinità della Cava, wo er die soeben vollendete Kirche weihte. Das war in der Osterzeit 1085. Dann kehrte er nach Salerno zurück. — Als Gast zeigte er sich der Stadt dankbar und erhöhte die kirchlichen Privilegien durch Ablaßschätze.

An die Ablaßdekrete erinnert noch heute eine merkwürdige Stätte. Gregor VII. hielt sich zur Besserung seiner Gesundheit einige Zeit in einer benachbarten, hochgelegenen Burg auf, damals Castrum St. Angeli genannt, jetzt nur in kümmerlichen Ruinen erhalten. Unterhalb derselben befindet sich eine mächtige Höhle, welche man in ein Heiligtum des St. Michael verwandelt hatte. Dort befand sich ein mit prächtigen Säulen geschmückter Altar und hier konnten die Gläubigen den von Gregor geschenkten Ablaß gewinnen, zu welchem Ende sie nichts weiter zu thun hatten, als drei Mal mit Gebeten jenen Altar zu umgehen, nachdem sie einen in der Mauer befindlichen, eisernen Ring mit Kränzen geschmückt hatten. Diese Höhlenkirche befindet sich heute in gänzlich verwahrlostem Zustande, aber Reste jenes Altars sind noch vorhanden. Wir sehen, welche Meinung Papst und Kirche damals vom Ablaß hatten. Heutzutage ist es nicht besser.

Bald nach seiner Rückkehr von Cava entschlief Gregor nach kurzer Krankheit und nun sah alles Volk aufs neue die Herrlichkeit des Nachfolgers Petri. Auf einem prächtigen Katafalk war seine Leiche ausgestellt. Auf dem Haupte trug er eine vergoldete Mitra, als Gewand eine rote Dalmatica, sowie eine reiche Pianeta von goldgestickter Seide, die Bekleidung seiner Hände und Füße schimmerte von kostbaren Steinen und an der rechten Hand strahlte der prächtige „Fischerring“, die Brust war bedeckt mit dem Pallium. Die volle pompa religiosa umgab sein Begräbnis.

Wir haben auf Umstände hingewiesen, welche als ausreichend erscheinen möchten, ihm die Heiligenehre beim Volk zu verschaffen. Es kamen aber noch andere Umstände hinzu, wodurch sich eine solche Aussicht äußerst günstig gestaltete. In der Todesstunde des Papstes entlud sich über Salerno und Umgegend ein furchtbares Unwetter, ein rasender Sturm, tosende Wellen, Finsternis, Blitz und Donner verbreiteten Angst und Ensetzen, dazu ward sofort das Gerücht verbreitet, Gregor habe nach seinem Tode sofort Wunder verrichtet. Man erzählte nämlich, daß Kranke sich in dem Wasser gebadet hätten, welches zum Waschen der Leiche Gregors benutzt worden war, worauf sie sofort ihre Gesundheit erlangt hätten. Solche Zeichen und Wunder, sofort nach dem Tode geschehen, haben vielen anderen für die Dauer Heroenehre verschafft und bewirkt, daß das Volk sofort zur Anrufung eines solchen Santo schritt und einem solchen ohne päpstliches Dekret die Ehre des Halbgottes zuteil wurde. Gregor war, wie die Chronisten sagen, im Geruch der Heiligkeit gestorben, man konnte ihn sogar ohne besondere Schwierigkeit zum Märtyrer stempeln, er hatte sogar schon bei Lebzeiten in Salerno ein Wunder vollbracht. Eines Tages nämlich, wie bald darauf Volksmund erzählte, geschah im Dom nachstehendes: Gregor hielt vor einer zahlreichen Versammlung eine Predigt, wie er dann und wann nach glaubwürdigen Berichten zu thun pflegte. Wir müssen dies dem genannten Papst hoch anrechnen. Von den Päpsten späterer Zeit und der Neuzeit hört man dergleichen Dinge nicht. Der Apostel Petrus freilich hatte und kannte keinen anderen Apostelberuf als den, welchen Christus ihm aufgetragen hatte, die Verkündigung des Gotteswortes, und sollte man annehmen, daß die Nachfolger Petri als solche denselben Beruf haben und ausüben. Wir sehen aber, daß auch die gesamte höhere Geistlichkeit der römischen Kirche einen solchen Beruf nicht kennt. Sie stehen ja viel zu hoch und betrachten solchen Beruf als einen, der sich nur für die niedere Geistlichkeit ziemt. Bis auf Gregor hielten es die Päpste also nicht unter ihrer Würde, durch mündliche Verkündigung der Gemeinde zu dienen, und von Gregor I., von einem Leo I. ist bekannt, daß sie auch Prediger gewesen sind. Leo XIII. bezeichnet sich als den Gefangenen des Vatikan und kann wegen dieses neuen, seltsamen Berufes die apostolische Thätigkeit nicht ausüben. Allerdings hinderte ihn seine Gefangenschaft nicht, mit glänzendem, orientalischen Pomp in der Peterskirche das Jubiläumsschauspiel aufzuführen, dabei ist es ihm aber nie in den Sinn gekommen, daß der Apostel Petrus in Jerusalem vor allem Volk ohne orientalischen Pomp nur zu dem Zwecke auftrat, um ihnen Christum zu verkündigen. Von Gregor VII. wird berichtet, daß er sich in Salerno während seiner dortigen Verbannungszeit auch mit der Bibel beschäftigte. Sollte der Jesuitenzögling, Papst Leo XIII., in seinen Gemächern eine Bibel haben? Bis jetzt ist das niemals behauptet worden.

Gregor also predigte im Dom von Salerno. Leider erfahren wir den Inhalt dieser Predigt nicht, es wird uns nur folgende Legende berichtet: Ein unter den Hörern befindlicher Bauer zweifelte an der Aufrichtigkeit des Papstes und sprach: „Was! Dieser Mann spricht von Frieden und er selbst hat die Fackel der Zwietracht in die Welt geschleudert und das Feuer des Unfriedens allgemein entzündet?“ Kaum hatte der Bauer dies gesagt, als er sofort mit Stummheit gestraft wurde. — Der Unglückliche eilte bald darauf zu den Füßen des Papstes und gab ihm durch Zeichen sein Unglück und seine Reue zu erkennen*). Der Papst verzieh ihm und sofort erlangte unser Bauer die Sprache wieder.

Wir sehen also, daß hier für die nötigen Wunder, Erfordernisse des christlich-heidnischen Heroentums, gesorgt war. Dennoch blieb Gregor ein Prätendent. Wir müssen aber noch mehr günstige Umstände anführen, nämlich die Legenden, welche ihn nach antikheidnischer Weise mit dem Nimbus des Heroentums umgaben.

Die Legende ist bestrebt, ihn in jeder Hinsicht auf eine höhere Stufe zu heben. Wie man bei den Heroen eine natürlich menschliche Herkunft nicht für angemessen hielt, so erschien die dunkele Abstammung Gregors unpassend. Zwar lag der Weltheiland in

*) Ob Gregor die aus der Hellenenzeit stammende Zeichensprache Süditaliens verstanden hat?

einer Krippe, und so brauchte der als Stellvertreter Christi bezeichnete Papst sich nicht zu schämen, wenn er von niedriger Herkunft war. — Die Legende stellte Gregors Wiege in den Ahnensaal der Aldobrandini, deren Name an Hildebrand anklingt. — Ein Chronist deutelt an dem letztgenannten Namen, findet darin: Held=brand, oder Helle=brand, andere freilich, welche der feindlichen Strömung folgen, sagen, es liege darin: Höllenbrand. Der Chronist Paul Bernried erinnert an das Wort: Er wird mich mit heiligem Geist und mit Feuer (Brand) taufen, oder an das Wort: Ich bin gekommen, daß ich ein Feuer anzünde, ein Wort, was Christus von sich selber, aber nicht von Gregor sagt. Die römische Kirche hat eben beim Citieren von Bibelstellen ihre absonderliche Praxis.

Der kleine Hildebrand that natürlich sofort Wunder. Wie über dem Haupte des Äneassprößlings sich eine Flamme zeigte (Virgil), so sprühten aus dem Kleide Hildebrands Funken und eine Flamme zeigte seine künftige Größe an. Die Schreibkunst verstand er ohne Unterricht, und eines Tages zeichnet der Kleine Buchstaben in Hobelspäne. Solche Wundermärlein ziehen sich durch das ganze Leben Hildebrands. Er soll am Hofe Kaiser Heinrich III. gelebt haben und Lehrer des Sohnes desselben gewesen sein, eben jenes Heinrich IV., der später nach Canossa ging. Einst träumte Heinrich III., er sähe Hildebrand bei seinem genannten Schüler sitzen, sähe ferner, daß aus dem Haupte des ersteren zwei Hörner wuchsen, mit denen er den Schüler, also den Kronprinzen des Deutschen Reiches, zu Boden stieß. Von diesem Traum war, wie der Chronist weiter berichtet, Heinrich III. so erschrocken, daß er Hildebrand in ein Gefängnis der Burg Hammerstein bringen ließ, aus welchem ihn die Fürbitte der Kaiserin befreite *). — Kaum zur Papstwürde gelangt, setzte sich im Lateran eine Taube auf Gregors Schultern, verschiedene Erscheinungen des Petrus und

*) Wenn dieser Bericht des T. Eugelusius Wahrheit enthält, so fand der Traum von den Hörnern seine Erfüllung in Canossa. Dann sind wir aber vollberechtigt, jenen grausamen Akt als eine Rache des Papstes zu betrachten. — Zu vergleichen auch Bernried.

der Madonna wurden ihm zuteil, einen Erbschaftsräuber that er in den Bann und ward derselbe vom Feuer verschlungen, wie die Rotte Korah. Die Wunder bei seinem Tode haben wir schon erwähnt. In den Pontifikalakten findet sich über dieselben dieser Satz: Der wunderbare Gott hat sich herabgelassen, bei seinem in der Kirche des St. Matthäus ehrenvoll bestatteten Leichnam viele Wunder zu wirken (multa miracula operari dignatus est). Wenn wir nun noch erwähnen, daß er in Rom bei Heinrich's IV. Belagerung das Feuer durch das Kreuzzeichen löschte (siehe Kap. XV), daß er Gedanken erraten konnte und durch seine Kleider Kranke heilte, endlich, daß er Räuber, welche seine Leiche berauben wollten, in Entsetzen versetzte, so haben wir einen solchen Haufen von Wundern, daß ein kleiner Teil für die Erlangung des Heroennimbus und Heroenkultus ausreicht. — Trotzdem blieb Gregor ein Prätendent.

Gregor hatte einflußreiche Freunde, wir nennen den berühmten Abt Desiderius von Monte Cassino, den Nachfolger Gregor's auf Petri Stuhl, ferner den Erzbischof Alfanus in Salerno, einen für seine Zeit bedeutenden Mann, endlich P. Damiani. Was jene Zeit sagen durfte, hat letzterer in einem Hymnus auf Gregor gesagt: „Papam rite colo sed te prostratus adoro“ (den Papst verehre ich in vorschriftsmäßiger Weise, aber dir werfe ich mich zu Füßen und bete dich an). Jenen Freunden mußte daran liegen, dem Gregor allseitige Heiligenehre zu verschaffen und Begeisterung dafür bei allem Volk zu erwecken. Das Volk aber blieb kühl.

Eine Menge „Heiliger“ könnten wir nennen, die sofort nach ihrem Tode diese Halbgöttergestalt durch Volksbegeisterung erhielten und bis heute bewahrten, und doch war keiner unter ihnen durch Begabung und Bedeutung, durch Einfluß und Glanz dem Gregor zu vergleichen. — Wer kennt z. B. Angelo da Furci? Er ist ein großer Heiliger, der im Neapolitanischen vielseitig seit unvordenklichen Zeiten einen Kultus besitzt, den ihm allein das Volk dekretiert hat. Wer kennt Joachim Floris, welcher in Calabrien Halbgötterehre genießt (Fest am 26. Mai). Wer kennt Diana d'Andolo in Bologna, die gleichfalls nur eine volkstümliche Heilig=

sprechung besitzt, oder Battista Spagnoli in Mantua, als christlicher Virgil bezeichnet? Wer hat je gehört von den berühmten Protektoren (incliti protettori) St. Gius. della Croce und St. Emiddio? Es sind lauter Santi, die von Volkesgnaden ab immemorabili einen Festkultus haben, den das Orakel des Vatikan nachträglich bestätigte. Erst kürzlich erfolgte solche Bestätigung uralter Volkshalbgötter. Der Erzbischof Alfanus in Salerno, Freund Gregor's, wird heute als St. Alfano bezeichnet.

Fünfhundert Jahre waren seit dem Tode Gregor's verstrichen, da ward bei Anlaß der Reparatur seiner Kapelle die Ruhe des toten Papstes gestört.

Im Laufe dieses halben Jahrtausends war mancherlei zu seiner Erinnerung und Ehre geschehen. Papst Urban II. hatte ein noch heute im erzbischöflichen Archiv verwahrtes Dekret, datiert vom 20. Juli 1098 erlassen, worin er dem Dom die Auszeichnung beilegte, daß er ihm den „ersten Grad“ zuerkannte. Er besuchte das Grab Gregor's, er verlieh den Kanonikern des Domes den Titel Kardinalpriester und hatten die guten Salernitaner von da an bis heute die achthundertjährige kindliche Freude, ihre Kanoniker im Schmuck der Mitra zu erblicken, standen also den Einwohnern Neapels nicht nach, welche dieselbe Kopfbedeckung auf den Häuptern der Kanoniker sehen. Die Kapelle Gregor's trug seltsamerweise nicht seinen Namen, ward vielmehr Kapelle der Kreuzfahrer genannt, weil dort die Waffen abziehender Kreuzeshelden geweiht wurden. Übrigens erlangte dieselbe schon früh eine entsprechende Ausschmückung, welche ihr durch den bekannten Johann von Procida zuteil wurde. Dieser, der bekannte Anstifter der sicilianischen Vesper (1282), war ein berühmter Arzt in Salerno und hatte sich so viel erworben, daß er sich die Insel Procida bei Neapel kaufen konnte. Er ließ die Wölbung jener Kapelle auf seine Kosten mit vier Heiligengestalten in Mosaik schmücken. Die Inschrift ist in longobardischer Schrift abgefaßt.

Im Jahre 1573 öffnete der Erzbischof Colonna den Sarkophag Gregor's und ließ darüber ein von Notar und Zeugen unterschriebenes Dokument aufsetzen. Daselbe, im Archiv der Kurie in Salerno verwahrt, besagt, daß man die Reste Gregor's wohlerhalten gefunden habe. Insbesondere werden die einzelnen Kleidungsstücke unter Hervorhebung ihrer Kostbarkeit einzeln aufgezählt. Sie waren fast unversehrt und es mangelte unter denselben kein einziges (ita ut nihil ad pontificalia indumenta deesset). Zu gleicher Zeit ließ genannter Erzbischof eine Marmorinschrift anbringen, auf der wir heute lesen, daß Gregor ein sehr eifriger Verteidiger der Freiheit der Kirche war und das Ansehen des Pontifex Romanus gegen die Treulosigkeit Heinrich's (adversus Henrici perfidiam) schützte.

Die Nachricht, daß der Leichnam Gregor's fast unversehrt (paene integrum) gefunden worden sei, mußte allgemein großes Aufsehen erregen und wurde offenbar zu dem Zwecke in die Welt hinausgerufen, um Gregor als einen Heiligen zu verherrlichen. Die Zeugen, welche das obgenannte Dokument unterzeichneten, haben sich wohl gehütet, uns die Einzelheiten der gefundenen Reste zu beschreiben und liefern statt dessen eine minutiöse Beschreibung der päpstlichen Kleidung. Als man nach fast einem halben Jahrtausend den in Palermo befindlichen Sarkophag Friedrich's II. öffnete, fand sich sein Leichnam ebenfalls „paene integrum" und doch war er ein vom Papst Verfluchter.

Erzbischof Colonna sandte jenes von dem Notar Matteo Francesco Faracca und den Augenzeugen unterzeichnete Dokument an den Papst Gregor XIII. Sechs Jahre darauf erfolgte der päpstliche Bescheid, daß in Betracht der Akten und der Wunder Gregor's VII. der Name des letzteren in das Martyrologium eingetragen sei. Dies wurde bestätigt durch Sixtus V., als dieser eine neue Ausgabe des genannten Verzeichnisses durch den gelehrten Baronius herausgeben ließ.

Gregor VII. erhielt somit den Titel Beatus und dadurch die Ehre des Altars. Mit dieser Ehre ist natürlich die Verehrung und Anrufung abseiten der Gläubigen verbunden. Wir brauchen kaum zu bemerken, daß Gregor mithin ein Heiliger zweiten Grades ist, die Kirche nennt ihn offiziell nicht Sanktus. Mit dem Titel Beatus ward sein Kultus freigegeben, aber nicht befohlen.

Wiederum geschahen wichtige Dinge, welche sich bestens eigneten, Gregor VII. Heroenehre zu verschaffen.

„Denn groß ist der Ruhm der Geschiedenen fürwahr,
Halbgöttergestalt zu gewinnen.“

So dachte man bei den heidnischen Hellenen und ebenfalls im christlichen Salerno.

Sovana, die Geburtsstadt Hildebrand's hatte von der Auffindung der Reliquien desselben gehört und erbat einen Teil davon. Im erzbischöflichen Archiv befinden sich zwei merkwürdige Briefe, der eine ist geschrieben vom Bischof zu Sovana und datiert vom 3. September 1605, der zweite datiert vom 11. Juni 1605 und ist geschrieben vom Herzog von Toscana, der seiner lieben Stadt Sovana eine Gefälligkeit erweisen wollte. In beiden Briefen ist die Rede vom Beato Gregorio Papa settimo und wird die Auslieferung eines Teiles der Reliquien erbeten. Die Bitte ward erfüllt, zum zweitenmale ward die Ruhe Gregor's, welcher einst die ganze Welt in Unruhe versetzt hatte, gestört. Der Kanonikus Matteo Granito nahm den rechten Arm und den Schädel Gregor's heraus' und ließ den ersteren durch den Papst nach Sovana gelangen, der Schädel dagegen befindet sich noch heute im Dom von Salerno. Damals nämlich wurde es Sitte, Reliquien der Heiligen in Büsten einzuschließen, und so geschah es auch hier.

Wenn nun jener Granito ohne weiteres den rechten Arm und den Schädel herausnehmen konnte, so muß doch die Leiche Gregor's recht sehr versehrt gewesen sein. Oder sollen wir annehmen, daß jener Kanonikus das Haupt gewaltsam vom Rumpfe trennte und den Arm mit einem Messer abschneiden ließ? Eine solche Enthauptung Gregor's nach seinem Tode halten wir denn doch für unmöglich.

Schon im vierten Jahrhundert war das Zerteilen von Leichen der Heiligen so eingerissen und wurde in solchem Umfang betrieben, daß Kaiser Theodosius ein strenges Verbot in dieser Hinsicht erließ. Solcher Mißbrauch, welcher bei gewöhnlichen Leichen eine Leichenschändung war, galt schon damals bei den Leichen der Heiligen als ein gottgefälliges Werk. Der Kampf des Christentums mit dem Heidentum war damals wesentlich, wie wir auch an dieser Stelle bemerken, ein Kampf der Wunder gegen die Wunder. Die Kirche glaubte dadurch das Heidentum zu be=

siegen, daß sie mit ihren Wundern die Wunderleistungen der heidnischen Götter übertraf. Darum strebte sie nach den Quellen der Wunder, und jede Stadt, jede Kirche glaubte durch Reliquien eine Wunderquelle zu besitzen. Die Kirchenlehrer jener Periode unterstützten dies durch ihre Autorität, und Theodoret sagt, es schade nicht, wenn man die Leiber der Heiligen auch in viele Teile zerlege, die Charis, d. h. Gnadengabe, bleibe in jedem Stück dieselbe. So wanderten denn Köpfe, Arme, Beine, Finger, Hände, Blut, Fleisch u. s. w. der Heiligen in die verschiedensten Gegenden und gehörten zu den gewöhnlichsten Versandstücken.

Wie wenig im vierten Jahrhundert, überhaupt in jener späteren Kaiserzeit, allerhöchste Dekrete beachtet wurden, ward bereits im ersten Kapitel gezeigt. Uns ist heutzutage solch gesetzwidriges Handeln der Unterthanen ein Rätsel. Daß man dies Reliquiengesetz des Theodosius zuerst kaum beachtete, um es bald gänzlich zu vergessen, ist eine Thatsache, die „Kirche“ aber hat in obiger Hinsicht nie ein Verbot erlassen, und wie man später tausendfältig mit Leichen verfuhr, davon bieten uns die Reste des Beato Gregorio ein eklatantes Beispiel.

Man besaß also einen neuen Fürsprecher und Schutzheros (Dämon), man besaß die Unterpfänder seiner waltenden Nähe, man hatte den Namen Gregors und sein sogenanntes, nicht sehr hartes Martyrium der Welt bekannt gemacht, und damit nichts versäumt werde, fügte der Papst das Ehrenoffizium der Masse hinzu. Nachdem Paul V. in einem Schreiben vom 27. August 1605 die Absendung der Reliquie nach Savona dringend empfohlen hatte, erfolgte im August 1610 ein Dekret desselben Papstes, worin verfügt wird, daß zweimal im Jahre das Offizium mit Messe, Gebeten und Lektion zur Ehre Gregors stattfinde. Im folgenden Jahre erließ demzufolge der Erzbischof von Salerno an seinen Klerus ein Schreiben, welches einige sehr charakteristische Stellen enthält. „Unter den übrigen fast unzählbaren Schätzen, mit welchen die göttliche Gnade Salerno bereicherte, nimmt der verehrungswürdige (venerandum) Körper St. Gregors VII. nicht die letzte Stelle ein“ &c. „Wir können es nicht dulden, daß derselbe die Ehre und Verehrung entbehrt, welche wir den Himmlischen (coelites) schulden, müssen also dafür sorgen, daß dem heiligen Bischof und ausgezeichneten Bekenner, auf dem Gottes besonderes Wohlgefallen ruht, die ihm beikommende Ehre (congruus honor) zuteil werde." „Die vom Papst verfügte Messe u. s. w. soll also Weihnacht und am 4. Mai mit doppeltem Ritus stattfinden."

So geschieht es bis auf den heutigen Tag. Alle möglichen Mittel sind versucht, um Gregor die Volksehre, wie andere Heroen sie besitzen, zu verschaffen. Vergebens. Die Geburtsstadt desselben ist durch die Malaria verödet und kaum noch bewohnt, von der stolzen Burg Canossa sind nur wenige Reste vorhanden, unter denen, welche Gregors Grab besuchen, nennt keine Seele ihn einen Wohlthäter. Der für seine Messe bezahlte Priester murmelt die Worte, welche er zu lesen hat, und Gregor blieb bis heute ein — Prätendent.

Mit welcher an das antike Religionsleben erinnernden Innigkeit wendet sich das südliche Volk sogar an solche Halbgötter, deren Fuß niemals auf Erden wanderte! Verfasser sah kürzlich in einer alten Kirche Neapels ein Bild des auch anderweitig viel angerufenen St. Lazarus, von oben bis unten mit Votivgegenständen, als Krücken und wächsernen Gliedmaßen, behangen. Wenn Christus in dem bekannten Gleichnis vom armen Lazarus erzählt, so folgt nicht daraus, daß letzterer jemals lebte. — Zum „armen Lazarus" hat man Vertrauen, aber den von der Kirche in jeder Weise protegierten Gregor weist das Volk zurück und zeigt dadurch eine ihm selbst nicht klar gewordene Antipathie gegen den Mann, welcher die Ehelosigkeit des Klerus zum bleibenden Gesetz erhob und dadurch gegen ein göttliches Recht sündigte. Ein dunkles Gefühl, teilweise aber auch klare Erkenntnis läßt das Volk die durch Gregor geschaffenen sittlichen Zustände richtig beurteilen *).

Das zur Erinnerung an Gregors achthundertjährigen Todes-

*) Über dies Urteil und die beim Klerus herrschenden sittlichen Zustände wird Verfasser später den Leser unterrichten.

tag in Salerno gefeierte Fest ging von der Kirche aus und die praktischen Salernitaner, auf eine größere Anzahl Fremder hoffend, legten auf jene Festtage ihren jährlichen, weit und breit bekannten Viehmarkt, den sie im Jahre vorher der Cholera wegen hatten aussetzen müssen. Die vom Vatikan glorifizierten und mit dem Nimbus begabten Päpste hatten in Süditalien ebenso wenig Glück, wie im übrigen Lande.

Wer kennt in Süditalien St. Leo I., welcher im fünften Jahrhundert anfing, die Rolle eines Cäsar im Kleide eines Pontifex maximus zu beanspruchen? Wer kennt einen St. Gregor I. vom sechsten und einen St. Gregor VII. vom elften Jahrhundert? St. Gennaro hat den Virgil verdrängt, aber der Beato Gregorio hat in Salerno dem St. Mattéo keine Konkurrenz gemacht. Gregor teilt das Los vieler römischer Kaiser, für deren Ruhm der Vergötterung vom römischen Senat alles Erdenkliche geschah, ohne beim Volk das gewünschte Ziel zu erreichen. — Gregor befindet sich allerdings, wie die der heidnischen Sprache verwandte Bezeichnung: Coelites (die Himmlischen) sagt, in der Reihe der zahllosen Divi (Vergöttlichten), man hätte ihm gern den Rang eines Genius Salernitanus verschafft, man hätte ihm so gern etwa die Stellung verliehen, welche z. B. ein Apollo Sanator, dieser Heilgott des Altertums, hatte, — alles vergebens. Der vergöttlichte Papst muß sich mit den Brocken begnügen, die vom Tisch der großen Heiligen fallen, mit ein paar vergilbten Pergamenturkunden und dem Gemurmel eines Priesters.

Viva St. Matteo! So lautet in Salerno die Parole.

Das eigentliche Heiligtum dieses großen Schutzheros ist die Krypta des Domes, ein stattlicher, mit allzu buntem Marmor versehener Raum, der sich aber vergebens bemüht, mit der Krypta des St. Gennaro zu wetteifern. Wer diesen Raum betritt, findet dort die angeblichen Gebeine des St. Mattéo, welche alljährlich das berühmte, segensreiche Manna spenden*), er findet aber noch mehr, nämlich ein Stück echt römischen Heidentums. — St. Mat-

*) Hierüber, sowie über den neuen Janus siehe den zweiten Teil dieser Schrift.

thäus, der Apostel, der Patronus Salernitanus, wird dort als der römische Gott Janus mit doppeltem Angesicht dargestellt!

„Sieh, wie der Äther erglänzt von dem weihrauchduftenden Feuer!
Heil dir, freudiger Tag! Stets kehr uns glücklicher wieder.“

Mit diesen Worten begrüßt Ovid in seinem Lied vom Festkalender (Fasti) den Tag des zwiewärts blickenden Janus. Wir können diese Strophen auf die Festtage des St. Mattéo (21. und 22. September) anwenden, welchem Salerno bis heute die gleiche Anhänglichkeit bewahrt, stets eingedenk, daß dieser Stadtschutzheros verschiedene Male die Flotte der Seeräuber verjagt hat. Bei den Römern hatte bekanntlich jede Familie ihre Lares domestici, ebenso besaß jede Stadt außer sonstigen hilfreichen Gottheiten ihre Lares publici. Diese wurden auch praestites, d. h. die Verleihenden, genannt. In Rom wußte jedermann, daß die letzteren den Hannibal verjagt hatten, als er zum Entsetzen aller vor den Thoren dieser Stadt erschien. Auch Salerno hat solche Lares publici (siehe auch Kap. IX) und obenan steht St. Mattéo, der Sarazenenvertreiber.

Von fern und nah eilt man zu diesem Fest herbei und wollten wir's beschreiben, so brauchten wir nur die uns bereits bekannten Festlieder zu citieren, welche St. Paulinus vor circa fünfzehnhundert Jahren seinem hochgefeierten St. Felix dichtete. Konstantin freute sich einst, wie Paulinus sagt, daß er durch Reliquien der Apostel den Mauern seiner neuen Hauptstadt Sicherheit verlieh, und Robert Guiscard, den der Ruhm Konstantins nicht schlafen ließ, war stolz darauf, seine Stadt Salerno durch die Reliquien eines Apostels zu schützen. — Diese Freude hallt in dem Jubel nach, welcher die große Prozession des Heiligen begleitet. Während der Beato Gregorio im dumpfigen Kirchenraum verbleibt, atmet St. Mattéo dann frische Meeresluft, freut sich des Anblicks der Fahnen und Kränze, der Musik, des Jubels der Volksmassen, ebenso wie einst St. Felix in Nola, der sich freute zwischen den fröhlichen Haufen, „gaudentes tumultus“.

„Und er beschirmet uns stets und bewacht die Mauern der Stadt uns,
Immer gewärtig zum Schutz, immer zum Helfen bereit.“

(Ovid, Fasti.)

Diesem Lar publicus, dem St. Mattéo, gilt am Festabend das glänzende Feuerwerk, dem sich eine allgemeine Illumination zugesellt. Unzählbare Zuschauer freuen sich des Anblicks, sei es auf spiegelglänzender Meerflut, sei es auf den Höhen ringsher, und alle sind in dem Wunsch vereinigt:

„Heil dir, freudiger Tag, stets kehr uns glücklicher wieder.“

Fünfzehntes Kapitel.

Das Wunderkreuz.

Konstantin, von seiner Zeit als der Große bezeichnet, sah, als er mit seinem Gegner in blutigem Kampf um die Oberherrschaft rang, am Himmel ein Kreuz mit der Inschrift: In diesem siege. Diese bald nach jenen Kämpfen in Umlauf gelangte Volkssage verdankte ihre Entstehung dem vom Sieg begünstigten Konstantin. Wenn nun jenes angebliche, übernatürliche Ereignis damals allgemein, sowohl bei den Christen, als bei den Heiden als historische Thatsache angesehen wurde, so charakterisiert dies die damalige wundersüchtige Zeit und besonders die damalige wundersüchtige christliche Kirche. Jenes legendenhafte Wunderkreuz ist imstande, uns zu sagen, wie Konstantin das Wesen der Religion auffaßte und in welchem Verhältnis er einerseits zum Heidentum, andererseits zum Christentum stand.

Als Konstantin sich zugunsten des Christentums erklärte und insofern zu letzterem übertrat, vertauschte er seine seitherige Schutzmacht, Jupiter genannt, mit einer anderen, Christus genannt, weil letztere ihm besser erschien. Der selbstsüchtige Kampf mit seinen Gegnern um die Alleinherrschaft war in seinen Augen ein Kampf zwischen zwei übernatürlichen Schutzmächten, und eben diese Auffassung hatte die Mehrzahl seiner heidnischen und christlichen Unterthanen. Er hatte die Unbesiegbarkeit der seither verfolgten Kirche kennen gelernt und war überzeugt, daß dieselbe unter einem mächtigen, übernatürlichen Schutz stehe. Die siegreiche Macht der Kirche stellte sich dar im Zeichen des Kreuzes, welchem die damalige Christenheit übernatürliche Kräfte beilegte, und wenn Konstantin wähnte, daß der übernatürliche Schutz an dies Zeichen gebunden sei, so war dies kein neuer Gedanke. Nach heidnisch-römischer Anschauung war der Kriegsgott Mars bei seinen heiligen Speeren, die sich bei den Heeren befanden und göttliche Ehre daselbst genossen. Nach Anschauung des Herodot folgten die schützenden Äakiden und Dioskuren den Heereszeichen. Maxentius, der Gegner Konstantin's, verließ sich auf den Zauberschutz der an die alten Heereszeichen gebundenen alten Götter, ebenso Licinius, ebenso Magnentius, der Gegner des Constans in der Schlacht bei Mursa 351. Als Julian gegen die Perser zog, geleiteten die alten Götterscharen seine Heereszeichen.

Konstantin, der sich unter den Schutz des „Allkönigs“ Christus stellte, änderte demgemäß das Heereszeichen, machte aus der heiligen Lanze das heilige Kreuz, das coeleste signum Dei, und ließ die Schilde seiner Soldaten mit dem Monogramm Christi versehen. So glaubte er die Bürgschaft der Siegeshilfe der neuen Schutzmacht zu besitzen, welche der damalige Hofbischof Eusebius als „Allkönig Christus“ bezeichnete. Der etwas später lebende Kirchenhistoriker Sozomenos, gestorben 439, sagt, die dem Kreuze innewohnende Wunderkraft habe Konstantin zum Siege verholfen. Wir finden dasselbe bei den Normannen in Süditalien wieder. Bei Castrogiovanni half ihnen 1056 das Wunderkreuz zum Siege. Darum steht unter einem Christusbild in der berühmten Kirche zu Monreale bei Palermo die Inschrift: „Christus der Allherrscher“.

Als Konstantin seine Gegner besiegte, hatte nach seiner Auffassung der von ihm erwählte Schutzgott Christus gesiegt, die Schutzmacht Jupiters war unterlegen, der glückliche Sieger betrachtete sich als Liebling der neuen Schutzgottheit und bezeichnete infolge dessen die fernere Schutzherrschaft der früheren Götter als Anmaßung.

Die wirkliche Existenz der früheren Götter ward weder von ihm, noch von der damaligen Kirche geleugnet. In diesem Sinne erließ er nach dem Siege über Licinius eine Proklamation, worin er mit Beziehung auf die von ihm erwählte neue göttliche Schutzmacht sagte: „Indem ich dein Zeichen überall vorhielt, habe ich ein siegreiches Heer geführt. Ich verehre deine Macht, welche du durch viele Beweise mir offenbart hast.“ Als der heidnische Rhetor Nazarius diesem sogenannten ersten „christlichen“ Kaiser die Leichenrede (Panegyricus) hielt, bezeichnete er Konstantin als Liebling überirdischer Schutzmächte und sagte, daß himmlische Heerscharen ihm den Sieg verschafft hätten. Ganz dasselbe war die Auffassung des christlichen Bischofs Eusebius, des Zeitgenossen Konstantins, welcher uns eine Biographie des letzteren hinterlassen hat, worin er sogar die himmlischen Heerscharen als Adjutanten für die Schlachtbefehle des Kaisers auftreten läßt.

Die römisch-heidnische Auffassung vom Wesen der Religion blieb also bei Konstantin nach seinem sogenannten Übertritt zum Christentum unverändert dieselbe. Nach römischer Auffassung hat die Religion mit der Erkenntnis des Wesens der Gottheit nichts zu schaffen und handelt es sich bei derselben nur um die genaue Beobachtung der Kultusleistung, welche man den Göttern schuldet und wofür diese als Gegenleistung der Gesamtheit und den einzelnen ihren waltenden, hülfreichen Schutz angedeihen lassen. Deshalb trat mit Konstantin an die Stelle früherer Kultusleistung ein anderer Kultustribut, den er seinem neuen Schutzgott schuldete. Die Sache blieb dieselbe, nur der Name hatte sich geändert. Wir können also den mehrgenannten nicht etwa mit jenem bekannten König vergleichen, welcher wollte, daß jeder nach seiner Façon selig werde, denn bei der Religionsauffassung Konstantins handelte es sich nicht um das Seligwerden seiner Unterthanen, sondern um die Erhaltung und Gewinnung der neuen göttlichen Schutzmacht, welche der Kaiser mit dem Namen „Christus“ bezeichnete. Konstantin hat also niemals ein Toleranzedikt im Sinne Josephs II. erlassen, vielmehr mußte nach seiner Anschauung der seitherige Kultus abgeschafft und durch einen anderen ersetzt werden, den man als „christlich“ bezeichnete. Religion war Kultus, Kultus war Religion. Durch allmähliche Abschaffung des heidnischen Kultus wähnte der Kaiser das Heidentum selbst abgeschafft. Auf diesem Wege schritten die Söhne dieses ersten sogenannten christlichen

Kaisers weiter und erklärten die Toleranz gegen das Heidentum d. h. den heidnischen Kultus, für gottlos, „nefaria licentia“. Jede den seitherigen Göttern gewidmete Kultusleistung raubte nach ihrer Ansicht dem „Allkönig“ Christus einen Teil seiner Ehre und mußte ihn erzürnen, nur dem „Allherrscher“ Christus sollte man vonseiten des Staates und der einzelnen die Kultusehre widmen. Auf dem Konzil zu Nicäa 325 führte Konstantin in eigener Person das Präsidium, und wir verstehen jetzt vollkommen, wie es kam, daß der noch ungetaufte Kaiser sich für die Lehrbestimmungen interessierte, welche die Bischöfe damals festsetzten. Weil sie zur Verherrlichung der von ihm erwählten Schutzmacht dienten und die Göttlichkeit Christi aussprachen, erklärte sich der Kaiser dafür und nahm diese Kirchenlehre unter seinen weltlichen Schutz, dasselbe, was bekanntlich die späteren Kaiser, z. B. Theodosius und Justinian, gleichfalls thaten, und dabei jede abweichende Lehre auf eine Stufe mit dem Heidentum stellten, indem sie Ketzer und Heiden schließlich mit Todesstrafe bedrohten. Ketzer und Heiden raubten nach ihrer Ansicht dem „Allkönig“ Christus auf verschiedene Weise die Gottesehre, reizten den Zorn des Allherrschers Christus und waren mithin Verbrecher am Gemeinwesen, welchem durch sie Gnade und Schutz jenes Allkönigs ganz oder teilweise entzogen wurde.

Auf dem Konzil zu Nicäa hat Konstantin seine Auffassung vom Wesen der Religion nnd des Christentums offenherzig bekannt. Er sprach zu den Vertretern der damaligen Kirche folgendermaßen: „Nicht allen kann der Nutzen der Lehrvorträge zugute kommen. Einige werden dadurch angezogen, daß man ihnen rechtzeitig Lebensunterhalt reicht, andere pflegen sich dahin zu wenden, wo sie Schutz und Verwendung finden, andere werden durch freundliche Aufnahme gewonnen, andere endlich dadurch, daß man ihnen Ehrengeschenke reicht. Nur wenige lieben aufrichtig die Lehrvorträge, ein Freund der Wahrheit ist selten.“

Wir sehen, daß dem christlichen Kaiser jedes Verständnis für den eigentlichen Beruf und die eigentliche Arbeit der Kirche, sowie für das Wesen des Christentums als einer erneuernden Geistesmacht, gänzlich mangelte. Die römisch-heidnische Religion besaß keine Lehre, keine Lehrverkündigung, keine Dogmatik, kein Dogma und kam es daher dem Kaiser seltsam vor, als er merkte, welchen Wert die Kirche auf die Lehre und das öffentliche Lehren legte. Beides war ihm an und für sich gänzlich gleichgültig, nur das war ihm verständlich, daß es sich um die Vergöttlichung Christi handelte. Diese billigte er von seinem Standpunkt aus vollkommen und bezeichnete sie als eine solche, welche einem Staatsgesetze gleichstehe. Diese Lehre war ihm nämlich eine öffentliche Anerkennung seiner Schutzgottheit Christus, für deren Liebling er sich hielt und solche Anerkennung galt in seinen Augen als ein öffentlicher Kultusakt. Öffentliche Anerkennung hatte seither Jupiter gehabt, an die Stelle desselben war dem Kaiser der „summus Christus" getreten. — Daß wir über Konstantin richtig urteilen, mögen einige Stimmen aus seiner Zeit bestätigen.

Nicht lange nach Konstantin lebte in Rom der Dichter Aurelius Prudentius, dessen schwungvolle Hymnen uns vielseitig und deutlich sagen, wie jene Zeit den Übertritt zum Christentum auffaßte. Diese Auffassung stimmt mit derjenigen des Konstantin nur allzu sehr überein. Solcher Übertritt ist dem genannten „christlichen" Dichter das Vertauschen der Schutzherrschaft Jupiters mit der Schutzherrschaft Christi. Er sagt z. B.: Sie verlassen die Wahrzeichen des Cäsar und erwählen das Zeichen des Kreuzes, die Römer erkennen jetzt den wahren Gott, welcher Erfolg verleiht, und infolge dessen beginnt Rom den Namen Christi anzubeten und die lächerlichen Kultushandlungen früherer Zeit zu entfernen. Er nennt Christus die einzige Gottheit, numen unicum, und von einem Sieg des Stilicho gegen die Barbaren sagt er: Hier war uns Christus als Gott hilfreich nah', Hic Christus nobis Deus adfuit. Deshalb spricht der Dichter den Wunsch aus: Christus allein soll unsere Stadt regieren und beschützen. Unus nostra regat, servetque palatia Christus. Christus ist diesem Dichter an die Stelle des Jupiter getreten, letzteren nennt er spurcus, schmutzig, von Christus aber sagt er: Der allmächtige Christus möge jeden erhören, der zu ihm fleht. Die Heiden bezeichneten den Jupiter bekanntlich als Optimus Maximus und solche Anschauung überträgt der Dichter auf Christus. Die Christen sind ihm daher Christocolae, Christusanbeter und das Christentum besteht ihm in dem Kultus, welchen man dem „allmächtigen" Christus, d. h. dem christianisierten Jupiter Optimus Maximus, widmet. Paulinus von Nola nennt in seinen Liedern Christus den Gott des St. Felix, er spricht von Christus als einem numen, d. h. Gottwesen, sowie vom summus Christus. Gleichzeitig mit Prudentius und Paulinus lebte der gleichfalls christliche Dichter Endelichius, von welchem schon Kap. VI die Rede war. In seinem Hirtengedicht nennt der christliche Hirt den Tempel Christi einen Tempel des höchsten Gottes und fordert den heidnischen Hirten auf, zum Tempel des Gottes Christus zu gehen. Der Gott Christus hat die Herden des christlichen Hirten, der das Kreuzzeichen benutzte, bewahrt, und der heidnische Hirt findet es praktisch, seine Religion zu wechseln, d. h. sich einen anderen Schutzgott zu erwählen. Dieselbe Anschauung von Christus, also auch vom Wesen des Christentumes, hat die nachkonstantinische Zeit in der Kunst zum Ausdruck gebracht, zuletzt unter den Normannen, die vom Verhältnis ihrer Fürsten zu Christus ebenso dachten, wie Konstantin *).

Das Kreuzeszeichen, an und für sich zauberhaft wirksam gedacht, wie eine der römisch-heidnischen Kultushandlungen, hat die römisch-christliche Kirche bewahrt, und das nachstehende Lebensbild soll zeigen, wie man sich noch heute ähnlich unter den Schutz des Wunderkreuzes stellt, wie vor fünfzehnhundert Jahren Konstantin.

Fern vom großen Weltverkehr und doch an der Heerstraße, selten genannt und doch merkwürdig, nie von Fremden betreten und doch leicht zu erreichen, liegt nordöstlich am Vesuv die Stadt Ottajano mit einer Einwohnerzahl von ungefähr 20 000. Städte dieser Größe, oder doch über 10 000 Einwohner stark, giebt es in der nächsten Nähe Neapels, im glücklichen Campanien eine Menge, wie jede Spezialkarte zeigt, aber nur wenige derselben werden genannt, weil sie trotz ihrer oft großen Einwohnerzahl in Hinsicht der Industrie und des Handels ohne alle Bedeutung sind. In diesen Städten, die man dicht bei einander trifft, wimmelt es meist von Menschen und Tieren, deren erstere das Bild des zufriedenen, ja heiteren Elends zeigen und fast in jeder Hinsicht aller

*) Siehe hierüber den zweiten Teil dieser Schrift.

solcher Dinge entbehren, welche die Zivilisation anderswo als selbstverständlich bietet. So steht es auch mit der Stadt Ottajano. Bis zu Anfang unseres Jahrhunderts gehörte sie mit ihrer gesamten Umgebung weit und breit dem Fürsten von Ottajano, da kam das Franzosenregiment unter Joachim Murat, der von 1808 an mit den reichen Feudalherren unbarmherzig umging und mit scharfem Besen den mittelalterlichen Plunder ausfegte. Seit jener Zeit ist der Grundbesitz dieser alten Aristokratenfamilie, einer der reichsten des neapolitanischen Gebietes, bis auf die Hälfte verkleinert, aber immer noch groß genug, um als fürstliches Eigentum bezeichnet zu werden, und dies um so mehr, wenn man auf die großartige Fruchtbarkeit der Vesuvgehänge sieht. Der alte Fürst, welcher die Ereignisse von 1860 mit erlebte, hat sich nie in die neue Zeit finden können. Seitdem der neapolitanische Königshof wie Spreu vor dem Winde verschwunden war, zog er sich aus der Welt zurück und lebte in der Burg seiner Ahnen, einem stattlichen Schloß, welches unweit genannter Stadt, den Vesuv weiter aufwärts, einen Vorsprung des letzteren krönt. Dort stand der Alte und schaute auf die üppige Ebene, die prächtigen Berge, grollte mit der Gegenwart, lobte die Vergangenheit und versammelte sich kürzlich zu seinen Vätern. Was seinen Sohn und Erben betrifft, so scheint der Apfel diesmal weit vom Stamm gefallen zu sein. Seit der Alte zu Grabe ging, stehen die Hallen des fürstlichen Schlosses leer, ein Kastellan waltet dort, sieht aber seinen Herrn sehr selten; denn dieser weilt im lebenslustigen Neapel, auch im üppigen Paris und versteht es, die reichen Einkünfte seiner Vesuvbesitzungen an den Mann zu bringen.

Die untersten Gehänge des Vesuvs sind durchweg nichts anderes als ein einziger Fruchtgarten, der sich am schönsten im April oder Mai präsentiert. Orangen, Zitronen, Pfirsichbäume, Aprikosen, Mandelbäume, Maulbeerbäume, Kirschen, Äpfel, Birnen, Pflaumen, dazu der Wein in ununterbrochener Reihenfolge, dies alles macht jene Fluren zu einem Paradiesgarten, und wenn man zur vollen Blütezeit jene Regionen durchwandert, so lacht einem das Herz im Leibe. Umkreist man die Nordostseite des Vesuvs, so bietet der Berg einen gänzlich anderen Anblick, als wenn man vom Meere aus ihn schaut. Vom Meere aus sieht man den eigentlichen Kraterkegel, der sich seit den Tagen des Unterganges von Pompeji gebildet hat, umgeht man aber die Nordostabhänge, so sieht man von dem Kegel nichts, weil derselbe durch einen riesigen Rundmantel verdeckt wird, zwischen welchem und dem Kraterkegel sich der gewaltige Zwischenraum des von Lava starrenden sogenannten Atrio del Cavallo befindet. Diesen Mantel, oder vielmehr halbkreisförmigen Wall, nennt man Somma, und diese sieht, vom Meere aus gesehen, so aus, als wäre sie neben dem Kratergipfel eine zweite Spitze. Jener Randwall ist für die Nordostabhänge des Vesuvs ein natürlicher Schutzwall, der es unmöglich macht, daß dorthin Lava strömt. Letztere kann nur nach Westen und Süden abfließen, weil hier diese Schutzmauer fehlt. Alle Örter also, welche an den Nordostgehängen liegen, sind gegen eine Verheerung durch Lava geschützt, und zu diesen gehört auch Ottajano. Freilich füllt sich die Schlucht jenes Atrio del Cavallo, sowie die benachbarte des Canale del Inferno (Höllenkanal), mehr und mehr mit Lava an, und so muß einmal die Zeit kommen, wo beide ausgefüllt sein werden, mithin die Lava einen freien Spielraum hat und nach allen Himmelsrichtungen ihre schwarzen, grauenvollen Linien ziehen kann. Jener Nordostmantel des Monte Somma ist bis oben hinauf mit grünen Wäldern bewachsen, tiefe Schluchten ziehen sich aufwärts, wie Furchen eines vom Alter gezeichneten Angesichtes, und bei längerer, schwerer Regenzeit wälzen sich Wasserstürze verheerend zu Thal, Steine, Erde, Bäume in Massen mit sich fortreißend. Sind nun Städte wie St. Anastasia, Somma, Ottajano bis weiter gegen Lava geschützt, so doch keineswegs gegen Auswurf von Asche und Steinen. Gerade Ottajano wird bei mehreren Ausbrüchen des Vesuvs als schwer heimgesucht bezeichnet, und wegen solcher Erfahrungen thun die Leute von Ottajano das Ihrige, um das Verderben von sich abzuwenden. Aber was beginnen? Der schützende St. Januarius wohnt in Neapel und hat genug mit der Südseite und der dortigen Lavagefahr zu schaffen; man kann ihm nicht zumuten, daß er auch die Nordostseite beschützt. Eine hilfreiche Madonna hat man in Ottajano nicht, die wohnt in Madonna del Arco in ihrem dortigen

Heiligtum, und die hat reichlich zu schaffen mit all den Kranken, welche bei ihr Hilfe begehren. Als Schutzheiligen ihrer Stadt verehren die Einwohner den heiligen Michael, und der ist in ihren Augen eine mächtige Gottheit, die allemal wie ein römischer Krieger dargestellt wird, der den Fürsten der Finsternis mit Füßen tritt. Aber zwischen dem heiligen Michael und dem Vesuv besteht nicht der geringste Zusammenhang. St. Michael wird als Führer der Seelen angerufen, er vertritt in der Volksanschauung die Stelle des römisch-griechischen Merkur, der bekanntlich die Seelen der Gestorbenen zum Reich des Hades geleitete. Die Sache steht also in der That so, daß Ottajano keinen Schutzpatron gegen die Angriffe des Vesuvs besitzt. Was also beginnen? Wer hierauf eine Antwort will, der muß am 3. Mai dorthin kommen, um daselbst ein merkwürdiges Schauspiel zu erleben.

Als Verfasser vor Jahren in heißer Sommerzeit nach Ottajano kam, ward er auf dem öffentlichen Stadtplatz bei Erkundigung nach einem Café wie eine Art Wundertier angestaunt. Nachdem man die erbetene Auskunft erteilt hatte, sammelte sich infolge anderer Fragen sofort viel Volk um den Fremdling, der in kurzer Zeit von allen Seiten von etwa dreißig Personen umgeben war. Zuerst kamen schlecht gekleidete Lungerer, dann besser gekleidete Honoratioren und jeder bot seine ganze Zungengeläufigkeit auf, um den Fremden allseitig mit den Merkwürdigkeiten der Stadt bekannt zu machen. Ein Mann, der, nach seiner Mütze zu urteilen, Postmeister zu sein schien, diente als Führer zum Café, und letzteres offenbarte sich als eine Stätte vieler nützlicher Dinge. Der Inhaber des besagten Café ist nämlich zugleich Apotheker, Zuckerbäcker und Käsehändler. Ein schwarzes Gebräu wurde als Kaffee präsentiert und nach diesen zweifelhaften Genuß zur Kirche des heiligen Michael gewandert.

Selbige liegt an der höchsten Stelle des Ortes und bietet einen herrlichen Blick auf die lachende Ebene und die begrenzenden Berge. Das wichtigste Heiligtum befindet sich in der Krypte (Unterkirche) unter dem Hauptaltar, einem weiten Gewölbe, von Säulen getragen. Über dem Altar dieses Raumes sieht man in einem geschmückten Glasbehälter ein großes hölzernes Kreuz und in letzteres eingelegt einige kleine Kreuze. Letztere sind gebildet (so wird behauptet) aus Holzteilen des Kreuzes Christi, und ebenfalls sind in jenes Kreuz kleine Steine eingelassen, welche angeblich von Golgatha stammen und durch Kreuzfahrer, Vorfahren des Fürsten Ottajano, aus dem heiligen Lande heimgebracht sind. Dies Kreuz ist das Heiligtum dieser Stadt, hierin erblickt die Bevölkerung das Schutzmittel gegen die gefährliche Nähe des Vesuv, und um dies Mittel zur Anwendung zu bringen und zugleich um diesem Heiligtum die schuldige Ehrfurcht zu erweisen, findet jeden 3. Mai eine Prozession statt, die an Großartigkeit alles übertrifft, was in dieser Hinsicht weit und breit geleistet wird. Man läßt in Hinsicht öffentlicher Prozessionen die Bevölkerung durchaus gewähren, wohl wissend, daß ein etwaiges Verbot solcher Prozession das religiöse Gefühl auf das tiefste verletzen und sicherlich aufrührerische Folgen nach sich ziehen würde.

Schon am Abend vorher zieht viel Volk aus der Umgegend in die Stadt, die Hauptscharen kommen zu Fuß, auf Karren und Wagen aller Art am nächsten Morgen. Die Plätze, die Straßen sind voll Menschen, die Läden, die Geschäfte sind geschlossen, sämtliche Webstühle stehen still und tiefer Ernst zeigt sich überall in der Stadt. Gegen 10 Uhr Vormittags drängt man nach der obengenannten Kirche zu, und zur genannten Zeit, wenn die Glocken von allen Kirchen zu läuten beginnen, bewegt sich aus den Pforten der Kirche feierlich ernst die Kreuzesprozession. Voran sieht man eine lange Schar kleiner Mädchen schreiten, dann kommt unter einem Baldachin der Priester, welcher das obengenannte heilige Kreuz trägt, demselben folgt eine lange Priesterschar, eintönig Psalmen singend. Nun folgt in endloser Reihe eine sog. Brüderschaft nach der anderen, lauter Laien, aber alle in verschiedener mantelförmiger Tracht, mit verschiedenen Wappen und Abzeichen. Über hundert der Teilnehmer an dieser Prozession tragen Wachskerzen, und nebenher laufen arme, zerlumpte Kinder, welche jeden Tropfen Wachs auffangen, um auf diese Weise einige Pfennige zu gewinnen. Die Prozession bewegt sich langsam zunächst zum obengenannten fürstlichen Schloß. Als der alte Fürst noch lebte, wurde sie im Hofe von der ganzen fürstlichen Familie empfangen, dann knieeten alle nieder und der Priester hob das heilige Kreuz gegen den drohenden Berg, dessen Rauchsäule man hier erblickt. In diesem Augenblick stimmten alle in das Miserere der Priester ein. Nun ist, wie gesagt, kein Fürst mehr da oben im Schloß, der Sohn des Verstorbenen macht sich aus Kreuzen und Prozessionen nichts. Vom Schloß steigt die Prozession die meist recht steilen Straßen der Stadt niederwärts und kommt schließlich ins Landgebiet. Je weiter sie geht, desto mehr schwillt sie an, bis sie nach Tausenden zählt, die alle in tiefem Ernst daran teilnehmen.

Verfasser hat die verschiedensten Prozessionen gesehen, aber keine, die den Eindruck tiefer Empfindung in dem Grade gemacht hätte, als die beschriebene. Freilich handelt es sich dabei um ein sehr ernstes Ding, um Schutz gegen zerstörende Gewalten des gefährlichen Nachbars. Ein Einwohner daselbst zeigte mir die Gegend in nächster Nähe der heutigen Stadt, wo der Weinbergbesitzer oft auf Häusermauern stößt, woraus folgt, daß in unbestimmter Zeit eine Verschüttung stattgefunden hat. Näheres zu erfahren ist mir nie gelungen. Nach mehreren Stunden kehrt die Prozession zurück, das Kreuz wird wieder in die Unterkirche getragen und dann überläßt man sich heiterer Freude. Ein rein ernstes Fest kann sich der Südländer nicht denken.

Es ist zur Charakteristik der römischen Kirche notwendig, von diesem Wunderkreuz aus auf den Gang, welchen die Geschichte des Kreuzes genommen, zurückzuschauen.

Erst in der nachapostolischen Zeit ward das Kreuzeszeichen, diese „christliche Hieroglyphe“, in der Kirche üblich, war aber anfangs nichts weiter, als ein Symbol des Bekenntnisses von dem Gekreuzigten. — Kein kirchliches Thun ist so früh von dem nach und nach in die Kirche eindringenden Heidentum infiziert und entstellt worden, als jener an sich natürliche, fromme Brauch. Es ging ihm wie dem Eisen, welches, unter freiem Himmel den Einflüssen der Witterung ausgesetzt, von Rost zerfressen und dadurch wertlos gemacht wird. Schon vor Konstantin bezeichnete man die Christen mit dem Spottnamen „Kreuzverehrer“, und der Genannte fand das Kreuzeszeichen als zauberkräftig wirkendes Mittel vor. Seit sich die Volkssage von dem konstantinischen Wunderkreuz bildete, vermehrten sich in der nach und nach äußerlich christianisierten Welt die überall angebrachten Kreuzeszeichen so sehr, daß man auf sie das an Abraham gerichtete Wort vom Sand am Meer und den Sternen am Himmel hätte anwenden können. — „Das Kreuz vertreibt jeden schädlichen Einfluß!" Das war der Glaube bei Gebildeten und Ungebildeten, bei Geistlichen und Laien. — Staat und Kirche nahmen das Kreuz als Abzeichen und Wächter gegen das Heidentum, ohne ein Bewußtsein davon zu haben, daß mit diesem magisch wirkenden Zeichen das Heidentum selbst sich mitten in der Kirche befand, und daß letztere sich mit Vermehrung der Kreuze immer weiter von dem entfernte, auf den das Kreuz hinweisen sollte. Die Kirche war wie ein Staat, der massenhaft stattliche Kupfermünzen prägt und die Zahl der letzteren als Beweis seines Nationalreichtums betrachtet.

Zu diesen Zauberkreuzen, entweder mit den Fingern geschlagen, oder aus den verschiedensten Stoffen gefertigt, kam zu den Zeiten Konstantins das Kreuz Christi selbst. Die aus niedrigem Stand entsprossene Mutter Konstantin's wollte es in Jerusalem aufgefunden haben, wo man alsbald noch andere Dinge entdeckte, z. B. den Baum, auf welchen der kleine Zachäus stieg, sowie die Fußspuren Christi. Man hatte wohl vergessen, daß in Rom der Feigenbaum zu sehen war, an welchem die Mulde mit dem Romulus und Remus hängen blieb, ferner, daß die Hellenen an vielen Stellen Fußspuren des Herkules zeigten. — Das von St. Helena aufgefundene Kreuz hatte seine Echtheit natürlich sofort dokumentiert und bewährte seine Wunderkraft beständig dadurch, daß es unversehrt blieb, obgleich zahllose Splitter desselben in alle Welt reisten, teils als Gaben, teils als Handelsartikel. Paulinus in Nola erhielt, wie er in einer Hymne schreibt, durch fromme Frauen einen solchen Wundersplitter direkt aus Jerusalem. Alle älteren Kirchen sind mit solchen Reliquien versehen. Die Ausbeute, welche anno 326 durch jene Ausgrabungen der Kaiserin-Mutter der christlichen Welt zuteil wurde, war reichlicher, als die Funde, welche man heutzutage in Pompeji in Gegenwart fürstlicher Touristen zu machen pflegt. Man machte der frommen, nach Reliquien dürstenden Frau die Freude, ihr eines schönen Tages auch die zu dem ausgegrabenen Kreuz gehörenden Nägel zu überliefern. Die hohe Frau schenkte einen dieser fünf Nägel ihrem Sohne, dem Kaiser, und dieser, welcher schon das Wunderkreuz als zauberkräftiges Heereszeichen besaß, ließ sich nun auch einen Wunderzaum für sein Roß herstellen, indem er jenen Nagel in das Gebiß hinein verarbeiten ließ. Der zweite Nagel ruht in der Tiefe des Adriatischen Meeres. Als nämlich Helena mit ihrem Geschwader von Palästina heimkehrte und ein Sturm ihr Leben bedrohte, warf sie einen dieser heiligen Nägel in die schäumende Flut. Sie mochte an Polykrates denken, der, um den Götterneid zu sühnen, das Beste, was er hatte, ins Meer schleuderte. St. Helena täuschte sich nicht, der Sturm legte sich, die Pilgerflotte war gerettet. — Der dritte Nagel ist jetzt in Paris, wo derselbe nebst anderen Reliquien jeden Freitag der Fastenzeit öffentlich in der Kirche Notre Dame gezeigt wird. Dort befindet sich auch die Dornenkrone, wir wissen nicht, ob Helena dieselbe gefunden, bekannt aber ist, daß die Dornen sich nicht daran befinden, weil man sie in alle Welt verteilt hat. — Der vierte Nagel befindet sich im Dom zu Monza bei Mailand, nämlich in der sogenannten eisernen Krone, welche als eine der merkwürdigsten historischen Reliquien daselbst verwahrt wird. Ein eiserner Ring läuft inwendig in diesem goldenen Diadem herum und von Rom aus ward amtlich beglaubigt, daß die Substanz dieses Ringes einem echten Nagel des Kreuzes Christi entnommen sei. Wie viel ist schon von Rom aus beglaubigt worden, was sich später vor aller Welt als absichtliche oder unabsichtliche Täuschung bewies und sogar von Rom als eine solche zugestanden werden mußte! — Monza (Modötia) war einst die Residenz der longobardischen Könige und sechsunddreißig der letzteren sind mit der obgenannten Krone gekrönt worden. Der letzte war Napoleon I., welcher sich selbst dies Diadem aufsetzte, wobei er die hochmütigen Worte sprach: „Gott hat sie mir gegeben und wehe dem, der sie antastet.“ Der fünfte jener heiligen Nägel befindet sich in der alten Kirche St. Patrizia in Neapel, wo er in der Fastenzeit gezeigt wird. Er hat eine rote Ader und schwitzt bisweilen Blut.

Wer nur ein wenig über die Herkunft solcher Reliquien nach=

denkt, kann sich unmöglich des Gedankens entschlagen, daß jene Zeit, als Helena das Kreuz fand, den Anfang bildete zu einer endlosen Reihe frommer Betrügereien. Manche Kirchenhistoriker gestehen dies mit sanften Worten und verlegenem Lächeln ein, es sollte dies aber mit deutlichem Worte ohne scheue Zurückhaltung gesagt werden. Warum nennt man dergleichen einen „frommen“ Betrug, also einen solchen, welcher zur Förderung der Frömmigkeit geschieht? Ist denn solcher fromme Betrug weniger arg, als der Betrug eines Kaufmanns, der schlechte Ware als gute verhandelt? Ist nicht ein sogenannter frommer Betrug ärger als ein — unfrommer? Welche Frömmigkeit ist denn durch solchen Reliquienbetrug gefördert? Nicht die christliche, sondern die heidnische! Als man das angebliche Wunderkreuz, die Wundernägel, den Wunderschwamm u. s. w. besaß, wurde dies zur Hauptsache in der Kirche und dasjenige, was die Hauptsache ursprünglich war, ward vergessen. Als der Bischof Macarius in Jerusalem der heiligen Helena den Gefallen erwies, die mehrgenannten Reliquien aufzufinden, waren seit der Kreuzigung Christi fast dreihundert Jahre verstrichen. Wer hatte denn Interesse daran gehabt, jene drei Holzkreuze aufzubewahren? Sicherlich nicht das jüdische Synedrium, ebenso wenig Pilatus, noch viel weniger die Jünger. Die apostolische Zeit zeigt keine Spur von Reliquien und deren Verwahrung. Wenn der gewaltigste Apostel, St. Paulus, vom Kreuze Christi redet, so meint sein von Glaube und Liebe glühendes Wort etwas anderes als ein Stück Holz. Kaiser Hadrian ließ das Terrain der Kreuzigung und des Grabes Christi vollständig verändern und baute an jener Stelle zwei heidnische Tempel. Von Hadrian bis zur Zeit des Konstantin verflossen zweihundert Jahre und dann grub der Bischof Macarius alle drei Golgathakreuze aus und nicht nur das, sein archäologischer Eifer und seine Gefälligkeit gegen die heilige Helena fanden auch den wohlerhaltenen Schwamm, welcher mit Essig getränkt an den Mund des Heilands gehalten war, er fand auch das hölzerne Brett, welches zur Überschrift des Kreuzes gedient hatte.

Verfasser hörte vor Jahren am Fest der Kreuzfindung am 3. Mai eine Prunkrede zum Lobe des Kreuzes. Von heilsamer evangelischer Wahrheit war darin keine Spur vorhanden, die Hauptsache bildete ein Kindermärlein von dem Wunderkreuze selbst. Der Prunkredner erzählte: „Bischof Macarius fand drei Kreuze dicht beieinander in einer tiefen Höhle, wohin sicherlich die Jünger Jesu diesen kostbaren Schatz gebracht hatten, auch die Kaiserin Helena eilte herbei und vergoß Freudenthränen, als sie diese Kreuze erblickte. O, ihr heiligen Thränen des Glaubens und der Liebe!" (Hier folgte ein thränenreicher Passus über verschiedene Thränen, welche auf der Welt geweint werden, und alle Weiblein vergossen Thränen der Rührung.) „Wie aber sollte der Bischof das Kreuz Christi erkennen? Das konnte nur geschehen durch ein Wunder. Meine Herrschaften, ihr kennt die Geschichte vom Berge Carmel, wo der heilige Elias vor aller Welt zeigte, wer der wahre Gott sei. So geschah es auch in Jerusalem." Hier folgte eine vortreffliche Beschreibung abseiten des Redners, welcher jene Versammlung schilderte, die sich zur Erprobung des ersten Kreuzes eingefunden hatte. Der Redner wußte genau um die kaiserliche Toilette der heiligen Helena Bescheid, und das zahlreich versammelte weibliche Publikum bewunderte den Redner, der auch auf diesem Gebiete sich äußerst bewandert zeigte. Er vergaß nicht, den Schleier der hohen Frau zu erwähnen, belehrte uns, daß schon damals dies Kleidungsstück bei kirchlichen Versammlungen Sitte gewesen sei. Offenbar freuten sich nun die meisten der versammelten Weiblein, welche sich mit dem bekannten neapolitanischen Schleier geschmückt hatten. Darauf schilderte unser Panegyriker das Wunder selbst. „Bischof Macarius ließ eine schwerkranke Frau holen und diese berührte nacheinander jene drei Holzkreuze. Kaum hatte sie das dritte Kreuz berührt, als sie vollkommen gesund dastand."

Was Redner erzählte, behauptete er selbstverständlich als historische Wahrheit. Dieselbe Behauptung finden wir bei einer großen Anzahl berühmter Kirchenlehrer zu Ende des vierten Jahrhunderts. Sie alle zeigen sich von der Wundermär überzeugt, z. B. Chrysostomos, Ambrosius, Theodoretus. Auch der wunderfreudige Paulinus von Nola schreibt darüber in seinen Episteln. Dieser kritiklose Wunderglaube jener Zeit vor fünfzehnhundert

Jahren, den wir wiederholt als Erbteil des Heidentums erkannt haben, ist in der römisch-katholischen Kirche bis auf den heutigen Tag geblieben und solche Wunderdinge sind in der kirchlichen Praxis, sowie im Bewußtsein der hohen und niederen Volksmassen die Hauptsache der Religion.

Auch das wunderfreudige hellenisch-römische Heidentum war in Hinsicht seiner zahlreichen Reliquien kritiklos. Man besaß z. B. das Scepter des Agamemnon, welches von dem Schmiedegott Hephästos verfertigt war, man hatte den Gürtel des Teukros, man zeigte den Stein, auf welchem Telamon saß, als er seinen nach Aulis segelnden Söhnen wehmütig nachblickte; in Ilion waren verschiedene Reliquien homerischer Heldenzeit, der Ring des Polykrates fehlte nicht, ebenso wenig die Lyra des Paris, sowie das Opfermesser des Agamemnon. Auf Delos stand die Palme, wo Apollo und seine Schwester das Licht der Welt erblickten. Die Pfeile des Herkules, der Becher des Priamos, der von Athene hervorgezauberte Ölbaum wurde gezeigt, man wollte sogar die Ketten des Prometheus gesehen haben, die ihn am Kaukasus festhielten. Die verschiedenen Städte wetteiferten miteinander in Hinsicht der Reliquien, denn der Besitz solcher Dinge erhöhte den Ruhm der betreffenden Stadt und die Kustoden hatten ihr Trinkgeld von den gläubigen Touristen.

Dieser Wetteifer ward von der Kirche übernommen und im Gebiet derselben wetteiferte man bis heute miteinander in Hinsicht der Reliquien und wandte erlaubte und unerlaubte Mittel an, um merkwürdige Reliquien zu erlangen. Vor etwa sechshundert Jahren brachte der Erzbischof Carbone ein Stück vom Fleisch des St. Johannes nach Neapel, in dessen Besitz er auf seltsame Weise gelangt war. Ihm war in Rom diese Reliquie zum Andachtskuß gezeigt, da hatte er schnell entschlossen einen frommen Biß gethan und auf diese Weise sich ein Stück jenes Fleisches zugeeignet! Dieser glaubenseifrige, fromme Biß ist doch immer noch besser, als all' die sogenannten frommen Betrügereien, welche fünfzehnhundert Jahre hindurch den Wahrheitssinn in der römisch-katholischen Kirche abgestumpft haben.

Die Kirche wetteiferte aber auch in Hinsicht ihrer Reliquien mit der Welt des Heidentums. Frommer Betrug hatte bei den Heiden jene Reliquien geschaffen, aber die Zahl heidnischer Betrügereien ist verschwindend klein gegen die Zahl absichtlicher Betrugsfälle, deren sich die römische Kirche seit Konstantin schuldig gemacht hat. Die Kirche wollte das Heidentum durch Wunderglanz übertreffen, sie wollte imponieren, um zu ihrem Ziele zu gelangen. Jene Reliquien der Heiden verrichteten keine, oder nur wenige Wunder, die Reliquien der Kirche aber verrichteten staunenswerte Wunder, welche bald berghoch vor der wundersüchtigen, kritiklosen, wahrheitsleeren Volksmasse dastanden. Wir können uns vorstellen, welchen Effekt jene Auffindung des Wunderkreuzes vor aller Welt und in den Gemütern von Millionen machte, wie jenes Wunderkreuz das Ansehen der Kirche steigerte und im Verein mit dem Kreuz des Konstantin diesem christlichen Emporkömmling neuen Glanz verschaffte. Das von der römischen Kirche am 14. September alljährlich gefeierte Fest der Kreuzerhebung soll zu Ehren des konstantinischen Wunderkreuzes angeordnet sein, erhielt aber eine größere Bedeutung im siebenten Jahrhundert. Wie einst die Philister die Bundeslade fortschleppten, so hatte damals der Perserkönig bei einem Raubzuge das Wunderkreuz aus Jerusalem entführt. Was die Bundeslade den Israeliten war, dasselbe war jenes in einer Lade aufbewahrte Wunderkreuz. Da machte sich Kaiser Heraklius mit einem Heere auf, es war der erste Kreuzzug, den die Geschichte kennt, eroberte diese christliche Bundeslade, führte das Kreuz auf einem Triumphwagen zu den Thoren Jerusalems hinein und trug es auf seinen Schultern zur Grabeskirche hinauf.

Der schon früher genannte römische Dichter Lucian geißelt in seinen Satiren besonders auch die kritiklose Wundersucht der hellenisch=römischen Heidenwelt. Bei der Lektüre dieser Satiren war es mir oft, als hätte er die kritiklose Wundersucht, wie sie uns z. B. in Süditalien und in ganz Italien begegnet, im Auge gehabt. Hätte er diese „christliche" Welt geschaut, so würde er noch schärfer gegeißelt haben. Dient doch das Kreuz, dies Zeichen der tiefsten Erniedrigung des Heilands, jener priesterlichen Eitelkeit, welche seit Konstantin die Kirche ebenso arg und fast bis zur Unkenntlichkeit entstellt hat, wie sie vom Rost des Heidentums zerfressen worden ist.

Als Konstantin der Große die am Konzil zu Nicäa beteiligten Bischöfe zur kaiserlichen Tafel lud, erschien dem Bischof Eusebius diese Tafelrunde als ein Bild des Himmelreichs. Die Kirche schmeichelte dem Kaiser, der Kaiser begünstigte die Bischöfe, die letzteren wurden vornehme, fürstliche Herren, die hölzernen Bischofstühle wichen den marmornen. Joseph in Ägypten hatte dem König die Träume ausgelegt und war dafür aus dem Gefängnis zur rechten des Fürsten gelangt. Die Kirche hatte dem Konstantin das Wunderkreuz gedeutet und saß dafür auf goldenem Stuhl zur rechten des Weltherrschers. Da begann die Eitelkeit der Hierarchie ihre Abstufungen und das Kreuz mußte der Eitelkeit dienen. — „So soll es nicht sein unter euch" — sprach der Herr zu jenen Jüngern, deren Eitelkeit im Reich des Messias den ersten Platz begehrte. — Ein Bischof heutiger Zeit ist berechtigt, sich ein einfaches Kreuz vorantragen zu lassen, ein Erzbischof oder Patriarch hat zu dem Zweck ein doppeltes Kreuz, nur der Papst ein dreifaches. In Gegenwart eines Kardinals der „heiligen" Kirche darf kein Bischof das Kreuz sich vortragen lassen.

Seit zwölfhundert Jahren ist es Brauch, daß ein Bischof seiner Namensunterschrift ein Kreuz voranstellt, wie Verfasser bei allen ihm vors Auge gekommenen Erlassen dieser Art bemerkt hat. Das Kreuz steht da wie ein bekräftigendes Amen, wie ein Zeuge der Wahrhaftigkeit.

Jedes der unzählbaren Kreuze, welche die römische Kirche besitzt, ist ein Zeugnis wider dieselbe. Voll Wahrheitsscheu, voll Unlauterkeit und Ruhmesgier, voll träger Schlaffheit und Kritiklosigkeit, hat sie den Kern evangelischer Wahrheit teils in den Winkel gestellt, teils gänzlich vergessen. Sie gleicht dem Mann, welchem als Zeichen seiner gewesenen Stellung und seines verlorenen Gutes nichts verblieb als ein Orden, und der mit dem Ordenskreuz die bunten Lappen seines verbrauchten, abgetragenen Gewandes ziert.

Sechzehntes Kapitel.

Neue und alte Festlust.

Ein Erbteil aus dem antiken Leben ist die Festlust des südlichen Volkes. Wenn wir sagen, daß die Kirche heidnische Festlust und heidnische Feste nicht beseitigt hat, so ist dies zunächst nur die Angabe eines Faktums, dessen Bedeutung erst später klar zu stellen sein wird. Unser Kapitel führt ein Beispiel vor, eins aus tausend anderen.

Wer Süditalien in seiner wahren Natur sehen und kennen lernen will, der muß in den Sommermonaten hier leben, also im Juni, Juli und August, in denen keine Launen des Wetters zu fürchten sind. Wer dies Land nur in den sogen. Wintermonaten schaute, kennt dasselbe nicht. — Süditalien nur im Winter sehen, ist dasselbe, als wenn ich ein schönes Roß im Stall betrachte, wo es sinnig an der Marmorkrippe steht und nur bisweilen einige Bewegungen macht, welche dem Kenner Freude bereiten; im Sommer dagegen ist jenes Land wie ein Roß in voller Freiheit auf grünem, weitem Plan, ohne Zaum und Zügel, welches, seiner Freiheit froh, mit offenen Nüstern die Luft saugt, und seine volle Schönheit, ohne es zu wollen oder zu wissen, in Sprung und Lauf offenbart. Freilich, der milde Winter dieses Landes ist nichts anderes als ein beständiger Frühling, weil die meisten der hiesigen Pflanzen zu den immergrünen gehören, weil im Dezember, Januar, Februar die Orangenbäume ihre Last goldener Früchte zur

Ernte darbieten, wie nicht minder die Frucht des Ölbaumes fast den ganzen Winter hindurch geerntet wird; weil ferner in den fruchtbaren Thälern, wie z. B. im ganzen glücklichen Campanien, der Gemüsebau ohne Unterlaß den ganzen Winter hindurch fortgeht, und hierzulande in allen Monaten immerfort neue Blumen der Erde entsprießen, die an Pracht der Farben und an Geruch die gleichartigen Schwestern des Nordens übertreffen, — aber der Frühling ist doch nichts weiter als ein Knabe, noch unentwickelt, und so bleibt es dabei, daß erst diejenigen, welche im lichtglänzenden Lande die Sommersonne in Glut und Glanz gekostet, die bekannte Frage beantworten können: „Kennst du das Land, wo die Zitronen blühn?“

Die Griechen nannten den Monat Juli mit dem Namen Hekatombaion, am besten zu übersetzen mit „Opfermonat“, denn in seine Wochen fielen die meisten Feste, und alle Griechenfeste hatten den innigsten Zusammenhang mit der Religion, waren Dienst der Götter, denen man die Festopfer beim Festanfang nach uraltem Brauch und Gesetz weihte. Alle süditalienischen Feste haben denselben Ursprung, dieselbe Bedeutung, sie alle sind religiösen Ursprungs, nur daß jetzt der Himmel mit anders genannten Gottheiten bevölkert ist, der Madonna mit den Heiligen, aber Namen thun im Grunde nichts zur Sache, letztere ist dieselbe geblieben. In den Monat Juli nun, ebenso in den August, fallen noch jetzt die meisten großartigen Feste der Madonna und der Heiligen, bei denen jedes Dorf, jede Stadt alles aufbietet, um den Festglanz, die Festfreude aufs höchste zu steigern. Jede Stadt, jedes Dorf hat einen besonderen Schutzheiligen, dann giebt's viele Heilige, die allen gemeinsam sind, und deshalb jene große Anzahl der Festlichkeiten, deren Riesenprogramme in allen Nachbarstädten an den Straßenecken zu finden sind, deshalb die Wanderzüge von einer Stadt zur andern, deshalb die Tag und Nacht dauernde ungehemmte Festfreude, welche in der größten Stadt Süditaliens oft einen wahrhaft sinnverwirrenden Charakter annimmt. Selbstverständlich kann das Volk sich kein Fest ohne die Kirche denken; aber ebensowenig hat die Kirche die Absicht, dem Volk die Festfreude zu nehmen, vielmehr *schafft* sie die letzte. Der großartige

Schmuck an den Kirchen drinnen und draußen, die riesenhohen Vorhänge, welche vor der Kirche oft eine neue Front bilden, die eleganten, vielfarbigen Vorhänge in den Kirchen, die unzähligen stehenden oder hängenden Kronleuchter, die Fahnen, die Prachtgewänder bei den feierlichen Prozessionen, die Bilder der Heiligen, welche an quer über die Straßen gezogenen Stricken mit Flitter bekleidet niederhängen, die seidenen, mit Gold gestickten Gewänder der Madonna, welche in Prozession durch die Straßen getragen wird, die goldene Krone auf ihrem Haupte, ihr Prachtschmuck köstlicher Perlen, künstlicher Vögel, dies alles besorgt die Kirche. Sie ist es, welche dem Werke die Krone aufsetzt, wenn fast die ganze Nacht hindurch der betreffende Heilige mit Feuerwerk beehrt wird, wobei das Prasseln und Donnern eine Hauptsache bildet und dies gewöhnlich derart ist, daß man eine Schlacht vermuten möchte. Die Kirche hat teils aus eigenen Mitteln, teils aus öffentlichen, von ihr angestellten Sammlungen die Kosten eines solchen Prachtfeuerwerkes bestritten. Solche Feste folgen im Sommer beständig aufeinander. Man könnte nun fürchten, daß dieselben wegen etwaiger Einförmigkeit langweilig werden und ihre Kraft und Anziehung verlieren, davon ist aber keine Rede, und zwar aus dem Grunde, weil sie himmelweit von Einförmigkeit entfernt sind, vielmehr jedes Fest durch Originalitäten sich von dem andern unterscheidet. Zu den originellsten Festen gehört das Madonnenfest der Fischer von Santa Lucia, ein Fest, dessen Hauptakt nicht auf dem trockenen Lande spielt, auch nicht etwa in den Barken auf dem Wasser, sondern im nassen Elemente selbst.

Jene Zeit, welche ungefähr von unserem Juli, August, September umfaßt wird, nannten die Griechen „sichere Monate". Nun weiß ich, warum ihre wanderlustigen Stämme vor allen Dingen den Golf am Vesuv für ihre Ansiedelungen erwählten. Hier fanden sie den heimischen Himmel, hier ebenso ihre sicheren Monate wieder, hier bot ihnen das klippenreiche Ufer, die hochgebauten Inseln, die „salzige Meerflut" ein Bild ihrer Heimat. Heiß sind die sicheren Monate der Griechen, aber eine Hitze ist es, unter der man nicht leidet. Leicht und rein ist die Luft, von drückender Schwüle dann keine Rede, gerade um die Mittagszeit weht der kühlende Südwind, ein wonniger Hauch, zum Lande hin, warum also über Hitze seufzen? Man vergißt über der Herrlichkeit des Lichtes, der alles umhüllenden, versilbernden, vergoldenden Lichtmasse, in der die ganze Welt ringsum zu tanzen und sich unaussprechlich wohl zu fühlen scheint — man vergißt die Sonnenhitze. Nicht zum Feinde wird dann Apollo, als ob er in jenen Monaten Todespfeile wider die Menschen entsendete, heiter vielmehr bleibt sein Angesicht und er nimmt es nicht übel, wenn der moderne Mensch, bescheiden, wie er ist, hinter und unter seinem blau gefütterten gelben Sonnenschirm sich mit einem Teil der goldstrahlenden Lichtfülle begnügt. — An solchem Tage also mengen wir uns unter die Festscharen, die zum Fest von Santa Lucia pilgern, welches am letzten Sonntag des August gefeiert wird. „Wer zählt die Völker, nennt die Namen?“ — Wie die Griechenscharen gen Olympia, gen Korinth oder nach Delphi zu heiterer Festzeit zogen, so sehen wir heute, am oben genannten Tage, Fischer von fern nnd nah nach St. Lucia strömen. Zwar der Fischer an der benachbarten Mergellina und am wonnigen Posilip hat dort auch seine Madonna und diese ihre Kirche, letztere natürlich ihr Jahresfest, aber St. Lucia überstrahlt doch alles, dort darf man also nicht fehlen.

Vom fernen Ostufer der Stadt, von der Spiaggia della Marinella, oder vom Porto und Molo kommen ebenfalls braune Fischer und Barkenführer. Natürlich haben diese auch ihre Madonna, genannt Madonna del porto salvo, Schützerin des Hafens, und an der Kirche derselben zeigt sich die Inschrift: Regina maris, Meereskönigin, in der Kirche sind zahlreiche Votivtafeln, Bilder von Schiffen in Sturm und Wellen, der Madonna in Angst und Todesgefahr gelobt, über dem Altar aber befindet sich die Madonna, vor ihr Haufen von Blumen, und wenn nun ihr Fest da ist, schenken die Fischer und Schiffer jener Küste ihr eine neue Krone, weshalb das Fest auch „Krönung der Madonna“ genannt wird. Ihre Madonna wird glänzend gefeiert, die Kirche innen und außen mit Sammet und Seide dekoriert, die benachbarten Straßen am Abend mit unzählbaren Kandelabern und Kronleuchtern tageshell beleuchtet, in der Nacht Feuerwerk mit Bomben und Raketen, so gewaltig, als wäre der Vesuv mit einer Eruption beschäftigt. Dabei wird der heilige Nikolaus, Patron aller Seefahrer, nicht vergessen und seine Kirche S. Nicola alla Dogana, erlebt alljährlich ein glänzendes Fest. — Heute aber pilgert man doch von der Marinella aus nach St. Lucia, selbstverständlich kommt man seinerzeit ebenso von St. Lucia nach der Marinella. Ob da alles friedlich verläuft? Dann schon, wenn keine der beiden Parteien wider die Madonna der andern oder wider das betreffende Fest derselben etwas zu sagen hat! — Doch die Scharen der Festgenossen kommen auch aus weiterer und weiter Ferne. Von Torre del Greco segeln heute quer über den Golf manche Korallenfischer, die weiter ins Meer hinauskommen, als die Muscheltaucher von St. Lucia; von Sorrento kommt man übers Wasser in bunten, hochgeschnäbelten Fahrzeugen, „frischblühende Männer“ — (um mit Homer zu reden) — sind es, die drüben im paradiesischen Sorrento am Fuß der hohen, steilen Uferküste wohnen und im Hochsommer in gewaltigen Netzen den Thunfisch fangen oder in sicheren Barken manchen sehnsüchtigen Nordmenschen mit kräftigem Ruderschlage nach Capri hinüberbringen. Heute will mancher von ihnen in St. Lucia sich seines Lebens freuen. Sogar aus Procida und Ischia, den beiden herrlichen Meereilanden, fehlen Gäste nicht. Die von Procida — „ruderliebende Männer“ sind sie — wollen heute sich überzeugen, daß ihr Jahresfest der vier Altäre dem heutigen Feste von St. Lucia keineswegs nachsteht, und die segelfrohen Männer Ischias wollen dasselbe im Hinblick auf ihr Fest der St. Restituta. — Von Ischia gen Napoli ist's obendrein nicht allzu weit. „Schwellender Wind nun saust' in des Segels Mitt' und umherscholl laut die purpurne Wog' um den Kiel des entgleitenden Schiffes, und es durchlief die Gewässer, den Weg in Eile vollendend.“ (Homer, Odyssee II., 458). Viel seefahrendes Volk nennt Ischia seine Heimat und viel weiter als gen Napoli fahren sie. Auf Ischias Riesenburg, dem längst erloschenen Vulkan Epomeo, stand ich an einem Sommertage, als die Cicaden ihre „lilienzarte“ Stimme ertönen ließen. „Seht, Herr“, sprach unser Führer, „weit, viele Meilen weit schaut Ihr ins Meer, aber unsere Schiffer segeln noch viel weiter.“ Hoch auf der Spitze des Epomeo ist die Höhlenkirche und das Höhlenkloster des heiligen Nikolaus, unter dessen Schutz der wetterbraune Ischiote, die schimmernden Segel ausspannend, durch die „purpurn wogende Salzflut" steuert.

Nur ein geringer Teil der harrenden Festgenossen wurde soeben genannt, vergebliche Mühe, auch die übrigen zu nennen und zu beschreiben. In der breiten, bogenförmig am Meer und stattlich über dessen Fläche gehobenen Straße von St. Lucia wogt es heute Kopf an Kopf von Tausenden; keinem Wagen ist es gestattet, während der Festzeit dort zu passieren. Wer zählt die Insassen der buntbordigen Barken, welche weit und weiter das Meer hinauf wie lustige Enten sich bewegen, drehen, wenden, kommen und gehen? Dazu „rings auf hohem Balkone die Damen im schönen Kranz". Wie ein Amphitheater steigt das Terrain zum Rücken des stattlichen Hügels Pizzofalcone hinan, dort hinauf klettern die Häuser, deren unzählbare Balkons, deren flache Dächer bis hoch oben hinauf mit buntgekleideten Frauen besetzt sind. — Rot, blau, gelb, grün, recht grelle Farben nebeneinander, so liebt es die Dame des Volkes. Siehst du, wie jenes Fischerweib dort oben ihren bunten Fächer graziös handhabt? Der Fächer ist aus Holz und buntem Papier verfertigt, kostet nur einen Soldo, ihre Grazie aber hat das Weib umsonst, die ist ihr, wie tausenden ihrer Standesgenossen, angeboren. Guirlanden aus Lorbeer und Myrte an den Balkons, bunte Fähnlein an hohen Stangen links und rechts in langen Reihen an der Straße. — — — War das nicht unser Mittagsschuß vom hohen St. Elmo? — — Trommelwirbel, Schreien, Pfeifen, Trompetenstöße aus der Ferne, alle Augen wenden sich zur Strada Gigante hin, welche, mit Lucia einen Winkel bildend, zu dieser niedersteigt.

Da kommen die Festboten; genau läßt sich nicht unterscheiden, was denn eigentlich kommt, wir sehen nur einen mit tosendem Lärm, mit lautem Geschrei rasch sich vorwärts wälzenden Menschenknäuel. Aus dessen Mitte ragt ein in drei Farben spielender Riesenfederbusch, dessen beständiges Nicken den Takt für die wilden Trommelwirbel anzugeben scheint. Die rauschenden Wirbel dieses mächtigen Lärminstruments übertosen kaum die Mark und Bein erschütternden schrillen Pfeifentöne, eine Reihe von dumpfwirbelnden Tambourins begleitet die wilde Musika. Vor jenem sich nähernden Menschen=knäuel bildet sich eine Gasse, und: „Durch diese hohle Gasse muß er kommen“, dafür sorgen die Bahnbrecher, über hundert hoffnungs=reiche Fischerbuben von St. Lucia, welche in dämonischer Festwut daherrasen. Es sind kleine und große Fischerknaben, heute der Ehre gewürdigt, den Festzug zu melden, Knaben im Alter von sechs bis vierzehn Jahren. Heute ist ja ein wonnig=warmer Sommertag, warum sollten da die Kleinen eine besondere Toilette machen? Warum heute sich anders kleiden als tagtäglich im Sommer, wo diese Jungen den größeren Teil des Tages im Wasser oder auf demselben ohne Kleiderbelästigung zubringen? — Nur ein Teil jener Buben hat sich heute eine Art bunten Schwimm=anzugs zugelegt, einige haben ein buntes Hemdchen, von Schuhen und Strümpfen, von Hüten und Mützen ist keine Rede. So brechen diese Bubenhaufen — wild anstürmend, schreiend, Purzel=bäume schlagend, die kleinen auf den Schultern der großen, auf=springend, abspringend, auf der Erde sich wälzend, schreiend, brüllend — die Bahn. — Prachtbuben sind unter ihnen, braungelbe Indianer=haut, pechschwarzes Lockenhaar und — Augen! Ja, was es eigent=lich mit dem menschlichen Auge auf sich hat, das lernt man erst im Süden. „Und den Augen entfunkelte strahlendes Feuer“ sagt Homer, und unser guter alter Konrektor machte, als er uns damaligen Sekundanern diese Stelle erläuterte, die Bemerkung: „Mehr im Süden, als im Norden“. — Aber die Polizei, der Anstand? Nun die Polizei ärgert sich hier nicht, wo alle Welt sich über die Prachtjungen freut, die freut sich eben mit. Die Polizei ist heute in stattlichen Erscheinungen vertreten; Dreimaster, Frack, Silberschnüre, frischgewaschene, schneeweiße Handschuhe; die Polizei hat hierzulande nicht den Beruf, dem Volke seine Freude zu stören und, wenn sie einen jener kleinen Buben ergriffe, ihn seiner Mutter brächte, damit sie ihn wasche, kämme und kleide, was würde dann aus den weißen Handschuhen werden? Oben=drein läßt sich ein solcher Bube auch nicht einfangen. — — Der Knäuel ist vorübergerast, die Kirchenglocken von St. Maria della Catena, auch Feuerwerksbomben haben ihn begrüßt, Trommeln, Pfeifen, Tambourins, Buben, alles verschwunden, in eine enge

Gasse sind sie eingebogen, das Vorspiel ist vorüber, der erste Akt läßt nicht lange auf sich warten.

Aus jener engen Seitengasse kommend, Trommelwirbel voran, erscheint der Festzug der Fischer. Ernst und würdevoll naht er dem Felde der Ehre, feierlich, wie die Schar der Gladiatoren, wenn sie den Kampfplatz betraten und dem Kaiser Roms ein Ave, Caesar! zuriefen. — Kaum hat die Spitze unseres Fischerfestzuges die breite Luciastraße betreten, da wird er von wahrhaft infernalischem Beifallsgejauchze begrüßt, wodurch indes die würdevolle Haltung des Zuges nicht gestört wird. Langsam bewegt er sich an uns vorüber, neues Glockengeläute, neue Bomben. Voran auf einem Esel Neptun, oder irgend ein Meergott, vielleicht Nereus, Proteus. Kleid und Hut sind von allerlei Meerpflanzen künstlich zusammengefügt und mit buntfarbigen Papierstreifen behangen. Ihm folgen in langer Reihe andere phantastisch gezierte Gestalten, jede aber hat in ihrem Narrenkostüm eine wahre Verschwendung von Papier in allen möglichen Farben, der letzte einen Mantel, zusammengeklebt aus hunderten von Tapetenmustern; jede dieser Gestalten trägt an oder auf hochragender Stange irgendein mit Laubwerk und Papierflitter umwundenes Flechtwerk, meist mit Früchten aller Art behangen, der letzte ein stattliches Schiffsgerippe mit Mast und Segeln, jede Rippe mit glänzenden Papierstreifen umwickelt. Endlich folgen, je zwei und zwei, die übrigen Fischer, Taucher, Austern- und Muschelhändler von St. Lucia, zum Teil mit roter Schärpe an den Hüften versehen. — Die wilde Bubenschar hat dicht an der Straßenmauer, wo eine der Treppen zum Meere abwärts führt, einen breiten Platz gesäubert, in dessen Mitte ein niedriger Tisch sich befindet, dicht bei demselben eine gewaltige mit Wasser gefüllte Tonne, mehrere Eimer, sowie ein Instrument, welches eine Handwasserspritze sein dürfte. Auf den genannten Tisch steigt zunächst unser Neptun, in der Hand seine Stange mit Laubwerk, allen sichtbar macht er allseitig seine schuldige Verbeugung, begrüßt von donnerndem Beifall. Nun wird uns alsbald klar werden, welchen Sinn jenes Laubwerk an der Stange hat; zwischen ersterem befindet sich allerlei nach allen Seiten verschlungenes Feuerwerk, ein neben dem Neptun auf dem Tisch

Stehender zündet dies an, ein Zischen, ein Prasseln, ein Sprühen erhebt sich zwischen dem grünen Gewinde, ein Feuerregen beginnt auf den Meergott nieder zu prasseln, schon fangen seine Papierstreifen Feuer, da — Hilfe in der Not! Ein Eimerguß nach dem andern trifft den Meergott, die Spritze weiß ihn mit Sicherheit zu erreichen, das Feuer prasselt, es knallt, donnert, sprüht auf ihn nieder, der Meergott beginnt im Feuerregen zu tanzen, neue Güsse, neue Wasserstrahlen! Ungeheurer Jubel lohnt den Wackeren, dem in der Hitze des Gefechts die grüne Meergott-Kopfbedeckung entfallen ist und der zugleich im eleganten Wurf die Reste seiner Guirlanden dem Meere zuschleudert. Ein Sieger steht er da. Nach ihm treten alle Übrigen auf die Arena, d. h. auf jenen Tisch, bei allen dieselbe Prozedur, dieselbe Feuersnot, dieselben Wassergüsse, dieselbe Bravour im Feuerregen. Der Festjubel in der riesigen Volksmenge steigert sich und erreicht eine Art Raserei, als der letzte Papiermensch mit seinem bunten Papierschiff die Arena besteigt und sich nach Anzünden des Schiffes über seinem Haupte ein tolles Feuerwerkspiel erhebt, knallende Bomben, sprühende Raketen, donnernde Gewehrsalven gehen von dem Schiffe aus, aber lauter als dieser Feuerlärm tost der Jubel, wenn der Wackere unter Feuersprühen und Wassergüssen seinen Tanz in Tarantellabewegung vollendet und die Reste endlich weit von sich schleudert. — Der erste Akt ist zu Ende, die Pause willkommen.

Ehe wir den zweiten, den Schlußakt erleben, ist uns ein Blick gestattet auf die Scenerie, welche uns auf diesem Schauplatz des seltsamen Festes umgiebt. Die Uferlinie Neapels teilt sich in zwei prächtige Bogenlinien, welche neben St. Lucia zusammenstoßen. Dort wird das sonst überall zuerst sanft aufsteigende Ufer von einem schönlinigen Höhenzuge durchbrochen, welcher vom hohen Kastell St. Elmo sich niedersenkt, dicht am Meere sich wieder hebt und fast steil niederfällt, dicht am Meere kaum dem Fahrwege Platz lassend. Vorne steil, an seinen Seiten sanft sich abdachend, ist auch dieser Höhenzug, soweit irgend möglich, mit einem Meere von Häusern bedeckt. Sein dem Meere zugewendeter Teil heißt Pizzofalcone, Falkenschnabel, oder vielleicht richtiger Falkenhöhe, ein Name, der an jene Zeit vor Jahrhunderten erinnert, als diese Höhe, wildbewachsen, gänzlich außerhalb der damaligen Stadtmauern, ein Sitz der Falken war. Weiter zurück schweifen die Gedanken. Mit diesem Küstenstrich und seinen Höhen ist innig verwachsen der Name des Römers Lucullus, der zweifelsohne (so lehrt uns neueste Forschung) hier eine Villa oder richtiger eine seiner Villenanlagen hatte, die sich über ein weites Terrain des Ufers und der Höhen mit ihren Gebäuden, ihren Parkanlagen erstreckte und am Ufer große Fischbehälter, wie jener Zeit üblich, umfaßte. Reste der letzteren befinden sich unter der oben mehrfach genannten Fischerkirche St. Maria della Catena. — Jahrhundertelang hat jene sich zu einer Art Vorstadt erweiternde Villa bestanden; die letzte Nachricht meldet von ihr, daß ein seltsamer Gast in ihr Herberge und Sterbelager fand, der letzte Kaiser Roms, Romulus Augustulus, hierher verbannt im Jahre 476. Nun bin ich mit dem Tod den Toten gleich und fall' in Trümmer wie das alte Reich." — Diese Lucullus-Villa ist verschwunden, und es lebt von ihr nur noch der Name, den eine Inschrift am schönen Marmorbrunnenbogen an St. Lucia dieser Küste giebt: Lucullus-Ufer. — Auf jenen damals waldbewachsenen Bergeshügel Pizzofalcone stiegen vor Jahrhunderten die Jesuiten, machten den Falken das Terrain streitig, welches die Marchesa della Valle den Jüngern Loyolas schenkte, siedelten dort oben sich an und nannten jene Höhe den Gottesberg, Monte di Dio.

Wann entstand nun die Fischeransiedelung St. Lucia, welche sich an die Höhe von Pizzofalcone anlehnt, dort, wo das Meer eine besondere Bucht ausgehöhlt hat? Diese Frage läßt sich ebenso wenig beantworten als die nach dem Alter unseres Freundes Gaetano. — Ob die ersten armen Fischer in den Resten jener Römervilla ihr Unterkommen fanden, wie manche Menschen in der Nähe von Bajä beim Lago Fusaro noch heute in den Resten römischer Gräber wohnen? Im Meere, auf unförmlichem Tuff-Felsblock, der vielleicht einst vom Pizzofalcone sich ablöste, liegt die Festung Castel del Ovo, Ei-Kastell, von ihrer Form so geheißen. Ob es auf der Mutter Erde einen Felsblock giebt, der eine ebensolche Geschichte aufweisen könnte als jener? Jenes winzige Felseiland hieß Megaris, ein phönizisches Wort, und war, nach wohlbegründeter Annahme der Gelehrten, Sitz der Faktorei der Phönizier, welche längst vor den Griechen diese Küsten kannten. Später setzten sich auch hier die Griechen fest, dann gehörte dieses Eiland dem Lucullus, darauf suchte und fand daselbst beschauliche Ruhe die heilige Patrizia, und ihrem Beispiel folgten Mönche, welche ein Kloster dort errichteten und dem Felsen den Namen St. Salvatore gaben. Aus dem Kloster machte der erste Normannenkönig eine Festung; der Hohenstaufe Friedrich II. barg dort große Schätze und ahnte nicht, welch' jammervolles Schicksal die Kinder seines Sohnes Manfred in den finsteren Höhlen dieser Meerburg erleben sollten. Lassen wir die dunklen Geschichten der späteren Jahrhunderte, welche sich an die grauen Mauern heften. Von dergleichen wissen die dortigen Fischer nichts zu melden, wohl aber erzählt man, daß tief unten in der alten Meerburg und in ihren Felsgründen sich große, geheimnisvolle, finstere Höhlen befinden und in den Höhlen kostbare Schätze, die erst teilweise gehoben sind; auch gegenüber am Land, unten im Pizzofalcone, sind Höhlen, jetzt durch Gebäude verdeckt, und die Erbauer der letzteren fanden, so erzählt der Fischer, Gold und Silber in den Grotten. Der Lucianer weiß von der Geschichte seiner Fischerkolonie nichts; ihm ist es unbekannt, wie spanische Vizekönige seinen einst öden Strand nach und nach verschönerten; weiß nichts von der Erzählung, daß vor Jahrhunderten dortige arme Fischer eine Summe Geldes zusammenbrachten, um jenen prächtigen, mit Bogen versehenen, mit edlen Statuen und Reliefs verzierten Brunnen anzufertigen, ein Werk, welches durch den berühmten Giovanni da Nola und seine Schüler vollendet wurde; der Lucianer denkt kaum mehr daran, daß vor etwa fünfzig Jahren die hohe Uferstraße vollständig hergestellt ward, von welcher zwei Treppen auf die Banchetta weiter unten führen, eine Terrasse, weit gestreckt, nur wenig sich über die Meeresfläche erhebend. Der Lucianer weiß nicht, wann seine Kolonie von der gewaltig wachsenden Stadt umflutet wurde, um derselben gänzlich inkorporiert zu werden; er hat dies ruhig geduldet, und diese seltsame Fischerkolonie hat trotz Inkorporation ihre Eigentümlichkeiten bis auf diese Stunde treu bewahrt. Im Frühjahr 1787 hat sich Goethe manch lieben

Tag besonders auch in unserem St. Lucia umgesehen, wie namentlich die beiden Briefe an Herder vom 28. und 29. Mai jenes Jahres bezeugen. — Seit Goethe in St. Lucia war und anfing, wie er schreibt, sich „in dem ungeheuren Gewirr mit den verschiedenen Figuren bekannt zu machen", hat allerdings, wie schon erwähnt, das Terrain sich in einiger Hinsicht geändert, aber — das Menschenleben ist bis heute dort unverändert. Käme Goethe heute wieder nach Neapel, er würde überall mit seinen „großen, großen Augen" (Brief vom 27. Februar) staunenswerte Veränderungen wahrnehmen, würde aber vielleicht am meisten staunen, daß die Menschenwelt in St. Lucia dieselbe geblieben.

Im Sommer ist in St. Lucia alltäglich — oder richtiger allabendlich und allnächtlich — ein Fest, sagen wir lieber eine Art Schauspiel, Lustspiel, Komödie, Oper, Ballet; die Scenerie kann unterm tiefblauen Sternenhimmel nicht großartiger sein; die Mondbeleuchtung, welche auch die entferntesten Coulissen, als Vesuv, Sorrentiner Berge, Capri, klar erkennen läßt, nicht prächtiger gedacht werden. — Sonnenuntergang ist Signal zum Beginn des Schauspiels. Wenn unsichtbare Zauberhand Himmel und Erde, Meer und Berge mit unbeschreiblich herrlichen Farben übergießt, dann beginnen die Feststunden von St. Lucia, dann wandelt sich diese Küste in einen Marktplatz, Tanzsalon, Opernhaus, Konversationssalon, Trinkhalle, Speisezimmer und was alles noch mehr. Die langen Reihen der Buden, welche Meeresschätze aller Art dem Genusse darbieten, sind geöffnet; der Fruchthändler ziert dann seinen Tisch oder Korb mit Lorbeer und Myrte; der Wasserhändler seine buntfarbige Bude mit Blumen; der Garküchenbesitzer bringt seinen Kessel auf sein Straßenfeuer, neue Pinienzapfen, neue Maiskolben werden zum Rösten auf Kohlen gelegt, und ein jeder, welcher dem Genuß etwas zu bieten hat, handelt nach des Dichters Regel: „Nimm alle Kraft zusammen." Ein Schreien, Rufen, ein Wetteifer in der Lungenübung entsteht, zugleich aber auch eine Wettübung in poetischer Erfindung beim Anpreisen der Waren. „O, was für ein saftiges Hühnchen!" ruft die Maiskolbenrösterin, indem sie dir ein duftendes Maishaupt darbietet. — „O, was für schöne Sachen, Trauben von Gold und Silber, Trauben von

Purpur!" schreit der Traubenhändler. — „Signori, Signori, welch ein Zucker!" ruft der Melonenhändler, während er mit riesigem Messer die großen Früchte teilt. — „Avanti! Avanti!" brüllt jener halbnackte Fischerbube und bietet zum Verkauf einen schwarzen Seeigel, den er soeben sich ertaucht hat. Dergleichen Tiere werden mit scharfem Messer geöffnet und das Inwendige roh verspeist. Aus tausend heiteren Scenen setzt sich da eine Komödie zusammen, Ballet fehlt nicht, das antike Tympanon (Tamburin) läßt seinen dumpfrauschenden, bacchisch-dämonischen Klang vernehmen, die Tarantella beginnt hier und da. Die Hauptscene aber spielt dann nicht hier oben auf breiter Straße, sondern ein Stockwerk tiefer auf breiter Banchetta am duftenden Meer. Steigen wir dorthin nieder.

Während sich dicht an Lucia, in strada Chiatamone, eine berühmte eisenhaltige Quelle befindet, von der Wissenschaft als aqua Lucullana bezeichnet, hat St. Lucia eine ebenso berühmte Quelle von Schwefelwasser, wir treffen sie unten an der Banchetta in weiter Höhle unter der von uns eben verlassenen Fahrstraße. Wilder Lärm, Schreien, Rufen, Schelten in dieser weiträumigen Grotte. Dort walten mit leidenschaftlichem Eifer die wenig sanften Fischerweiber, dort wird geschöpft, von dort werden tagtäglich, am meisten allnächtlich, tausende von Henkelkrügen nach oben geschafft, dort auf Karren gelegt und in alle Straßen der Stadt gefahren. Ebenso viele jener Krüge bleiben an der Banchetta, denn dort strömt man allabendlich zusammen, nicht, wie im Norden, zum Bier, sondern zum — Schwefelwasser! Die Lucianerinnen haben den Ausschank, jede der kräftigen Fischerfrauen, welche an der Reihe sind, hat dort einen Platz, den sie mit Tischen und Stühlen besetzt, dort ist sie die waltende Hebe, Nektar spendend und Ambrosia, nämlich Schwefelwasser und kleine Kringel. Will an diesem Brunnen der Neapolitaner sein heißes Blut kühlen? — Mische dich unter die Scharen da unten, da geht's lustig her, bisweilen wild. Die verschiedenen Heben schreien den Kommenden zu, laden leidenschaftlich in ihr Revier, erfassen dich wohl mit kräftiger Faust, drücken dich nieder auf den Stuhl, halten dir das Schwefelwasser an den Mund. Wild geht's her, wenn eine Hebe die Grenzen der Nachbarhebe verletzt, ihr gar einen Gast wegschnappt. — Bitte einmal in der Ilias nachzulesen, wie die homerischen Helden einander mit Kraftworten zuleibe gehen, daß die Worte „wie Schneeflocken“ daherfliegen. — Dies Vorbild übertreffen die Lucianerinnen weit. Ich hab's gesehen, wie es von Worten zu Thaten kam, denn „es schwoll ihr das finstere Herz von der Galle, schwarz umströmt, und den Augen entfunkelte strahlendes Feuer“. — — Doch hören wir lieber den Sänger, anhebend mit helltönender Stimme zur Mandoline und Guitarre: Tu sei l'impero dell' armonia, Santa Lucia! Homer hat recht: „Saitenspiel und Gesang, das sind die Zierden des Mahles“. — Auf der Banchetta ißt, trinkt, scherzt, singt, lärmt man, Austern, Muscheln, Schnecken, Früchte, Maccaroni, Fische, mutstärkenden Wein hat man da — so feiert man allnächtlich „stattlichen Festschmaus“, oft bis zum hellen Morgen. Wo nun tagtäglich Festtag stattfindet, mag es schwer sein, ein besonderes Fest zu feiern. Keine Furcht, zurück zum Fischerfest. — Der letzte Akt beginnt.

Der letzte jener Männer hat im Feuerregen seine Probe bestanden, und schon haben sich, um die Wasserprobe zu bestehen, frischblühende Männer auf der Banchetta versammelt. Um ihre Thaten zu bewundern, steigen wir in eine Barke und fahren ein wenig vom Ufer ab. Da stehen sie in langen Reihen wohlgeordnet, alle kühnen Summozzatori (Taucher) von St. Lucia, wohl einige hundert, alle Altersstufen vom zehnjährigen Knaben bis zum fünfzigjährigen Mann sind vertreten, alle mit leichtem buntgestreiftem Kostüm bekleidet. So denke ich mir Gestalten der Griechen in der Palästra, froh bereit zum mutigen Ringkampf. Unsere Helden harren des Zeichens, ein Trompetenstoß, und hoch aufspringend, stürzen alle ins Wasser, schäumend spritzt die salzige Meeresflut über ihnen zusammen, donnernd schallt der Jubel aus Tausenden von Kehlen auf dem Lande, auf dem Wasser, und schon tauchen die Köpfe der Mutigen wieder empor. Jetzt aber erhebt sich der lustigste Wettkampf. Heitere Kurzweil, Kämpfe, Wettschwimmen, die verschiedensten Kunststücke werden dem Publikum vorgeführt, Blumensträuße, Früchte wirft man den Kühnen ins Wasser, sogar Weinflaschen, die im Wasser heiter geleert werden. — Die Helden klimmen ans Land, neue kühne Sprünge ins nasse Element, dabei tauchen die einen in kühnem salto mortale mit dem Kopf voran, andere mit den Füßen, jauchzend klettert die kleine Brut auf den Rücken der Großen, der Vater springt hinein mit dem Sprößling auf dem Rücken und schleudert den letzteren weit ins Meer, die Barken der Zuschauer werden umschwommen, plötzlich taucht neben der deinigen eine Gestalt auf und verschwindet, nachdem ein mächtiger Wasserguß dich am heißen Tage gekühlt hat. — Sind es die Tritonen, Wassergötter der Griechen, welche ihr Spiel treiben? — Toller wird das seltsame Spiel, lauter der Lärm auf Wasser und Land.

Wer aber sitzt dort auf der Banchetta, sein Stuhl eine große Tonne? Es ist Gaetano, der Alte! — Wie ein Nestor unter den Helden von Troja, weilt er unter den Helden Lucia's, denkend wie jener: „War ich ein Jüngling einst, so nahet mir jetzo das Alter.“ — Nur anfeuern kann unser Nestor, aber dies ist kaum nötig. Dämonische Festlust ergreift immer mehr auch andere. — Vollbekleidete stürzen sich ins Wasser, ja, unter tosendem Jubel springt ein Fischermädchen in voller Kleidung in die schäumende Flut, um, von kräftigen Armen gehoben oder eine Barke erfassend, wieder ans Land gebracht zu werden. Dies fast in Raserei übergehende Treiben dauert eine volle Stunde, dann ist's zu Ende, und nach kurzer Frist sitzen die Lucianer beim lecker bereiteten Mahle und halten stattlichen Festschmaus.

Alles aber geschieht zu Ehren der Madonna. Unter den Fischern geht die Sage, daß man vor vielen Jahrhunderten dort an einer Felsklippe ein uraltes Madonnenbild entdeckte, welches man sofort tauchend und schwimmend ans Land brachte; hieran zur Erinnerung sei dies Fest gegründet. Das genannte Madonnenbild ist in der nahen Fischerkirche, und ein brauner Austernhändler versicherte: „Die Madonna macht viele miracoli.“

Ein lebendes Bild antiker Festlust bietet St. Lucia am letzten Sonntag des August. Hat man am Vormittag die Kultuspflicht der Madonna geleistet, so schließt sich daran Lebensgenuß, der seinen Höhepunkt in Kurzweil, in Karnevalstreiben, im Festschmaus, findet, alles zu Ehren der betreffenden Gottheit. Als Äneas eine gottesdienstliche Totenfeier für seinen verstorbenen Vater anstellte, schmückten sich die Festgenossen mit Laubkränzen und feierten, „die Schläf' umwunden mit Laub und purpurnen Bändern", heitere Kampfspiele nach hellenischem Brauch. Also selbst der Totenkultus verlangte heiteren Lebensgenuß (Äneis V). Als Telemach in Pylos anlangte, fand er Nestor und die Seinigen bei einer Kultushandlung zu Ehren des Poseidon. Dieselbe bestand in einem heiteren Mahl am Meeresufer. „Ihm ist heilig das Mahl, bei dem ihr kommend uns findet." Die Fremdlinge werden aufgefordert, Poseidon anzuflehen, weil ja alle Menschen der Götter bedürfen, dann aber nehmen sie an dem heiteren Kultusmahl teil und feiern stattlichen Festschmaus. Das Religionsleben der Römer kannte die Priester als Ordner der dem Kultus einverleibten Festschmäuse, und ein besonderes Priesterkollegium führte den Titel: „Schmausherren". Karnevalsscherze und allerlei Mummenschanz waren in Rom bei den Lupercalien, den Floralien und anderen religiösen Festen üblich. Die antike Festlust und Festart hat sich unter dem Banner weitherziger Santi geborgen, welche heutzutage den dämonischen Festton des Tympanon (Schellentrommel) ebenso vernehmen, wie einst die mit Festlust gefeierten Götter.

Siebzehntes Kapitel.

Eine Apotheose.

Monumentomania, so lautet ein Wort, welches jüngst ein Italiener seinem Volke als Vorwurf entgegen hielt. Eine dem antik-heidnischen, römischen Leben entstammende Volkskrankheit ist die genannte Denkmalswut. Sie zeigte sich in erneuter Kraft, als mit dem Jahr 1860 für Süditalien eine neue Ära anbrach. Ernste, große Aufgaben traten damals an das Volk heran, welches, von der Tyrannei befreit, von einer besseren, glänzenderen Zukunft träumte und immer wieder das schöne Wort vernahm: „Risorgimento" (Auferstehung). Sofort entstand ein allgemeiner Wetteifer, — etwa im Bau von Schulanstalten? Nein! Denkmäler, monumentale Bauten wurden im Wettstreit errichtet, prächtige in die Augen fallende Anlagen wurden im Wetteifer geschaffen, und in dieser Hinsicht gab Neapel, die frühere Hauptstadt, ein überall nachgeahmtes Beispiel.

Römische Satiriker reden oft von jenem glänzenden Elend, welches sich in Rom zur Kaiserzeit tausendfältig zeigte, von jener Sucht, einen glänzenden Schein um sich her zu verbreiten. Wer süditalisches Leben aus eigener Beobachtung kennt, dem kommt es vor, als hätten jene Satiriker ihre Werke nicht im heidnischen Rom vor achtzehnhundert Jahren, sondern im christlichen Neapel im neunzehnten Jahrhundert geschrieben. Jene antik-römische, von den Satirikern gegeißelte Sucht des „fare figura" finden wir heutzutage im Einzelleben und im öffentlichen Leben. Dort sehen wir z. B. eine Familie, welche daheim entbehrt, um draußen bei der Korsofahrt durch den Glanz des Wagens und der Rosse zu glänzen. Wir denken dabei an jene Damen des römischen Kaiserreichs, welche im Zirkus „Figur machten“, indem sie, wie Martial spottend bemerkt, alles mieteten, eine Zofe zur Begleitung, ein Kissen, um darauf zu sitzen, ein Gewand, um es anzulegen, sowie Ringe, um sie an den Fingern glänzen zu lassen. Das „fare figura“ geht in Süditalien durch alle Stände hindurch bis in die untersten. Um äußeren Glanz zu gewissen Zeiten zu zeigen, bringt man die größten Opfer, legt man sich die schwersten Entbehrungen auf, vermag der ärmere eine nach südlichen Begriffen heroische That zu thun, nämlich zu — sparen! Wenn zu Pfingsten die großartige Pilgerfahrt zur Madonna auf Monte Vergine geschieht, feiert dieses „fare figura“ zwischen den vielleicht 100000 Pilgern einen wahren Hexensabbat. Viele Tausende haben für diesen Tag gespart, haben Hausgerät versetzt, für Wucherzinsen Geld geliehen, notwendige Dinge verkauft, lauter Opfer für den Götzen: fare figura. Für Monte Vergine mieten sich dann z. B. arme Waschfrauen eine prächtig geschmückte, mit stattlichen Rossen bespannte Karosse, welche für jene dreitägige Pilgerfahrt 100 bis 150 Lire kostet. Bei der Rückfahrt und beim triumphierenden Einzuge in Neapel am zweiten Pfingsttage zeigt sich dann im Wettstreit dieser geborgte Glanz. Am nächsten Tage beginnt die Miseria aufs neue. Blicken wir auf das städtische Leben, so finden wir wohl das glänzende Außengewand der schönsten Promenaden, oft für geliehene Millionen hergestellt. So hat die Stadt Neapel einen Quai geschaffen, die Via Caracciolo, deren Herrlichkeit nicht genug zu rühmen ist, aber welche schreienden Bedürfnisse sind dabei vernachlässigt! Man dringe in das Innere der älteren Stadtteile ein, um ein Grausen zu empfinden, wenn man dort eine physische, moralische, religiöse Verkommenheit, eine Unsauberkeit, einen Schmutz aller Art gewahrt, um den niemand sich kümmert. Erst in unseren Tagen beginnt man, Luft und Licht in jene Stadtquartiere hineinzubringen, Straßen durchzubrechen, freie Plätze anzulegen, wo seither Tausende und Abertausende von Menschen als wahre Troglodyten in Wohnungen lebten, die ein

Bauer Deutschlands seinem Vieh nicht anweisen würde. Man durchwandere die älteren Teile anderer Städte z. B. Palermo, Bari, Salerno, um hier und überall dieselbe Erscheinung zu finden. Nach außen Glanz, lächerlich großartige Monumentalbauten, aber inwendig? — Nacht und Grauen!

Eines der ersten Denkmäler wurde nach dem Risorgimento von 1860 in Nola dem daselbst im Jahre 1548 geborenen, in Rom von der Inquisition am 17. Februar 1600 verbrannten „Philosophen" Giordano Bruno errichtet. Die Marmorgestalt dieses einstigen Dominikanermönchs, dessen Name heutzutage in Italien zur Parole geworden ist, ward von einem Künstler geschaffen, der billig und schlecht arbeitete und keine Ader jenes genialen Bildhauers Giovanni da Nola hatte, dessen Skulpturen die schönste Zier vieler Kirchen Neapels bilden. Denn: „Er goß auch Lieb und Glauben mit in die Form hinein."

Die Städte des Südens erinnerten sich nach dem Risorgimento ihrer früheren großen Männer und wetteiferten ruhmesselig miteinander. Früher hatten sie nur in Hinsicht ihrer Heiligen, sowie deren Feste und Wunder einen Wettkampf, man rühmte sich des St. Matteo, des St. Andrea, des St. Nicóla, des St. Gennaro, St. Paulino und wie die Tausende weiter heißen, man rivalisierte in prachtvoller, die Pilger anlockender Festleistung; dann (seit einigen Jahrhunderten) begann der Wettstreit der Madonnen, deren jede Stadt die mächtigste und wunderbarste zu besitzen meint, ein Wettstreit, den die Päpste bis heute durch immer häufiger werdende Krönungen der betreffenden Bilder und Statuen förderten. Das fare figura tritt also auch in der Religion auf. Jene doppelte Rivalität besteht fort, hinzugetreten ist der Wetteifer in Hinsicht der Monumente.

Nola fügte den Namen seines Bruno den übrigen Dingen hinzu, welche dieser Stadt Glanz verleihen. In Nola starb Augustus, dort ist das Wundergrab des St. Felix (Kap. III.), das im Ruhm einst dem Römischen Petrusgrabe am nächsten stehende, das Gefilde von Nola lieferte den Museen Schätze hellenischer Vasen, endlich glänzte diese Stadt durch St. Paulinus, dessen Fest nur bei den Heiden Indiens seinesgleichen findet.

Giordano Bruno ward von den Nolanern als ein goldenes Blatt im Ruhmeskranze der Stadt betrachtet.

Im Dominikanerkloster zu Neapel, in welches Bruno, kaum fünfzehn Jahre alt, eintrat und etwa zehn Jahre weilte, empfing derselbe seine Ausbildung. „Er erlernte die alten Sprachen, studierte die Klassiker, opferte den Musen, durchdachte die philosophischen und religiösen Lehren aller Zeiten und eignete sich alle philosophischen Systeme des Altertums an." Nur diese zehn Jahre seines Lebens konnte Bruno auf ruhige Studien verwenden, die übrigen Jahre waren ein fast ruheloses Wandern. An der Frucht erkennt man den Baum, an Brunos Schriften die Art seiner Studien, die ihn nicht zu jener Klarheit geführt haben, welche derjenige besitzen muß, welcher den Namen eines „Philosophen" verdienen will. Der Ketzerei verdächtig, entfloh er dem Kloster. Wir finden ihn dann z. B. in Genua, Turin, Venedig, Padua, Genf, Lyon, Paris, London, Oxford, schließlich in Deutschland. Er weilte in Wittenberg, wo er vom Unterrichten lebte, dann in Prag, dann in Helmstedt, wo die evangelische Geistlichkeit ihn als einen Pantheisten feierlich exkommunizierte. In Venedig faßte ihn der Arm der „heiligen" Inquisition und von da ward er nach Rom ausgeliefert. Dort hat man den unglücklichen Verfasser der Schrift: „La bestia trionfante" sieben Jahre hindurch gefangen gehalten, dort hat man Tortur und Hunger, Drohungen und Schmeicheleien angewendet, um den Ketzer zu bekehren. Vergebens. Mit dem bekannten Teufelshut (Sanbenito) angethan bestieg er den Scheiterhaufen. Rings umher auf dem Campo dei fiori stand eine betende, heulende und scherzende Menschenmasse (1600).

Die heidnischen Römischen Kaiser behandelten die Christen als Verbrecher wider den Staat, die Päpste mit ihrer Inquisition behandelten die Ketzer ebenso, die römischen Kaiser ließen die Christen hinrichten, wenn sie der Kaiserstatue den Weihrauch verweigerten, die Päpste ließen die Ketzer verbrennen, wenn sie, wie z. B. Bruno, der Lehre vom Papsttum u. s. w. die Anerkennung versagten, von beiden, den Kaisern und den Päpsten, ward eine von der als allein gültig bezeichneten Religion abweichende Überzeugung und Handlung mit dem Tode bestraft. — Wir sehen, in welcher blutigen Weise die Päpste an die Stelle der heidnischen Kaiser getreten sind. Hier waltet nicht Ähnlichkeit, hier ist vielmehr Identität. Nur zwei Unterschiede sind vorhanden. Wenn wir die Zahl der Opfer der Christenverfolgung inbetracht ziehen, so ist dieselbe verschwindend klein im Verhältnis zur Zahl der Opfer, welche die Inquisition verschlungen hat. Die römischen Kaiser verurteilten die Christen zum Tode und thaten dies in der Überzeugung, daß dies ihre Pflicht als Staatsoberhäupter sei, die Päpste besorgten die Verbrennung der Ketzer auf Umwegen. „Die Kirche übergab Bruno dem weltlichen Arm, damit er möglichst milde und ohne Blutvergießen bestraft würde.“ Die vatikanische Presse wagt es, dies zur Rechtfertigung der Kirche anzuführen, wie sie dies stets in Hinsicht der Inquisition thut. Wer war in Rom damals il braccio secolare (weltliche Arm)? Der Papst Clemens VIII., Herrscher des Kirchenstaats! Nachdem also der geistliche Arm des Papstes den Bruno erfaßt hatte übergab er (d. h. dieser Arm) den Unglücklichen dem weltlichen Arm, nämlich dem Arm des Papstes, oder auf deutsch: Klemens als geistlicher Herr ließ den Bruno verurteilen, Klemens als weltlicher Herr ließ den Unglücklichen verbrennen. Dabei wagt der Vatikan, jenen Klemens VIII. als Pilatus uns vorzumalen, der seine Hände in Unschuld wäscht!

Man wagt aber im Vatikan noch mehr. So lange das Papsttum existiert, hat man die Geschichte ebenso behandelt, wie der Flickschneider einen alten Rock. Das Geschichtsverfahren in der Papstburg verdient keinen besseren Vergleich. So hat man im Vatikan jetzt mit scheinbarem Ernst sich daran gemacht, nachzuweisen, daß Bruno garnicht verbrannt ist! Man sieht, dieser Scheiterhaufen auf dem Campo dei Fiori in Rom, dessen Andenken heutzutage in aller Welt erneuert wird, ist dem Papst eine unangenehme Last. Auch Sisyphus hätte sich gern von seinem Stein befreit, mußte ihn aber weiterwälzen. Der Sisyphus im Vatikan wird jenen Stein des Scheiterhaufens weiterwälzen müssen, er mag wollen oder nicht.

Giordano Bruno huldigte als Philosoph jenem mystischen, naturphilosophischen Pantheismus, der damals gleichzeitig auch in Deutschland seine Vertreter hatte. Was würde man in Deutschland sagen, falls man z. B. dem 1541 in Salzburg gestorbenen Agrippa von Nettesheim, oder dem Görlitzer Schuster Jakob Böhme, in Berlin ein Denkmal setzte und zur Einweihungsfeier alle deutschen Städte einlüde, um jene mystischen Naturphilosophen als Vertreter des freien Gedankens proklamieren zu helfen? — Was würde die Welt sagen, wenn dies in der Hauptstadt Deutschlands wirklich geschähe?

Doch, wir haben nicht den Beruf, jenen Vergleich weiter auszuführen, oder zu untersuchen, ob Giordano Bruno das am Pfingstfest 1889 in Rom feierlich enthüllte Denkmal verdient oder nicht. Uns kümmert auch nicht die Thatsache, daß man in Italien die Schriften dieses Philosophen ebenso wenig kennt, wie in Deutschland die Werke des Böhme und Agrippa. Thatsächlich hat man mit jenem Denkmal eine ganz andere Absicht als die, einen „Philosophen“ zu ehren. Der Name Bruno dient, wie dies der Vatikan richtig erkannt hat, als Parole für den Kampf wider das Papsttum. Die Denkmalsfeier ist eine Gegendemonstration gegen die Jubiläumsdemonstration des Papstes. Ob man durch Demonstrationen etwas erreicht, ist freilich die große Frage, welche man sich in Italien, durch Erfahrung belehrt, hoffentlich bald beantworten wird.

Schon im Juni 1888 war in Nola eine Demonstration, bei der es galt, das dortige, schon erwähnte Denkmal aufs neue einzuweihen. Böse Buben hatten nämlich an demselben einiges beschädigt, besonders war die Nase verschwunden. Ein Bildhauer stellte alles wieder her, und mit feierlichen Reden, mit Deputationen von nah und fern, mit Musik, Aufzügen (Prozession) und Pferderennen geschah diese seltsame Einweihung, welche der Satire nicht entging.

Wenn nun die Einweihung des Brunodenkmals in Rom am Pfingsttage geschah, so erfährt sicherlich die Wahl dieses christlichen Festtages für den Zweck solcher „Dimostrazione“ sowohl im katholischen, als im protestantischen Deutschland eine scharfe Verurteilung derjenigen, welche diesen Tag für solchen Zweck wählten und dadurch ihre Gleichgültigkeit gegen das der gesamten Kirche angehörende Fest an den Tag legten.

Wer in Süditalien das religiöse Leben kennt, urteilt anders. Man frage irgendjemand in Neapel: Warum feiert man Pfingsten? Verschwindend klein ist die Zahl derer, welche die richtige Antwort zu geben wissen. Fast alle, auch Gebildete, werden antworten: Pfingsten ist das Fest der Madonna von Monte Bergine. Die niederen Volksmassen bezeichnen dies Fest mit dem Namen: Pasqua dei fiori d. h. Blumenostern. Die großen christlichen Feste gelten in Süditalien (ausgenommen Ostern) keineswegs als Hauptfeste. Weit wichtiger als diese sind die Feste der Madonna, sowie die Feste der lokalen Schutzheiligen. — Was weiß denn das Volk von biblischer Geschichte? Als vor Jahren das Mendelsohn'sche Oratorium Paulus in Neapel zur Aufführung gelangte, hielten es die Tagesblätter für angezeigt, ihre Leser zu belehren, wer dieser Paulus gewesen und was man aus einem gewissen biblischen Buch, Apostelgeschichte geheißen, von diesem Manne wisse! — Wie wenig die christlichen Feste im gesamten Volksbewußtsein haften, beweist sonnenklar der Kalender. Wir sehen vorne auf der ersten Seite auch eine Tabelle mit der Überschrift: Spezialkalender für das Königreich Italien. Tabelle der Festtage im Jahreslauf. (Der Kalender meint die vom Staat anerkannten Feste, an denen z. B. die öffentlichen Schulen feiern sollen.) Man lese und staune: Erster Jahrestag, jeder Sonntag im Jahre, Geburtstag Christi (Natale genannt), Epiphania, Christi Himmelfahrt, Empfängnis der seligen Jungfrau Maria, Geburtstag derselben, Himmelfahrt derselben, Corpus Domini (Fronleichnam), die Apostel Petrus und Paulus (29. Juni), Fest aller Heiligen. — Der Schutzheilige (Patrono) einer jeden Stadt. Soweit die Tabelle. Der Todestag Christi, welcher im Volksbewußtsein fast ohne Bedeutung ist, fehlt, der Todestag jedes Stadt=Schutzheiligen, das höchste Fest jeder Stadt, wird genannt. Daß das Volk eine Menge anderer Feste des Heiligen= und Madonnenkultus feiert, sei hier nur nebenbei bemerkt.

Wer trägt die Schuld, daß dem Volke die Bedeutung der hohen christlichen Feste kaum leise aufdämmert? Antwort: Die Kirche, welche sich als Volkserzieherin rühmt. Wer trägt die Schuld, daß dem Volke die Bedeutung des Pfingstfestes unbekannt ist? Die Kirche, welche sich als liebreiche Mutter — la santa Madre chiesa — bezeichnet. Wer trägt die Schuld, wenn man die religiösen Feste auf heidnische Weise feiert und diese Festgenüsse dem Volke, hoch und niedrig, als eine Hauptsache gelten? Die Kirche, welche sich nennt: Una sancta apostolica Romana. Wer trägt die Schuld davon, daß das Volk von der apostolischen Zeit und Geschichte nichts weiß? Die Kirche, welche das Volk in bodenloser Unwissenheit läßt und ihm statt biblischer Erkenntnis Märlein von Heiligen und Madonnen bietet. Die Kirche aber hat im Papst nicht nur ihr Haupt, sie ist vielmehr in ihm inkarniert, der Papst ist die Inkarnation der Kirche, wie der römische Kaiser einst die Inkarnation des Staates war.

Der Papst wundere sich nicht, daß man Pfingsten für eine gegen den Vatikan gerichtete Demonstration gewählt hat. Er wundere sich nicht, daß viele, des von der Kirche gepflegten Heidentums müde, hier- und dahin tasten, und dabei einen Bruno als Führer erwählen. Der Mann im Vatikan, welcher sich nach Weise heidnischer Kaiser den Fuß küssen läßt; der Mann, welcher den Weihrauch einer Schmeichelei annimmt, wie sie zu den Zeiten heidnischer Kaiser nicht ärger war, dieser Mann erntet jetzt, was er und seine Vorgänger gesäet haben!

Das Jubiläumsjahr 1888 brachte die Apotheose des Papstes, das Jahr 1889 die Apotheose des Giordano Bruno. Die Tendenz, welche diesen beiden Apotheosen zugrunde liegt, ist eine und dieselbe, ist die uralte Tendenz des römischen Heidentums. Bei der Denkmalsweihe am letzten Pfingstfest zu Rom sprach der Bürgermeister: „Bruno gelangte vom Scheiterhaufen zur Apotheose.“ So sprach man im kaiserlichen Rom von einem toten Kaiser, wenn von dessen Scheiterhaufen sich ein Adler aufwärts schwang, ein Bild des Geistes, den man sich als zum Genius geworden dachte. — Der jetzige Papst ward bei seinem Jubiläum ebenfalls apotheosiert, ward als Genius des Christentums, als der erhabene Heilige, als der wunderbare Mensch, als unveränderlich wie Gott, als der Vice-Dio bezeichnet. Jede Partei vergöttlicht ihren Heiligen, die einen den Papst, die anderen den Bruno, die Sache ist dieselbe. Dieselbe zeigte sich auch beim Tode Garibaldis. Verfasser erlebte eine Apotheose dieses „Heroen zweier Weltteile“ in Neapel. — Was die Redner bei dieser Vergöttlichungsfeier sagten, hätte jeder Panegyriker bei der Apotheose eines heidnischen Heroen oder heidnischen Kaisers sagen können. Bisweilen wähnte man, die Lobrede auf irgendeinen kirchlichen Heiligenheroen zu hören. — Die deutsche Sprache braucht das Wort Heros weit seltener als die italienische, und letztere ist schnell bereit, jemandem diesen Titel zu geben. Hat jemand opfermutig im Dienste des Öffentlichen seine Pflicht gethan, etwa im Freiheitskampfe, so heißt er „Eroe“. Aus dem antiken Leben ist diese Bezeichnung dem Volke geläufig.

Die Kirche wundere sich doch nicht, wenn in Rom ein Bruno zur Apotheose gelangte. Die Kirche selbst hat ja dafür gesorgt, daß das Heidentum dort geblieben. Die Kirche hat die Geister des Heidentums in ihrer Mitte genährt, sie selbst ist vom Geiste des Heidentums durchdrungen und erntet jetzt, was sie gesäet hat.

Jener heidnische Drang zur Apotheose macht sich im südlichen Leben schon in kleinen Zügen bemerkbar, die nur scheinbar unbedeutend sind. Thut einmal jemand ehrlich, treu, ohne Nebengedanken seine Pflicht, so ist dies in den Augen der Menge etwas Absonderliches, Großes, man staunt ihn an wie ein Mirakel. Es ist leicht, in den Geruch eines Santo zu kommen. In der Kapuzinerkirche St. Efremo las Verfasser jüngst eine pomphafte Grabinschrift auf einige Kapuziner, die in der Pestzeit als Krankenpfleger gestorben waren. Sie hatten ihre Pflicht gethan, und dies gab ihnen laut Inschrift Anrecht, als halbe Heilige zu gelten. In der Kirche St. Giovanni fand Verfasser eine pomphafte Inschrift auf jemand, der dreißig Jahre in Pönitenz gelebt. „Laßt uns“, so las ich, „für ihn beten, wenn er nicht, wie wir überzeugt sind, für uns betet.“ Dieser Büßer war also ohne weiteres zum Santo (Genius, Heros, Dämon, Halbgott) geworden. —

Die Kirche hat jene heidnische Tendenz zur Apotheose im Volk gelassen und gepflegt. Sie wundere sich nicht, wenn jenes auch auf solchen Pfaden wandelt, welche die Kirche nicht will! Jene neunzehnhundertzweiundsiebzig Fahnen und fünfzig Musikbanden, welche Pfingsten 1889 das Riesendenkmal des Bruno in Rom umstanden, sind die Früchte einer Saat, welche die Kirche gesät hat.

Am Pfingstsonntag 1889 wurden in zahlreichen Kirchen Neapels Sühnopfer dargebracht. Man dachte sich den Allerhöchsten durch jenes Bruno-Denkmal beleidigt, an seiner Ehre gekränkt; man wollte durch Messen und Kommunionen den Allerhöchsten wieder günstig stimmen und vermeintlichen Frevel sühnen. — Im antik-heidnischen Leben waren solche zum Zweck der Sühne angestellten Opferakte und sonstige Kultushandlungen ebenso gewöhnlich wie heute in der römischen Kirche, welche in dieser Hinsicht ein echtes Stück Heidentum bewahrt. Die Sibyllinischen Bücher dienten dazu, vorkommenden Falles die richtigen, wirksamen Mittel der Göttersühne (placare Deos) ausfindig zu machen. Die Götter nahmen es genau mit der ihnen zu leistenden Ehre. War ein Stück derselben durch einen Frevel oder durch ein Versäumnis ihnen entzogen, so mußte und konnte dies von anderer Seite ersetzt werden. — In Übereinstimmung mit diesem heidnisch-religiösen Grundgedanken forderte die Kirchenbehörde Neapels Pfingsten 1889 zu Sühneleistungen auf, nämlich zur Darbringung des Opfers der Messe. Die Verfügung sagte wörtlich: Offrire il Divino Sacrifizio *). Die Laien wurden aufgefordert, als Sühneleistung Rosenkranzgebete und Kommunion darzubringen. Der Schluß dieser Aufforderung lautete: „Der gepriesene Gott nehme in seiner Barmherzigkeit diesen universalen Sühneakt gnädig an, welchen wir veranstalten gegen jene Gottlosigkeit von Menschen, die sich rüsten, in der Hauptstadt der katholischen Kirche die Apotheose eines elenden Ketzers zu feiern."

Nach der Ilias (I, 315) sühnte Agamemnon die erzürnte Gottheit durch Sühnehekatomben. An Stelle der letzteren sind die Massenopfer (Hekatomben) der Meßopfer getreten. Leo XIII. glaubt, daß die Masse der überall dargebrachten Opfer am leichtesten den Allerhöchsten sühnt und geneigt macht.

---

*) Eine Aufforderung aus Rom sagt: „Offrire la vittima di propiziazione."

Clemens VIII., der Zeuge von Bruno's Scheiterhaufen, verordnete das Institut der Preghiere espiatorie (Sühnegebete), Leo XIII. hat dies Institut ausgebreitet und sind neuerdings viele Gesellschaften zu diesem Zweck entstanden, Associazioni riparatrici d. h. Sühnegesellschaften. In Florenz besteht eine solche zur Sühnung der Flüche.

Wenn ein heidnischer Pontifex maximus wiederkehrte und das Thun des „christlichen“ Pontifex maximus sähe, so würde er sagen: Alles, wie bei uns.

Zur Bestätigung dieses Satzes, sowie zur Beurteilung der Brunoapotheose fügen wir die Geschichte derjenigen Apotheose hinzu, welche dem Garibaldi zuteil wurde.

Wenige Tage nach dem Tode dieses „Heroen“ erließ ein Komitee in Rom folgenden Aufruf: „Bürger! Indem Rom seinen Schmerz um den immensen Verlust, welcher das Vaterland betroffen hat, ausspricht, erweist es dem von der Legende verherrlichten Heroen die Ehre eines Triumphes auf dem Kapitol. Auf diesem heiligen Felsen, welcher die Thaten und Schicksale der Tribunen und Cäsaren erlebte, wird Garibaldis Bild stehen als ein unverletzliches Palladium unserer kommenden Schicksale. Das Volk, welches in seinem Herzen bereits unsterbliche Ehren diesem Manne geweiht hat, wird die Apotheose eines Genius und einer Tugend veranstalten, welche den Jetztlebenden wunderbar, den Nachkommen aber unglaublich erscheinen werden. Diese Apotheose wird glänzender sein als die Triumphe antiker Zeit. Bürger! Im Angesicht der Welt, welche eine solche Größe des Menschen, des Bürgers, des Heerführers bewundert, möge Rom sich zeigen, wie es Rom gebührt, möge den Gefühlen Italiens und aller zivilisierten Völker Ausdruck geben und beweisen, daß es würdig ist seiner Geschichte und seiner dritten Mission.“

So sprach man in Rom, wo „die Steine ehrwürdiger sind, als die Menschen sagen“ und wo man bis auf den heutigen Tag als ein Wahrzeichen jene vier Buchstaben, welche einst die Welt bewegten, anbringt und benutzt: S. P. Q. R. Das heißt: Senatus, Populusque Romanus.

Die letzten Jahre seines Lebens hatte Garibaldi schwer leidend verbracht, halb gelähmt, die Finger gekrümmt, unfähig zur Arbeit, so hatte er wie ein Toter gelebt im weißen Häuschen auf Caprera. Fast schien es, als hätte man ihn vergessen, und nur durch eine Reise nach Neapel und Palermo schien sein Andenken wieder aufgefrischt zu sein. Obgleich nun sein Abscheiden seit Jahren erwartet wurde, machte doch die Todesbotschaft einen Eindruck, welcher einen ruhigen Nordländer kaum verständlich erschien. Jene Botschaft wirkte wie Blitz und Donner, ganz Italien geriet in fieberhafte Bewegung, als es galt, dem Toten die Heroenehre zu erweisen.

Die Hauptfeier der Apotheose war in Rom, wenige Wochen nach dem Tode des „Heroen“. Um 3 Uhr nachmittags setzte sich der unabsehbare Trauerzug in Bewegung, in demselben alle Korporationen der Stadt und viele auswärtige vertreten, in dem Zuge sieben Musikcorps, Trauermärsche spielend, in der Mitte desselben der von acht weißen, schwarz umflorten Rossen gezogene Wagen, auf dem sich oberhalb einer Säule die Büste des Helden befand, neben derselben die Statue der Freiheit, welche jenen mit dem Lorbeer krönt. Der Zug bewegte sich durch den Corso und gelangte zum Forum Romanum, diesem Feld voll Trümmer, und von da zum Kapitol hinauf, wo die Stadtvertretung, an der Spitze der Sindaco (Bürgermeister) Torlonia, seiner wartete. In der weiten Aula des dortigen Senatorenpalastes befanden sich auf einem Tisch Ehrenkränze, übersandt von auswärtigen italienischen Kolonieen, dazu die von der Stadt Rom dem Helden gewidmete Bürgerkrone, aus dem Laub der Eiche und des Lorbeer geflochten, versehen mit goldenen Eicheln, und mit einem gelbroten Band, auf dem die Buchstaben stehen: S. P. Q. R. Der gesamte Platz des Kapitol war erfüllt von Menschen, die Häupter entblößen sich, die 280 Banner werden geneigt, denn der Trauerwagen trifft ein, an seiner Seite liest man die Worte: „Roma o morte“, Rom oder Tod. Dicht am Wagen gehen alte Garibaldianer, Rothemden, Fahnen tragend, auf denen die Thaten des Toten verzeichnet stehen. Die Büste des „Heroen“ wird vom Wagen genommen und feierlich in ihrem Lorbeerschmuck dem Sindaco der Stadt übergeben, und während dies geschieht, läßt die

Glocke des Kapitols (die ehedem nur bei dem Tode eines Papstes geläutet wurde) ihren feierlichen Klang vernehmen, dem sich sofort von allen Musikcorps der Garibaldihymnus zugesellt. Der alles dies übertönende Jubel des versammelten Volkes wird als unbeschreiblich geschildert. Es folgen mehrere Reden, unter ihnen die des Professors Bovio, voll Schwung und Begeisterung, in der dieser sich zu den Worten hinreißen läßt: „Alles, was ich sehe, läßt mich glauben, daß in dieser Stunde hoch über uns eine unsichtbare Apotheose gefeiert wird.“ „Dies war der Triumph, dies war die Apotheose, dies war der Befehl des alten Rom, welches Garibaldi der Unsterblichkeit weihte.“

Zur selben Zeit, oder kurz vorher oder nachher, haben alle Städte Italiens Trauerfeierlichkeiten angestellt, alle Berichte darüber sprechen sich gleichlautend aus, jede Feier hatte den Charakter des Imponierenden, Großartigen. Dieser Charakter war im vollsten Maße dem Trauerfest in Neapel eigen. Unter Teilnahme einer ernst und würdevoll gehaltenen Menschenmasse, die mit 50 000 nicht zu hoch angegeben wird, bewegte sich der aus mehreren hundert Korporationen bestehende Trauerzug mit unzählbaren Fahnen vom früheren Bahnhofsgebäude (wo Garibaldi am 7. September 1860 die Stadt betrat) durch die in glanzvollem Trauerschmuck prangenden Hauptstraßen, in seiner Mitte ein von zwölf Pferden gezogener Wagen mit einem schweren Gedenkstein, welcher am Munizipalgebäude der Stadtvertretung überliefert wurde. Man zog weiter zur weiten Piazza del Plebiscito, wo im Angesicht des Bourbonenschlosses der Trauerwagen hielt und als Rednerbühne benutzt wurde. Der sich hier erhebende Enthusiasmus, als die Trauermusik plötzlich zu den jubilierenden Klängen des Garibaldihymnus überging, war unbeschreiblich. In die Schlußstrophe stimmte die kolossale Menschenmasse ein: Va fuori d'Italia, va fuori stranier! (Fort aus Italien, hinweg, du Fremdling!) Wer vermag die Denkmäler an Steinen und Inschriften zu nennen, die bereits überall in Italien gesetzt sind? Wer vermag die Zahl der Reden zu nennen, die in diesen Tagen eines fieberhaften Enthusiasmus gehalten wurden? Bald darauf sah man die Städte von der uralten Monumentomania ergriffen. Auch Reliquien dieses

Heroen sind vorhanden, denen man fast dieselbe Verehrung zollt wie denen der Heiligen. Verfasser hat an verschiedenen Stellen gesehen, daß das Bild Garibaldis zwischen den Bildern von Heiligen hing. Die Familie Garibaldis ward von einer Stadt um die Hand, von einer anderen um das Haupt des „Heroen“ gebeten. Diesen Namen legte ihm in Neapel ein Redner bei und erläuterte diesen Begriff durch das Wort: Halbgott, Semideo. „Die ganze Welt beugt sich vor einem Etwas, welches sich in Garibaldi zum Übermenschlichen erhebt.“ So sprach ein Redner, und ebenso drückten sich die Tagesblätter aus. Das Übermenschliche, was man in dem genannten zu sehen glaubte, besteht in seiner selbstlosen Hingabe an sein Vaterland. Dieselbe war nach allgemeinem Urteil ein Wunder!

Wie tief im Volksgeiste des Südens die Menschenvergötterung wurzelt, zeigt auch die Geschichte des Masaniello, des allbekannten neapolitanischen Fischhändlers. Nachdem derselbe kurze Zeit hindurch den Purpur eines Volkskönigs getragen, verlor er Volksgunst und Leben. Die Kugel des Meuchelmörders traf ihn, und entsetzliche Greuel verübte man an dem Leichnam des Mannes, den man soeben angebetet hatte. Aber nach wenigen Tagen schon trat die Reue ein. Man erkannte die selbstlose Hingabe, die Masaniello für das Wohl seines Volkes gezeigt hatte, und als der Leichnam nunmehr in der Kirche St. Maria del Carmine öffentlich und prächtig ausgestellt wurde, vollzog der Volksglaube eine Apotheose, indem man dem Leichnam dieselben Wunder zuschrieb, welche man den Leichnamen der Heiligen beizulegen pflegt. Man erzählte, der Verstorbene habe die Hände bewegt und das Volk gesegnet, sein durch Frevler abgetrenntes Haupt sei wieder mit dem Körper zusammengewachsen, der Leichnam habe denselben Schweiß gezeigt, welchen man noch heute bei den Reliquien des St. Andrea jährlich zu sehen behauptet, endlich wurde als Zeichen seiner Apotheose angeführt, daß sein Leichnam den Geruch des Paradieses (Kap. XII) verbreitet habe. So ward im Jahre 1637 erzählt, so machte Volksglaube den unglücklichen Fischhändler zum Heiligen, indem man übernatürliche, übermenschliche Eigenschaften in demselben zu sehen glaubte, die sich nach den Forderungen des

Wunderglaubens in Wundererscheinungen an dem Leichnam äußern mußten.

Es ist eine und dieselbe Tendenz, welche zur Apotheose eines Cäsar, eines Masaniello, eines St. Gennaro, eines Garibaldi, eines Virgil, eines St. Antonio, eines Theseus u. s. w. führte. Die römische Kirche beklage sich nicht über die Apotheose eines Bruno, sie hat jene Tendenz nie bekämpft, vielmehr als ein Haupterbteil aus dem antiken Leben bewahrt.

Anhang.

Anmerkungen und Zusätze.

Zum ersten Kapitel.

Die römisch-katholische Kirche, welche die alleinige Inhaberin des mit Christo in die Welt gekommenen Christentums zu sein vorgiebt, behauptet, daß sie in der mit Konstantin beginnenden zweihundertjährigen Kampfperiode das damalige hellenisch-römische Heidentum besiegt und durch das Christentum, also durch eine neue Religion, ersetzt habe. Dieser Siegesruf, welcher schon in konstantinischer Zeit begann, umschließt einen Irrtum, der zu den verhängnisvollsten der Weltgeschichte gehört und dessen unheilvolle Folgen auf genannter Kirche lasten.

Die „Kirche" hat das hellenisch-römische Heidentum nicht besiegt, sondern umgekehrt, das Heidentum besiegte die „Kirche".

Vom Katheder aus macht deutsche Geschichtsforschung der römischen Kirche den Vorwurf, daß in ihr manches nach Heidentum „schmeckt", daß sie noch jetzt allerlei Zeichen ihrer Herkunft an sich trägt, und viele katholische Christen geben zu, daß sich in der römisch-katholischen Kirche gewisse Auswüchse zeigen, die man aber als nicht zu ihrem Wesen gehörig bezeichnen zu dürfen meint.

Wer, wie der Verfasser dieser Schrift, fast elf Jahre ununterbrochen inmitten der römisch-katholischen Kirche Italiens gelebt, beobachtet und Erfahrungen gesammelt hat, muß anders urteilen.

Was man in Deutschland als „Auswüchse" bezeichnet, ist das Gewächs selbst, ist die Substanz der römischen Kirche, welche deshalb nach Heidentum schmeckt, weil sie Heidentum ist, nämlich das hellenisch-römische. — In der Flasche blieb der alte Wein, man änderte nur die Etikette auf der Flasche. Das Geschäft selbst mit seinen Ideen, Grundsätzen und seiner Praxis blieb dasselbe, geändert war nur der Name der Firma und das Firmenschild.

Zu diesem Vergleich bietet jedes Kapitel vorstehender Schrift einen Kommentar.

Oder ist etwa die in Italien vorhandene römisch-katholische Kirche **nicht** die wahre, wirkliche „ecclesia apostolica Romana“? — Um diese Frage zu beantworten, müssen wir hören, was das Haupt dieser Kirche, der Papst, urteilt. In seiner letzten Anrede an die zum Konsistorium versammelten Kardinäle preist Leo XIII. die Einwohner Italiens glücklich wegen der von ihren Vätern ererbten „Religion“ und behauptet, daß Italiens Volk aus dieser Religion, wie aus einer reichen Quelle, Heil, Glück und Größe geschöpft habe. Was der Papst sagt, spricht durch seinen Mund die una sancta ecclesia apostolica Romana und haben wir danach die wahre, wirkliche römisch-katholische Kirche in Italien zu suchen. Ubi Petrus, ibi ecclesia. Wo der Stuhl Petri steht, da ist die Kirche. Dies gilt auch im obigen Sinne.

Das erste Kapitel „Tempel und Kirchen“, welches als Einleitung dienen möchte, hat die Absicht, darauf hinzuweisen, daß die Kenntnis der mit Konstantin beginnenden Kampfperiode für das Verständnis der heutigen römisch-katholischen Kirche unerläßlich ist. — Die Forschungen auf dem Gebiet der Welt- und Kirchengeschichte haben sich leider bis jetzt viel zu wenig mit jener für die Weltgeschichte so wichtigen und entscheidungsvollen Periode beschäftigt und ist es daher kein Wunder, wenn dieselbe den „Gebildeten“ wie ein unbekanntes Land erscheint. Dazu herrscht unter letzteren das Vorurteil, daß alles, was nach Kirchengeschichte schmeckt, Sache der Fachgelehrten sei. Einer der bedeutendsten Kirchenhistoriker Deutschlands, Dr. Hase in Jena, sagt in der Einleitung zum ersten Teil seiner Kirchengeschichte: „Wir gehen einer Zeit entgegen, in der man die Kirchengeschichte zur **allgemeinen höheren Bildung** rechnen wird.“ Möge dies Wort des Nestors der Kirchenhistoriker unseren Gebildeten wie eine Mahnung klingen!

Was die auf S. 7 erwähnten, mit antik-heidnischen Säulen rc. versehenen Kirchen betrifft, so hätte ich natürlich auch auf Rom und andere Städte verweisen können. — Was die Verwandlung der Tempel in Kirchen anbelangt, so habe ich absichtlich kein vollständiges Verzeichnis gebracht. Jeder Italienfahrer weiß, wie viele Kirchen Roms auf jene Weise entstanden sind. — In Athen fand das Christentum das Parthenon, den Tempel der jungfräulichen Athene vor und machte ihn zu einem Tempel der jungfräulichen

Maria, wodurch alles beim alten blieb und, wie oben bemerkt, nur das Firmenschild sich änderte. Überall, wo heute auf den Höhen Griechenlands Heiligtümer des St. Elias stehen, waren einst Heiligtümer des Helios und brauchte man hier den Namen kaum zu ändern. Die Christen daselbst entbehrten den Wogenbeherrscher Poseidon nicht, er hieß nur anders, nämlich St. Nikolaus, sie entbehrten auch ihren Zeus nicht, er hieß nur anders, nämlich Christus. — Verfasser verdankt die Kenntnis solcher hellenischen Zustände hauptsächlich den Mitteilungen des Dr. Keck, der leider nach einer langen und mühsamen, ganz Griechenland umfassenden Reise vor sieben Jahren in Neapel starb. — Seiner Mitteilungen hier dankbar zu gedenken ist mir eine liebe Pflicht. Auch in Süditalien sind die Heiligtümer des Sonnengottes Helios durch den St. Elias verdrängt, der in Neapel sogar einen Festkultus hat und mit einem Rade neben sich dargestellt wird, erinnernd an den Sonnenwagen des Helios. — Was die heilige Venus (S. 9) betrifft, so verweise ich auf Lenormant, La Grande-Grèce, T. III, p. 218. Er sagt von der erwähnten Statue: „Les paysans lui rendent un culte sous le nom de Santa-Venere.“ p. 219: „C'est, en effet, pour les maladies des femmes, que l'on invoque son intercession.“ Über das Heiligtum der Afrodite auf Eryx in Sicilien siehe Ad. Holm, Geschichte Siciliens, Bd. I, S. 94.

Der erste Teil dieser Schrift beschäftigt sich eingehend auch mit dem Wesen und der wahren Natur des Heiligenkultus, der zweite wird den Madonnenkultus, welcher später entstand, gebührend berücksichtigen, ebenso den Bilderdienst.

Der heilige Elias, der St. Hiob, der St. Samuel, St. Lazarus, St. Felix, St. Paulinus, St. Eusebio, St. Leo, St. Gregor, St. Asprenas, St. Petrus, St. Paulus u. s. w. haben nicht durch den Vatikan den schon im Heidentum wohlbekannten, auch von vergöttlichten Heidenkaisern getragenen Heiligenschein (Nimbus) und das Prädikat Sanctus erhalten. Das äußerlich christianisierte, aber im Grunde heidnisch gebliebene Volk hat sie zu Halbgöttern gemacht (siehe Kap. VI). Die erste Heiligsprechung durch einen Papst geschah erst 993 und betraf den Bischof Ulrich von Augsburg, aber erst im zwölften Jahrhundert behauptete der Papst ausdrücklich, daß ihm allein die Heiligsprechung zukomme.

Zum zweiten Kapitel.

Verfasser weist auf seinen Artikel in der „Allgem. evangel.-luth. Kirchenzeitung“ Nr. 30 des Jahrganges 1888. — Der in genanntem Artikel behandelte Gegenstand erfuhr in unserem zweiten Kapitel eine ausführliche und gänzlich veränderte Behandlung. — Dasselbe gilt von dem im vierten Kapitel behandelten Gegenstand. Ich verweise auf Nr. 5 des Jahrganges 1889 genannter Zeitschrift. Bei diesem Anlaß spreche ich allen denen, welche mich zum Schreiben ermuntert haben, meinen Dank aus.

Was den im zweiten Kapitel nur angedeuteten Bilderdienst betrifft, so verweise ich auf meinen Artikel in obengenannter Zeitschrift „Bilder und Bilderdienst“, Jahrgang 1887, Nr. 1 ff., wo der Gegenstand ausführlich behandelt ist.

Vom Bilderdienst für heute nur zwei Beispiele. Die heilige Lucia, welche in Neapel als Schützerin gegen Augenkrankheiten hoch verehrt ist, steht oft vor der Thür ihrer Kirche und zwar als Halbstatue, behangen mit silbernen Augen. Sie macht auf diese Weise Reklame! — Der heilige Elias hatte kürzlich sein Fest, und sah man seine Statue mit einem Rad, in der Hand den Blitz des Zeus. Vor der Statue dampfte der Weihrauch, wie vor den Statuen antiker Götter.

Zum dritten Kapitel.

Außer dem auf S. 35 genannten Bischofstuhl befindet sich ein ähnlicher in der Kirche St. Maria della Sanità, welche ebenfalls einen Eingang zu einer Katakombenabteilung besitzt. Derselbe stammt, wie die Inschrift sagt, aus dem vierten Jahrhundert und diente dem Bischof St. Gaudiosus.

Über die Nachahmung des auf S. 40 erwähnten heil. Hauses sowie über letzteres zu vergleichen: die kleine Schrift des Verfassers „Das heilige Haus in Loreto“ (Barmen, H. Klein).

Die auf S. 42 erwähnte Thatsache einer im zweiten christlichen Jahrhundert geschehenen Stärkung des heidnischen positiven Religionsglaubens darf derjenige nicht unbeachtet lassen, dem daran liegt, die zweihundertjährige Periode des Kampfes zwischen Christentum und Heidentum in der nachkonstantinischen Zeit zu verstehen. Jene Stärkung geschah in den Gemütern der Gebildeten und ward hauptsächlich durch die neuplatonische Philosophie bewirkt. Sie war bestrebt, den Gebildeten die Volksreligion mundgerecht zu machen, indem sie ein Reich der niederen, vermittelnden Gottheiten lehrte und was die Volksreligion von den olympischen Gottheiten sagte, konnte man auf diese vermittelnden Gottheiten (Dämonen) übertragen, wobei man den reineren Gottesbegriff festhielt. Plutarch, Hadrians Lehrer, gestorben 120 n. Chr., lehrt, daß die guten Dämonen die Wünsche der Menschen zu der höchsten Gottheit hinauf tragen und die Gaben von dort niederbringen. Maximus von Tyrus lehrt, daß jene Untergottheiten Krankheiten heilen, den Menschen in der Not beistehen, sie begleiten, Städte, Länder als Schutzgeister überwalten. Siehe hierüber auch Zeller, Philosophie der Griechen, Teil III, sowie Friedländer, Sittengeschichte Roms, Teil III, S. 424 ff. — Jene Dämonen entsprechen genau den Heiligen der römischen Kirche und wer die „heiligen Reden" des im Jahre 117 geborenen Rhetors Aristides liest, glaubt römisch-katholische Heiligenlegenden zu lesen.

Die „Blätter aus Spanien" veröffentlichen eine Liste der Heiligen und Nothelfer, welche das spanische Volk besitzt und anruft. Dies Verzeichnis ist entlehnt aus der in Madrid erscheinenden Zeitung „Justicia" und ward auch in der „christlichen Welt, Gemeindeblatt für Gebildete", Nr. 26, Jahrgang 1889 veröffentlicht. Das Verzeichnis lautet: San Serapio ist Schutzpatron gegen die Leibschmerzen, Santa Polonia und San Magin gegen Zahnschmerzen, San José, San Juan Bautista (Johannes der Täufer), San Medardo, San Vicente Ferrer, Santa Brigida und Santa Catalina (Katharine) de Sena gegen Kopfschmerzen, San Bernardo Abad, San Cirilo und San Gregorio der Große gegen Verdauungsbeschwerden, San Francisco de Sena und Santa Rolenda gegen Kolik, San Luis Beltran gegen Cholera, San Fiacro, San Luis und Santo Domingo de Silos gegen Blutflüsse. Als Geburtshelfer werden empfohlen San Ignacio und Santa Lutgarda; Santa Balsania und San Roman Nonnato zur Heilung von Skropheln, San Severo Justiniano und San Felix von Cantalicio gegen Geschwüre. Für die, welche Kinder säugen, empfehlen sich San

Manuel, Santa Aldegunda und Santa Agueda (die heil. Agnes), bei Verbrennungen San Babilas, gegen einen giftigen Stich San Jorge (der heil. Georg), gegen einen Hundebiß Santa Quiteria. San Ciriaco ist Beistand für die Ohren, Santa Lucia für die Augen, Santa Bibiana und die heiligen drei Könige für Epilepsie; San Gregorio heilt die Frostbeulen, San Pantaleon die Hämorrhoiden, und San Poncio ist Specialpatron für die Belästigungen durch Wanzen und ähnliche Haustiere! San Anastasio ist Schutzpatron gegen alle Arten von Übeln, San Andreas Corsino für die Unheilbaren und Santa Rita de Casia für das Unmögliche! San Roque hilft gegen die Pest, San Sérvulo gegen Lähmung, San Luis gegen Schwerhörigkeit, San Liborio gegen Harnleiden, Santa Dorothea gegen Rheumatismus, San Leandro gegen Schlaganfall, San Raimundo gegen Schwindel und San Quirino gegen Beinschmerzen. Endlich sind Santo Domingo de Guzman, San Felipe Neri, San Juan Cancio, Santa Liburnia, San Onofre, San Pedro Alcántara und Santa Petronila Spezialpatrone gegen das Fieber, welcher Art es auch sei.

Ein ähnliches Verzeichnis in Hinsicht Süditaliens werden wir im zweiten Teil dieser Schrift bringen.

Das auf S. 45 erwähnte Fest der Luperkalien ward anno 495 in Rom abgeschafft. Bis dahin also lebte dasselbe und lebte dann weiter, indem seine Vermummungsscherze sich zum Karneval gestalteten, der unter päpstlicher Gunst sich großartig entfaltete. Siehe hierüber auch Hase, Kirchengeschichte, Teil I, S. 458.

Zum vierten Kapitel.

„War der Apostel Petrus in Rom?“ Verfasser verweist auf seine kleine Schrift, welche diesen Titel trägt (Barmen, H. Klein).

Über Pankratius (S. 53) vgl. Holm, Geschichte Siciliens, Teil I, S. 116 ff.

Was die auf S. 61 erwähnte Festlichkeit des St. Peterstages betrifft, so schildert Silvagni uns denselben, wie er anno 1776 verlief. Siehe „La Corte et la Società Romana“ T. I, p. 345. Wir lesen von dem großartigen Zug zur St. Peterskirche, sowie von der Thatsache, daß das weiße Roß mit seinem Tribut in die genannte Kirche hineingeführt wurde, wo der Papst den Tribut in Empfang nahm. Dann folgt die Schilderung der Festlichkeiten, welche dem hungrigen populus Romanus ein wenig Brot und Spiele gaben.

Zum fünften Kapitel.

Auch die Sprache giebt Andeutungen, wie es mit dem sittlichen Urteil eines Volkes beschaffen ist. Das Wort cattivo, schlecht, stammt aus dem lateinischen und ist herzuleiten von captivus, d. h. ein Gefangener, nämlich Kriegsgefangener. Es bezeichnet also einen so ziemlich nichtsnutzigen Gegenstand, denn bekanntlich wurden die Kriegsgefangenen in Masse verkauft, wobei der einzelne fast wertlos war. Das Wort cattivo bedeutet also eigentlich nicht einen nach unseren Begriffen Schlechten, und ist es jedenfalls charakteristisch, daß man zur Bezeichnung des Schlechten ein Wort gewählt hat, welches einen unbedeutenden, fast wertlosen Handelsgegenstand bezeichnet. Wir sehen, wie sich hier ein abgestumpfter Begriff geltend macht. Den moralisch Schlechten nannte die lateinische Sprache malus. Es ist bezeichnend, daß die italienische Sprache dies Wort fast gänzlich vergessen hat. Es hat sich meines Wissens nur im neapolitanischen Volksdialekt erhalten, wird aber da einzig und allein in der Bezeichnung mala vita gebraucht und sonst niemals. Mit „mala vita“ bezeichnet man aber nicht im allgemeinen die schlechte Lebensweise, also nicht etwa das Leben eines Trunkenboldes, eines Räubers, eines Diebes u. s. w., sondern nur dasjenige, was wir Verworfenheit nennen. Zugleich nennt man so die Verworfenen selbst, also solche, welche wir als Abschaum der Menschen bezeichnen. Also nur diese nennt man mit dem Worte malus, schlecht. — Ebenso hat man den Sinn des lateinischen Wortes peccatum, Sünde, vergessen. Wenn man hört: „Che peccato!“ so meint das Volk unser deutsches „Wie schade!“ — Wenn also der Sturm einen Baum umweht, wenn ein hübscher Wagen zerbrochen ist, wenn eine Signora ihren neuen Hut verletzt hat, so sagt man: „Peccato!“ Nur in der offiziellen, feierlichen Kirchensprache hört man das alte Wort der lateinischen Sprache in seiner ursprünglichen Bedeutung.

Die Geschichte der Camorra behandelt ausführlich das Werk von Mac-Monnier, La Camorra. Ihr Thun und Treiben ist in den letzten zehn Jahren oft durch Tribunalverhandlungen ans Licht gebracht. — Über die berüchtigte Geheimgesellschaft Maffia auf Sicilien haben die Parlamentsverhandlungen 1875 entsetzliche Dinge enthüllt. Damals wurden im Parlament die Berichte der Präfekten Siciliens vorgelesen. Der Präfekt von Palermo definierte in seinem Bericht die Maffia also: Unternehmen von Leuten aller Klassen, welche einander Hilfe leisten, um Raub, Rache, Vergewaltigung zu fördern und sich derjenigen Mittel bedienen, welche durch Sittlichkeit, Gesetz und Zivilisation verboten sind. Der Präfekt sagte ferner: „Die Maffia durchdringt alle Klassen und bestehen Grade in derselben, 1) der aktive Maffioso, Räuber, Dieb, Mörder, 2) der geheime Maffioso, der mit Plänen arbeitet, 3) der Manutengolo, der aus Furcht und Interesse mithilft. Dazu kommen die Sgaraglioni, Novizen, welche erst Proben ablegen müssen, ehe sie avancieren.“ — Ein anderer Präfekt berichtete dem Parlament, daß die Maffia die ärgsten Erpressungen ausführe. Sie zwingt einen Besitzer, sein Haus rc. billig zu verkaufen, seine Tochter an den und den zu verheiraten, sie beschleunigt den Tod bei vielen, sie besticht die Beamten, betrügt den Staat und die einzelnen. Sicilien ist ein katholisches Land! Was hat die Kirche zur sittlichen Hebung gethan? Nichts. Die Maffia besteht in Sicilien noch heute, ebenso, wie die Camorra durch ganz Süditalien.

Zum sechsten Kapitel.

Das sogenannte Grab des Virgil ist eine der vielen Grabbauten über der Erde, wie solche von Genossenschaften errichtet wurden und sich beim heutigen Pozzuoli in Menge finden. Inwendig sind die üblichen Nischen für Aschenkrüge und wegen dieser Nischen hießen solche Bauten bekanntlich Columbarien, d. h. Taubenschläge.

Über den im ganzen Mittelalter so berühmten Zauberer Virgilius findet Leser Nachrichten in jeder größeren deutschen Litteraturgeschichte. Ausführlich behandelt diesen Gegenstand W. Roßmann „Vom Gestade der Cyklopen und Sirenen“. Was die Popularität

Virgils als Dichter anbetrifft, so muß man dieselbe als eine beispiellose bezeichnen. Auch die Wände Pompejis sind Zeugen für dieselbe, denn man hat dort eingekritzelte Verse des Dichters gefunden. Es ist bekannt, daß sogar ungebildete Leute Stellen seiner Lieder citierten. — Man pflegte die Äneis aufzuschlagen und die erstgefundene Stelle als Orakel zu benutzen, oft erteilten Orakel ihre Antworten in Strophen des Virgil. — Hierüber auch Friedländer, Sittengeschichte Roms, Bd. III, S. 301. — An der ruinenvollen Spitze des Posilip bei Neapel sind Reste eines römischen Bauwerks, welches die Fischer als Scuola (Schule) di Virgilio bezeichnen und sagen, dort habe der „Wunderthäter" Virgilio seine Kunst gelehrt.

Wie sehr die Sucht der Vergöttlichung aus dem Heidentum in die Kirche überging, mögen uns einige fernere Beispiele lehren. Der erste sogenannte „christliche" Kaiser ward vom Senatus Romanus unter die Götter versetzt und zwar ohne Widerspruch seiner Söhne und Nachfolger, welche doch für das Christentum so eiferten, daß sie die Duldung des Heidentums für gottlos erklärten. Kein einziger der großen Kirchenlehrer jener Zeit hat sich gegen die heidnische Apotheose erklärt. Auch späteren christlichen Kaisern ward heidnische Apotheose zuteil. — Da gab es also in Rom einen Divus Cäsar, den man zuerst zur göttlichen Würde erhob, einen Divus Augustus, einen Divus Konstantinus, eine Diva Helena, seine Mutter, ebenso eine Diva Faustina (Gemahlinnen heidnischer Kaiser). Da standen sie also als Statuen in einer Reihe: Heiden und sogen. Christen! — Das Heidentum fragte bei der Apotheose niemals nach dem Leben und Wandel, hielt kein ernstes Totengericht wie die Ägypter. Konstantin hatte blutige Verbrechen auf seinem Gewissen, aber er ward zum Gott! — Die Kaiserin Irene, dies lasterhafte, entsetzliche Weib, welches den eigenen Sohn, der die Krone tragen wollte, im Jahre 797 blenden und im Elend verschmachten ließ, gelangte zur Heiligen-Glorie! Die Legionen der Mönche in der rechtgläubigen Kirche waren ihr dankbar dafür, daß sie die Bilderverehrung wiederhergestellt und dies Heidentum mit dem Stempel des orthodoxen Christentums versehen hatte. Dies weibliche Ungeheuer hatte die Kirchen und Klöster reich beschenkt und dafür ward sie von den damaligen Mönchscharen vergöttlicht und ihr Bild, strahlenumkränzt, stand zur Anbetung in denselben Kirchen, wo das Bild der Jungfrau Maria, der reinen „Gottesmutter", prangte. — Die Kirche war in diesem heidnischen Vergöttlichungsstreben darauf bedacht, den Heiden jeden Ersatz zu bieten, falls sie zur Kirche übergingen. Deshalb schuf sie Heiligengestalten auch aus dem Nichts, z. B. den St. Georg. Ein solcher hat nie gelebt, er ist vielmehr der mit christlichem Stempel versehene Perseus. Dieser befreite nach der Mythologie die Andromeda von einem Ungeheuer, St. Georg befreite eine Königstochter von einem Drachen und zeigte man an der syrischen Küste die Drachenhöhle, wo man jenem mythologischen Georg eine Kirche baute. An dieselbe Küste verlegte man früher die Geschichte des Perseus. — Auf Sicilien nahm die Madonna Besitz von allen Heiligtümern der Ceres und Venus, und die Gaben, welche heute der Bauer seiner Göttin „Madonna“ bringt, brachte er vor Jahrtausenden jenen.

Unser Kapitel sagt, daß der Kampf zwischen der Kirche und dem Heidentum zu einem Kampf der Wunder sich gestaltete, indem man sich in der Kirche alle Mühe gab, den Wunderglanz heidnischer Götterwelt durch den Wunderglanz der neuen „christlichen“ Götterwelt (Märtyrer, Heilige) zu überstrahlen. Wer die römisch-katholische Kirche der Jetztzeit verstehen will, muß das Erwähnte in seiner ganzen Bedeutung erfassen und wissen, daß bei diesem Kampf die Kirche von einem Strom bewußter und unbewußter Lüge überschwemmt wurde, der bis heute seine Fieberdünste in der römischen Kirche verbreitet. — Das zweite und dritte Jahrhundert schuf in der Kirche jenes Gewächs von Lug und Trug, welches man als apokryphische Litteratur bezeichnet, deren Massenhaftigkeit beweist, daß sie die weiteste Verbreitung fand, z. B. Zusätze zu den Evangelien der Bibel, Akten der Märtyrer, welchen das tollste Zeug nicht wunderbar genug ist, Zusätze zum Alten Testament, Prophetenlieder der Sibyllen u. s. w. Jede größere Kirchengeschichte kann den Leser hier instruieren. Es bildete sich ein Sumpf in der Kirche, dessen giftiger Dunst die gesunde Luft der Wahrheit und des Wahrheitssinnes aus der Kirche verscheuchte. Die Kirche wollte siegen, mit Konstantin war ihr der äußere Sieg gewiß, dabei ging es aber der Kirche zu langsam. — Bis heute atmet dieser Sumpf in der römischen Kirche, sie ist fieberkrank, in Ruhmessucht, in Siegesdurst, es fehlt der ehrliche Wahrheitssinn und darum meint sie, wie vor 1500 Jahren, daß Wunderglanz ihr zum vollen Siege helfen wird.

Zum siebenten Kapitel.

Wenn man dem Bettler St. Labre an seiner Sterbestelle eine Kapelle errichtete, wenn man viele andere solcher Stätten in Heiligtümer verwandelte, so ist dies bereits von den Heiden erfunden. Das Geburtshaus des Augustus ward eine Kapelle und dasjenige des Domitian sogar ein Tempel. — Diogenes, dessen Lebensweise ähnlich war wie die des Labre, starb auf der Straße und hatte später in Athen Statuen. Die Villa Albani in Rom bewahrt, wie ich mich überzeugt habe, eine solche. Ob Diogenes mit gewissen Insekten befreundet war wie St. Labre, wissen wir nicht. Jedenfalls war Diogenes kein Idiot, wie der letztere.

Bemerkenswert ist das Urteil des Seneca über die Apotheose eines Kaisers. Der Senat versetzte den als Hohlkopf bekannten Kaiser Claudius unter die Götter. Dies nannte Seneca nicht Apotheosis, sondern Apokolokynthosis. Dies Wort stammt von dem hellenischen Worte für Kürbis, bedeutet also: Versetzung unter die Kürbisse (Hohlköpfe).

Wenn Leo XIII. das Aalwunder des Egidio als ein wirkliches Faktum erklärt, so ist dies freilich nichts Neues. — Gregor I. hat uns Schriften hinterlassen, welche uns ein klares Bild von der Wunderfreude des sechsten Jahrhunderts bieten. Die abenteuerlichsten Dinge sind diesem Papst, den die Kirche den „Großen" nennt, nicht wunderbar genug. Man lese z. B. Gregors Schrift über den heiligen Benedikt. — Alles ist diesem Papst, der aus vornehmer römischer Familie stammte, eine Wunderquelle, die Messe, die Reliquien, Schlüssel u. s. w. Die Wundergeschichten desselben sind ebenso kindisch, abgeschmackt und hexenmeisterlich, als die von Egidio besorgte Auferweckung der Kuh. — Als Papst Gregor lebte, waren seine Zeitgenossen, Heiden und Christen, ebenso kindisch wundergläubig wie er. — Man lese die Biographieen der berühmtesten Neuplatoniker des vierten Jahrhunderts, wie z. B. von Jamblichus erzählt wurde, daß er über der Erde schwebte (vgl. **Weber**, Weltgeschichte, Teil I, S. 461), und solche abgeschmackten Dinge zu Hunderten mehr. Sogar Kaiser Vespasian ward als Wunderthäter gerühmt, wie die Kaiserbiographieen des Sueton beweisen (s. Vespasian, Kap. 7). Wie sehr das Heidentum bestrebt war, das Christentum durch Wunder zu bekämpfen, zeigt der Roman: Apollonius von Tyane, geschrieben im dritten Jahrhundert n. Chr.). Die

Christen erfanden Wunderromane, die Heiden ebenso. Als das römische Heer im Jahre 174 durch rechtzeitigen Regen vor dem Verschmachten bewahrt wurde, sagten die Heiden, dies sei ein Wunder Jupiters, die christlichen Soldaten sagten, es sei ein Wunder Christi. Sofort verbreiteten sich in der Kirche Briefe mit dem Namen des damaligen Kaisers, welche dies Wunder von Christus herleiteten. Sie waren gefälscht, ein sogenannter frommer Betrug. — Es ist höchst lehrreich, zwei Schriften zu vergleichen, nämlich die von Gregor I. und die „heiligen Reden“ des heidnischen Rhetors Aristides, welch letzterer im zweiten Jahrhundert lebte und zu den bedeutendsten Männern seiner Zeit gehörte. Beide Schriften sind einander gleich in Abenteuerlichkeit der Wunder. — Heiden und Christen meinten, die Religion sei verloren, wenn die Wunder nicht seien, und so kam es, daß eine Partei die andrre in Wundern überbot. Auch Leo XIII. hält die Mirakel für die Hauptsache, und weil es nicht anders geht, nimmt er auch mit der Auferweckung einer toten Kuh vorlieb!

Lucian, der römische Satiriker, geißelte dies kindische Treiben seiner Zeit. Man lese: „Die syrische Göttin“; man vergleiche, was er da von den Wundern der Heidengötter erzählt, um zu sehen, daß die Wunder der Kirche tausendfältig ebenso abgeschmackt und so sehr lächerlich sind, daß man doch nicht darüber lachen kann! Er erzählt z. B.: „Nach Byblos kommt alljährlich ein Kopf aus Ägypten geschwommen und die Winde bringen ihn durch göttliche Leitung.“ — „In diesem Tempel sind Wunderdinge, denn die Statuen schwitzen, bewegen sich, geben Orakel.“ — Im zweiten Teile dieser Schrift wird Verfasser dem Leser die schwitzenden Statuen der Römischen Kirche unserer Tage vorführen. Obgenannter Lucian lebte im zweiten Jahrhundert n. Chr.

Im christlichen Benevent gab es einen aus der Heidenzeit übernommenen heiligen Nußbaum, den das „christliche“ Volk mit großem Respekt betrachtete, etwa ebenso, wie die heidnischen Römer den Nußbaum auf Neros Grab, denn in beiden sammelten sich Hexen und böse Geister. Da nahm im siebenten Jahrhundert Bischof Barbatus eine Axt und haute den Wunderbaum um. — Leo XIII. hat zu solchen Axthieben nicht den Willen. Ein dunkles Gefühl sagt ihm: die Wunder müssen in der Kirche bleiben, sonst hat diese keinen Glanz. Der Nußbaum bleibt also stehen!

Wenn der römische Senat einen Kaiser vergöttlichte und das Bild (Statue) desselben mit dem Strahlenkranz versah, auch vor den Namen dieses Kaisers den Titel Divus (vergöttlicht) setzte, so bezogen die Senatoren dafür keine Sporteln. Wenn der Vatikan einen Menschen kanonisiert (vergöttlicht), ihm den Titel Divus und die Strahlenkrone zuerkennt, so bezieht er dafür viele Sporteln.

In dieser Hinsicht besteht also ein wesentlicher Unterschied zwischen einer heidnischen und einer „christlichen" Apotheose, in jeder anderen Hinsicht ist die Sache dieselbe geblieben.

Der Tarif für eine Kanonisation lautet: 20 000 Lire für die Kongregationen, welche vorläufig über Wunder und Tugenden des Kandidaten streiten; 100000 Lire für den definitiven Prozeß, für Abhörung von Zeugen, Reden, Advokaten. — Jedes Jahr Trinkgelder für die unteren Beamten 200 Lire. Für Drucksachen, Bilder, Ausschmückung bei der Kanonisation 45 000 Lire.

Vgl. La Corte et la Società Romana, von Silvagni. Teil II, S. 299.

Zum achten Kapitel.

Als ich das hiesige Orakel- und Weissagewesen, von welchem Kap. VIII. und Kap IX. handeln, kennen lernte, blieb mir das so lange eine rätselhafte Erscheinung, bis ich mir eine gründlichere Kenntnis des antiken Orakel- und Divinationswesens verschaffte. Über das letztere dem Leser eine Übersicht zu bieten, hielt ich für notwendig. Ich beziehe mich für diese Darstellung auf meine eigenen, selbständigen Quellenstudien und nenne insbesondere Homer, Äschylos, Virgil, Ovid, Lucian, Juvenal, Tacitus, Sueton. — Besondere Dienste hat mir in dieser Hinsicht geleistet: Cicero de divinatione. Ich hielt es für ebenso störend als überflüssig, den Leser durch eine Menge von Citaten zu behelligen und verweise im übrigen auf Mommsen, Römische Geschichte, sowie Curtius, Geschichte Griechenlands. — Das moderne Orakelwesen Süditaliens zeigt aufs klarste das Vorhandensein der alten Welt in der jetzigen neuen, oder: das Vorhandensein des Heidentums in der Römischen Kirche. — (S. die Übersicht am Schlusse des neunten Kapitels.)

Die zu Anfang des Kapitels angeführten Strophen des Sannazáro sind entlehnt aus der Übersetzung von Roßmann: Vom Gestade der Cyklopen und Sirenen, Seite 155. Über die heutige Cumanische Landschaft siehe meinen Artikel im „Album Virgiliano".

Über die Bedeutung der Vorzeichen im antiken Leben unterrichten am besten die Kaiserbiographieen des Suetonius. Dieser war kaiserlicher Staats- und Kabinetssekretär am Hofe Hadrians, also ein hoher Staatsbeamter, der mit den litterarischen Größen seiner Zeit in Verbindung stand, und die Kenntnis seiner kulturgeschichtlich wichtigen zwölf Biographieen zeigt uns, welche Gedankenwelt die Gebildeten damals in obiger Hinsicht beherrschte.

Überall, fast in jeder Biographie, berichtet Suetonius mit Genauigkeit die Vorzeichen, welche weissagend dem Sterben eines Herrschers vorausgingen. So lesen wir von Cäsar (Kap. 81), daß sein gewaltsamer Tod durch die „offenbarsten Vorzeichen“ angemeldet wurde, und beruft sich Suetonius auf Zeugen. Die Rosse, welche Cäsar beim Übergang über den Rubikon den Göttern weihte, wollten nicht fressen und weinten häufige Thränen. (!!) Ebenso hatte Cäsar einen bedeutsamen Traum, auch wurden Vogelzeichen gemeldet. Augustus hatte festen Glauben an weissagende Träume und Vorbedeutungen, wie wir im Leben desselben Kap. 90, 91 und 92 lesen. Sein Tod ward durch Vorzeichen verkündigt (Kap. 97), ebenso der Tod des Tiberius. Kurz vor dessen Ende stürzte der Leuchtturm auf Capri zusammen (wo noch heute die Reste desselben vorhanden sind), und zu Misenum, wo Tiberius starb, glühte die schon erkaltete Asche in einem Kohlenbecken plötzlich wieder auf (Kap. 74).

Solche Dinge wurden vor achtzehnhundert Jahren ebenso ernst besprochen, wie heute der Neapolitaner die Vorbedeutungen und Träume in Zahlen umsetzt oder sich von einem Schicksalsdeuter umsetzen läßt. — Im lateinischen Worte: „Augurium“ liegt ethymologisch der Gedanke des Erhabenen, Feierlichen, Würdevollen, wie auch Ovid in seinem Epos vom römischen Festkalender bemerkt. Das Weissagewesen Süditaliens hat beim Volke das Ansehen des religiös Feierlichen, und wenn die Kirche dem Volke das Blutwunder als Orakel vorführt (Kap. IX.), so staunt dasselbe ebenso, wie das römische Volk einst das feierliche Thun der Haruspices und Auguren betrachtete.

„Wie auf das Erstlingswort voll ängstlicher Spannung ihr lauschet,
Deutet der Augur den Flug, welchen er spähte, zuerst.“
(Ovid, Fasti I, 179.)

Auch die Griechen betrachteten die Weissagung als eine Gottesgabe. So läßt Äschylos den Halbgott Prometheus sagen:

„Aus Träumen lehrt' ich sie das Künftige
Zuerst erfahren, dunkle Schicksalsstimmen
Und Wegesstimmen lernten sie versteh'n,
Den Flug der krummgeklauten Vögel schied

Ich deutlich, was die rechten gelten
Und was die linken.
Der Eingeweide weiche Form und Farbe,
Der Gall' und Leber wechselnde Gestalt,
Wies ich den Menschen, und der Opferflamme
Geheime Zeichen macht' ich ihnen klar."

Cicero in seinem Werk über die Divination teilt das Räsonnement der stoischen Philosophen mit. Dies lautet also; „Götter, welche das Künftige nicht anzeigen, sind undenkbar. Es giebt aber Götter, folglich zeigen sie das Künftige an, eröffnen aber auch Wege für Erkenntnis der Anzeichen, denn sonst wäre ihr Anzeigen nutzlos. Wenn sie also solche Wege eröffnen, so giebt es eine Weissagung." — (Cicero divinatio II, 49.) Ebenso lautet heutzutage das Räsonnement eines Neapolitaners in Hinsicht der Heiligen und Madonnen. Was den Plural „Madonnen" betrifft, so wird derselbe im zweiten Teile dieser Schrift klar werden. Hier sei nur dies bemerkt, daß jedes der zahllosen Wunderbilder der Madonna in der Volksanschauung eine Madonna für sich ist, die eine kräftiger und hilfreicher als die andere.

Alljährlich wird das Fest-Bacchanal der Madonna del Carmine am 16. Juli und dann eine Woche lang gefeiert, und gilt die Lottoziehung am Sonnabend vorher für ganz Campanien als hochwichtig, denn die Madonna pflegt durch einen Ispirato oder Assistito Nummern zu offenbaren. Wir werden später diese Madonna als die Helferin aller „kleinen" Leute kennen lernen. — Schon drei Wochen vor diesem Fest des Jahres 1889 war wenigstens eine Million Menschen in Aufregung, denn die Madonna hatte die Nummer 57 offenbart und zwar durch einen berühmten Volkspropheten! Diese Nummer ward als „Numero situato" gespielt. Wir müssen den Leser hier ein wenig in die Mysterien der Lottoausdrücke einweihen, aber nur ein wenig, denn wir dürfen keine Broschüre über dieselbe schreiben. Man geht also zum Lottobeamten, dem sogen. Postiere (Postmeister), und sagt: Ich spiele auf Nr. 57 in der Weise, daß, wenn diese Nummer die dritte (oder zweite ꝛc.) Stelle unter den fünf gezogenen einnimmt, ich gewonnen habe. Die Nummer hat also ihre Stelle, sito, und heißt also Numero situato. Alle Welt stürmte die Lottocomptoire, um Nr. 57 zu besitzen, und zwar an dritter Stelle. Das Fieber stieg, wie man tagtäglich sehen konnte. Plötzlich hieß es: „Numero chiuso!" d. h.: die Nummer ist geschlossen. Wenn nämlich solches Bestürmen einer

Nummer geschieht, so dürfen die einzelnen Lottobuden nur eine beschränkte Zahl von Zetteln verkaufen; ist diese Zahl voll, so kann keiner mehr die bewußte Nummer besetzen. So war es mit Nr. 57. Numero chiuso! Das war ein Donnerschlag, und nun begann das Rennen und Stürmen von einer Bude zur anderen; zugleich ward mit den verkauften Zetteln spekuliert und viele für hohe Preise an die Gläubigen verkauft. Tausende eilten nun zum Giuoco piccolo (siehe Kap. XI.) und die Inhaber dieser verbotenen Banken, auch Lotto clandestino (geheimes Lotto) genannt, machten glänzende Geschäfte. Um eine Nummer zu schließen, müssen 80 000 (achtzigtausend) der betreffenden Zettel von den Lottostuben verkauft sein! — Indes verbreitete sich das Gerücht, es sei nicht Nr. 57 die von der Madonna offenbarte Nummer, sondern Nr. 37, andere sagten Nr. 65. So hat man denn, um sicher zu sein, auch diese gespielt, beide als situato secondo, d. h. also, die Nummer sollte unter den fünf gezogenen die zweite sein. Tausende haben in dieser Aufregung das Hemd vom Leibe verkauft; Tausende haben Kleider, Ringe u. s. w. versetzt; Tausende haben gelogen, betrogen und gestohlen, um die Nummer der Madonna besetzen zu können! Alle Zeitungen brachten Artikel mit der Überschrift: Nr. 57. — Als die Nummer in Neapel geschlossen war, suchte man sie in Rom, Turin und anderen Städten zu besetzen, aber auch hier war sie bald „chiuso“. Ganz Italien war in Aufregung; überall hörte man nur das eine: cinquanta sette! Als am Sonnabend, den 13. Juli 1889 die amtliche Wochenziehung geschehen sollte, kam eine Schar von vielen Tausenden in jener Straße Neapels zusammen, wo vor aller Augen die Ziehung allwöchentlich vor sich geht. Vom Balkon ward die von einem Waisenknaben gezogene erste Nummer gezeigt und ausgerufen. Es folgte die zweite, — und nun nahte der große Moment, auf den Millionen ihre Hoffnung gesetzt. Der Knabe zog eine Nummer, laut tönte die Stimme des Beamten: cinquanta sei! — Also Nr. 56. — — Geschrei, Flüche, Pfeifen, Geheul!

In allen Zeitungen las man ausführliche Berichte über diese Ziehung, und waren Scharen von Polizisten, sowie ein aus Infanterie und Scharfschützen bestehendes Bataillon aufgestellt, um die Ordnung bei der Ziehung aufrecht zu halten.

Im achten Kapitel ward darauf hingewiesen, daß die Kirchenlehrer, wie Augustinus, Ambrosius u. s. w. von der Wirklichkeit und Übernatürlichkeit heidnischer Orakel überzeugt waren. Im achtzehnten Kapitel seiner bedeutsamen Schrift De civitate Dei sagt

Augustin. daß auch die Heiden seinerzeit eine günstige Meinung in Hinsicht der Orakel der Christen hatten. Ein Heide nämlich hatte dem Apostel Petrus Orakelverse in den Mund gelegt, welche den nahen Untergang des Christentums behaupteten. Diese Schrift fand deshalb Verbreitung, weil die Heiden dem Apostel Petrus dieselbe Orakelfähigkeit zutrauten, welche von den Christen den Sibyllen zugeschrieben wurde. — Also Lug und Trug damals bei Heiden und Christen.

Verfasser bittet zu vergleichen seinen Artikel in der Allg. Ev.-Luther. Kirchenz.: Heidentum. Jahrg. 1883. Nr. 25 ff. —

Zum neunten Kapitel.

Wir haben die Prozession der einundvierzig Heiligen, welche dem Patronus principalis ihre Aufwartung machen, mit derjenigen Prozession verglichen, welche in Rom bei feierlicher Eröffnung von Spielen stattfand. Über diese heidnische Prozession zu vergleichen Friedländer, Sittengeschichte Roms II, S. 324. — Daß im römischen Altertum Götterstatuen ganz oder teilweise vergoldet waren, ist vielfach bezeugt. Im Museum zu Neapel befindet sich eine in Pompeji gefundene Isis-Statue, an der man noch jetzt Spuren der Vergoldung bemerkt. Wenn die Halbstatue des Januarius bei der Prozession mit kostbarem Geschmeide behangen ist, so entspricht das völlig der heidnischen Sitte. (Siehe auch Friedländer III, S. 501.) Der von uns oft citierte Satiriker Lucian erzählt in dem Abschnitt: „Von der syrischen Göttin“, daß er in einem Tempel eine Hera-Statue erblickte, welche eine Menge von Edelsteinen trug. Es waren Geschenke aus verschiedenen Ländern. Bei St. Gennaro ganz dasselbe. In demselben Kapitel erzählt Lucian von einer „Prozession aller Götterbilder“, wobei „große Menschenmassen zusammenströmen“. — Sollte dem Erzbischof von Neapel dieser Abschnitt aus Lucian unbekannt sein? — Die römischen Götterbilder wurden teils getragen, teils gefahren; ebenso heute. Ovid in seinen Fasti (Festkalender) beschreibt eine Prozession mit dem Bilde der großen Mutter:

> „Durch das Capenische Thor zieht thronend zu Wagen die Göttin
> Ueber das Rindergespann streut man der Blumen Erguß.“

Heutzutage ist die Prozession der Maria, der großen Mutter,

genau jenen Strophen entsprechend. — Wenn St. Gennaro seine Prozession hält, streut man „der Blumen Erguß". Wir werden später eine gigantische Prozession der großen Mutter kennen lernen.

Was die sogenannten Preti ghirlandati betrifft, die, wie gesagt, bei der Prozession St. Gennaros in früherer Zeit waren, so ist diese Bekränzung echt heidnisch, wie mehrere Stellen aus den Fasti des Ovid beweisen. Er sagt:

„Decket den Priestern als Kranz schattig das heilige Haupt."

An einer anderen Stelle:

„Zahlreich sind dir zum Dank Täfelchen, Göttin, geweiht,
Oft, du erhörtest ihr Fleh'n sich die Stirne mit Kränzen umwindend,
Tragen die Frauen der Stadt leuchtende Fackeln heraus."

Bei der Cholera sah Verfasser in Neapel Prozessionen von Weibern mit Dornen im aufgelösten Haar.

Das sogenannte „Wunder" des St. Gennaro ward bis ins vorige Jahrhundert auf einem freien Platze in einem jedesmal zu diesem Zweck errichteten Prachtzelt „gemacht", dessen Kosten die Aristokratie aufzubringen pflegte. Es war also ein öffentliches Schauspiel. Als Karl III. im vorigen Jahrhundert von Neapel nach Madrid übersiedelte, nahm er etwas von dem „Blut" des St. Gennaro mit, welches in Madrid nicht die gewünschte Hochachtung gefunden zu haben scheint. Ein Freund, welcher Spanien bereiste, machte mir die Mitteilung, daß in St. Jago di Compostella sich das Blut des St. Jakobus in beständig flüssigem Zustand befindet. Dies Wunder vermochte also der heilige Januarius nicht zu besiegen.

Im Jahre 1760 verfaßte der Kanonikus Gennaro Radente die nachstehenden lateinischen Verse, welche uns die Orakelnatur des Blutwunders nach den einzelnen Phasen aufs deutlichste enthüllen:

„Saepe manu versans, speculor mea fata, cruorem,
Cum rubet; et Martem me monet indomitum.
Si fervet; ruptis erumpet Vesbius antris;
Si nigricat; subita et mors mihi tela parat.
Cum fluctat; caelo pluvias exhorreo abortas;
Si durescit adhuc; et sata terra negat.
Cum globus adparet liquefacto in sanguine, heu me!
Quot mihi, ceu montes, sunt superanda mala!
Si pallet; pecorique hominique erit horrida pestis;
Cum spumat, laetor, nam mihi fausta canit."

Der genannte Radente gehörte zum Priesterkollegium des St. Gennaro, war also einer der „christlichen“ Haruspices und verstand sich auf die Orakelwissenschaft, wie es sich für einen Haruspex geziemt.

Als Garibaldi am 7. September 1860 in Neapel unter dem Jauchzen der Bevölkerung und dem Murren des Klerus, sowie der Aristokratie, einzog, war der Tag des Blutwunders, welches dreimal im Jahre „gemacht“ wird, nahe, nämlich der 19. September. Der genannte Diktator hielt es für nötig, daß das „Wunder“ rasch und pünktlich vor sich gehe und ließ Soldaten aufmarschieren und eine Batterie auffahren. Alles ging nach Wunsch, und St. Gennaro hielt es für angemessen, sich nicht in die Politik zu mischen.

Zum zehnten Kapitel.

Wie das hellenische Altertum das Begräbnis eines Toten, d. h. das Bergen desselben „in der Erde Schoß“ betrachtete, zeigt am besten die berühmte Tragödie des Sophokles: Antigone. Der König Kreon hat bei Todesstrafe verboten, den Bruder der Antigone zu bestatten. Trotzdem erfüllt die genannte Schwester an dem Bruder diese heilige Pflicht. Ihre Schwester Ismene will sie zurückhalten, aber Antigone spricht: „Du, wenn dir's gefällt, verachte, was den Göttern heilig dünkt und recht.“ — Vor Kreon geführt, hält die edle Schwester demselben vor, daß das ungeschriebene Recht der Götter höher steht als ein menschliches Machtgebot:

„Nicht so gewaltig deuchte mir dein Machtgebot,
Daß weichen müßte seinem flüchtigen Menschenlaut
Der Götter ungeschrieben, unumstößlich Recht.
Das sollte nicht, weil Menschensatzung mich geschreckt,
Mich einst verdammen vor der Götter Angesicht.“

Auch die ärmste Bevölkerung Süditaliens hat aus dem antiken Leben das Pflichtgefühl bewahrt, welches verlangt, den Angehörigen ein möglichst glänzendes Begräbnis zu geben, und Verfasser hat es mit Staunen gesehen, daß Ärmere Schulden machten, um solcher Pflicht zu genügen, Schulden, die oft erst in Jahren getilgt wurden! — Aber die Ärmsten der Armen können nichts in dieser Hinsicht thun. Sollte da nicht die „Kirche“ jenes auch bei den Allerärmsten vorhandene Pflichtgefühl in Ehren halten und für ein paar Schaufeln Erde sorgen? Die „Kirche“ hat es nicht gethan!

Zum elften Kapitel.

Was in Neapel in Hinsicht der Numeri geleistet wird, möge auch das nachstehende Beispiel zeigen. Heute, am 6. Juli 1889, ging Verfasser durch die Hauptstraße genannter Stadt und sah vor einem jener Räume, welche dem Verkauf der Lottonummern dienen, einen großen Menschenhaufen, der nach besten Kräften den Verkehr hemmte. Vor der Thür stand ein bärtiger Mensch, der sich seines Rockes entledigt hatte, und hielt neben einem Tisch eine fulminante Rede. Jamm, J—amm! J—amm! (Dialekt für Andiamo, laßt uns gehen, oder: kommt näher). So schrie er und fing dann an, den Wert der Nummerzettel zu preisen, welche auf dem Tisch lagen. Ein kleines Männchen stand daneben und schwenkte die Nummern wie im Triumph. „Meine Herren, es sind die Nummern des Mönches von Carmine, untrüglich, sicher, jedes Jahr glänzend bewährt.“ — Man kaufte, man drängte, man riß sich um die Zettel, Arme, Reiche, Priester, Mönche, Mägde, Damen u. s. w. Kaum war der Tisch leer, so ward er aufs neue mit Zetteln gefüllt. Das geschah vor einem staatlichen Lotto-Comptoir. Letzteres war außen mit bunten Zahlen, mit großen und kleinen Tafeln behangen, und auf einer Tafel las ich: Nummern des letzten Revolverkampfs in der Straße del Tribunale. — Auf einer anderen Tafel las man: Nummern der Madonna del Carmine. Rechts neben diesem Comptoir stand in einer Kirchthür der Sakristan und bearbeitete ein hellklingendes Glöcklein mit solchem Eifer, wie man es etwa vor einer Marktbude bemerkt, wo die allerletzte Vorstellung stattfindet. Durch die Straße rannte eine Kohorte der Giornalisti (Zeitungshändler) und schrie: Kauft, kauft! Mord im Vico del Sole! Mord, Mord!

Vor mir liegt die letzte Sonntagsnummer der neapolitanischen täglich erscheinenden Roma. Die vierte Seite ist gänzlich angefüllt mit Annoncen von Orakelinschriften in Hinsicht des Lotto. Wir bieten eine Probe: La Maga, Spieler! Wenn wir diesmal den Terno nicht gewinnen, so straft mich Lügen. — L'Indemoniato (der Besessene). Diese Woche verschaffe ich euch den Sieg; ich habe studiert, der Terno ist unfehlbar. Mit Supplement 4 Lire. —

Il Cappucino. Für nächsten Sonnabend biete ich einen sicheren Sieg, benutzt die Gelegenheit, es ist ein sicherer Hieb, ich schwöre es! Preis 20 Lire. — L'Illustrato. Dies ist die einzig wahre kabbalistische Zeitung, welche beständig zum Siege verhalf. Preis 25 Lire; für alle Beilagen und verschiedenen Spiele 150 Lire. — Il Metodo. Alle kennen die Kraft dieser Methode, die niemals gefehlt hat. Preis 50 Lire.

So geht es weiter. Andere Zeitschriften dieser Art nennen sich: Il Mistero, L'Invincibile, L'Infallibile, — Leda, La Stella u. s. w. Solche Annoncen erscheinen wöchentlich. Die ärmeren Klassen kaufen natürlich diese teuren Blätter nicht, sondern nur die wohlhabenden. Man sieht also, daß der heidnische Orakelglaube in den besseren Ständen allgemein verbreitet ist. — Verfasser kehrte in einer kleinen Stadt Campaniens einst beim Pfarrer ein und sah auf dem Tisch die Zeitung: L'Indemoniato!

Zum zwölften Kapitel.

Wenn die Panegyriker es nie unterlassen, ihren Hörern die abgeschmacktesten Märlein als Geistesspeise zu spenden, so wissen sie offenbar, was sie den Hörern bieten können, und stehen auf einer Stufe mit den Verfassern jener Wunderlitteratur, welche wiederum aus dem Wust mittelalterlicher Wunderschriften entlehnt ist. — Wahrhaft lehrreich ist es, eine der Satiren des Lucian zu lesen; wir meinen: „Der Lügenfreund oder der Ungläubige". Zwei Freunde, Tychiades und Phylokles, halten eine Unterredung, und wünscht der erstere zu wissen, wie es komme, daß viele gern unglaubliche Historien erzählen und viele sie gern hören. Wir erfahren dann, daß sogar viele einsichtsvolle Männer von Liebe zur Lüge erfaßt seien und Gefallen daran finden, sich und andere zu betrügen. Es möge dies den Dichtern zu verzeihen sein, aber „wie lächerlich ist es, daß Städte und viele Völker öffentlich und von Staats wegen lügen! „Man muß ja ein Strohkopf sein", sagt Tychiades, „wenn man all' die albernen Wundergeschichten der Mythologie, alle lächerlichen Dinge, welche in der Heroenzeit geschehen sein sollen, glauben wollte." — Phylokles meint, die Städte hätten durch solche Heroenlegenden sich Ansehen verschaffen wollen. Nun erfahren wir solche Historien und finden zu unserem Staunen, daß diese heidnischen Wundermärlein den christlichen Heiligenlegenden merkwürdig ähnlich sehen! Wenn z. B. die Wunder eines sogenannten Babyloniers mitgeteilt werden, so glaubt man einen Egidio und seine Hexereien vor sich zu haben (Kap. VII). Der Babylonier nämlich hat als Zaubermittel die Reliquie eines Grabsteins, wie christliche Heilige diejenigen der Heiligen. — Wir lernen einen Wundermann kennen, der eine wunderthätige Statue besitzt, und mußte ich bei dieser Stelle an einen Mönch in Neapel denken, der vor zwei Jahren mit einem Bambino (Jesuskind-Statue) Wunder that und als Wunderthäter berühmt war. Er konnte sogar behaupten, daß sein Bambino spräche und Speise zu sich nehme (!!). — Lucian läßt die beiden Freunde sich dann von bösen Geistern unterhalten, sowie von ihrer Vertreibung. Lesen wir das, so müssen wir glauben, daß er die christlichen Heiligen im Auge hat, denn die Hälfte ihrer Mirakel hatte es mit den Dämonen zu thun. Es sei hier vorläufig bemerkt, daß Austreibung von Dämonen noch heute in Süditalien geschieht. Nachdem die Unterredung bis dahin gediehen ist, tritt eine dritte Person auf, der Philosoph Arignotus, genannt der Heilige. Auch dieser zeigt sich als Anhänger alberner Wundergeschichten. — Die Unterredung schließt: Ein Heilmittel gegen solche Dinge gewährt uns die Wahrheit und die Vernunft. Wenn wir diese gebrauchen, wird uns keine von diesen eitlen, leeren Lügen in Verwirrung setzen.

Diese Satire des Lucian ist geschrieben im zweiten Jahrhundert nach Chr. — Abgeschmackte Märlein, für Kinder zu schlecht, werden noch heute dem Volke von der Kirche als Geistesspeise geboten. Ein Lucian des neunzehnten Jahrhunderts ist nicht vorhanden.

Zum dreizehnten Kapitel.

Über das Verhältnis und das Verhalten des Menschen zum Tier in Süditalien bittet Verfasser zu vergleichen seinen Artikel in der Allgemeinen Zeitung: Neapel, Gutes und Böses.

Nur das Maultier wird in der Ilias als „arbeitduldend" bezeichnet, das Roß niemals.

Was die gewöhnlichen „kleinen" blutigen Verbrechen anbetrifft, so geschah z. B. am 6. Juli 1889 folgendes. (Wir bieten eine

Abkürzung eines Berichts im Piccolo, einer Abendzeitung Neapels). Kürzlich fand die Polizei bei einem Verdächtigen einen **Bastone animato** und arretierte den Besitzer, einen gewissen Schettino. (**Bastone animato**, d. h. beseelter Handstock, bezeichnet einen solchen, in welchem sich ein Degen befindet.) Aus der Haft entlassen, rächte sich der Genannte an seinen vermutlichen Angebern und forderte seine Gegner zum Zweikampf. Im **Vico Tre Rè** (einer sehr belebten Straße!) erschien er mit seinen Getreuen und das Straßenduell begann. Zahlreiche Revolverschüsse wurden gewechselt und dabei mehrere unbeteiligte Personen, unter ihnen ein Mädchen, verwundet.

Wir bemerken, daß solche Straßenduelle unter niederen Ständen das allergewöhnlichste Ding sind und oft auch mit Messern ausgefochten werden. Der Dialekt nennt solchen Vorgang **Un' dichiaramento** (Erklärung, Herausforderung). Der **Piccolo** vom 8. Juli d. J. schreibt: „Es vergeht fast kein Tag, an dem wir nicht einen **dichiaramento** registrieren müssen; kein Tag, an dem nicht Kämpfe dieser Art, sei es nachts, sei es tags, vorkommen. Es wird bald nötig sein, daß man vor dem Ausgehen sein Testament macht, weil man nicht weiß, ob man seine Beine und Arme wieder nachhause bringt.“ Verfasser hat zweimal in den belebtesten Straßen solche rasch verlaufende Mordscene mit eigenen Augen gesehen, wobei jedesmal das Messer seine blitzschnelle Blutarbeit verrichtete. Es giebt für solche Fälle ein eigenes Hospital, genannt **Pellegrini** (Pilger), wo Tag für Tag das Glöcklein den Thorhüter ruft; einmal läuten bedeutet einen Leichtverwundeten, zweimal einen Schwerverwundeten. Als ich im vorigen Jahre das Hospital besuchte, waren fast alle ca. 200 Betten besetzt.

An demselben Tage, also am 6. Juli d. J., ereignete sich in Caivano, einer Stadt Campaniens, eine förmliche Schlacht, indem Landleute miteinander um die Benutzung einer Ecke Landes als Tenne zum Dreschen stritten. Die Waffen waren Keulen und Hacken. Die Zeitung sagt: „Als der Kampf zu Ende war, bedeckten sieben Schwerverwundete das Schlachtfeld.“ — Fast um dieselbe Zeit feuerte ein hinter seiner Compagnie zurückgebliebener Soldat auf die letztere, seine Kugeln streckten den Hauptmann tot zu Boden und verwundeten mehrere Soldaten und Zivilpersonen. Dies geschah bei Benevent. — Der Leser wird nicht wünschen, daß wir die Zahl der Beispiele vermehren.

Es ist hier der Ort, auf die in den Stierkämpfen Spaniens zutage tretende Roheit hinzuweisen. Wir begreifen heutzutage nicht die sittliche Stumpfheit der Römer, welche sich an den blutigen Schauspielen der Gladiatorenkämpfe ergötzten und an den blutigen Tierhetzen ihre Freude hatten. Christliche Kaiser haben noch lange, nämlich bis Anfang des fünften Jahrhunderts, die Gladiatorenkämpfe bestehen lassen und noch im sechsten Jahrhundert waren blutige Tierhetzen. Dies rohe Heidentum besteht bis heute im katholischen Spanien. — Die Kirche, jene vermeintliche Lehrmeisterin der Völker, hat dies blutige Stück Heidentum dem Volk gelassen. — Die katholische Religion ist nämlich, um die Phrase des jetzigen Papstes zu gebrauchen, eine reiche Quelle des Heils und Segens für das Volksleben!

Zum vierzehnten Kapitel.

Baronius, der gelehrte Jesuit aus Sora in Süditalien, berichtet vom Begräbnis Gregors etwas, was sehr bemerkenswert ist. Er sagt in seinen Annalen: „Corpus ejus marmoreo sepulcro tumulatum est, absque tamen elogio ullo.“ Es ward also von jeder Lobrede (Panegyrikus) abgesehen. Warum das? Wenn das Weglassen des elogium ausdrücklich bemerkt wird, so liegt darin, daß die Lobrede üblich war. Daß nun der Bischof Alfanus jenes Weglassen verordnete, ist nicht denkbar, also kann dies nur auf Veranlassung des (Herzogs) Robert Guiscard geschehen sein. — — Derselbe Baronius macht, ohne es zu wollen, Gregor VII. zu einer Art von Geisterbeherrscher. Er erzählt eine entsetzliche Scene einer Weihnachtsnacht, als Gregor beim Messelesen von Verschwörern in Rom angegriffen und fortgeschleppt wurde. Als einer derselben ihn töten will, wird dieser Mordgesell vom „Dämon“ erfaßt und herumgedreht, so daß ihm der Schaum vor den Mund kommt. Gregor war gerettet. Benno, der Chronist, sagt, Gregor sei ein Zauberer gewesen und habe die Zauberkunst von Laurentius, Bischof in Amalfi, gelernt.

Zum fünfzehnten Kapitel.

Wir haben nachgewiesen, daß Konstantin den Schutz des von ihm erwählten Gottes nach heidnischer Anschauung an das Heereszeichen, das Kreuz, gebunden dachte. Zur Illustration dieser Anschauung verweisen wir auf die Thatsache, daß die Kirche damals anfing, den Geist an das Taufwasser zu binden. Das geschah durch die Weihe des Taufwassers, wodurch letzteres in den Augen der Kirche eine Zauberwirkung erhielt, ähnlich jenem Heereszeichen. Dies Weihwasser ward zum Zaubermittel, böse Geister zu vertreiben und Krankheiten zu heilen. Bekanntlich beharrt die römische Kirche bis heute bei dieser dem Heidentum entstammenden Anschauung. — Wie sehr Augustin, der größte der Kirchenlehrer in der Kampfesperiode des vierten bis sechsten Jahrhunderts, in solchen Anschauungen römischen Heidentums befangen war, beweist z. B. seine Schrift „De civitate Dei“. Wie er an der Realität der heidnischen Orakel nicht zweifelte (Kap. VIII), so war er überzeugt, daß Erde vom heiligen Grabe böse Hausgeister vertreibe. Er erzählt, daß jemand solche Erde mit genannter Wirkung in seinem Hause geborgen und damit sogar Krankheiten vertrieben habe (Kap. XXII in der genannten Schrift Augustins). Auch das Sakrament hat nach demselben Kirchenlehrer die Kraft, alle bösen Geister zu bannen. — Die Wunderkraft ist also an jene Substanz gebunden, wie oben an das Kreuz des Konstantin. Der Dichter Prudentius behauptet, das Kreuz vertreibe jede schädliche Einwirkung (omne noxium).

In der Kirche St. Croce in Rom befindet sich das Kreuz des „guten Schächers“, der zur Rechten Christi gekreuzigt war, ebenfalls die Laterne, welche Judas benutzte, als er Christum suchte, auch ein Stück der dreißig Silberlinge. — Jetzt werden solche Dinge dort nicht mehr gezeigt, und offenbar schämt sich die Kirche, solche ans Licht zu bringen, dagegen schämt sie sich nicht, die heilige Treppe als echt zu bezeichnen sowie die Krippe Christi. — In einer Kirche der heiligen Anna ist der Stein, auf welchem Abraham den Isaak opfern wollte, auch soll in der Laterankirche die Bundeslade sein! — Beides zeigt man nicht, wohl aber die Säule, an welcher Christus gegeißelt wurde.

Als Seitenstück zu ihrem Wunderkreuz besitzt die „Kirche“ eine andere Wunderwaffe, wir meinen das sogenannte Skapulier der Madonna, welches diese dem Karmelitermönch Simon Stosch direkt vom Himmel gebracht hat! (1251). Das genannte Palladium besteht aus zwei grauen Tuchstreifen und wird über beide Schultern gehängt. Wer es sterbend trägt, wird bald aus dem Fegefeuer befreit, nämlich schon am nächsten Sonnabend nach seinem

Tode. — In Deutschland sind sicherlich viele gebildete Katholiken, welche dies Wunderkleid zu den „Auswüchsen" der katholischen Kirche rechnen. (Siehe Anhang zum ersten Kapitel.) — Diesen Katholiken gegenüber erwähne ich eine Thatsache. Heute, am 2. Juli 1889, zeigten sich in Neapel an allen Kirchen riesengroße farbige Anschläge, Anzeigen hinsichtlich des nahen achttägigen Festes der Madonna del Carmine (Carmel). Da las man auch von jenem Skapulier, welches in Süditalien L'Abitino (das kleine Kleid) genannt wird. In jener Anzeige ward gesagt, dies „Kleidchen" sei Scudo und Difesa (Schild und Wehr) gegen alle schädlichen Einflüsse, und ward hinzugefügt: Ecce signum salutis! (siehe da, das Zeichen des Heiles!) Verfasser hörte in der Kirche der Karmeliter einen Panegyrikus, worin dies Wunderkleid im erwähnten Sinn, also als Zaubermittel, gepriesen wurde. — Millionen Katholiken Süditaliens tragen dies Skapulier. Also: Was in Deutschland ein „Auswuchs" ist, das ist in Italien die Substanz der Kirche.

Zum sechzehnten Kapitel.

In ganz Süditalien nennt man die Sommermonate: La Stagione, die Jahreszeit, gleich als wenn die übrigen drei Jahreszeiten gar nicht vorhanden wären, oder, als wenn die letzteren sich den Titel „Jahreszeit" nur angemaßt hätten. Die Sommermonate mit der vollen Entfaltung des Genußlebens der Feste sind die Jahreszeit schlechthin.

Auch ernste, religiöse Akte kann sich der Südländer nicht ohne „Fest" denken. In der kampanischen uralten Stadt Sessa fand im Juni d. J. das Fest des heiligen Herzens statt und hatte der Bischof verordnet, die ganze Stadt solle in einem feierlichen Akt sich dem heiligen Herzen Jesu weihen. So geschah es. Der Dom war Kopf an Kopf gefüllt, der Bischof hielt eine Rede und erklärte: Jetzt werde ich eure Erklärung feierlich vorlesen! Kaum hatte er begonnen, da — — Schlachtendonner rings um die Kirche, platzende Bomben, zischende Raketen, sprühendes Feuer, Glockengeläute von allen Kirchen und im Dom der donnernde Ruf: „Evviva Jesú!" — Das war das Fest des heiligen Herzens.

Zum siebzehnten Kapitel.

Zur Bestätigung unseres Urteils über Giordano Bruno als Philosophen sei hier eine Stelle aus einer Rede des Professors Ausonio Franchi angeführt, welche derselbe am 29. Juni d. J. in der Academia scientifica-letteraria zu Mailand hielt. „Die Philosophie Bruno's ist kein System, sondern ein Gemisch von jonischer, pythagoräischer, eleatischer, stoischer, atomistischer, pantheistischer, kabbalistischer Pilosophie. In Bruno's Werken ist weder Wissenschaft, noch Philosopbie, sondern einzig und allein das fanatische Leugnen des Übernatürlichen. Wissenschaft und Leben wollte er zum Heidentum zurückführen."

Leo XIII. hielt bald nach der Enthüllung des Bruno-Denkmals im versammelten Konsistorium eine Rede, welche auch als Encyklika versandt worden ist. Er tadelt darin diejenigen, welche das Pfingstfest benutzten, um dem Bruno eine Apotheose zu bereiten. Dieser Tadel fällt mit voller Wucht auf das Haupt des Papstes zurück, der 1888 das Epiphaniasfest benutzte, um die Vatikanische Ausstellung zu eröffnen und dadurch sich selbst eine Apotheose zu bereiten. Das Epiphaniasfest am 6. Januar ist in Italien eines der größten kirchlichen Feste, und als der Papst die Ausstellung an diesem Tage eröffnete, ward mit keiner Silbe des christlichen Festes gedacht. Der Papst bezog das Fest auf seine Person, und seine Schmeichler sagten, in ihm sei die Geschichte der heiligen drei Könige, welche Gaben darbrachten, erfüllt. — (Siehe die Schrift des Verfassers: Leo XIII. und sein Jubiläum, Leipzig, Grunow 1888.) — Der Papst sagt in jener Rede weiter, die Welt sei gewohnt, von Rom die klare Lehre des Evangeliums und Heilsratschläge zu empfangen. Leo XIII. meint natürlich nicht das Evangelium der Apostel, welches in der heiligen Schrift enthalten ist, sondern dasjenige, was er selbst als Evangelium bezeichnet. In diesem päpstlichen Evangelium sind, wie die päpstlichen Schriftstücke beweisen, vier Hauptsachen: 1) Wiedererlangung des Kirchenstaates, 2) eifrige Verehrung der heiligen Jungfrau durch den Rosenkranz, 3) Annahme der Ablaßgnaden, welche der Papst schenkt. 4) Vertrauen auf die Hilfe der Heiligen, auch derjenigen, welche der Papst kreiert. — In dem Evangelium der Apostel ist von solchen Dingen nicht die leiseste Spur zu finden. Wie kommt denn der Papst dazu, jene Dinge als das „Evangelium" auszugeben? Antwort: Durch seine Gedanken, welche sich von dem wirklichen Evangelium emanzipieren. Dann aber begreifen wir nicht, weshalb er die „Freidenker“ tadelt, welche sich „von heiligen Autoritäten los machen“. Der Papst ist ja auch ein Freidenker, der sich um die Autorität des Evangeliums durchaus nicht kümmert. Der Papst als Freidenker bietet als Evangelium die blinde Unterwerfung unter seine Unfehlbarkeit, und dies „Evangelium“ weisen diejenigen zurück, welche dem Bruno ein Denkmal setzten. — Der Papst tadelt es, daß die Bruno-Anhänger „die menschliche Vernunft verherrlichen und sie Gott gleichstellen“. — Dieser Vorwurf fällt auf Leo XIII. zurück, denn letzterer macht seine eigene Vernunft, der das päpstliche Evangelium entstammt, zum Gott und verlangt unbedingte Unterwerfung, er nennt sich selbst den „Stellvertreter Gottes“, und seine Schmeichler nennen ihn den Vice-Dio. Er thut genau dasselbe, was die Brunisten thun. Endlich sagt er in genannter Rede, daß die „allerheiligste Religion“ (also die römisch katholische) für die Italiener stets eine reiche Quelle jeden Glücks und jeder Größe gewesen und preist die Einwohner Roms glücklich, weil ihnen vergönnt sei, dem päpstlichen Stuhle nahe zu stehen. — Der Papst ist über achtzig Jahre alt, und da mag man ihm solche Phrasen verzeihen. Wie die Mehrzahl der Einwohner Roms zum Papst steht, hat sich gezeigt, als die Volksabstimmung für Viktor Emanuel stattfand, wodurch Rom zur „unantastbaren“ Landeshauptstadt würde, und was das Glück und die Größe anbetrifft, die dem Lande aus der katholischen „Religion“ erwachsen sein soll, so vermag der Papst mit dieser Redensart **niemand zu täuschen**, der die Zustände Italiens auch nur wenig kennt. Wenn endlich Leo XIII. nach hellenisch-römischer Anschauung sich auf den Schutz solcher Wesen verläßt, die nach seiner Anschauung zwischen Mensch und Gott stehen, nämlich auf die Allerseligste, „große“ Jungfrau und St. Petrus, sowie St. Paulus, so erinnert dies an eine Begebenheit des fünften Jahrhunderts, nämlich an Leo I., der unter vermeintlicher Begleitung jener sogenannten „Apostelfürsten“ dem Attila entgegen ging und diesen zur Umkehr veranlaßte. Die religiöse Anschauung Leo's XIII. ist die antik-heidnische der hellenisch-römischen Religion, die eine Welt niederer Gottheiten, **Genien**, **Schutzmächte**, **Dämonen** erschuf, welche in die Kirche übergingen und dabei nur ihren Namen veränderten. — Im Jahre 408 meinte man, daß Athen durch die zur Hilfe erschienenen Gottheiten Achilleus und Minerva Promachos (Vorkämpferin) vor den Gotenscharen Alarich's gerettet sei, wie der Kirchenhistoriker Zosimus im fünften Buch seines Werkes erzählt. Fast fünfzig Jahre später meinte man, Rom sei durch die zu Schutzgottheiten gewordenen Petrus und Paulus vor Attila gerettet. Wir finden in diesen zwei Beispielen dieselbe Sache, verschieden sind nur die Namen. Als 1870 italienische Truppen Rom besetzten, wartete Pius IX. vergebens auf solche überirdische, dem hellenisch-römischen Heidentum angehörenden Schutzmächte. Vergleichen wir Leo XIII. mit Leo I., so sehen wir, daß fünfzehnhundert Jahre nicht genügt haben, heidnische Anschauungen zu verdrängen.

Wenn die römische Kirche ihren dem Heidentum entlehnten Heiligenkultus dadurch schmackhaft zu machen sucht, daß sie sagt, die Heiligen seien Beispiele der Tugend, so muß man einwenden, daß Labre mit seinem Bettlerschmutz und Egidio mit seinen Aalen diese Theorie zunichte machen. — Welche Tendenzen bei diesem Vergötterungsstreben in der „Kirche" obwalten, zeigt die letztere in unseren Tagen, indem achthundert, unter ihnen die höchsten kirchlichen Würdenträger, beantragt haben, der Papst möge Christoph Columbus heilig sprechen! An der Spitze des sogenannten Postulationskomitees steht Graf Roselly de Lorgues in Genua, der bereits den motivierten Antrag im Vatikan gestellt hat. Die „Libertá cattolica" publizierte am 12. Juli d. J. ein Schreiben des Bischofs von Lodi, worin derselbe seinen Beitritt zu jenem Antrag also motiviert: „Alles ist groß an Columbus, Genie, Thatkraft, Beharrlichkeit, Stärke des Charakters und Milde gegen die Wilden, Edelmut gegen Feinde, Bescheidenheit, kraftvolle Frömmigkeit. Er überwand die größten Hindernisse und brachte den Namen Gottes den fernen Völkern. Dunkel ist eine Stelle in seinem Testament, aber spätere Biographen konstatieren seine Ehrenhaftigkeit. Hat auch eine Wolke so viele Tugenden verdunkelt, so hat er doch mit seinen Ketten die Schuld gesühnt."

Also die menschliche Größe soll dem Columbus den Titel Divus verschaffen, den der römische Senat einst den Kaisern bei der Apotheose erteilte. — Menschliche Größe war auch bei vielen Kaisern der Heiden. — Also Columbus soll ein St. Columbus werden. Das erinnert an die Frage: Wie kommt Saul unter die Propheten? (Kap. VI.) Hat denn Columbus die vorschriftsmäßigen Wunder gethan? Doch vielleicht kann der Papst ihn von solcher Leistung dispensieren, oder Kolumbus beeilt sich, das Versäumnis nachzuholen. Dispensiert ihn der Papst, so könnte man vielleicht erleben, daß noch andere zum Heiligenschein gelangen, wir also z. B. einen St. Michelangelo, einen St. Dante u. s. w. erleben werden. Es dürfte dem Vatikan nicht bekannt sein, daß sich Dr. Martin Luther bereits in der Walhalla befindet und zwar auf Veranlassung eines katholischen Königs. Wir meinen die bekannte Ruhmeshalle an der Donau bei Regensburg, erbaut durch König Ludwig. Da nun M. Luther eben dieselben Eigenschaften besaß, welche obengenannter Bischof dem Kolumbus beilegt, so steht ja im Vatikan nichts im Wege, auch Dr. Luther zu kanonisieren! — Der Antrag hinsichtlich des Kolumbus schmeckt nach Heidentum, weil er Heidentum ist, und die Kirche sorgt dafür, daß letzteres immer klarer hervortrete.

Der Papst hat kürzlich die Akten des Sant Uffizio, d. h. der Inquisition, in den Vatikan schaffen lassen, um sie besser zu verschließen. Es waren nämlich auf Anlaß der Bruno-Feier Dinge publiziert, welche ihm sehr unangenehm gewesen sind, und scheint man im Vatikan erschrocken zu sein über die rätselhafte Art, wodurch solche Akten in Hände geraten sind, welche die Akten der heiligen Inquisition nicht berühren dürfen. — In keinem Archiv der Welt müssen sich so viele Dokumente in Nacht und Finsternis verbergen als im vatikanischen.

Druck von Friedr. Andr. Perthes in Gotha.

CPSIA information can be obtained at www.ICGtesting.com
Printed in the USA
BVOW06s0247280813

329734BV00005B/153/P

9 781142 907938